高等院校“十二五”规划教材

主　编　左艳君　徐明成
副主编　唐红斌　李　巍

现代教育技术

（修订版）

電子工業出版社
Publishing House of Electronics Industry
北京·BEIJING

内容简介

本书紧紧围绕现代教育技术知识与理论、教学过程设计与评价、学习资源开发与利用展开，包括现代教育技术与媒体，视听与传播理论，现代教育媒体与适应，计算机辅助教学与设备，多媒体课件设计与制作，教育资源的获取与利用，现代远程教育与实施，现代教育技术教学设计与评价等。本书充分考虑到教学的需要，提供了教学目标、内容小结、课后习题和实验环节。

本书既可作为师范院校教育技术课程的教材，也可作为教师继续教育课程的教材。同时，也可供从事教育技术、信息技术教学与管理的相关人员阅读。

图书在版编目（CIP）数据

现代教育技术 / 左艳君，徐明成主编．—修订本．—北京：电子工业出版社，2013.6
ISBN 978-7-121-20485-2

Ⅰ．①现… Ⅱ．①左… ②徐… Ⅲ．①教育技术学 Ⅳ．①G40-067

中国版本图书馆 CIP 数据核字（2013）第 105843 号

策划编辑：祁玉芹
责任编辑：鄂卫华
印　　刷：中国电影出版社印刷厂
装　　订：中国电影出版社印刷厂
出版发行：电子工业出版社
北京市海淀区万寿路 173 信箱　邮编　100036
开　　本：787×1092　1/16　印张：17　字数：414 千字
印　　次：2013 年 6 月第 1 次印刷
定　　价：35.00 元

凡所购买电子工业出版社图书有缺损问题，请向购买书店调换。若书店售缺，请与本社发行部联系，联系及邮购电话：（010）88254888。

质量投诉请发邮件至 zlts@phei.com.cn，盗版侵权举报请发邮件至 dbqq@phei.com.cn。

服务热线：（010）88258888。

前　言

当今世界正面临着新技术革命的严重挑战，教育首当其冲，各种高新技术在教育技术中的应用推陈出新，令人目不暇接。面对新技术革命，教育改革势在必行，尽管世界各国教育改革的重点不同，但都把实现教育方法和教学手段的现代化作为教育改革的主要目标之一。正如邓小平同志提出的那样："教育要面向现代化，面向世界，面向未来。"谁掌握了21世纪的教育，谁就能在21世纪的国际竞争中处于战略主动地位。

21世纪是知识经济时代，与知识经济相适应的社会是学习型社会。现代教育技术是构建学习型社会的重要途径和手段，它与深化教育改革、促进素质教育、教育信息化、创新人才培养、构建终身教育体系等密切相关。因此，学习、掌握和运用现代教育技术，对于每个社会成员尤其是教师和学生都显得十分重要。

现代教育技术是当代教育改革的制高点和突破口，谁抢占了这个制高点，谁就会在教育改革中处于有利的位置。但要抢占这个制高点并利用好这个制高点，必须学习现代教育技术理论，掌握现代教育方法。通过应用现代教育技术，带动教育思想、教育观念的更新，推动教育内容、教育模式、教育形式和教学手段的改革，实现教育体制、教育结构的深刻变化。教育部原部长陈至立在《中国教育报》的"制高点"专栏中撰文，题为《应用现代教育技术，推动教育教学改革》，指出："要深刻认识现代教育技术在教育教学中的重要地位及其应用的必要性和紧迫性；充分认识应用现代教育技术是现代科学技术和社会发展对教育的要求，是教育改革和发展的要求"。

现代教育技术包括教育思想、教育内容、教育方法、教育管理和教育手段的现代化。随着信息技术的不断发展，学校的教学环境有了较大的改善。教学内容和方法的改革以及现代教学手段的提高是当前教师面临的主要任务。强调以学生为主体，重视对学习过程和学习资源的研究，重视教学设计在教学过程中的作用，是当前教学改革的主要工作。因此，各级各类学校的教师和师范类专业的学生要紧跟时代的步伐，努力掌握和应用现代教育技术，以提高自身素质，适应现代教育改革的要求。

现代教育技术作为提高教学质量、推进素质教育的重要手段，必须能够有效应对当前教育教学改革中迫切需要解决的问题。只有这样才能高屋建瓴，全面理解教育技术的深刻内涵。为使广大师生能够了解、学习和掌握现代教育技术的方法与应用，我们组织有关从事教育技术研究和培训工作的专家与教师编写了这本教材。

本书是在吸收当代国内外教育技术理论研究成果、总结我国教育技术实践经验的基础上，坚持理论与实践相结合的原则编写而成的。该书主要介绍了现代教育技术的基本理论、技术与应用模式。内容包括现代教育技术基本概念、理论基础；教学设计的基本概念、原理、模式与典型案例；教学评价的概念、类型、技术方法与典型案例等；教育媒体的特性、类型及其教学功能；现代教育技术环境的类型、结构、功能与应用模式；现代教育技术应用于课堂教学和远程教学的概念、基本模式等。除此之外，还重点介绍了多媒体技术的应用，从各个方面介绍了多媒体的原理与特点，以及二维动画制作软件、多媒体编辑制作软件的使用方法，讲述了多媒体课件的制作技巧和评价方法。

与同类教材相比，该书通俗易懂，注重理论联系实际，内容新、结构新，既有前瞻性又有实用性。适用于高等师范院校《现代教育技术》公共课教材，也可供各类学校相关专业的任课教师、各级教育技术机构（电大、电教馆、电教中心等）的管理和技术人员，以及从事多媒体与网络课件制作工作的教师、学生和工程技术人员参考。

本书由左艳君和徐明成主编，唐红斌、李巍为副主编，此外参加编写的人员还有朱敬、申士爱、孙红梅、屈敬华、张春进、曹木军、刘峰、徐浩、李建国、唐爱华和徐久成等。由于编者水平有限，加之编写时间仓促，书中不当之处在所难免，敬请专家及读者批评指正。我们的 E-mail 地址：qiyuqin@phei.com.cn。

编　者

2013 年 2 月

CONTENT 目录

第1章 现代教育技术概述

教学目标：

- ➢ 掌握教育技术的定义。
- ➢ 了解教育技术的研究内容。
- ➢ 了解现代教育技术的基本概念。
- ➢ 了解现代教育技术的发展趋势。

现代教育技术作为学科来说是一个新发展起来的学科，从20世纪20年代开始到现在也不过80年的历史。与其他教育类学科相比，它是一个比较年轻的学科。教育技术在发展过程中，它的概念和内涵几经变化，定义前后出现7个，而且表述也不尽相同。本章从介绍教育技术的定义入手，阐述了现代教育技术概念的演变过程、研究内容、本质特征和国内外教育技术的发展过程。通过本章的学习，读者可以初步了解现代教育技术学课程内容的概貌。

1.1 教育技术

教育技术学是为适应现代教育发展要求而设置的一门新兴学科，是教育科学与声光电技术、多媒体技术及网络技术的有机结合。

1.1.1 教育技术的基本概念

1. 教育技术的定义

（1） 技术。

在我们的日常生活中，谈到技术，首先想到的是各种硬件技术，因为它们代表着社会的发展和科技的进步，与我们的生活密切相关。但是技术不仅仅局限于硬件，为了准确理解教育技术的定义，我们必须首先搞清楚技术的真正内涵。

技术的英文 technology 源于希腊语，词根“techne”在希腊语中代表的是“艺术和手工技巧”，因此“technology”就是对这些技巧的论述。随着社会的发展，技术所包含的领域越来越广泛，从而导致对技术理解和描述的多样性。在各种定义中，通过比较我们认为对技术比较准确的理解为：“技术是为社会生产和人类物质文化生活需要服务的，供人类利用和改造自然的各种手段的总和，包含有形的物化技术和无形的智能技术”。依据技术的定义，我们可以将教育技术理解为：“应用于教育领域的各种手段和方法的总和，同样包含有形的物化技术和无形的智能技术”。

物化技术是指人们在生产和生活过程中，为解决问题和完成任务，所使用的各种物质工具和设备，以某种特定的物质外形为基础。例如，应用于不同领域的医疗器械、工业设备、农业器具等。教育领域的物化技术包括“硬件”和“软件”两种类型，传统课堂中的黑板、粉笔、课本，多媒体教室中的计算机、投影仪、视频展示台等都属于物化技术在教育中的应用，它们都是硬件。而“软件”的形式有录音教材、录像教材和多媒体课件等。

智能技术是指人们在生产和生活过程中，为解决问题和完成任务，所采用的策略、方法和技巧。这种无形的智能技术，在人们的社会实践中发挥着重要的作用。实践过程中提炼出的正确经验、科学原理在生活和生产过程中的应用都为社会的进步发挥着物化技术所不可替代的作用。随着社会的发展，智能技术越来越受到人们的重视，在社会的各个领域也发挥着越来越重要的作用。教育中的教学方法、学习策略、教学设计等都是智能技术在教育中的应用。

准确地理解技术的内涵是正确把握与应用技术的前提。技术必须包括有形的物化技术和无形的智能技术，因此教育技术也必须包含这两个领域，它们互相促进、缺一不可。而且，技术在教育领域的应用，不可盲目效仿或只凭经验，必须根据教师与学生的具体特征，通过分析，有目的性、针对性和情景性地进行。

（2） 教育技术 AECT94 定义。

教育技术最初出现于 20 世纪 70 年代，是一门新兴的学科。教育技术发展到现在，在不同的阶段曾出现过多个定义，目前仍在不断地完善。定义的变化，恰恰反映教育技术作为一门独立学科的发展与成熟。

美国教育传播与技术协会（the Association for Educational Communications and Technology, AECT），在 1970 年将教育技术定义为“教育技术是按照具体的目标，根据对人类学习和传播的研究，以及利用人力和非人力资源的结合，从而促进教学更有效的一种系统的设计、实施、评价学与教的整个过程的方法”之后，1994 年对教育技术又做了最新定义：教育技术是为了促进学习对有关的过程和资源进行设计、开发、运用、管理和评价的理论与实践（Instructional Technology is the theory and practice of design, development, utilization, management, and evaluation of processes and resources for learning）。

该定义是现阶段国内教育技术领域公认的学科性定义。定义明确指出教育技术的目的是促进学习，研究对象是学习过程和学习资源，研究领域是设计、开发、利用、管理与评价。定义中没有直接提及媒体等硬件技术，表明教育技术已经发展到以技术方法和方法论为主体的阶段。定义明确指出，学科的最终目的是促进学习，从而转变以往为教学服务的理念，体现教学观念从以教为中心转向以学为中心，这种转变将有利于教育技术更好地在教育中发挥作用，以及专业人士有针对性地对其进行研究，从而促进学科更快更有效地发展。

2. 教育技术概念的演变

在不同的国家，因为国情和教育方式等因素的影响，教育技术的名称和定义不尽相同。但教育技术的整个发展过程是同科学、技术及方法论相关联的。因此，不同国家对教育技术学科的圈定和理解虽有差异，但教育技术概念和范畴的演变过程，在发展阶段上却存在共同性。首先，随着电化教育硬件设备的逐步引入，教育技术被认为是一种工具的使用技术。其次，是与这些硬件设备相配套的教学材料的制作、开发和运用，即软件的出现。此时，教育技术的概念和范畴得到了进一步的扩展。教育技术被认做是由硬件和软件组成的。再次，随着硬件和软件在教育中应用的深入，如何更好地发挥它们的作用，如何取得最好的教学效果的问题便凸现出来，因此人们开始考虑方法论在教育中的应用。教育技术被认做是一种集合硬件、软件和系统方法的综合性学科。教育技术概念的演变主要经过视觉教育、视听教育、视听传播和教育技术等四个阶段。

3. 教育技术的本质特征

（1） 开发和使用各种学习资源。

学习资源就是学习者能够与之发生有意义联系的资料、人和物。我们可以把学习资源分为教学材料、支持系统和学习环境。教学材料是学习者学习过程中直接作用的客体，具体指符合一定教学目标和教学要求的经筛选的可用于教学、促进学习的一切信息及其组织。支持系统主要指支持学习者有效学习的内部和外部条件，包括学习能量的支持、设备的支持、信息的支持、人员的支持等。学习环境不仅指教学过程发生的地点，更重要的是指学习者与教学材料、支持系统之间在进行交流的过程中形成的氛围，其最主要的特征在于交互方式以及由此带来的交流效果。我们还可以按目的进行划分，例如：有些资源是专门为学习的目的而设计的，如：教师、教学课件、实验仪器、图书馆等；有些资源是为其他目的所涉及，而能为学习者所利用的，如画展、名著、影片、博物馆等。

（2） 用系统方法设计和组织教学过程。

学习资源是否能有效地综合利用，是其能否促进教学的关键。因此教育技术的重心不仅局限于对学习资源的研究，关注教/学系统的各个组成部分的联系及其整体组织是教育技术的另一个重要本质。

系统方法主张把事物、对象看做一个系统进行整体研究，研究它的成分、结构和功能的相互关系，通过信息的传递和反馈来实现系统之间的联系，达到有目的地控制系统的发展，获得最优化的效果的目标。教育技术中的系统方法是一个计划、开发和实施教育的自我纠正的、逻辑的过程。其具体步骤为：阐释和分解既定的教育目标——分析满足目标所需要的教育任务和内容——制定教育策略——安排教育顺序——选择教育媒体——开发和确定必要的学习资源——评价教育策略和学习资源的效果——修改策略和资源直到有效。

系统方法已成为教育技术内涵的核心。在教育技术中，用系统方法设计和组织教育过程与开发使用各种学习资源的目的，都是追求教育活动的最优化。

（3） 实现教学效果的优化。

教育技术的根本目的是发现并实践能够达到最优化教学效果的具体操作，而教学的效果是在有效控制的作用下取得的，所以要实现教学效果的最优化，就要实现对教学活动的最优控制。达到最优化教育效果的具体操作主要包括以下几个方面。

- 选择和排列最优的教学目标。

教学目标应与学生的具体特征相匹配，因此选择合适的教学目标，并进行最优化的排列对取得好的教学效果是十分关键的。研究内容可以包括：教育目标具体的从属目标的系列及其幅度，从属目标的数量和排列方法等。

- 选择和使用最优教育效果的测度。

在实施某种教育影响之前，学生处于怎样的状态；在这种教育影响之后，又变成了怎样的状态，都必须予以明确。为此，需要确定衡量教育效果的测度，并用同一尺度，衡量教学活动前后的学习水平。

- 选择和采用最优的教学活动。

选择最优的教学活动，将有助于学生顺利地从教学前的水平和能力，提高到实现教育目标时的水平和能力。

- 选择最优的环境条件。

环境条件包括与学习资源和学习情景有关的人、集体、自然环境和社区环境等。只有凭借最优的环境条件，才能达到最优的教育效果。

4. 教育技术与电化教育

“电化教育”是20世纪30年代在我国出现的名词。我国的电化教育事业是在国外视听教育的影响下，逐步开展起来的。在电化教育的发展过程中，先后在各种杂志和报刊上，出现过不下10种电化教育定义。如《中国大百科全书》中，将“电化教育”定义为：“利用幻灯、投影仪、电影、无线电广播、电视、录音、录像、程序学习机和电子计算机等教学设备及相应的教材进行的教育活动”。而在我国，对电化教育公认的定义是1985年由南国农老师主编的《电化教育学》中定义的：“运用现代教育媒体并与传统教育媒体恰当结合，传递教育信息，以实现教育最优化就是电化教育”。这个定义在电化教育发展过程中，准确恰当地对电化教育进行了解释。

随着电化教育事业的发展，20世纪80年代，出现了一场关于电化教育是否更名的学习探讨。“教育技术”这一名称也由国外引入我国，并逐步在我国正式使用。“电化教育”的名称在我国仍被广泛认可并使用。从概念的本质上说，“电化教育”和“教育技术”是相同的，都具有应用学科属性，目的都是要取得最好的教学效果，实现教育最优化。但从涵盖面上看，教育技术的范围要比电化教育广泛得多。电化教育涉及的主要是教学媒体，而教育技术包括的是所有的学习资源。在处理方法和实施过程上，两者的涉及面也不相同，电化教育局限于电子设备等教学媒体的小系统，而教育技术则可以涉及教育的不同层次、不同角度的宏观问题。如此看来，电化教育是教育技术发展的一个阶段，不能涵盖教育技术的所有领域。因此，1993年国家教委正式将电化教育专业更名为教育技术专业。

1.1.2 教育技术的研究内容

依据教育技术AECT94定义，教育技术是为了促进学习，对有关过程和资源进行设计、开发、利用、管理和评价的理论和实践，因此教育技术的研究范畴应包括设计、开发、利用、管理和评价五个领域，其中每个领域都有大量的子范畴。教育技术人员在实践过程中往往要掌握并跨越多个领域之间的不同范畴，如图1-1所示。

从我国教育技术研究和应用的实际情况分析，教育技术的研究领域主要包含以下几个方面。

- 学科基础理论。其中包括教育技术学科性质、任务、概念、研究方法、教育技术与相关学科的关系等。
- 视听教育的理论与技术。其中包括各种常规视听媒体的教育功能和技术应用，各种常规视听媒体教材的设计、制作、使用和评价，常规视听媒体和教材的组合应用，利用常规媒体优化教学过程、提高教学效果的理论和实践。

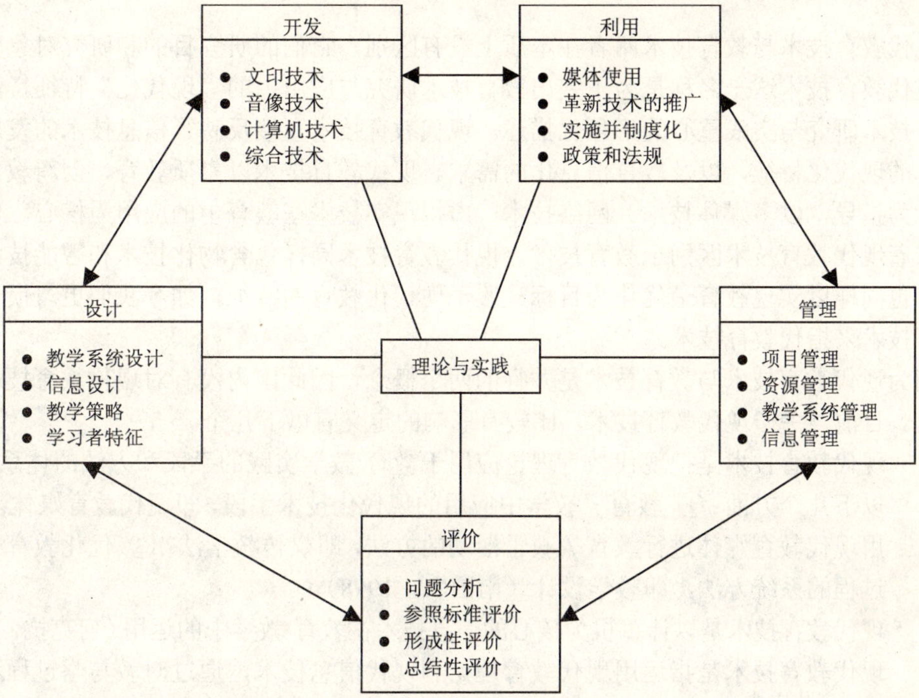

图 1-1　教育技术研究

- 计算机辅助教育的理论和技术。其中包括计算机辅助教学、多媒体计算机教学软件的开发和教学系统的设计、计算机辅助测试、计算机管理教学等。
- 教学设计与教学评价的理论和技术。其中包括学习理论、教学理论、教育传播理论、系统方法论等。
- 远程教育的理论和技术。其中包括计算机网络建设，网络课程开发、目标、形式、特点、组织管理，远程教育的形式、特点、组织、实施和管理等。
- 教育技术管理的理论和技术。其中包括硬件设施和软件资源的管理方法、学科的方针政策、专业设置、组织机构等的研究。
- 现代教育技术与学科整合的理论与技术。其中包括运用教育技术构建新型教育模式、运用教育技术促进学科发展和素质教育实施等。
- 新技术、新方法和新观念在教育教学中的应用。

1.2　现代教育技术

“现代教育技术”的概念也是我国的专有名词，它出现于 20 世纪 90 年代。现代教育技术概念的出现，是由于 AECT94 定义引入我国后，它的涵义和描述与我国教育技术的发展与现状有一定的差异。因此，国内的教育技术专业人士提出了“现代教育技术”的概念，以符合我国的实际情况，准确对我国的教育技术进行定义。

1.2.1 现代教育技术的基本概念

现代教育技术与教育技术两者在本质上没有区别，它们的研究目的和研究对象完全相同。现代教育技术这一名称是为了突出教育技术研究与应用中的“现代化”特征，是对当今教育技术研究与实践重心的形象化描述。现代教育技术直接反映了信息技术的发展、教育技术的现代化特征，以及教育信息化的需求。现代教育技术以素质教育、创新教育等教育理念为指导，以多媒体技术、网络技术、虚拟现实技术在教育中的应用为核心。但这并不意味着现代教育技术区别于教育技术，现代教育技术同样包含物化技术和智能技术两个方面，也同样以实现教育最优化为目标。鉴于现代化教育的特征，如今我们更习惯于用现代教育技术来指代教育技术。

因为现代教育技术与教育技术是并行的两个概念，因此国内没有对现代教育技术专门的定义。目前，关于现代教育技术，比较有影响的定义有以下几个。

- 现代教育技术是把现代教育理论应用于教育/教学实践的手段和方法的体系。包括以下几个方面：① 教育 / 教学中应用的现代化技术手段，即现代教育媒体；② 运用现代教育媒体进行教育 / 教学活动的方法，即媒传教学法；③ 优化教育 / 教学过程的系统方法，即教学设计（南国农，1998）。
- 现代教育技术是以计算机为核心的信息技术在教育/教学中的运用（何克抗，1999）。
- 现代教育技术是指运用现代教育理论和现代信息技术，通过对教与学过程和资源的设计、开发、应用、管理和评价，以实现教学优化的理论与实践（李克东，1999）。

1.2.2 现代教育技术与教育现代化

教育现代化就是教育要符合现代化建设的需要、满足现代教育的基本特性和基本要求。教育现代化是一项系统工程，涉及多个方面，它们相互联系、相互促进，在教育现代化的进程中发挥着不同的作用。教育思想现代化是教育现代化的主导，教育内容现代化是教育现代化的主体，教育手段和教育方法现代化是教育现代化的突破口，教育制度和教育管理现代化是教育现代化的保证。

1. 教育现代化的特征

（1） 教育的跨时空性和终身性。

现代社会的巨大变革，要求人们必须不断学习、终身学习，科学技术的迅猛发展促使终身教育得以实现。终身教育包括终身教育思想的确定和终身教育制度的建立。并且现代化的教育已不局限于学校，现代传播技术的发展，为人们多渠道地获取信息提供了便利。学校教育、家庭教育和社会教育的有机结合形成了现代化的教育体系。

（2） 教育的全民性。

全民教育包括教育的普及化和教育的民主化两个方面的含义。义务教育制度的建立与实施是教育全民化的前提与保证。只有义务教育得以普及，才能实现受教育者的广泛性和平等性，从而建立一个广大人民群众需要的教育体系，实现教育现代化。

（3） 教育的多样性。

教育的多样性表现为教育目标的复杂性和多样化、教育结构的多样化和教育内容和教育方法的多样化等多个方面。

（4） 教育的信息化和多元化。

现代化教育进程中，计算机技术和通信技术的广泛应用，使教育的信息化程度日益提高。教育信息通过多媒体通道进行传输与交流，教育形式得以多元化发展。不同层次、不同结构的教育形式满足了人们对教育和学习的多种选择的需要。

（5） 教育目标的创新性。

现代化教育的目的是为社会培养富有创新精神的人才，因此它强调素质教育，注重发挥学生的主动性、发展学生全方面的素质与能力。在新的教育理念的指导下，培养出创造性的人才。

（6） 教育的国际性和开放性。

国际化社会对教育提出了新的挑战，教育将在目标、内容、方法和手段等方面适应这一要求。教育的国际性和开放性表现在国际间的人员交流、财力支援、信息交换（包括教育内容和教育观念）和教育机构的国际合作、跨国的教育活动和研究活动等方面。教育国际性的另一个重要内容是培养具有国际视野，关心和了解国际形势及其发展，具有国际交往能力的人才。

1.3　现代教育技术发展概况

我国的教育技术是在引进国外视听教育的基础上发展起来的，电化教育是教育技术在我国发展的一个重要阶段。不同国家的教育技术的发展经历了不同的阶段。教育技术业界人士大多把 20 世纪 20 年代美国教育领域兴起的视听教学作为教育技术发展的开始。掌握教育技术的发展史，应从教育技术首先在欧美等发达国家出现开始，了解教育技术的发展阶段。我国教育技术的发展与美国的教育技术密切关联，并且有自己的特殊性。

1.3.1　美国教育技术的产生和发展

美国教育技术的发展经历了视觉教育、视听教育、视听传播和教育技术四个标志性的阶段。在各个阶段的发展过程中，教育技术学科的形成与三种教学方法的发展相关联，即：视听教学的发展、个别化教学的发展和系统化教学设计的发展。这三种教学方法产生于教育技术发展的不同阶段，随着教育技术学科的成熟而不断完善，并分别发展成为教育技术独立的研究领域。我们将通过学习三种教学方法的实践过程和整合模式，进而了解教育技术的发展概况，并掌握教育技术的基本学术思想。

1. 视听教学的发展

视听教学方法是依靠视听设备及相应的软件辅助教学的方法。从视觉教育到视听教育，到后来的视听传播，视听媒体在教育中发挥作用的领域得以逐步扩展。

20 世纪初，科学技术的迅速发展要求教育领域提供大批有知识、有技术的劳动者。因此教育质量和效率的改进、教学方法的改革成为教育工作者面临的紧迫问题。在特定的社会状况与社会需求下，大量新的科技成果进入教育领域，如照相技术、幻灯机、无声电影等都被作为新的教学媒体在教育、教学中应用。教育工作者利用这些媒体为学生提供了生动的视觉形象，使教学获得了不同以往的巨大效果，从而产生了“视觉教育”的教学方法。1913 年，发明家托马斯·爱迪生曾预言，10 年内电影将代替传统的教科书，成为主要的教学媒体与教学方法。爱迪生的预言虽没有实现，但是他对视觉教育的推崇与认同，促进了视觉教育的快速发展。越来越多的教育工作者投身于新技术在教育中应用的研究和开发。1923 年 7 月，美国成立了全美教育协会的视觉教学部。

20 世纪 20 年代末，由于有声电影及广播录音技术的发展和在教育中的应用，原有视觉教学概念已不能涵盖已扩展的视听设备的教育实践，视觉教学发展为视听教学。第二次世界大战期间，美国将有声电影等视听技术应用到工业与军事训练中，取得了巨大的投资效益。从而，传统的视听教学理论得到实践的检验，新的理念不断涌现。视听设备在战时人员培训方面取得显著成效，提高了人们在学校教育中使用视听媒体的兴趣和热情。幻灯、投影、电影、无线电广播等得到了进一步的推广应用。视听教学得到迅速发展。1947 年，全美教育协会的视觉教学部更名为视听教学部。1946 年爱德加·戴尔发表了以著名的“经验之塔”为核心的《教学中的视听方法》。“经验之塔”成为教学媒体应用于教学过程的主要依据和指导思想。

1953 年视听领域出现了视听传播的术语。美国视听教学部出版了《视听传播评论》的专业刊物。在此期间，语言实验室、电视、教学机、多媒体组合系统、计算机辅助教学等先后出现并在教学中得到应用。1961 年美国视听教学部成立“定义与术语委员会”，正是讨论视听教学中的学习理论和传播理论。这是视听教学阶段的转折点，标志着视听教学向视听传播的发展。

视听教学的发展过程反映了教学应适应社会发展的基本理念。从教育领域的教学传播角度看，媒体已成为教学传播过程的基本要素之一，并进而形成了依靠教学资源促进有效教学的思想，以及媒体辅助、传播的教学方式。至今，视听教学仍是学校教育的主要形式。

2. 个别化教学的发展

个别化教学是一种适合不同学习者需要和特点的教学。在班级授课制出现之前，个别化教学是基本的教育形式。产业革命出现以后，为了扩大教育规模，个别化教学逐步被班级授课制取代。但是随着时代的发展与教育研究和实践的深入，班级授课制的弊端不断凸现，教育工作者开始研究适合学习者个别需要和特点的教学系统。20 世纪初美国开展了早期个别化教学的实验，其教学特点是：教学目的明确；试图使学习适合学生个别差异，打破传统教学固定步调模式，学生能自定学习步调；采用掌握学习法；重视课程内容的选择和组织。

程序教学是个别化教学的一种形式，是让学生在已编制好的、能有效控制学习过程的程序中进行自主学习。它的特点是：小的学习步骤、自定学习进度、积极反应、及时反馈、低错误率等。1954 年斯金纳发表了题为《学习的科学和教学的艺术》一文，提出了使用教学机器解决教学问题的观点，强调了“强化”在教学中的重要作用。基于操作条件反射和积极强化的理论，斯金纳设计了程序教学机器和程序教学的程序。20 世纪 60 年代初，程序教学得到迅速发展。大量的、形式各异的程序教学机器被开发出来，并进入教育领域。程序教学在教育的各个领域获得了成功。20 世纪 60 年代末，程序教学开始衰退，原因是多方面的，包括：要真正开发有效的程序教材需要进行系统的设计和实验，这样会花费很大的代价，因而出版商纷纷退出；并非所有的教学内容都能变成程序教材；教学机器的功能限制；教师和教学管理者难以适应程序教材带来的教学改革需求等。总体来说，与程序教学相关的重要概念的应用、开发程序教材的方法等，都对系统化教学设计的发展和个别化教学的研究起到了推动作用。

随着计算机技术的迅速发展，人们发现计算机具有的人机交互、高速运算、灵活控制、动态模拟等特点，十分适合应用于个别化教学领域。计算机辅助教学（CAI）始于 20 世纪 50 年代末，早期的计算机辅助教学主要遵循程序教学的方法，以行为主义学习理论为基础。20 世纪 60 年代早期的计算机主要用于模仿传统的课堂教学，代替教师的重复性劳动。20 世纪 60 年代末 70 年代初，随着计算机容量的扩大和软件系统的改进，计算机可以根据学生的学习情况选择合适的教学资源，教学过程中学生变被动学习为积极介入。20 世纪 70 年代末 80 年代初，计算机辅助教学的理论基础由行为主义学习理论转向认知主义学习理论，人们开始关注学习者的心理变化，开始研究并强调学习者的心理特征和认知规律。20 世纪 90 年代，计算机多媒体技术、网络通信技术、人工智能技术得到进一步发展并交叉整合，建构主义的学习理论和教学理论也逐渐成熟。人们开始构建利用多媒体计算机和基于网络技术的建构主义教学系统。此时的计算机，不再只是辅助教学的工具，它可以作为认知和协作交流工具，承担学生导师和伙伴的角色。

综上所述，以个别化教学系统、程序教学和计算机辅助教学为主要形式的个别化教学方法已成为有别于传统教学的主要教学形式之一，各种研究结果也表明个别化教学方法比传统教学方法更有效。个别化教学的模式、方法和以学习者为中心的指导思想，特别是程序教学和计算机辅助教学的出现使得个别化教学成为教育技术中的一个重要的研究和实践领域。

3. 系统化教学设计的发展

系统化教学设计是一种系统地设计、实施和评价教与学全过程的方法，也称为教学系统方法。通过程序教学运动的实践，人们认识到影响并决定教学效果的变量十分复杂，需要对教学过程做系统分析才能获得有效学习。大量教学实践证明，开展有效的程序教学，需要运用系统设计的方法。第二次世界大战期间，美国从学习过程、学习理论和人类行为理论等方面，研究总结出一系列教学原则。这些教学原则在用于军训研究和教材开发后，不仅提高了军训的效率和效果，也为系统化教学设计教学方法的发展提供了包括任务分析、行为目标、标准参照测试、形成性评价和总结性评价等一系列重要理论基础。20 世纪 60 年代初，加涅等人将系统论思想与任务分析、行为目标和标准参考测试等理论与方法有机结合，提出了早期的“系统化教学”模型。60 年代末至 70 年代初，教学系统方法在教育技术领域日益受到重视。人们在实践中建立了许多系统设计教学的理论模型，教学系统方法成为教育技术的核心思想和基础理论。

总而言之，教育技术的发展虽然被划分为不同的阶段和研究领域，并且彼此间的起源与发展过程也不相同，但是教育技术的发展不是简单的技术替代，各个阶段与领域通过逐步交叉、融合，最终于 20 世纪 70 年代形成了独立的整体——教育技术。因此，教育技术是由不同理论和技术、方法（研究领域）整合而成的一种分析、解决教学问题的综合技术。

1.3.2 我国教育技术的产生和发展

欧美等发达国家的教育技术起源于视听教育的发展和运动，我国的教育技术是受欧美视听教育的影响发展起来的，以电化教育的出现为标志。我国教育技术的发展主要分为两个阶段：第一阶段为电化教育的形成与发展阶段；第二阶段为电化教育向教育技术的全面发展阶段。

1. 电化教育的形成与发展

20世纪20年代到40年代，幻灯、电影等媒体在教育中的应用，拉开了我国电化教育的序幕。20世纪20年代，在美国视觉教育运用的影响下，伴随着电影、幻灯片等先进媒体的传入，我国一些大城市的教育机构开始利用无声电影、幻灯片等进行教育教学活动。从20世纪30年代开始，电影和广播教学在我国更为广泛地开展起来了。大量的自发活动受到当时政府教育部门和学者们的注意，视听教育从而得到了初步的推广应用，1936年“电化教育”的名称得以确认。一些电化教育的理论文章和专著相继发表，1936年，上海成立了“中国电影教育用品公司”，并出版了我国最早的电教刊物——《电化教育》周刊。1937年，上海商务印书馆出版了我国第一本电教专著，即由陈友松先生著述的《有声教育电影》。总的来说，当时的电化教育起步不错，并取得了不少实绩，但由于政治腐败、经济落后、科学技术不发达，电化教育没有得到大面积推广，也未能广泛地开展起来。

新中国成立后，20世纪50年代到60年代中期，我国电化教育步入初步发展期。1949年文化部科学普及局成立了电化教育处，负责领导全国的电化教育工作。随后社会电化教育得到不同层次的发展。部分省市相继创办了广播函授大学和电视大学，利用无线电广播、电视等媒体大力开展社会教育。高等学校中，有的院校开设了电教课程，有的院校成立了专门的电教中心。在普通教育上，北京、上海等城市先后成立了电化教育馆，负责开展基础教育中的电化教育工作。但1966年“文化大革命”的爆发，使整个教育事业受到严重摧残，方兴未艾的电化教育遭到严重破坏，电教机构被撤销，人员被解散，设备、资料被破坏。我国电化教育发展被迫停止下来。

20世纪70年代后期到80年代，我国的电化教育事业得到迅速发展。主要表现为：在全国范围内，恢复并新建了各级电教机构；引进了大批先进的电教设备；逐步有计划地改善学校的电教设备状况；编制了一批广播电视教育和学校电化教育教材，为各级各类学校开展电化教育创造条件；广播电视教育和卫星电视教育得到迅速发展；重点高等院校开设教育技术专业，形成了包括专科、本科、研究生三个层次的人才培养体系，为国家培养了大批的电化教育人才。这一时期，电化教育的发展规模与速度在我国历史上是前所未有的，并为教育技术事业的发展奠定了坚实的基础。但当时主要偏重硬件建设和媒体技术的研究，软件开发和教学系统设计的研究涉足不够。

2. 电化教育向教育技术的全面发展

电化教育向教育技术的全面发展主要表现在以下几个方面。

（1） 教育技术研究重心的变化。

随着与国际同领域交流的增加，国外教育技术发展的理论与实践不断被吸收进来，同时，我国教育技术工作者结合我国实际，开始重新审视教育技术的研究领域和发展方向。我国的教育技术领域开始出现一系列的新变化。教育技术的研究重点从电化教育与传统教学、现代媒体与传统教学的优劣比较，转向了对多媒体教学、教学设计、教育技术与课程整合等原理的研究与应用。

（2）　教育技术软件和硬件建设得到飞速发展。

全国广泛开展电化教育系统的工程建设，硬件设备由模拟转向数字。全国各地的教育机构与学校，努力搭建并拥有自己的校园网平台，组建不同层次的多媒体教室，使当代的教育事业在信息化的环境中开展。与之相配套的各种软件资源也越加丰富与完善，各种音频、视频课件，多媒体课件、数字资源库和网络课件等都得到全方位的开发。

（3）　远程教育在信息化环境中发展到全新的阶段。

随着因特网在中国的普及，人们日益增长的学习和继续教育的需要，在网络中得到一定程度的满足。利用因特网为平台开展的现代远程教育，是远程教育发展的新阶段。

（4）　教育技术学科建设得到飞速发展。

到 2000 年底，全国已有百余所高校设立了本、专科教育技术学专业，10 余所高校被批准建立了教育技术学硕士点，三所高等师范院校设立了博士点，从而构成了一个包括专科、本科、硕士点、博士点在内的完整的教育技术学学科专业体系，培养了一批教育技术专业队伍。

总体来说，电化教育向教育技术发展时期，是教育技术在我国历史上发展最为关键、最为迅速的时期。其间现代通信技术、多媒体技术、网络技术等新技术，以及建构主义学习理论、教学系统设计理论等新理论，先后介入我国教育技术领域，并对教育技术的理论建设和实际应用产生了重大影响，我国的教育技术跨入了一个新的高度。

1.4　现代教育技术的发展趋势

随着教育技术理论研究和实践领域的扩展，人们发展教育技术的发展与科学技术的发展结合密切。21 世纪，电子技术、计算机技术和通信技术进入了飞速发展阶段，这也决定着教育技术已进入信息化发展阶段，正朝着网络化、多媒体化的方向发展。

1.　教育资源的多媒体化、组织结构的非线性化

多媒体技术的应用、多媒体优化组合形成的多媒体系统的应用是教育技术多媒体化发展的两大趋势。多媒体技术能综合处理文本、图像、视频、音频和动画等多种媒体信息，具有感官的多重刺激性和操作的实时交互性等特点，不仅能丰富师生的教学资源，而且能调动学生的参与性和开发学生的探索精神。因此，多媒体技术在教育技术中占有重要位置，也是教育技术发展的主流趋势。同时，传统教育信息的线性组织结构，不符合人类思维、记忆网状结构的特点，因此传统教育在一定程度上限制了学生潜能的开发和自由联想能力、创造能力等的发展，所以现代教育资源的组织结构将向着非线性化的方向发展，以求最大程度地开发人的智慧和能力。

2.　教育平台和教学形式的网络化

卫星电视网络、Internet 是教育平台网络化的两个方面。教育平台网络化，使得教育体制和教学模式发生了根本变革。基于网络环境的教育模式不受时间、空间和地域的限制，使教育的多样化、全民化、终身化和国际化成为可能。基于网络教育平台，人人都能得到一流教师的指导，进入世界知名学府学习，还可以在任意时间任意地点通过网络自由学习、工作或娱乐。网络环境下的教学模式，不仅可以是个别化教学、协作型教学，还可以是两者的结合。它为网络教学、远程学习、虚拟实验等新的教育形式奠定了基础。

3. 现代教育技术应用模式多样化

现阶段，教育技术在教育中的应用形式主要有 4 种：(1) 基于视听媒体和计算机的多媒体教学形式；(2) 基于卫星网络的远程教学形式；(3) 基于 Internet 的网络教学形式；(4) 基于计算机仿真技术的“虚拟现实”教学形式。前三种技术因为出现较早，应用范围广泛，人们都很熟悉。虚拟现实技术是计算机科技发展的最新领域，具有自主性、实时交互性、多感知性等特征，因此它是教育技术发展的主要趋势之一。

4. 学习资源系列化

教育信息化程度的提高，促使教学设施、教学体系、教学资料等学习资源逐步成套化、系列化。学习者能够在特定的学习条件下，依据具体的学习目标，有效地选用相应的学习资源。学习资源系列化为社会化和终身化的教育提供了环境和保障。现代教育技术进入信息化发展阶段以后，“教育”不再是传统意义上的教育，无论是在观念上、模式上，还是在对象上、主体上都已发生了根本的变化，教育的信息化给教育本身带来了全新的概念。

本章小结

本章介绍了现代教育技术的基本情况，包括教育技术的基本概念、教育技术研究的内容、现代教育技术的基本概念、现代教育技术与教育现代化、美国教育技术的产生和发展、我国教育技术的产生和发展以及现代教育的发展趋势等内容。学完本章内容应该对现代教育技术有一个比较清楚的认识，并了解其发展的概况和发展趋势。

习　题

(1) 简述教育技术的概念和主要研究内容。
(2) 教育技术与电化教育的关系是什么？
(3) 简述我国教育技术发展经历的主要阶段。
(4) 教育现代化主要体现在哪些方面？

参考文献

[1] 尹俊华．教育技术学导论（第二版）．北京：高等教育出版社，2002.8.
[2] 何克抗．教育技术学（第一版）．北京：北京师范大学出版社，2002.10.
[3] 张剑平．现代教育技术——理论与应用（第二版）．北京：高等教育出版社，2006.
[4] 南国农．信息化教育概论．北京：高等教育出版社，2004.6.
[5] 祝智庭．现代教育技术——走进信息化教育．北京：高等教育出版社，2004.10.
[6] 张立新．教育技术的理论与实践．保定：河北大学出版社，2003.2.
[7] 余武．教育技术——信息时代教与学（第一版）．合肥：中国科技大学出版社，2002.9.
[8] 李芒．现代教育技术．长春：东北师范大学出版社，2006.5.

第 2 章　现代教育技术的理论基础

教学目标：

- 掌握现代教学的五大理论。
- 掌握现代学习的三大理论。
- 了解传播理论的模式、组成和应用。
- 掌握系统科学的理论、原理和方法。

现代教育技术是一门综合性的学科。它与许多学科的理论相互交叉、相互渗透。因此了解现代教育技术的相关理论，是掌握现代教育技术原理和方法的基础。现代教育技术的理论基础是多方面、多层次的。这些学科相关理论的发展变化所引发的教育技术学理论基础的每一次发展变化，都会推动教育技术的发展演变。这里简单介绍与现代教育技术理论体系的建立和实践关系最直接、最密切的现代教学理论、现代学习理论、教育传播学理论和系统科学理论。

2.1　现代教学理论

教学，概括地讲，是指在教育目的规范下的，由教师的教和学生的学共同组成的一种教育活动。可见，教学是教师和学生以课堂为交往的主渠道，以知识传授为基础的过程。通过教学，学生在教师有计划、有步骤的引导下，主动地掌握系统的科学文化、知识和技能，发展智力，发展体力，陶冶品德、美感，形成全面的个性，是教与学的统一活动。

2.1.1　戴尔的视听教学理论

1946 年，美国教育技术专家爱德加·戴尔（Edgar Dale）在他编写的《视听教学法》（*Audio-Visual Methods in Teaching*）一书中，提出了以“经验之塔”（ConeofExperienc）为核心的视听教学理论。他总结了视听教育的经验，研究了录音、广播等视听教学手段怎样在教学中使用，提出了相关的教学理论。戴尔认为，人类学习知识，一是由自己直接经验获得；二是间接由他人经验获得。他把人类学习的经验分为做的经验、观察的经验和抽象的经验三大类，并按抽象程度分为 10 个层次，运用“经验之塔锥形图”进行表示，如图 2-1 所示。

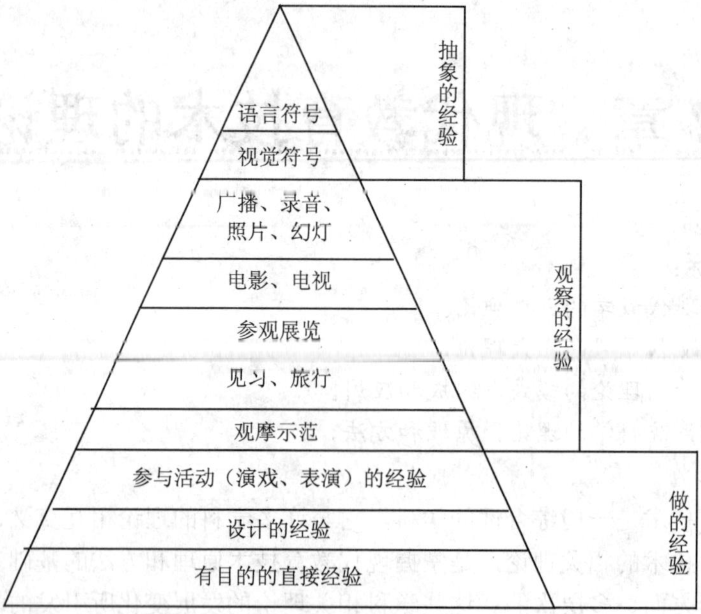

图 2-1　戴尔的经验之塔

1.　“经验之塔”的理论结构

（1）　做的经验（Doing）。

位于塔的底部，都含有亲自的“活动”，因此获得的是直接做的经验。

- 有目的的直接经验（Direct Purposeful Experience）。

指通过直接与客观事物接触所取得的经验，是从生活中总结出来的最丰富、最具体的经验，是教育的基础。戴尔认为获取直接经验的目的是，为了帮助学习者更好地从感性认识上升为理性认识，从而更好地通过科学抽象，形成概念。

- 设计的经验（Contrived Experiences）。

指通过设计、制作客观事物的模型、标本等学习材料所获得的经验。尽管人工设计、仿造出来的模型、标本等，与原来事物的大小、结构和复杂程度有一定差别，但形象类似。这种通过模型简化了的经验，使复杂的实际事物更易于理解。

- 参与活动的经验（Dramatic Experiences）。

指通过演戏、表演等活动，再现某种真实情景，使人获得接近于直接经验的有关经验。人生有许多事情或知识不能靠直接经验体会到，例如历史知识、社会观念等，但可以通过参与演戏、表演等活动获得类似的经验。参与演戏或表演的活动者与观看者相比，前者获得的经验、知识更加深刻，后者只能获得间接经验。

（2）　观察的经验（Looking）。

位于塔的中部，共包括 5 层，它们均含有“观察”的成分，故称为“观察的经验”，其排列层次越往上抽象的程度越高。这五个层次都是通过看、听事物的图像和声音取得的，其中学习者虽是旁观者，但它们在“观察”的过程中获得了替代的经验。

- 观摩示范（Demonstrations）。

是将重要的事实、观念与过程用形象化动作（示范）呈现出来，学习者通过有目的的观察而获得经验。为了使示范教学取得好的效果，应强调学习者积极参与，以便获得更多的直接经验。这种方式在教学上得到广泛应用，如教师先做演示，然后让学生去试做。

- 见习、旅行（Field Tours）。

为了观察课堂上看不到的事物，学习者通过参观、访问和考察活动，能看到真实事物和情景，从而获得在教室或实验室难以得到的直接体验。

- 参观展览（Exhibits）。

展览陈列的一般有实物、模型、照片等，这些东西都具有一定的典型性，组合在一起以说明某一事件的特定意义。参观展览看到的实物要比真实事物更突出、更集中，便于学生获得观察的经验。

- 电影（Movie）、电视（Television）。

电影和电视是用图像和声音相结合的表现方式，形象化地再现现实生活。学习者通过观看它们，可以获得一种间接的、替代的经验。电影、电视不受时空限制，将过去的或遥远的事物呈现在眼前，把原来变化太快或太慢的现象，用适当的速度去呈现，使人看得真切，理解深刻，有身临其境之感，因而能取得较好的学习效果。

- 广播（Radio）、录音（Recording）、照片（Picture）、幻灯（Still Pictures）。

它们可分别提供视觉与听觉经验，可以为学习者提供单一的视听刺激。与声画同步的电影、电视提供的经验相比，真实性差一些，抽象程度较高，学习经验的收获也就差一些。

（3） 抽象的经验。

位于塔的顶部，其抽象层次最高，是抽象化了的东西。这两个层次的经验都是通过看、听或用事物抽象化的符号而取得的，学习者在学习的过程中获取了抽象的经验。

- 视觉符号（Visual Symbols）。

指图表、模拟图形等抽象的视觉符号，如地图上表示河流、铁路、城市、沙漠等各事物的视觉符号。在视觉符号里，看不到事物的真实形态，看到的只是一些抽象的代表物。由于视觉符号一般较难理解，因此在教学中使用符号一方面要适合学习者的理解水平，另一方面应培养学习者使用符号的能力，因为抽象的经验更具有普遍意义。

- 语言符号（Verbal Symbols）。

语言是交际和思维活动的工具，包括口头语言和书面语言。语言是表示事物最抽象的符号，位于塔的顶端。语言把具体事物抽象成为一种与事物本质完全不相同的代表符号，如口头语言符号的声音，书面语言符号的文字，可代表某种事物、观念、原理、公式等。在教学过程中，语言符号总是与“经验之塔”中其他的材料一起发挥作用的，学生在自己的全部学习经验中，都不同程度地进行着抽象思维。

2. “经验之塔”的理论要点

底层的经验最具体、最直接，越往上越抽象。底层的经验易于理解和记忆；顶层的经验易于获得概念，便于应用。

教学活动应从具体经验入手，逐步进入抽象经验。人类的学习过程应遵循由直接到间接，由具体到抽象的渐进原则。教学中应充分利用各种学习途径，使学习者的直接经验与间接经验产生有机联系。

教学的最终目的是使学习者获得更多的抽象经验。因为概念是思维推理的工具，它使探究知识的智力过程大大简单化、经济化。因此教学不能仅限于直接经验，必须引导学习者向抽象思维发展。

位于“塔”的中间部位的视听教学媒体，比顶层语言和视觉符号要具体形象。相比底层的直接经验，又能突破时间和空间的限制，且概括化程度高，有利于具体的事物与抽象的概念产生联系，有利于学生的学习经验由具体发展到抽象。

教学活动中综合运用各种媒体，可以使教学活动更具体，也能为抽象概括创造条件。同时应依据具体情况，如学生的经验水平、教学内容、教学时间等，合理有效地进行媒体选择，以达到教学效果的最优化。

以经验之塔为核心的视听教学理论在教育技术的发展过程中发挥了重要作用，即使到了今天，它仍然具有基本的理论作用。视听教学理论是教育技术的一个重要的理论基础。

2.1.2 布鲁纳的认知结构教学理论

19 世纪 50 年代末，美国心理学家布鲁纳（Bruner）提出了认知结构教学理论，并在 1960 年出版的《教育过程》一书中，对其进行了详细阐述。

布鲁纳强调对学科基本结构的学习。他认为，无论选教什么学科，务必使学生理解学科的基本结构，即概括化的基本原理或思想，也就是要求学生以有意义地联系起来的方式去理解事物的结构。他认为教师不可能给学生讲遍所有的事物，要使教学真正达到教学目的，教师必须使学生能在某种程度上获得一套概括了的基本思想或原理。这些基本思想、原理对学生来说，就构成了一种最佳的知识结构。知识的概括水平越高，知识就越容易被理解和迁移。

布鲁纳在教学方法上提倡发现法。他认为学习不在于被动地形成刺激与反应的联结，而在于通过主动地发现形成认知结构，学习的任何一个步骤都是主动过程，是主动获取知识和不断发展智能的过程。他指出：“我们教师的目的在于：我们应当尽可能地使学生牢固地掌握学科内容，我们还应当尽可能地使学生成为自主而自动的思想家；这样的学生当他在正规学校教育结束后，将会独立地向前迈进。”他认为在学习行为中，包含着三个几乎同时发生的过程，即新知识的获得、知识的转换和知识的评价。这三个过程实际上就是学习者主动建构新知识结构的过程。新知识的获得表现为对先前知识的重新提炼，或者对先前知识的替代；知识的转换是处理知识，是它适合新任务的过程；知识的评价则是核定处理知识的方法是否适合学习的任务，概括是否适当，运算是否正确等。他认为发现法有四个效果：提高智慧潜力；使外来动机向内在动机转移；学会发现的试探法；有利于保持记忆。

布鲁纳主张，教学应着眼于儿童认知结构扩展以促进认知能力的发展。儿童认知能力的发展应该是教学活动的核心任务，课程的设计，方法的选择均要以此为中心，并为此服务。即学科的知识结构必须与儿童的认知结构特征相适应，教育过程应依据儿童各年龄阶段的认知结构的特点进行，使教学过程本身成为促进儿童智力发展的过程。

2.1.3　布鲁姆的掌握教学理论

布鲁姆（B.S.Bloom）是美国当代著名心理学家。他的“掌握学习”理论自 1986 年经介绍进入我国，并对我国中小学，特别是初中教学产生了较大的影响。“掌握学习”理论以“人人都能学习”这一观点为基础，着眼于现实，以现有条件来改变现状，即以存在着个别差异的学生组成的班级为前提，以传统的班级教学方式来实施，使所有的儿童都能学会学校应教的东西。它是反映当代著名教育心理学家布鲁姆的基本教育观的重要教学理论。

布鲁姆认为，只要给予足够的学习时间和适当的教学条件，几乎所有的学生对几乎所有的学习内容都可以达到掌握的程度（通常要求达到完成 80%～90%的评价项目）。为了能提供适当的学习条件，布鲁姆确定了影响学生学习的三个主要变量，即“三大教学变量”：先决认知行为、先决情感特点和教学质量。布鲁姆指出：一项学习任务所需的必要学习往往代表了一项学习任务所需的一定的知识和技能等内容，如果在这些知识和技能上有欠缺，那么学生在学习下一个学习任务中，就会遇到困难，在以后的连续学习任务中，他就会困难重重。因而，在完成各个学习任务的成绩上的许多差异，都是由于学生在学习新任务开始时就具有的知识、技能和以前成绩上存在的差异造成的。如果学生对学习任务缺乏必要的预先学习，那么从理论上说，他是不可能较好地按照学习要求进行学习的。这种某项学习任务所需的必要学习就是“先决认知行为”，它是学生学习中出现差异的一个主要变量。“先决情感特点”是指学生受到激励或能够受到激励去参与学习过程的程度，是兴趣、态度和自我观念的一种复杂的情感组合。它是影响学生学习的一个主要变量。学校的“教学质量”是在学校和教师直接控制下发生变化的，它对学生的学习和学习过程有明显的重要影响，因而也是影响学生学习的一个主要变量。

布鲁姆设计了掌握学习的程序。在掌握学习中，教师根据学习任务确定最基本、最关键的教学目标，然后将教程分成一系列小的学习单元。每个学习单元包含一小组课，通常需要 1～10 小时的学习时间。对于教学目标的表述，布鲁姆认为根据教学目标不同的类别采用清楚的行为界定来描述。布鲁姆将教学目标分为认知、情感和动作技能三类。认知领域的目标又分为知识、领会、应用、分析、综合和评价等类型。教师在展开教学内容之前，要明确告诉学生学什么，怎样学习，达到什么程度等。然后教师编制出一些简单的诊断性测验，这些测验提供了学生对单元中的目标掌握情况的详细信息。授课前，对必要的预备知识给予充分的重视。教学时，仍采用集体授课形式。在讲授完一个单元后，对全班学生进行单元形成性测验。测验后，教师出示标准答案，由学生自己评分。若成绩达到 80～85 分，就已经掌握目标要求；若没有达到这一成绩，则需要对学习进行矫正，采取多种方法辅导学生重新学习这个单元的部分或全部，然后对未掌握的学生再进行测验，评价掌握的水平。

2.1.4　罗杰斯的人本主义教学理论

罗杰斯（Rogers）是美国著名的人本主义心理学家。罗杰斯强调“以学生为中心”的教育理念。他认为学生是学习活动的主体，他们具有自我实现的潜能，有自我认识、自我指导、自我评价和自我发展的能力。教师的职责是促进学习者的自我实现，为学生创设一个良好的环境，建立和谐、融洽的师生关系，使学生的潜能得以发挥，独立个性得以形成。罗杰斯将心理咨询中的非指导性方法移植到课堂教学中，提出非指导性教学思想。"非指导"的含义是尽可能少地用直接告诉、简单命令、详细指示等形式，更多地运用间接的、不命令的、启发性的形式。他认为教师应把学生的感情和问题所在放到教学过程的中心地位，自己的发言有所节制。他强调情感、价值、态度等因素在学习中的作用，认为学生在较少威胁的情境下主动自发地学习才会取得良好的学习效果。罗杰斯认为课堂教学中，必须遵循的主要原则如下。

- 教师与学生共同承担责任，如一起制定课程计划、管理方式等。
- 教师应鼓励学生将已有的知识与经验带入课堂，愿与学生分享教师自身的学习经验或其他经验，并为学生提供社会实践活动和各种参考资料。
- 提供能够促进学生学习的良好氛围。
- 学生自己确定学习目标，并承担责任。
- 教师让学生单独或与其他学生共同制定他们自己的学习计划。
- 学生学习的重点是学习过程的持续性，学习的内容是次要的内容。
- 学生与教师共同对学生的学习情况进行评价。
- 促使学习以一种更快的速度更加深刻地进行下去，并能更广泛地深入进学生的生活与行为。

2.1.5 赞柯夫的发展教学理论

赞柯夫是前苏联著名教育学家、心理学家。他认为教学改革的方向是促进学生的一般发展。即"是指儿童个性的发展，他的所有方面的发展。一般发展也和全面发展一样，是跟平均的、片面的发展相对立的。"一般发展既不等同于"全面发展"，也不取代"全面发展"。前者指问题的心理方面，后者指社会方面。赞柯夫发展教学理论的基本观点是："以最好的教学效果，来促进学生的一般发展"，要把"一般发展作为教学的出发点和归宿"；"只有当教学走在发展前面时，才是好的教学"，要把教学目标确定在学生的"最近发展区"之内。教学要有一定的难度，要让学生"跳起来"才能摘到"桃子"。

赞柯夫通过自己的实验研究，总结出教学实验的原则：以高难度进行教学的原则，旨在引起学生的思考，促进学生特殊的心理活动的进程，难度应限于"最近发展区"，而不是无限度地难；以高速度进行教学的原则；理论知识起主导作用的原则，让学生掌握规律性的知识，以便学生能举一反三；使学生理解学习过程的原则，目的是要学生掌握知识之间的联系；使全班学生包括后进生都得到发展的原则。

2.2 现代学习理论

学习理论是揭示人类学习的本质和规律，解释和说明学习过程的心理机制，指导人类学习特别是指导学生学习和教师课堂教学的心理学原理或学说。在现代教育技术的理论体系中，学习理论是处于核心地位的。灵活掌握学习理论，对我们全面地认识学习过程的本质和规律，指导学生的学习和教师的教学乃至从事学习理论的深入研究都有十分重要的意义。由于哲学观点、视野和研究方法的不同，当代学习理论存在着不同的派别，其中对教育技术理论和实践影响较大的学习理论有：行为主义的学习理论、认知主义的学习理论和建构主义的学习理论。

2.2.1　行为主义学习理论

行为主义学习理论是 20 世纪 20 年代在美国产生的，在 20 世纪 60 年代以前一直作为占统治和主导地位的心理学派而存在。学习是刺激与反应的联结、学习过程是一种渐进的“尝试与错误修正”，强化是学习成功的关键，是行为主义学习理论的基本观点。斯金纳是行为主义学习理论的代表人物之一，他的主要贡献是对程序教学的研究。

斯金纳通过长期的研究，形成了学习和机器相联系的思想，制造了教学机器来实现小步子呈现信息、及时强化的程序教学。程序教学的思想被广泛应用于计算机辅助教学之中，具有一定的教学指导意义。程序教学的基本方法是：向学习者呈示一个小单元的信息作为刺激——学习者通过填空或回答的方式对其做出反应——反馈系统对反应做出评价——如回答错误，反馈错误的原因；如回答正确，则反应得以强化——进入下一单元的学习。刺激——反应——强化过程不断重复，直至学习者完成程序的学习。

程序教学的基本思想是：

- 将教学内容分解为小步子的逻辑序列。
- 学生在学习过程中应做出积极反应。
- 对学生做出的反应给与即时的反馈和强化。
- 学生在学习中可根据自己的情况，自定步调和学习进度。
- 学生尽可能地做出正确的反应，使错误率降低到最小限度。

斯金纳的程序教学原理已广泛运用于当今的计算机辅助教学，但行为主义学习理论在研究中未考虑人们的意识问题，只是强调行为，否定人的主观能动作用，将人视为消极被动的机械结构，因此在许多问题上难以自圆其说，从而导致了认知主义学习理论的发展。

2.2.2　认知主义学习理论

认知是指人们获得知识或应用知识的过程，或信息加工的过程。美国心理学家吉尔伯特（G A Gilbert）认为：“认知是一个人了解客观世界时所经历的几个过程的总称，它包括感知、领悟和推理等几个比较独特的过程。”随着行为主义学习理论在斯金纳时期达到鼎盛之后，认知主义学习理论逐步取代了行为主义学习理论，并在 20 世纪 60 年代在心理学派中逐步取得主导地位。认知主义学习理论源于德国的格式塔心理学，它强调学习并非是盲目的，而是有意识的，通过主体的主观作用实现。它用综合研究的方法，注重整体的特性，认为个人是一个有组织的整体，而不是各部分的简单之和。认知主义学习理论与行为主义学习理论的最大区别在于，认知主义理论家们只关心人类的学习。认知主义学习理论强调学习者内部的心理过程，这与行为主义者只关注外显行为、无视心理过程的观念有明显区别。并且主张学习是顿悟，重视创造性，重视理解。认知主义学习理论主要包括布鲁纳的认知发现学习理论、奥苏贝尔的认知同化理论、加涅的信息加工理论等。

认知主义学习理论认为人的认识不是由外界刺激直接给予的，而是外界刺激和认知主体内部心理过程相互作用的结果。根据这种观点，学习过程被解释为每个学习者根据自己的态度、需要、兴趣、爱好并利用过去的知识与经验对当前学习者的外界刺激（例如教学内容）做出的主动的、有选择的信息加工过程。教师的任务不是简单地向学习者灌输知识，而是首先要设法激发学习者的学习兴趣和学习动机，然后再将当前的教学内容与学习者原有的认知结构（过去的知识和经验）有机地联系起来。学习者不再是外界刺激的被动接受器，而是主动地对外界刺激提供的信息进行选择性加工的主体。下面主要介绍布鲁纳的认知发现学习理论。

布鲁纳（J.S.Bruner）是美国当代著名的心理学家和教育家，他的主要研究领域是儿童认知发展和认知学习，并非常重视对人类课堂情景中的学生学习问题的研究。他根据自己的研究结果提出的认知——发现学习理论，是当代主要流派之一。

布鲁纳认为，知识的学习就是在学生的头脑中形成各学科知识的认知结构，即学习事物间是怎样相互关联的。而掌握一门学科的结构，是以许多其他事物富有意义的、与它联系的方式去理解它。学习或教学所要达到的真正目的是使学生在某种程度上获得一套概括了的基本思想或原理。他强调学习一般原理的重要性，同时他还认为，应该培养学生具有探索新情境，提出假设，推测关系，应用自己的能力解决新问题、发现新事物的态度。由此，他提倡“发现学习”的学习方式。发现学习主要是指学生独立地获得知识的学习方式。他主张教学应创造条件，让学生通过参与探究活动而发现基本原理或规则。

布鲁纳提出的发现学习的一般步骤有：第一，提出和明确使学生感兴趣的问题；第二，学生面对新问题、新情境，在思维中产生某种程度的不确定性，并产生探究的动机；第三，围绕问题，向学生提供有助于问题解决的材料或事实；第四，协助学生对有关材料与事实进行分析，让学生通过积极思维，提出各种解决问题的可能途径和假设；第五，协助和引导学生审查假设，得出应有的结论；第六，引导学生用分析思维去证实结论；第七，使问题得以解决。

对现代教育技术而言，认知主义的学习理论告诉我们不能仅仅停留在对学习内容和所提供的材料的研究上，还必须研究在应用现代教育技术过程中，学生的学习心理发生了哪些变化。要针对学生的心理，通过运用多种教学媒体来充分调动学生这个学习主体的积极性，使他们能积极、主动地进行思维活动。

2.2.3 建构主义学习理论

建构主义学习理论是当今指导教育、教学改革的主要理论基础之一，是学习理论由行为主义发展到认知主义以后的进一步发展。行为主义注重外部刺激的设计，认知主义强调知识结构的建立，而建构主义则关注学习环境的设计。建构主义者主张，世界是客观存在的，但是对于世界的理解和赋予意义却是由每个人自己决定的。我们是以自己的经验为基础来建构现实的。由于个体的经验以及对经验的信念不同，于是对外部世界的理解也各异，所以建构主义者更关注如何以原有的经验、心理结构和信念为主来建构知识，强调学习的主动性、社会性和情境性。瑞士著名的儿童心理学家和发现认识论专家皮亚杰（J.P.Piaget）是建构主义学习理论的主要代表人物之一，他提出的建构主义学习理论源于他对儿童的认识（认知、智力、思维等）的发展和结构的研究。

建构主义学习理论认为学习是学习者在与环境交互作用的过程中主动地建构内部心理结构的过程。知识不是通过教师讲授得到的，而是学习者在一定的情境即社会文化背景下，借助其他辅助手段，利用必要的学习材料和学习资源，通过意义建构的方式而获得的。所谓建构是指事物的性质、规律以及事物之间的内在联系。在学习过程中帮助学习者进行知识意义的建构就是要帮助学习者对当前学习内容所反映的事物的性质、规律以及该事物与其他事物之间的内在联系达到较深刻的理解。这种理解在大脑中的长期存在形式就是关于当前所学内容的认知结构。由于学习是学习者在一定的情境即社会文化背景之下，借助其他人（包括教师、同学、同伴等）的帮助，即通过人与人之间的协作活动而实现的主动建构知识意义的过程，因此建构主义学习理论强调以学习者为中心，认为“情境”、“协作”、“交流”和“意义建构”是建构主义学习环境中的基本要素或基本属性。

建构主义学习理论的基本学习观点是：① 以学习者为中心；② 学习是学习者主动建构内部心理特征的过程，强调学习过程中要充分发挥学习者的主动性；③ 学习过程同时包括两方面的建构，既包括对旧知识的改组和重构，也包括对新信息的意义建构；④ 学习既是个别化行为，又是社会性行为，学习需要交流与合作；⑤ 强调学习的情境性，重视教学过程对情境的创设；⑥ 强调资源对意义建构的重要性。

基于以上的观点，建构主义学习者提倡的恰当的学习应是在教师指导下的，以学生为中心的学习。学生是知识意义上的主动建构者；教师是教学过程的组织者、协调者和促进者；教材所提供的知识不再是教师讲授的内容，而是学生主动建构意义的对象；媒体也不再是帮助教师传授知识的手段、方法，而是用来创设情境、进行协作式学习和会话交流的，即作为学生主动学习、协作式探索的认知工具。

建构主义以其对学习的理解为基础，就教学内容的选取与组织和教学过程的设计提出一系列的教学策略，如支架式教学、抛锚式教学等策略。支架式教学就是教师为学习者营造一个解决问题的概念框架，通过适当的启发引导，帮助学生沿框架逐步攀登，并逐渐放手让学生自己继续向更高水平攀升。抛锚式教学是以真实事例或问题为基础，让学生到现实世界的真实环境中去感受、去体验，通过获取直接经验来学习。

行为主义学习理论和认知主义学习理论虽在一定程度上相对立，但它们都认为世界是现实的、外在于学习者的，属于客观主义认识范畴。客观主义认为，世界是真实的，具有结构性的，因此存在着有关世界的可靠知识。学习者在学习中就是要获取这些知识。教师的教学就是传授这些知识。学习者可以在学习中获得与教师同样的理解。建构主义对于知识的认识是与客观主义相对立的。建构主义认为，学习者的知识应该是他们在与环境的交互作用中自行建构的，而不是灌输的。知识的学习没有统一的水平，应以个人经验为依据，不存在唯一的和客观的真实，是知者构造了实在或至少是按他自己的经验解释了实在。可见，客观主义偏重于教的方面，而建构主义则特别侧重于学的方面。

2.3 教育传播学理论概述

传播，是指传播者运用符号——词语、体语、数字、图片、图表等，传递思想、感情、知识、技能等信息内容，以影响受传者的行为，或达到信息交流和信息共享的行为或过程。传播是一种社会行为，它具有传播信息、协调行为、教育、娱乐等功能。而传播学是一门研究人类传播行为的科学。是随着广播、电视、报刊、报纸等传播媒体的发展，逐步从社会学、心理学、政治学等学科分离出来的一门学科。包括信息、符号、传播媒体、传播过程、传播效果等理论内容。在传播学中，按社会传播的类型，传播通常包括人际传播、组织传播、大众传播和教育传播。传播的基本特征是：传播是传播者和受传者传递、接收与反馈信息的完整过程；传播是信息交流、信息共享和不断扩展公式的互动过程；传播是建立和改变人们的认知结构，影响与调节各自行为的过程。

教育传播是由教育者按照一定的要求，选定合适的信息内容，通过有效的媒体通道，把知识、技能、思想、观点等传递给特定的教育对象的一种活动，是教育者和受教育者之间的信息交流活动。它的目的是促进学习者的全面发展，培养社会所需要的各种人才。教育传播具有一般传播的共性，但也有它的特殊性：教育传播是知识技能、思想意识等教育信息的传播；教育传播是有目的、有计划、有组织的信息传播；教育传播是运用各种教育媒体，以求得最优化效果的信息传播。教育传播学是运用传播学理论来研究教育媒体与教育教学过程，并探索媒体在教学过程中的作用机理的学问，因此它是现代教育技术的理论基础之一。下面简单介绍教育传播的主要模式、系统组成和教育传播在教学中的应用。

2.3.1 教育传播模式

传播是一个动态的过程，深入研究传播的有效方法之一，就是通过科学的抽象，将传播的全过程分解为若干个组成要素，并用一些图形、符号把这些要素在传播中的作用、地位和相互关系简要地描述出来，呈现出一种理想化了的“模型”，这就是传播学研究最有特点的模式化方法。学者们应用模式方法分析传播过程，产生许多传播模式，它们集中反映传播学理论研究的成果，是传播理论的核心部分。下面介绍几种在教育传播研究中具有重要意义的传播模式。

1. 拉斯韦尔传播模式

美国政治学家拉斯韦尔（H.D.Lasswell），在1948年的《传播在社会中的结构与功能》一文中提出了传播过程的“5W”模式。他认为“描述传播行为的一个方便的方法，是回答下列五个问题：Who?（谁？）Say what?（说了什么？）In which channel?（通过什么渠道？）To whom?（对谁？）With what effect?（产生什么效果？）”。拉斯韦尔是用文字描述这一传播模式的，后来的研究者将其用图解的模式进行更直观的表述，如图2-2所示。

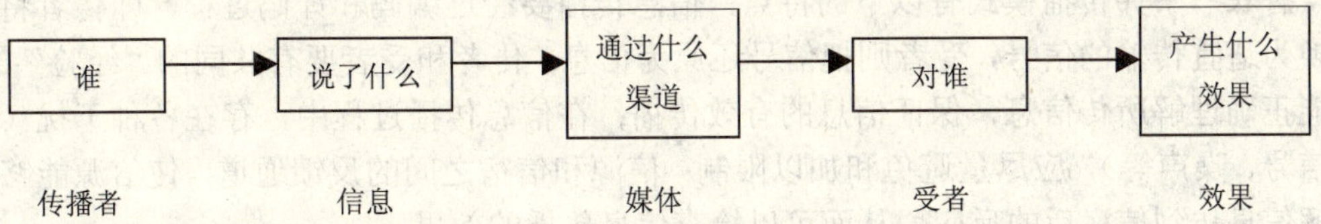

图 2-2　拉斯韦尔“5W”传播模式

拉斯韦尔传播模型揭示了以传播理论为基础的现代教育技术研究和应用分析的五个领域：控制分析，即对传播者的研究，分析传播者（包括个人和社会组织）对传播过程的控制作用；内容分析，即对信息内容的研究，研究传播过程中说什么和怎么说的问题；媒体分析，即对通道的研究，研究各种媒介的性能、特点、选择、传送方式等问题；受众分析，即对传播对象的研究，研究传播对象的兴趣、需要、接收行为及影响的因素；效果分析，即对受传者在接收信息后所产生的意见、态度、思想与行为的变化的研究。拉斯韦尔传播模型在现代教育技术的研究和应用分析中得到广泛应用，但这个模型过于简单，而且忽略了两个重要因素，即忽略了传播的动机和信息的反馈因素。但这一模式对传播研究起过重要的指导作用，对于我们宏观地把握教育传播过程，进行教育传播过程分析具有重要的价值。

2.　香农-韦弗传播模式

香农和韦弗（Shannon-Weaver）在《通信的数学理论》中提出了一个传播的模式，用来解释一般的人类传播过程，如图 2-3 所示。香农－韦弗模式将传播过程分为七个组成要素，并带有双向的反馈系统。这一模式揭示了教育传播的内部过程，即教育信息经过信源（教育者）编码，以一定形式的信号（声音、图像等）传递给信宿（学习者），学习者经过对信号的译码（理解），将信息存储在自己的认知结构中，为自己所利用。学习者在获得信息后，在生理、心理上产生的变化，通过各种渠道反馈给教育者。并且，在教育信息的传播过程中，存在着各种干扰信息，这些干扰信息可以对传播过程的各个要素产生影响，在模式中简要地将其表示为对信道的干扰。

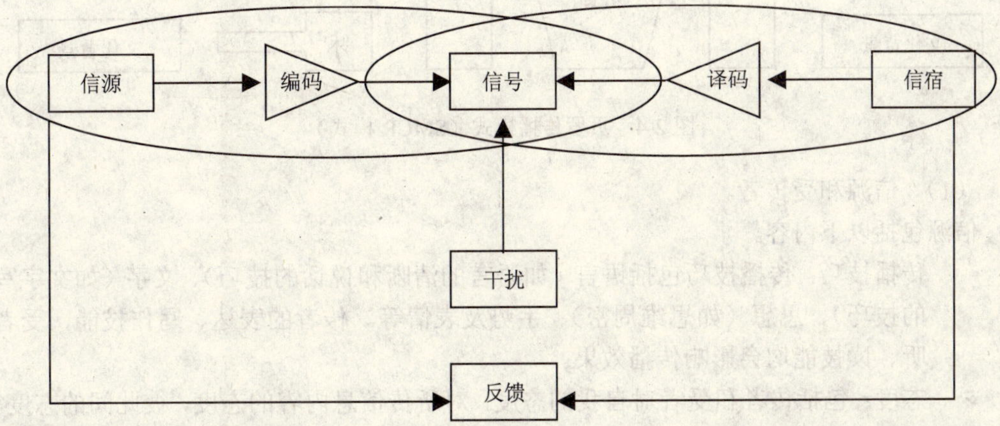

图 2-3　香农－韦弗传播模式

香农－韦弗传播模式有以下的特点：信息传播要经过编码和译码过程，即传者将信息转换为适宜传输的信号，受者则把信号还原为信息；传者和受者要有共同的“经验”部分，才能正确理解所传信息，保证信息的有效传播；在信息传播过程中，存在各种干扰（如其他信号、噪声等），应尽量避免和加以限制；信源和信宿之间的反馈通道，使信源能够及时了解信息传到信宿后的反应，从而可以检查信息传播的效果。

3. 贝罗传播模型

贝罗（D.k. Berlo）传播模式综合了哲学、心理学、语言学、人类学、大众传播学、行为科学等新理论，来解释传播过程中的各个要素。这一模式把传播过程分解为四个基本要素：信源、信息、通道和受传者。贝罗模式也叫 SMCR 模式，S 代表信息源 Source，M 代表信息 Message，C 代表通道 Channel，R 代表接受者 Receiver，如图 2-4 所示。贝罗模式明确而形象地说明了影响信息源、接受者和信息实现其传播功能的条件，说明信息传播可以通过不同的方式和渠道，而最终效果不是由传播过程中的某一部分决定的，而是由组成传播过程的信息源、信息、通道和接受者四部分以及它们之间的关系共同决定的，传播过程中每一组成部分又受其自身因素的制约。

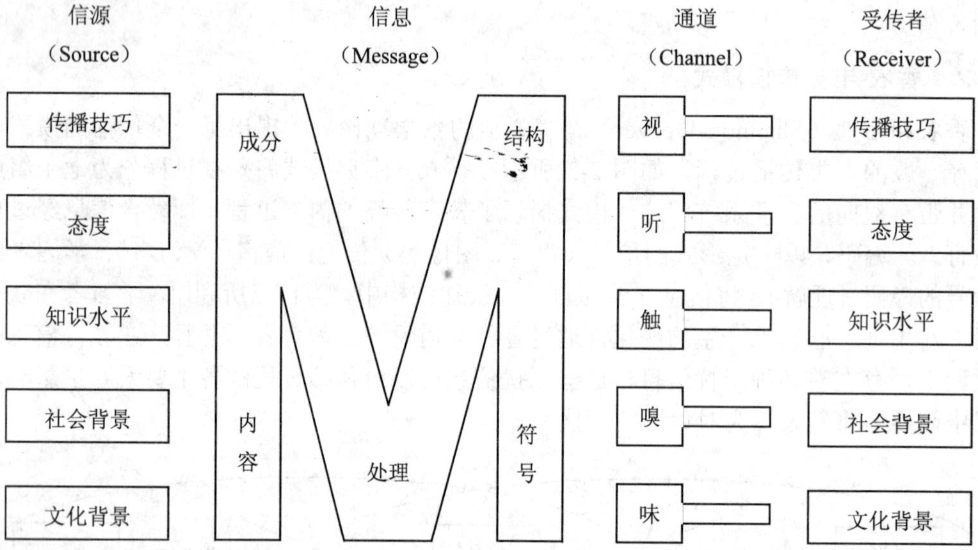

图 2-4　贝罗传播模式（SMCR 模式）

（1）　信源和受传者。

信源包括以下内容。

- 传播技巧：传播技巧包括语言（如语言的清晰和说话的技巧）、文字（如文字写作的技巧）、思想（如思维周密）、手势及表情等。传者的表达、写作技能，受者的听、读技能均会影响传播效果。
- 态度：包括传者和受者对自我的态度，对所传信息内容的态度，彼此间的态度等。
- 知识水平：传者对所传递内容是否完全掌握，对传播的方法是否熟知，受者原有知识水平是否能接受所传递的知识等都将影响最终的效果。

- 社会及文化背景：不同的社会阶层及文化背景也影响传播方法的选择和对传播内容的认知和理解。

（2）信息。

信息包括以下内容。

- 符号：包括语言、文字、图像与音乐等。
- 内容：为达到其传播目的而选取的材料，包括信息的成分与结构。
- 处理："传播者"对选择及安排符号和内容所做的各种决定。

（3）通道。

通道是传播信息的各种工具，如感觉器官、报纸、播音、电影、电视、图表、图画、动画等。传播过程中，信息的内容、符号及处理方式，均会影响通道的选择。不同传播媒体的选择以及它们与传递信息的匹配，会引起对人们感官的不同刺激，从而影响传播效果。例如：什么样的信息适合用体态表达？什么样的信息适合用语言传播？什么样的信息适合用触觉、嗅觉、味觉等方式传输？

贝罗传播模式比较适合于研究和揭示教学传播系统的要素和结构，如 SMCR 相当于教师——课业——手段——学生。教育者应将教学传播过程作为一个整体来研究，注意每一组成部分（信源——教师、信息——教学内容、通道——媒体、接受者——学生）及其复杂的制约因素。运用贝罗模式，联系实际传播条件及要素的具体情况，预测教育传播的效果，发现可能存在的问题。

2.3.2　教育传播系统的组成

传统教学理论将教育者、学习者、学习材料三者作为教学系统的构成要素，我们称之为教学系统的三元模型。从现代教育传播活动的实践来看，媒体发挥着重要的作用。把学习材料看做媒体化的教学信息，学习材料这一要素即可分为"教学信息"和"教学媒体"两部分。因此，教学媒体是现代教学传播系统的要素之一，从而产生了教学传播系统四元模型，如图 2-5 所示。

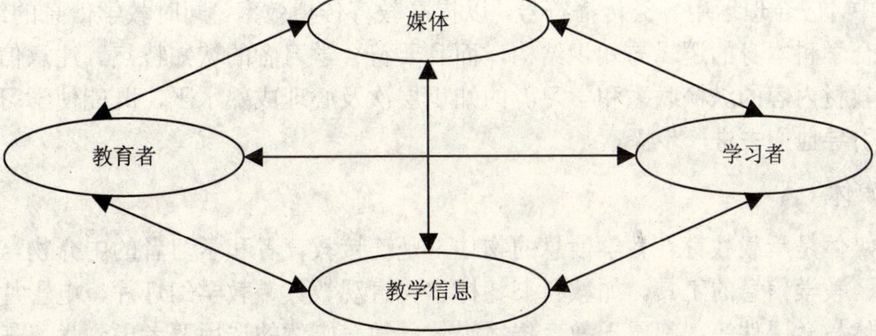

图 2-5　教育传播系统的四元模型

1. 教育者

教育者是教育传播系统中具备教育教学活动能力的要素，是系统中教育信息的组织者、传播者和控制者，如学校中的教师、社团中的指导者、学生家长等。教育者在教学传播系统中起主导作用，因而必须深刻地了解学生要素、内容要素、方法要素和媒体要素及其相互作用关系。充分发挥其主导作用的条件主要有三个方面：一是在所传授的学科领域，教育者与学习者要有一定的知识水平的差距，因此要求教育者不断学习和提高，掌握科学领域的前沿知识；二是要有一定的传授知识的手段和能力，如具有较好的语言表达能力和教学方法，能运用各种教学媒体和教学设施；三是要有一定的调节和控制教学活动的能力，包括对自身、对学生和师生关系的调节和控制。总之，在教学传播系统中的教育者应该精通专业、熟悉教材、了解学生、具有端正的教学态度和良好的传播技能。

2. 学习者

学习者是施教的对象，一般是接受教育信息的学生。在教育传播过程中，学习者的任务是完成教育传播系统所规定的学习任务，得到自身能力的提高与发展。学习者实现其学习目标的条件主要也有三个方面：一是学习者要有明确的学习目的，能形成积极的学习态度和学习行动，使个人的学习需要与社会的需求相统一；二是学习者要有一定的学习能力，掌握一定的学习方法，作为学习的主体，他们的各种接受信息的通道必须畅通无阻，并有良好的心理准备状态；三是学习者要有自控能力，能够调节自己的学习目的和学习行动，并与教师密切配合，充分利用来自各方面的反馈信息，修正学习措施，完成学习任务。

3. 教学信息

教学即教学内容，是经过科学验证正确的东西，并随着社会的发展和时代的要求，不断加以更新。在教育传播过程中，主要的信息是教学目标信息、预测学生信息、教师传送信息、实践教学信息、家庭教育信息、学生接受信息和学生反馈信息等。信息是用符号进行表征的，一般分为语言符号和非语言符号两大类。语言符号具有抽象性、有限性等特征，擅长于描述事实与知识，一般包括自然语言（如口头语言、书面语言等）和人工语言（如专业符号、计算机程序设计语言等）。非语言符号具有形象性、多维性、整体性等特征，擅长于表达态度和感情，一般包括动作性符号、图像符号、目视符号、音响符号等。在教学传播过程中，应合理运用各类传播符号，以提高教育传播效率。同时教学信息的组织编排，不仅应符合学科本身的逻辑与知识结构，而且要符合学习者的认知特点。注意信息结构的序列化、教材内容的纵横联系和学习者的知识层次及心理成熟水平，既能使学习者容易接受，还能引导他们去进一步探索。

4. 媒体

教学媒体是承载教育、教学信息的物体，是连接教育者和学习者的中介物，是传递和获取教育、教学信息的工具。如教科书、标本、直观教具、教学幻灯片、电影片、教学光盘、多媒体教学课件等，都属于教育传播媒体。教育媒体的选用要考虑到学习任务、学习者特点、教学管理和经济成本等因素。不同的教学媒体都有各自的优缺点，在教育传播系统中，必须根据实际情况合理选择和综合使用教学媒体。并且，教学媒体作用的发挥，还受多方面实践性因素的制约，如媒体资源的硬件、软件的现有贮备或添置的可能性；媒体操作的复杂程序和学会操作的培训时间；媒体使用时功能的稳定性；多种媒体配合使用时的灵活性和增效性；媒体使用时对时间、空间等环境条件的特殊要求等。

2.3.3 教育传播理论在教学中的应用

许多研究者利用传播理论的概念及有关模型中的要素来解释教学过程，并提出了许多关于教学传播过程的理论模式，为教育传播学奠定了理论基础。这主要表现在以下几个方面。

1. 说明了教学过程的基本要素

美国政治学家拉斯韦尔（H.D.Lasswell）提出了表述一般传播过程中的五个基本元素"5W"的直线性的传播模式。布雷多克（Bradlock）1958 年在此基础上发展成"7W"模式，如表 2-1 所示。其中每个"W"都代表教学过程中的一个相应要素，这些要素成为研究教学过程、解决教学问题的教学设计所关心和分析、考虑的重要因素。

表 2-1 "7W"的直线性的传播模式

Who	谁	教师或其他信息源
Says what	说什么	教学内容
In which channel	通过什么渠道	教学媒体
To whom	对谁	教学对象
With what effect	产生什么效果	教学效果
Why	为什么	教学目的
Where	在什么情况下	教学环境

2. 教学过程是双向的互动过程

现代传播模式重视受传者的主动性和自主性，强调传播者和受传者都是积极的传播主体。受传者不仅接受信息、解释信息，还对信息做出反应，说明传播是一种双向的互动过程，借着反馈机制使传播过程能够不断循环进行。教学信息的传播同样是通过师生双方的传播行为来实现的，所以教学过程的设计必须重视教与学两方面的分析和安排，并充分利用反馈信息，随时进行调整和控制，以达到预期的教学目标。

3. 确定教育传播的基本阶段

教育传播过程是一个连续动态的过程。但为了研究的方便，我国教育技术专家南国农、李运林等将教育传播过程分为六个阶段，如图 2-6 所示。

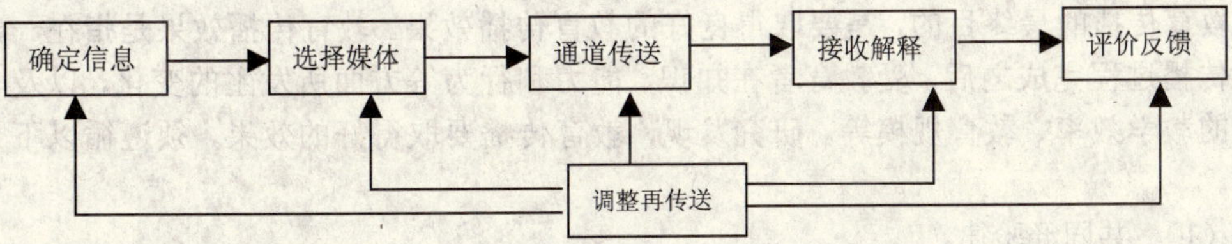

图 2-6　教育传播过程的六个阶段

（1） 确定教学信息阶段。

教学传播过程的第一步是确定所要传递的教学信息。传递什么信息，要依据教学目的和课程的培养目标。一般来说，课程的文字教材是按照教学大纲由专家精心编写的，通常都体现了要传递的教学信息。因此，在这一阶段，教师要认真钻研文字教材，对每一单元的教学内容做仔细分析，将内容分解成若干个知识点，并确定每个知识点要求达到的学习水平。

（2） 选择传播媒体阶段。

选择与制作传递信息的媒体，实际上就是信息编码的活动。某种信息该用哪类符号或信号的媒体去呈现和传递，需要我们认真研究。如选择媒体要能准确地呈现信息内容；要符合学生的经验和知识水平，并容易被学生接受和理解；同时，要符合人力物力投入尽可能少，而传播效果尽可能好的原则。

（3） 通道传送信息阶段。

首先要考虑两个问题：一是信号要传送的范围与质量。要根据信号的传递要求，应用好媒体，保证信号的传送质量。二是信息内容的传送顺序问题。在应用媒体之前，必须做好信息传送的结构设计，在媒体运作时，有步骤地按照设计方案传送信息。传送信号时应尽量减少各种干扰，确保传递质量。

（4） 接收和解释信息阶段。

在这一阶段，学生接收信号并将它解释为信息意义，实际上就是信息译码的活动。学生首先通过各种感官接收经由各种媒体传来的信号，然后学生依据自身的经验和知识，将符号解释为信息意义，并随之储存在大脑中。

（5） 评价和反馈阶段。

学生接收信号解释信息之后，增加了知识，发展了智力，但是否达到预定的教学目的，需要进行评价。评价的方式和方法很多，可以观察学生的行为变化，也可以通过课堂提问、课后书面作业，以及阶段性的反馈信息。

（6） 调整和再传递阶段。

教师通过获得的反馈信息与预定的教学目的进行比较，可以发现教学传播过程中的不足之处，并及时调整教学信息、教学媒体和教学顺序，进行再次传递。如在课堂提问时发现问题，可即时进行调整；在课后作业中发现问题，可进行集体补习和个别辅导；在远距离教学中发现问题，可以增发辅导资料，或在一定范围内组织面授辅导。

4. 揭示了教学传播过程的若干规律

教育传播的最终目的，是要取得良好的教育传播效果。教育传播效果是指在一定的教育传播过程完成之后，受教育者在知识、能力和行为等方面所发生的变化，以及与此相关的教学效率、教育规模等。研究发现，教育传播要取得好的效果，须遵循以下几个规律。

（1） 共同经验律。

教育传播是一种信息传递与交换的活动，教师与学生的沟通必须建立在双方共同经验范围内。一方面，对学生缺乏直接经验的事物，要利用直观的教育媒体帮助学生获得间接的经验；另一方面，教育媒体的选择与设计必须充分考虑学生的经验。

（2） 抽象层次律。

抽象层次高的符号，能简明地表达更多的具体意义。但抽象层次越高，理解便越难，引起误会的机会也越大。所以，在教育传播中，各种信息符号的抽象程度必须掌握在学生能明白的范围内，并且要在这个范围内的各抽象层次上上下移动。

（3） 重复作用律。

重复作用是将一个概念在不同的场合或用不同的方式去重复呈现。它有两层含义：一是将一个概念在不同的场合重复呈现。如在几个不同的场合下接触某个外语生词，以达到长时记忆。二是将一个概念用不同的方式去重复呈现。如同时或先后用文字、声音、图像去呈现某一概念，以加深理解。

（4） 信息来源律。

有权威、有信誉的人说的话，容易为对方所接受。资料来源直接影响传播的效果。因此，在教育传播中，作为教育信息主要来源之一的教师，应树立为学生认可的形象与权威。所用的教材与教学软件，其内容来源应该正确、真实、可靠。

2.4 系统科学理论

系统科学理论是研究一切系统的模式、原理和规律的科学，是“老三论”（系统论、信息论和控制论）和“新三论”（耗散结构论、协同论和突变论）的总称。

2.4.1 系统科学的基本理论

系统科学主张把事物、对象看做一个系统进行整体的研究，研究它的要素、结构和功能的相互联系，通过信息的传递和反馈来实现系统之间的联系，达到有目的地控制系统的发展，获得最优化的效果。教育领域中运用系统科学理论的思想、观点和方法，对教育系统的构成要素、组织结构、信息交换和反馈控制等进行分析、设计、运行和评价等研究，可以促进教育系统的最优化。教育技术以技术在教育领域的合理运用为出发点和归宿，把系统科学的思想渗透到教育技术的各个领域，从而促进教育技术中各个分支的融合，催生了现代教育技术学。系统科学的思想、观点和方法对教育技术学学科的形成和发展有着广泛而深远的影响，是教育技术学最重要的理论基础之一。

1. 控制论

控制论的主要创始人是美国数学家维纳（N.Wiener）。控制论是关于各种系统中的控制和调节的一般规律的科学。控制论在教育领域中应用所形成的理论称为教育控制论。教育控制论是以提高教学效率和教学质量为控制目标，以信息流为主要传输形式的系统。它是研究教育系统中运用信息反馈来控制和调节系统的行为，从而达到既定教学目标的理论。传递教学信息的出发点和归宿在于教学效果的最优化，而“信息反馈”是实现教学效果最优化的关键。通过反馈，可对系统进行有效的调节，以使教学设计能有的放矢，不断完善，更加适合学生的实际情况。

2. 信息论

信息论的主要创始人是美籍数学家、工程师香农（C.E.Shannon）。信息论是研究系统中信息的计量、传递、变换、储存和使用规律的科学。信息论应用于教育领域而形成的理论，称为教育信息论。教育信息论是研究教学过程中教学信息如何传递、变换和反馈的理论，它与教育控制论、教育系统论关系十分密切。现代教育技术采用信息论的基本观点和方法，结合各种工具对教学信息进行分析与处理，对教学系统中信息传播的特点与规律进行分析。可以说，信息论为解决这些问题提供了很好的思路与方法。

3. 系统论

系统论主要创始人是美籍奥地利生物学家贝塔郎菲（L.V.Bertalanffy）。系统论是从系统的角度去研究事物的发展、运动规律的一门科学。系统论促使我们以整体的观点、综合的观点来考察教育教学过程与现象，运用系统的方法来解决教育教学问题。教育系统论是现代教育技术的基础，教育系统论把教育视为一个系统，组成这个系统的要素包括教师、学生、媒体等。教育要优化，不仅仅要从教师或学生一方来考虑，而且要从整个系统来考虑，协调好各教学要素之间的关系，使它们相互支持，相互理解，相互协调。

2.4.2 系统科学的基本原理

系统科学主要包括整体原理、反馈原理、有序这理这三个主要原理，其他次要原理此处不做介绍。

1. 整体原理

任何系统只有通过相互联系形成整体结构才能发挥整体功能，系统中各要素是相互作用和相互依存的，没有整体联系，没有整体结构，要使系统发挥整体功能是不可能的。在设计教学系统的时候，应重视从教学整体进行系统分析，综合考虑课堂教学过程中的各个要素，如教师、学习者、教学内容及教学媒体等要素，并注意各要素间的配合、协调，发挥系统的整体功能，使教学系统成功运行。

2. 反馈原理

任何系统只有通过反馈信息才能实现有效的控制。如果反馈信息能够加强控制信息的作用，称为正反馈；如果反馈信息的作用与控制信息的作用相反，称为负反馈。正反馈可以使教学系统越来越偏离原来的目标，使系统发展变化，而负反馈则使教学系统保持稳定的因素，使其表现出合乎教学目际的行为。在教学中要随时根据正负反馈信息来了解教学情况，对系统进行协调控制，以实现教学系统的功能。

3. 有序原理

任何一个系统中的要素及子系统必须按照一定的顺序和层次进行排列。有序意味着系统组织程度的提高。在教育中，有序原理强调处理好教学系统内部的要素之间，以及与外部环境之间的关系，使它们之间的信息交换处于有序的状态。教学系统应该是一个开放的系统，要能从教学系统以外的其他社会系统（如经济的、文化的、家庭的）获取有益的信息进行调整、优化甚至变革，从无序走向有序，以满足社会发展对教育提出的要求。

2.4.3　系统方法

系统方法是在运用系统科学的观点与方法研究和处理各种复杂的系统问题时产生的。系统方法是按照事物本身的系统性把对象放在系统的形式中加以考察的方法，它侧重于系统的整体性分析，从组成系统的各要素之间的关系和相互作用中去发现系统的规律性，从而指明解决复杂系统问题的一般步骤、程序和方法。

系统方法采用的基本步骤是：

第一，从需求分析中确定问题。

第二，确定解决问题的方案。

第三，选择问题解决的策略。

第四，实施问题求解的策略。

第五，确定实施的有效性。

教育技术将系统方法应用于教学实际的研究，逐渐形成一种可操作的教学系统方法，并进一步发展成为理论与教学实践相结合的连接科学，建立一套设计教学活动的理论知识体系——教学设计理论。系统方法已经成为教育技术的核心方法，教育技术是以系统方法为指导展开全部教育实践的。

本 章 小 结

本章主要介绍了现代教育技术的理论基础，主要内容包括戴尔的视听教学理论、布鲁纳的认知结构教学理论、布鲁姆的掌握学习理论、罗杰斯的人本主义理论和赞柯夫发展教学理论五大现代教学理论；行为主义、认知主义和建构主义三大现代学习理论；传播理论的模式、组成和应用以及系统科学的理论、原理和方法。学完本章内容应该掌握五大现代教学理论和三大现代学习理论，了解传播理论的模式、组成以及应用，掌握系统科学的基本理论、原理以及系统方法。

习　　题

（1）　简述戴尔经验之塔的主要内容和它对教学的指导意义。

（2）　建构主义学习理论的核心观点是什么？它和行为主义学习理论的主要区别有哪些？

（3）　有哪些主要传播模式？分别简述其特点。

（4）　教育传播理论对教学有哪些指导作用？

（5）　系统科学理论的基本原理主要是什么？

参 考 文 献

[1] 尹俊华．教育技术学导论（第二版）．北京：高等教育出版社，2002.8．
[2] 张剑平．现代教育技术——理论与应用（第二版）．北京：高等教育出版社，2006．
[3] 祝智庭．现代教育技术——走进信息化教育．北京：高等教育出版社，2004.10．
[4] 张立新．教育技术的理论与实践．保定：河北大学出版社，2003.2．
[5] 李芒．现代教育技术．长春：东北师范大学出版社，2006.5．
[6] 冯学斌，赵建民．教育技术理论与实践（第二版）．济南：山东大学出版社，2007.3．
[7] 黎大志．现代教育技术．南京：南京大学出版社，2004.1．
[8] 王中立，马明山．现代教育技术．西安：西北工业大学出版社，2003.5．
[9] 任训学．现代教育技术导论．武汉：湖北人民出版社，2006.2．

第 3 章 现代教育技术与新课程改革

教学目标：

- 了解新课程改革的目标和理念。
- 了解现代教育技术在新课程改革中的作用。
- 了解信息技术与课程整合的概念、目标与策略。
- 了解信息技术与课程整合的基本模式。
- 了解信息技术与课程整合在教育教学中的意义。

科学技术的飞速发展和教育发展的紧迫需要，使现代教育技术的产生和发展具有客观必然性；而现代教育技术所具有的特殊教育功能特点，又极大地促进了教育的变革与发展。目前，我国的新一轮基础教育课程改革正以令人瞩目的迅猛之势在全国顺利推进。现代教育技术在这次新课程改革中发挥着不可替代的作用。

3.1 新课程改革的目标和理念

为了适应时代发展的要求，教育部于 2001 年颁布《基础教育课程改革纲要（试行）》，计划用五年的时间对我国基础教育的课程体系、结构、内容等方面进行调整与改革，以构建适应时代发展要求和符合素质教育要求的新的基础教育课程体系。新课程改革是一项长期、复杂的系统工程，这需要课程专家、行政管理者、广大中小学校长、教师的共同努力。

3.1.1 新课程改革的目标

时代的变化和社会的发展，我国成功加入 WTO，世界各国竞相加快基础教育改革以及我国现行基础教育课程存在的诸多问题共同构成了我国基础教育课程改革的大背景。目前这场改革正如火如荼地进行，改革的效果如何尚需实践的检验，但就这次改革的目标来看，主要有以下两个方面。

1. 新课程改革的总体目标

新课程的培养目标应体现时代要求。要使学生具有爱国主义、集体主义精神，热爱社会主义，继承和发扬中华民族的优秀传统和革命传统；具有社会主义民主法制意识，遵守国家法律和社会公德；逐步形成正确的世界观、人生观、价值观；具有社会责任感，努力为人民服务；具有初步的创新精神、实践能力、科学和人文素养以及环境意识；具有适应终身学习的基础知识、基本技能和方法；具有健壮的体魄和良好的心理素质，养成健康的审美情趣和生活方式，成为有理想、有道德、有文化、有纪律的一代新人。

概括起来，新课程改革的总体目标是以邓小平的“教育三个面向”和江泽民“三个代表”的重要思想为指导，全面贯彻国家教育方针，以提高国民素质为宗旨，以培养创新精神和实践能力为重点，强调课程要促进每个学生身心健康发展，培养良好品德，强调基础教育要满足每个学生终身发展的需要，培养学生终身学习的愿望和能力。

2. 新课程改革的具体目标

改变课程过于注重知识传授的倾向，强调形成积极主动的学习态度，使获得基础知识与基本技能的过程同时成为学会学习和形成正确价值观的过程。

现行课程的弊端是：以知识为本，过分注重知识的系统传授，忽视对学生态度、情感和价值观的培养。新课程倡导全人教育。对不同阶段的学生在知识与技能、过程与方法、情感态度与价值观等方面都提出了基本的要求，强调课程要促进每个学生身心健康发展，培养良好的品行和终身学习的愿望与能力，正确处理知识、能力、情感、态度、价值观之间的关系，克服过分注重知识传授和技能训练的倾向。

改变课程结构过于强调学科本位（即强调学科的独立性和重要性）、科目过多和缺乏整合的现状，整体设置九年一贯的课程门类和课时比例，并设置综合课程，以适应不同地区和学生发展的需求，体现课程结构的均衡性、综合性和选择性。

现行的课程结构是固守“课程即学科”的观念，沿用理性主义的课程结构，导致学生缺乏综合分析和解决问题的能力；强调学科严密的系统性，忽视学科之间的整合性、关联性；课程结构单一，基本以学科为中心，实践性、选择性课程薄弱；不同学科间存在内容重叠、交叉、耗时多的现象，导致学生负担过重。新课程要重建新的课程结构。一要强调综合性，在一定范围内设置综合课程。小学以综合课程为主。初中阶段设置分科和综合相结合的课程，鼓励选择综合课程。高中以分科为主，探索学分制管理。从小学至高中设置综合实践活动课程并作为必修课。二是加强选择性，以适应地方、学校、学生发展的多样化需求。课程根据不同地区经济、文化发展的多样化需求，具有较大的个性和选择性。在执行国家课程的同时，设置和开发地方课程与校本课程。并和国家课程融为一体，实现课程的多样化。三是加强课程结构的均衡性。我们要培养的是德、智、体、美全面、和谐、均衡发展的人，因此要注意课程结构的均衡性。

改变课程内容“难、繁、偏、旧”和过于注重书本知识的现状，加强课程内容与学生生活以及现代社会和科技发展的联系，关注学生的学习兴趣和经验，精选终身学习必备的基础知识和技能。

现行的课程门类过偏，有的教材内容陈旧，有的偏深、偏多，重视学科经典内容的选择，这些内容与学生现实生活中需要的知识、技能和能够反映现代社会、经济、科学等领域问题的内容缺乏联系，课程内容“繁、难、偏、旧”现象严重。新课程改革的目标是，一方面要选择适合现代社会发展需要的内容，另一方面要紧密联系学生的学习兴趣和生活经验，精选学生终身学习与发展必备的基础知识和技能，正确处理现代社会需求、学科发展需求与学生发展需求在课程内容的选择与组织中的关系，体现课程内容的现代化。

改变课程实施过于强调接受学习、死记硬背、机械训练的现状，倡导学生主动参与、乐于探究、勤于动手，培养学生搜集和处理信息的能力、获取新知识的能力、分析和解决问题的能力以及交流与合作的能力。

现行课程实施的弊端是：以教师、课堂、书本为中心，重视向学生“灌输”书本知识，忽视学生的交流、合作、主动参与、实践和探索，重视教学过程的严格统一，忽视学生的个性差异；重视复习巩固，忽视学生的实践和经验，忽视创新精神和实践能力的培养；重视认知目标，忽视情感目标等。新课程倡导建构性学习。学习是一个主动的过程和个性化的过程，学习的途径是多方面的，包括在生活中、实践中学习。教师在教学过程中应与学生积极互动，共同发展，注重培养学生的独立性和自主性，注重学生的经验与兴趣，培养学生运用主动参与、探究发现、交流合作的学习方法，引导学生探究，促进学生主动地、富有个性地学习，使每个学生的能力都得到发展。

改变课程评价过分强调甄别与选拔的功能，发挥评价促进学生发展、教师提高和改进教学实践的功能。

现行的课程评价以“分数”、“升学率”为评价标准，分数成了学生好坏的评价标准，而“升学率”成了评价教师、学校的硬指标，过分地强调评价的甄别和选拔功能，把教育的目的和功能单一化了，使基础教育成了“升学教育”。这种评价方法也使课程产生了相当的局限性，课程设置与教学内容基本上是为升学服务的，忽视了对学生个性的发展施以影响，不利于既有科学文化基础又有实践技能的各种创造性人才的培养。新课程改革建立发展性评价体系。首先，建立促进学生全面发展的科学评价体系。提出评价不仅要关注学生的学业成绩，而且要发现和发展学生多方面的潜能，帮助学生认识自我，促进学生在原有水平上的发展，发挥评价的教育功能。二要建立促进教师不断提高的评价体系。强调教师对自己的教学行为的分析与反思，建立以教师自评为主，校长、教师、学生、家长共同参与的评价制度，使教师从多渠道获取信息，不断提高教学质量。三要建立促进课程不断发展的评价体系，周期性地对学校课程执行的情况、课程实施中的问题进行分析评估，调整课程内容、改进教学管理，形成课程不断革新的机制。

改变课程管理过于集中的状况，实行国家、地方、学校三级课程管理，增强课程对地方、学校及学生的适应性。

中小学课程与地区的差异有着直接的关系。教育要适应并推动当地经济和社会的发展，就必须培养出适合当地实际需要的人才。如果课程脱离当地实际，就会影响教育和经济的发展。因此，新课程改革提出实行国家、地方、学校三级课程管理体制，把中央集权与地方分权、社会需要和学生发展、国家统一的教育目的和学校教育的办学特色辩证地结合起来，是对课程管理理论和实践的一大发展。

3.1.2　新课程改革的基本理念

随着知识经济的到来和科学技术的迅猛发展，世界教育的基本理念正在发生深刻的变化。随着对教育民主化、回归生活教育、教育的可持续发展、个性化教育、创新教育等的强调，现代课程发展的基本理念也呈现出许多新的特点和趋势。

理念就是一个人具有的并且付诸行动的信念，它既是一种观念，也是一种行动。新课程的核心理念是以人为本，做到两个全面，即教育要面向全体学生，教育要为学生的全面发展服务。基础教育课程理念也有了很大的转变与提升，主要表现在以下几个方面。

1. 从整齐划一到注重学生个性发展与创新

以学生发展为本，注重学生个性的养成、潜能的开发、能力的培养和智力的发展。课程目标从单纯为升入高一级学校做准备向促进学生学会做人、学会生活、学会学习、学会劳动的方向转变。重视基础知识的学习，并以发展学生的个性为中心来设置课程，着眼于未来，面向21世纪的需要，着重培养一个人继续学习、终身学习的能力，最大限度地培养学生的能力，开发其潜能。

2. 从书本本位的灌输到学生自主学习、全面发展

课程内容的转变从强调学科基础知识和基本技能的“双基”教学，向多学科的基本事实、基本原理、基本方法、基本应用和基本能力的“五基”转变。注重密切联系学生的生活和经验以及社会、科技发展的现实，强调学生经验、学科知识和社会发展三方面内容的整合。形成了三维目标，即知识与技能、过程与方法、情感态度与价值观，突出了以学生发展为本的思想，更有利于学生的全面发展。

3. 从单一机械的课堂到学生回归自然、社会实际

现代课程强调回归生活，因为只有“当学习发生在有意义的背景中时，才是有效的。”促进有意义的学习，塑造健全人格、培养创新精神和实践能力的改革目标的重新定位，必然要求现代学校课程建设回归儿童的生活世界，课程设计向真实生活情境转化，更多地利用儿童所面临的生活环境来设计教学。总之，这样学校课程将突破学科疆域的束缚，向自然回归，向社会回归，意味着理性与人性的完美结合，意味着科学、道德和艺术现实的、具体的统一。

4. 从强调独立分科到重视全面综合

课程体系的转变从强调独立分科到重视全面综合，主要分“分科课程”、“综合课程”、“综合实践活动课程”三类课程。课程综合化表现在：学科教学走向综合化，设置综合课程和综合实践活动课程。注重学生经验，加强学科渗透。各门课程都应重视学科知识、社会生活和学生经验的整合，改变课程过于强调学科本位的现象。

5. 从评价重选拔到评价促进师生发展

课程评价的转变从以考试分数为唯一标准的事实评估向以学生全面发展为标准的绩效评估转变。首先是评价主体的多元化，评价者既可以是教师，也可以是家长或者学生自己，既要进行自我评价，又要进行他人评价，做到评价主体互动化。其次是评价方式的多样化，既要进行总结性评价也要进行形成性评价，既要做定性评价也要做定量评价，评价方法有测验法、观察法、档案袋法等。整个评价过程是动态的、发展的，以师生发展为最终目的。

6. 从封闭保守的教学到开放交往的教学

基础教育课程改革纲要（试行）指出，要“改变课程实施过于强调接受学习、死记硬背、机械训练的现状”，提倡自主、探索与合作的学习方式，使学生在教师指导下主动地、富有个性地和创造性地学习，真正实现学生学习方式的根本性转变。注重探究性与开放性的教学，让学生自己去探索去历练，为学生提供一个真正自由广阔的学习环境。提倡交流

与合作学习，关注体验性教学。在真实的社会生活中，学生必须学会与各种人一起工作，交流与合作有利于学习者建立新的学习共同体，满足学生归属感和影响力的需要，感到学习是有意义的，才会更愿意学习。同时，学生通过体验真实的社会生活，综合运用多种知识去解决问题，提高学生参与社会的实践能力。

7. 课程与现代信息技术结合，赋予课程以新的内涵与时代特征

课程实施的转变以创新精神和实践能力的培养为重点，建立新的教学方式，促进学习方式的变革。随着信息社会的迅速发展及其在教育领域的广泛应用，必然带来教育目的、内容、形式、方法、组织等方面的变革。新课程与现代信息技术相结合，势必给课程改革注入新的活力，与将来的数字化学习时代接轨。

3.2　现代教育技术对教育的影响

随着现代信息科学技术的飞速发展，以及现代传播媒体的产生和传播手段的更新，教育形式必然产生变革，这种变革将影响整个教育思想和教学模式的更新与发展。现代教育技术作为现代化教学的要素之一，在教育现代化的进程中必将体现出重要的作用。网校、网络学院是对传统教育的扩展，虚拟学社、网络学习论坛是对传统教育的补充，基于网络的合作性学习是传统教育的革新，总之，现代教育技术实现了现实教育与虚拟教育的融合，是通向未来教育的桥梁。陈至立曾说过“现代教育技术是教育改革与发展的制高点”，可见，现代教育技术在教育发展过程中的重要性。

3.2.1　现代教育技术的教学功能

随着现代科学技术的发展，特别是多媒体技术、网络通信技术等在教育中的应用，教育技术显示了前所未有的巨大威力，教育将出现全新的面貌。可以说，教育技术正逐步进入信息技术发展新阶段，它的教学功能将越来越发挥重大作用。

现代教育技术具有教学信息组织的非线性化、信号处理的数字化、信息存储光盘化、信息传输网络化、教学过程智能化、学习资源系列化等优点和特点，促使人们对学习资源、学习过程、教学内容、教育方式和教学组织形式等问题重新思考，以适应教育现代化的要求。现代教育技术的不断发展在客观上促进了学生主体观、教师主导观、学习效率观、教学媒体观、终身学习观和终身教育观等现代教育观念的形成和更新。

现代教育技术在教学中既充当拟人的角色，又充当拟物的角色，如图 3-1 所示。教育技术在教学过程中既可以扮演导师引导学生学习，又可以扮演学员，让学生充当老师来教计算机做事。现在已经出现了虚拟学伴系统，可以与学习者互帮互学，另外也可以充当助手，帮助老师和学生进行资料整理等工作。随着以学生为主体的教育思想日益深入人心，现代教育技术的拟物作用日益受到重视。我们可以利用多媒体和网络构造便于学生进行探索性学习的情境，利用网络丰富的信息资源发展学生基于资源的学习，更方便的是教师和学生使用现代教育技术手段，支持他们的教与学的活动。总之，在教学中，现代教育技术发挥着不可替代的作用。

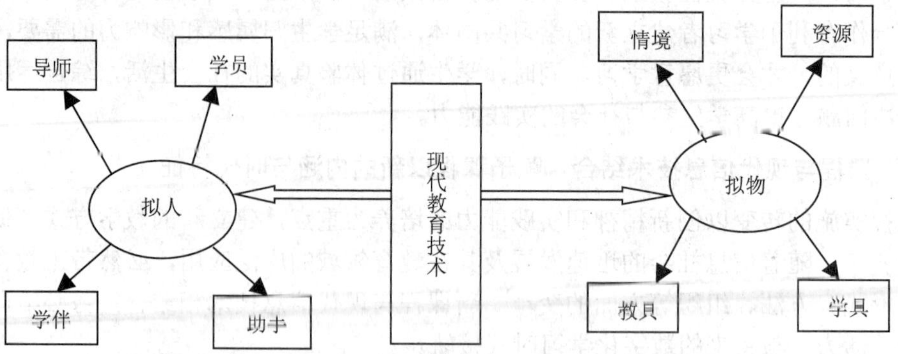

图 3-1　现代教育技术在教学中的作用

3.2.2　现代教育技术在新课程改革中的作用

当前，基础教育课程改革方兴未艾。这一新课程体系所具有的创新性与实践性，为多年来的教育改革注入了新的活力，也为现代教育技术的推广运用带来了前所未有的发展机遇，面对这一新的形势，如何认识现代教育技术在这次深刻的教育改革中的使命与作用，关系到其运用策略和效率的发挥。现代教育技术正成为课程改革中一个必要的因素，并非只是“辅助”，更不是可有可无的，新的教育纲要要求、新的教学活动需要教育技术，其重要意义还在于以此来促进教学方式和学习方式的根本性变革，让教育与时代同步。

1.　利用教育技术提供自主学习的资源

基础教育课程改革中注重培养学生学习的独立性和自主性，教育技术提供了丰富的学习资源和学习环境。学生利用计算机在网络环境下的学习和活动，不同于传统的被动的学，教师教什么学生学什么。网络环境下有丰富的学习资源，有趣而优质的信息内容不仅使学生的学变得更为生动、更为有效，而且，还有利于开发和提升学生的潜能，有助于进一步达到学生以发展为本的教育目的，并为他们进入数字化学习、养成终身学习打下良好的技能基础。

2.　利用教育技术提供直观形象的学习经验

基础教育课程改革纲要中提出“逐步实现教学内容的呈现方式、学生的学习方式、教师的教学方式和师生互动方式的变革”，利用多媒体教学，可以为学生提供直观形象的学习经验，改变教学内容的呈现方式。由于多媒体手段的使用为学生创造立体多维的信息呈现形式，充分调动学生各类神经和感官的积极参与，吸引学生的注意力，激发学习热情，使其产生浓厚的学习兴趣。引导他们对所学知识进行观察、思考、分析、理解、记忆和掌握，创设主动探究而又和谐、民主的课堂氛围，形成良好的心态和学习情绪，提高综合素质，促进学生全面发展。

3.　利用教育技术提供学习的工具和途径

在新课程改革中明确提出“充分发挥信息技术的优势，为学生的学习和发展提供丰富多彩的教育环境和有力的学习工具”。教育技术为学习者提供了学习的工具和途径，学习者可以利用网络自主地学习，进行探究学习和合作学习。数字音像技术、视频会议技术、多媒体计算机和人工智能技术、交互网络通信技术、虚拟现实技术在教育教学中的广泛应用，使学生可以通过各种渠道获得所需知识。开放式教育普遍实施，学生学习的自主性、主动性、独立性和创造性得到了发挥，适应了现代信息社会的发展。

4. 利用教育技术改变教师教和学生学的方式

在新课程改革中，教师的地位与作用被赋予新的涵义，教师的角色也随之发生了极大的变化，体现于教学中，从“讲”到“导”的教学行为转变十分重要。因此，教学活动中的教育媒体及信息技术，不再是仅仅为“讲”服务，更要着力于“导”的需求与运用，在恰当地发挥其提供情境、激发兴趣、诱发行为等优势的同时，还要看到信息技术所具有的超文本结构、适时性、交互性等特点及功能，使这一教学手段对教师的教更具拓展性、生成性，以体现出“不是教教材，而是用教材”的新理念。因此，采用教育技术不仅要改变“教科书搬家”的做法，还要不囿于对电教媒体“生动直观”的认识与利用，更应当走出多年来在讲授教学中仅仅将其看做“教辅工具”的利用层次，认识到在日益多元化的教学活动中信息技术就是一种必要的方法，在越来越多的指导性教学活动中它就是教学的手段及形式。这是现代科学技术在教育教学中的必然应用，是当今教学实践活动的新要素。

总之，现代教育技术改变着千百年来以教师讲授、课堂灌输为基础，劳动强度大、效率低的传统教育教学模式，并使学校教育同家庭教育、社会教育融为一体，实现教育中人力、物力资源的多层次开发与合理配置。这场教育的大变革不仅仅是教育形式和学习方式的重大变化，更重要的是将对教育的思想、观念、模式、内容和方法产生深刻影响。面对急剧变化的世界信息技术教育发展环境，为了争取在新世纪日趋激烈的国际竞争中占据主动地位，必须加快在学校普及信息技术教育的步伐，努力实现教育信息化。

3.3 信息技术与新课程的整合

现代教育技术的技术基础是信息技术。以多媒体和网络技术为核心的信息技术已经成为拓展人类能力的创造性工具。随着信息技术的飞速发展及其在教育领域的广泛应用，必然带来教育目的、内容、形式、方法和组织的全面变革。现代教育技术应用的核心是信息技术与课程整合。《基础教育课程改革纲要》中提到“在课程的实施过程中，加强信息技术教育，培养学生利用信息技术的意识和能力。”，“大力推进信息技术在教学过程中的普遍应用，促进信息技术与学科课程的整合，逐步实现教学内容的呈现方式、学生的学习方式、教师的教学方式和师生互动方式的变革，充分发挥信息技术的优势，为学生的学习和发展提供丰富多彩的教育环境和有力的学习工具。”因此，信息技术与课程整合是一个随着教育技术进步和教学实践发展不断提出新目标，不断向前发展的工程。

3.3.1 信息技术与课程整合的概述

信息技术与课程整合是指在教与学过程中，充分而恰当地应用信息技术，使信息技术成为课程的有机组成部分，以便提高学生的信息技术能力和教与学的效率与质量。信息技术与课程整合在教育教学中有重大的意义，主要表现在以下几个方面。

1. 有利于实现教育教学的根本目的

信息技术与课程整合追求的目的应该是教育教学方面的目的，信息技术应该在促进教师教学、学生学习和学生全面发展等方面起到积极作用。信息技术与学科课程整合确实有利于实现教育教学的根本目的。信息技术和课程整合，为课程设计提供了丰富的手段，拓宽了课程设计的范围。信息技术强大的功能，使得教学形式呈现出多样化的特征。

2. 可以帮助教师教学

信息技术和课程整合，可以充分利用各种资源，发挥设备的最大潜力，实施高质量和高效率的教学。关于作为教学工具的作用，一般的观点是学科教师可以借助信息技术备课，可提高备课质量和节省备课的时间。其次学科教师利用信息技术授课，延长了师生交流的时间，也更有利于学生与教师的深层次的交流与沟通。而且，通过计算机联网，可以大大减少教师的重复劳动。

3. 有利于提高学生的信息素养

信息技术与学科课程整合是培养学生形成信息素养的有效途径。所谓信息素养是指能够清楚地意识到何时需要信息，并能确定、评价、有效利用信息以及利用各种形式交流信息的能力。信息素养主要包含 3 个方面的内容：信息能力、信息意识和信息态度。

4. 可以帮助学生学习

由于信息技术与学科课程的整合，使得传统的认知工具得到了充实，学生可以利用信息技术作为认知工具进行更有效的学习。认知工具可以包括以下几个方面：第一，作为课程学习内容和学习资源的获取工具；第二，作为情境探究和发现学习的工具；第三，作为协作学习和交流的通信工具；第四，作为自我评测和信息反馈的工具。

5. 有利于培养学生的创新性

学生创新能力的培养需要理想的教学和学习环境的支持，信息技术整合于教学过程之中可以为培养创新能力营造理想的环境。信息技术可以作为学生的创造工具：第一，现代教育技术的最新理论基础有力支持着创造性能力的培养；第二，基于计算机的课件开发平台有利于培养学生的直觉思维；第三，优秀的多媒体课件可以对形象思维的培养提供有力支持；第四，基于计算机网络的“协作式学习”和“发现式学习”可以对辩证思维和发散思维的培养提供有力的支持。

6. 作为整合多学科的工具

信息技术与课程整合可以促进多学科的相互渗透，可以作为整合多学科的工具。学生在制作关于地理内容的多媒体作品时，需要同时使用计算机、地理、美术、音乐等多学科的知识，需要综合运用多学科的知识来分析、规划、制定有关内容。

目前，信息技术教育在学校教育中已经占有十分重要的地位，信息技术与课程整合也是信息技术教育的重要组成部分，是对信息技术课程内容的一个补充。信息技术课程所涉及的内容只是该课程的基础，许多内容在课程教学中不可能涉及。而信息技术与课程整合则可以通过信息技术在相关学科的应用，在较大程度上充实和完善学校的信息技术教育，如图 3-2 所示是进行信息技术教育的多媒体教室。

图 3-2　多媒体教室

3.3.2　信息技术与课程整合的目标与策略

信息技术与课程整合是信息时代教与学的新方式，为推进教育信息化进程，培养学生良好的信息素养提供了便利。在教学过程中应用不同的策略，恰当实现信息技术与课程的整合，是今后的工作重点之一。

1. 信息技术与课程整合的目标

信息技术与课程整合的宏观目标可以定义为"建设数字化教育环境，推进教育的信息化进程，促进学校教学方式的根本性变革，培养学生的创新精神和实践能力，实现信息技术环境下的素质教育与创新教育。"具体表现在以下几个方面。

（1） 培养学生具有终身学习的态度和能力。

学习资源的全球共享，虚拟课堂、虚拟学校的出现，现代远程教育的兴起，使人们可以随时随地通过因特网进行学习，使学习空间突破了围墙界限。教育信息化还为人们从接受一次性教育向终身学习转变提供了机遇和条件。终身学习就是要求学习者能根据社会和工作的需求，确定继续学习的目标，并有意识地自我计划、自我管理、自主努力，通过多种途径实现学习目标的过程。

要实现终身教育和终身学习，教育必须进行深刻的变革：使教学个性化、学习自主化、作业协同化，把培养学生学会学习、培养学生具有终身学习的态度和能力作为学生的培养目标。

（2） 培养学生具有良好的信息素养。

教育信息化为终身学习带来了机遇，但学生只有具备良好的信息素养，才能把终身学习看成是自己的责任，才能够理解信息所带来的知识并形成自己的知识结构。信息技术与课程整合正是培养学生形成这些必备技能和素养的有效途径。

有学者认为信息素养是指"能清楚地意识到何时需要信息，并能确定、评价、有效利用信息以及利用各种形式交流信息的能力"（美国纽约州立大学图书馆馆长理事会，1997.9）。

信息素养应包含着三个基本点：

- 信息技术的应用技能。

指利用信息技术进行信息获取、加工处理、呈现交流的技能。这需要通过对学习者进行信息技术操作技能与应用实践训练来培养。

- 对信息内容的批判与理解能力。

在信息搜集、处理和利用的所有阶段，批判性地处理信息是信息素养的重要特征，对信息的检索策略，对所要利用的信息源，对所获得的信息内容都能逐一地进行评估。在接受信息之前，会认真思考信息的有效性、信息陈述的准确性，识别信息推理中的逻辑矛盾或谬误，识别信息中有根据或无根据的论断，确定论点的充分性。这些素养不仅要通过计算机技术技能训练来形成，而且还要通过加强科学分析、思维能力的训练来培养。

- 善于运用信息，具有融入信息社会的能力。

指信息使用者具有强烈的社会责任心、具有与他人良好合作共事精神，使信息技术的应用能推动社会进步，并为社会做出贡献。这些素养的形成不是通过计算机技术技能训练就能形成的，而是要通过加强思想、情操的教育训练来培养的。

（3） 培养学生掌握信息时代的学习方式。

在信息化学习环境中，人们的学习方式会发生重要的变化。学习者知识的获得不是依赖于教师的讲授与对课本的学习，而是主要利用信息化平台和数字化资源。教师、学生之间开展协商讨论、合作学习，并通过对资源的搜集利用、探究知识、发现知识、创造知识、展示知识的方式进行学习。因此，通过信息技术与课程的整合，要使学生掌握信息时代的学习方式：

- 学会利用资源进行学习。
- 学会在数字化情境中进行自主发现的学习。
- 学会利用网络通信工具进行协商交流、合作讨论式的学习。
- 学会利用信息加工工具和创作平台进行实践、创造式的学习。

2. 信息技术与课程整合的基本策略

（1） 学习方式要以主题为中心，以任务来驱动。

应把课程内容联系生活和社会，综合其他学科知识，提出各种问题并形成主题任务，进行任务驱动式教学。同时要把学生置于发现问题、提出问题、思考问题、探究问题和解决问题的动态过程中学习。

（2） 把信息技术作为学生学习的认知工具。

利用信息技术作为学生学习的认知工具，并对这种工具的使用像书本、铅笔一样顺手、自然。利用信息技术作为学生学习的认知工具；利用多媒体与网络的情境创设功能作为情境探究和发现学习工具；利用网络的通信功能作为协商学习和讨论学习的工具；利用网络的信息平台作为知识建构和创作实践工具；利用基于网络的测评系统作为自我评测和学习反馈工具。

（3） 教学结构要体现教师为主导，学生为主体的理念。

在课程整合的教学模式中，强调学生的主体性，要充分发挥学生在学习过程中的主动性、积极性和创造性。学生被看做知识建构过程的积极参与者，学习的许多目标和任务都要学生主动、有目的地获取材料来实现。同时在课程整合中，教师是教学过程的组织者、指导者、促进者和咨询者，教师的主导作用可以使教学过程更加优化，是教学活动中重要的一环。

（4） 培养学生的学习习惯、科学方法和合作创新能力。

课程整合要求，学生学习的重心不仅仅放在学会知识上，而是转到学会学习、掌握方法和培养能力上，包括培养学生的“信息素养”。学生利用信息技术解决问题的过程，是一个充满想象不断创新的过程，同时又是一个科学严谨、有计划的动手实践过程，它有助于培养学生的创新精神和实践能力，并且通过这种“任务驱动式”的不断训练，学生可以把这种解决问题的技能逐渐迁移到其他领域。同时，信息技术提供了一个开放性的实践平台，利用它实现相同的目标，可以采用多种不同的方法。教学目标固定后，每一位学生可以采用不同的方法、工具来完成同一个任务，这为学生的合作学习提供了机会。

3.3.3　信息技术与课程整合的基本模式

在信息技术与课程整合中，信息技术作为认知工具，教学的总体能力目标是一致的，即培养学生的“信息素养”和实践能力。但对于不同学科定位，信息技术的作用是不一样的，为此可以将信息技术与课程整合分为三种基本课程模式。

1.　信息技术课程，信息技术作为学习的对象（Learn about IT）

信息技术课程作为一门专门的学科开设，主要学习信息技术的基本技能和基本工具的使用。然而，信息技术课程并不仅仅是简单地为了学习信息技术本身，还要培养学生利用信息技术解决问题的习惯和能力。因此，同样要按照课程整合的理念，把信息技术作为一种工具，整合到实际任务中进行学习。这些任务可以是其他学科的知识，也可以是社会性的问题。教师在任务设计时要灵活创新，对于相同的知识点，在完成所要求的学科目标的前提下，要根据不同的学校环境、教师特长和社会背景等，创设不同的情景任务进行教学，不能拘泥于教材或参考书所提供的材料。比如在“信息技术”课程中，结合信息检索课程内容，把检索语文、数学资料作为学生的练习。

2.　与其他学科的整合，信息技术作为教学工具（Learn from IT）

学生在教师的组织下利用信息技术进行学习，信息技术完全为其他学科的教学服务。在这种整合模式下，教师和学生在信息技术的帮助下，分别进行教学和学习。首先，教师根据教学目标对教材进行分析和处理，决定用什么形式来呈现什么教学内容，并以课件或网页的形式呈现给学生。学生接受了学习任务以后，在教师的指导下，利用教师提供的资料（或自己查找信息）进行个别化和协作式相结合的自主学习，并利用信息技术完成任务。最后，师生一起进行学习评价、反馈。

在整个教学过程中，学生的个体性和个别化得到较大的体现，这样的教学氛围十分有利于学生的创新精神和问题解决能力的培养。同样，教师通过整合的任务，发挥了自己的主导作用，以各种形式、多种手段帮助学生学习，进一步调动学生的学习积极性。如图 3-3 所示是基于网络的自主学习模式，如图 3-4 所示是基于课堂的情境探究模式。

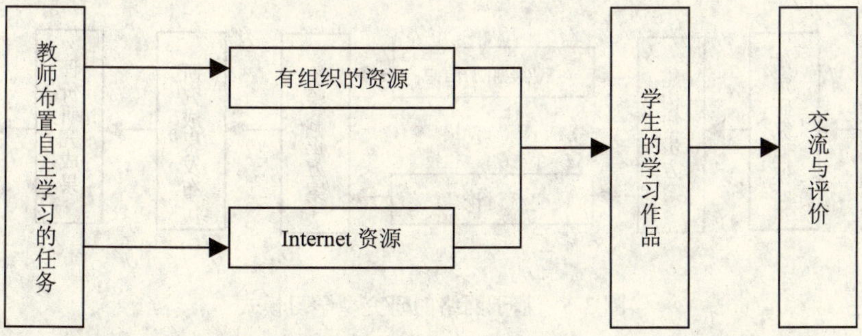

图 3-3　基于网络的自主学习模式

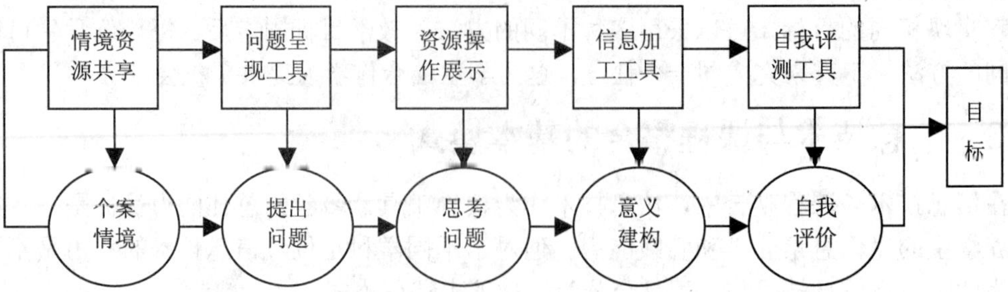

图 3-4　基于课堂的情境探究模式

在课堂讲授性教学中，利用信息技术，创设各种学习情境，指导学生对情境进行观察、思考、操作和意义建构，来完成教学目标。

3. 研究型课程，信息技术作为学习工具（Learn with IT）

学生作为积极主动的学习者，以类似科学研究的方式，在信息技术的帮助下，获取信息、交流信息，并最终以电脑作品的形式完成研究任务。

研究型课程中的整合任务，一般不是教材中的内容，而是课后延伸，甚至是社会现实性课题，如环境保护、旅游类问题等。课题的设置要考虑学生的认知能力和年龄特点，采用循序渐进的原则。一般小学低年级以生活实践性的活动为主，小学高年级以社会综合课题学习为主，初中以学科性综合实践活动为主，高中以综合性学科的学习为主。

研究型课程超越了传统的单一学科学习的框架，它按照学生认知水平的不同，将社会生活中学生感兴趣的问题，以主题活动的形式来完成课程目标。学生通过主体性、探索性、创造性的解决问题过程，将多个学科的知识、学问性知识和体验性知识、课内与课外、学校与社会有机地结合在一起，最大限度地促进学生身心和谐统一地发展。

从研究型课程的特点看，更加突出了学生的主体性和参与的过程性。在整个研究过程中，从研究方案的形成、方案的实施，到最后任务的完成都由学生自主完成，而教师仅对学生选题、搜集和分析资料的方法等进行一般性指导。图 3-5 和图 3-6 列出了一些常用模式的流程图，供用户参考。

通过社会调查、确定主题、分组合作、搜集资料、完成作品、评价作品、意义建构等环节完成课程学习，如图 3-7 所示为基于远程协作学习模式。

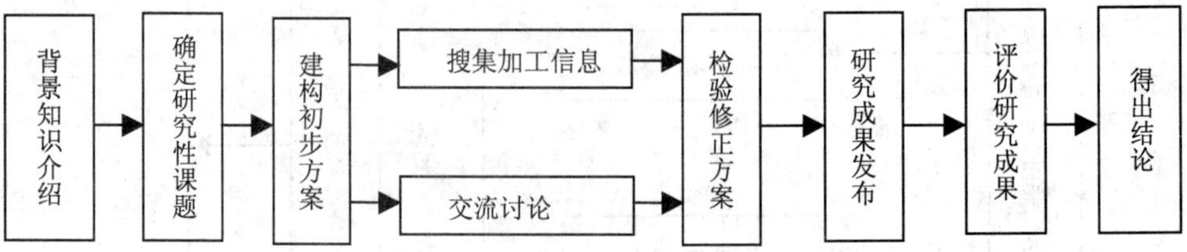

图 3-5　基于网络的研究型学习模式

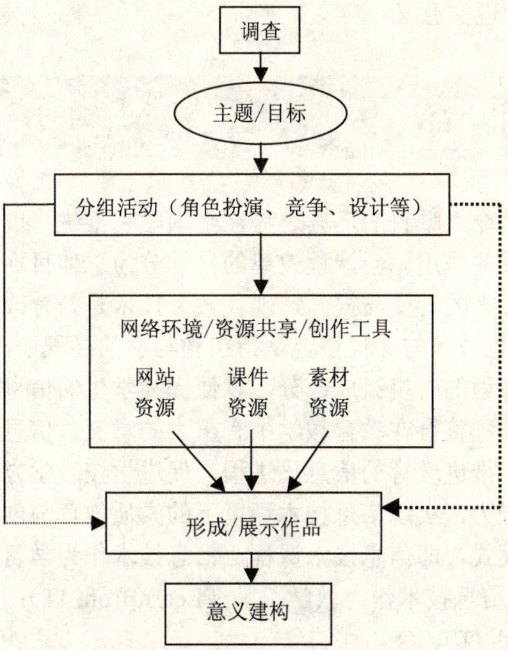

图 3-6　在线研究型学习模式

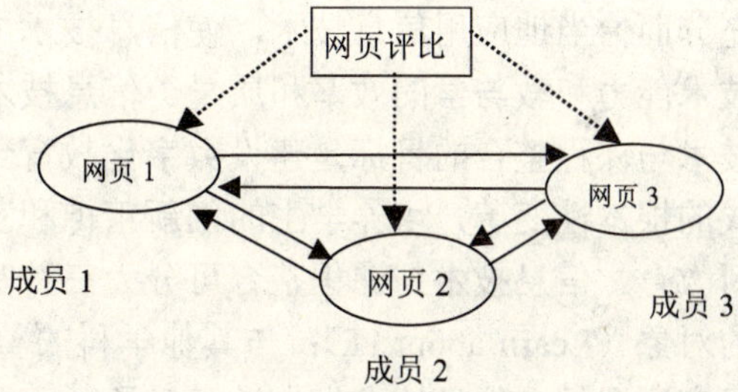

图 3-7　基于远程协作学习模式

在因特网环境下，不同地区的多所学校各自组成合作学习小组，围绕同一主题，搜集资料，建立小组网页，互相观看，交流意见，进行评比，总结体会，如图 3-8 所示为基于专题网站的模式。

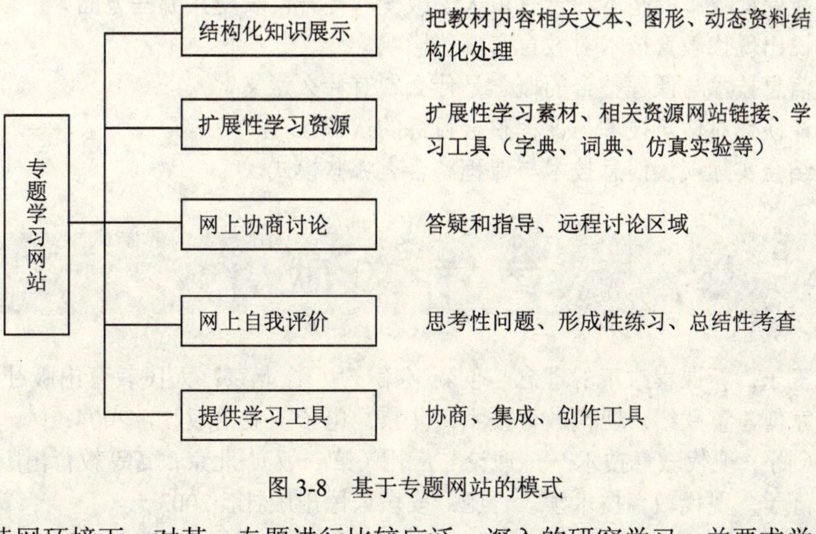

图 3-8　基于专题网站的模式

在因特网环境下，对某一专题进行比较广泛、深入的研究学习，并要求学生构建“专题学习网站”，进行研究型学习。

信息技术作为认知工具的课程整合无疑将是信息时代中占主导地位的课程学习方式，必将成为 21 世纪学校教育教学的主要方法。因此，在当前我国积极推进教育现代化、信息化的大背景下，倡导和探索信息技术与课程整合的教学，对于培养学生的“信息素养”，以及学生的创新精神和实践能力，有着十分重要的现实意义。

本章小结

目前，我国的新一轮基础教育课程改革正以令人瞩目的迅猛之势在全国顺利推进，现代教育技术在这次新课程改革中发挥着不可替代的作用。新课程改革的目标分为总体目标和具体目标。基础教育课程改革的基本理念有很大的转变与提升，现代教育技术是教育改革与发展的制高点，是通向未来教育的桥梁。信息技术与课程整合是指在教与学的过程中，充分而恰当地应用信息技术，使信息技术成为课程的有机组成部分，以便提高学生的信息技术能力和教与学的效率和质量。信息技术与课程整合在教育教学中有重大的意义。信息技术与课程整合的目标是建设数字化教育环境，推进教育的信息化进程，促进学校教学方式的根本性变革，培养学生的创新精神和实践能力，实现信息技术环境下的素质教育与创新教育。信息技术与课程整合可分为三种基本模式，即信息技术课程，信息技术作为学习的对象（Learn about IT）；与其他学科的整合，信息技术作为教学工具（Learn from IT）；研究型课程，信息技术作为学习工具（Learn with IT）。

习　题

（1） 新课程改革的目标是什么？
（2） 新课程改革的基本理念有很大的改变和提升，表现在哪些方面？
（3） 说出现代教育技术对教育有哪些影响。
（4） 信息技术与课程整合的概念是什么？有什么意义？
（5） 谈谈你对信息技术与课程整合目标的认识。
（6） 结合实际谈谈信息技术与课程整合有哪些模式。

参考文献

[1] 靳玉乐．新课程改革的理念与创新（第一版）．北京：人民教育出版社，2003.6.
[2] 蒋家傅，董武绍．现代教育技术．北京：电子工业出版社，2004.
[3] 张剑平．现代教育技术——理论与应用（第二版）．北京：高等教育出版社，2006.
[4] 张舒予．现代教育技术学．合肥：安徽人民出版社，2003.5.
[5] 李克东．新编现代教育技术基础．上海：华东师范大学出版社，2002.
[6] 祝智庭．现代教育技术——走向信息化教育（第一版）．北京：教育科学出版社，2002.3.

第 4 章　教学设计与教学评估

教学目标：

- 了解教学设计的定义、特征、层次、地位和作用。
- 了解教学设计的基本过程。
- 了解教学设计的各个环节的作用和基本模式。
- 了解多媒体组合教学的概念、过程与方法。
- 理解多媒体组合教学设计的基本思想。
- 了解教学评价的意义与功能。
- 了解教学评价的类型。
- 了解常用的教学评价技术。
- 掌握教学评价方法的运用。

现代化教学媒体的应用，促进了教学思想和教学理论的改革。教学改革深入发展最需要解决的问题就是如何充分发挥现代教学媒体的作用，优化教学过程，提高教学效率。教学设计思想就是在这种需要下应运而生的，它在促进教学理论和教学实践的发展方面起到了十分重要的作用。教学评价是教学设计的有机组成部分，由评价主体、客体、方法、标准等基本要素构成，通过教学评价，可以检测教学设计是否科学、是否符合学生的认知规律和检验教学效果。

4.1　教 学 设 计

实现教学的优化是一切教学活动追求的目标，其中教学设计就是为实现教学优化而逐步发展起来的一套理论和方法。教学设计也称教学系统设计，是 20 世纪 60 年代首先在西方发展起来的一门新兴的实践性很强的科学，也是日益受到重视、应用范围广阔的多学科研究领域。教学设计可用于设计不同的教学系统，大至整套的培训资源或教学资源的设计，小至某种教学媒体的设计；教学设计模式和操作规范也可应用于不同部门，例如，军队、企业或公司的培训，又如人力资源开发，学校教育，等等。

4.1.1　教学设计概述

教学设计是开展教学活动的前提和基础，它为整个教学活动提供了依据。通过教学设计，教师和学习者都可以明确教学和学习的目标，教师可以准确地根据学习者特点，实施既定的教学方案，有效地控制教学过程，达到优化教学效果的目的。

1. 教学设计的概念

教学是一项有明确目的的教师教与学生学的人类活动，它的根本目的在于促进学生的学习，使学生掌握一定的知识、技能，并使其身心获得较好的发展，形成一定的思想品质。

为达到教学活动的预期目的，减少教学活动中的盲目性和随意性，就必须对教学过程进行科学的设计。所谓设计，从广义上讲，是指运用科学技术知识和实践经验，通过分析与综合，创造满足某种特定功能系统的一种活动过程。从狭义上讲，设计就是人们为了满足一定的需要，制定活动蓝图的活动。

教学设计（Instructional Design，ID）也称做教学系统设计，是以传播理论、学习理论和教学理论为基础，运用系统论的观点和方法，分析教学中的问题和需求，从而找出最佳解决方案的一种理论和方法。教学设计关心的是如何分析教学问题、如何制定教学策略、如何评价教学过程与结果。其目的是解决教育教学问题、优化教学效果；其采用的方法是系统方法，内容涉及针对各种教学系统所存在的问题，制定、修改、实施、完善方案的整个过程。

通过教学设计，教师可以对教学活动的基本过程有一个整体的把握，可以根据教学情境和教育对象的特点确定合理的教学目标，选择适当的教学方法、教学策略，采用有效的教学手段，创造良好的教学环境，实施可行的评价方案，从而保证教学活动的顺利进行。另外，通过教学设计，教师还可以有效地掌握学生学习的初始状态和学习后的状态，从而及时调整教学策略、方法，采取必要的教学措施，为下一阶段的教学奠定良好的基础。从这个意义上说，教学设计是教学活动得以顺利进行的基本保证。忽视教学设计，则不仅难以取得好的教学效果，而且容易使教学走弯路，影响教学任务的完成。

2. 教学设计的特征

在具体的教学实践中，不同教学设计者形成的教学设计方案虽然各有不同，但教学设计在教学活动中体现出的一些特征却是共同的。

（1） 目的性。

教学设计的研究对象是不同层次的学与教系统。这一系统包括促进学习者学习的内容、条件、资源、方法和活动等各个要素。创设学与教系统的根本目的是优化教学过程，帮助学习者达到预期的目标，因此，教学设计是以问题找方法，具有很强的目的性。

教学设计要确定明确的教学目标，教学目标是课堂教学的出发点和归宿，是课堂教学的灵魂。教学目标对教学活动的诸要素都具有比较强的控制作用，它既控制着教学活动的方向，也控制着教学活动的大致进程、内容、程序和活动中主客体之间的动态关系。因此，重视教学目标的设计，是强化教学设计控制功能的一个重要方面。

（2） 指导性。

教学设计是为了实施教学活动而设计的施教方案，有关教学活动的一切设想，比如教学目标、教学任务、教学方法等各种构成教学的要素都会反映在教学设计中。因此，教学设计一旦形成并付诸行动，它就会成为教师教学的基本依据并贯穿始终，教学活动的每个步骤、每个环节都将受到教学设计方案的约束和控制。也正是因为如此，教师在进行教学设计时，必须全面规划、统筹兼顾，提高设计方案的科学性和可行性，只有这样，才能在课堂教学中更好地发挥教学设计的指导功能，使教学取得良好的效果。

（3） 系统性。

教学是由多种教学要素组成的一个复杂系统，教学设计则是对这诸多要素的系统安排与组合。建立在经验基础上的教学设计往往只注重教学的某个部分，比如教学内容和教学方法，具有很大的局限性。科学的教学设计则会以系统科学方法指导教学设计，对诸多教学要素进行综合的整体的规划与安排。无论教学设计指向什么样的教学目标，它都必须全面、周密地考虑、分析每一个教学要素，使所有的教学要素在达成一致的教学目标的过程中实现有机的配合，成为一个完整的统一体。

（4） 可操作性。

教学设计为教学理论与教学实践的有效结合提供了现实的结合点，它既有一定的理论色彩，同时又是明确为教学实践服务的。在成形的教学设计方案中，各类教学目标被分解成具体的、操作性的目标，教学设计者对教学内容的选择、教学方法的运用、教学时间的分配、教学环境的调适、教学评价手段的实施都做了明确的规定和安排，这一系列的安排都带有极强的可操作性，抽象的理论在这里已变成了具体的操作规范，成为教师组织教学的可行依据。

（5） 预演性。

教学设计的过程，其实就是教学活动的每个环境、每个步骤在教师头脑中的预演。这一过程带有比较强的预演性和生动的情境性，犹如文艺演出的彩排一样，它能够使教师如临真实教学情境，对教学过程的每一个细节周密考虑、仔细策划，从而及时发现错误并修改，把在实际教学过程中出现失误的可能性降到最低程度，为教学活动的顺利进行提供可靠保证。

（6） 创造性。

创造性是教学设计的一个基本特点，同时也是它的最高表现。教学设计是一项极富创造性的工作。教学设计的过程，实际上也就是教师在深入钻研教材的基础上，根据不同的教学目标，不同学生的特点，创造性地思考，创造性地设计教学实施方案的过程。教学设计虽然使得教学程序化、合理化和精确化，但它并不束缚教学实践的自由，更不会扼杀教师的创造性。为了适应教学活动丰富多彩、灵活多变的固有特点，适应学生学习的多种需求，教学设计十分强调针对具体情况灵活设计。另外，由于教学设计同教师的教学经验、风格、智慧紧密结合在一起，每个教师设计的教学方案都会不同程度地带有个人风格与色彩，因而它为教师个人创造才能的发挥提供了广阔天地。

3. 教学设计的不同层次

教学系统设计是一个问题解决的过程，根据教学中问题范围、大小的不同，教学系统设计也相应地具有不同的层次，即教学系统设计的基本原理与方法可用于设计不同层次的教学系统。到目前为止，教学系统设计一般可归纳为 3 个层次：以“产品”为中心的层次、以“课堂”为中心的层次和以“系统”为中心的层次。

（1） 以“产品”为中心的层次。

教学系统设计的最初发展是从以“产品”为中心的层次开始的。它把教学中需要使用的媒体、材料、教学包等当做产品来进行设计。教学产品的类型、内容和教学功能常常由教学系统设计人员和教师、学科专家共同确定。有时还吸收媒体专家和媒体技术人员参加，对产品进行设计、开发和测试、评价。

（2） 以“课堂”为中心的层次。

这个层次的设计范围是课堂教学，它是根据教学大纲的要求，针对一个班级的学生，在固定的教学设施和教学资源的条件下进行教学系统设计的。其设计工作的重点是充分利用已有的设施并选择或编辑现有的教学材料来完成目标，而不是开发新的教学材料（产品）。

（3） 以“系统”为中心的层次。

这里所指的系统是特指比较大、比较综合和复杂的教学系统。例如，一所学校或一门新专业的课程设置、某行业职业教育中的职工培训方案等。这一层次的设计通常包括系统目标的确定、实现目标方案的建立、试行和评价、修改等，涉及的内容面广、设计难度较大，而且系统设计一旦完成就要投入范围很大的场合去使用和推广。

以上三个层次是在教学系统设计发展过程中逐渐形成的。当然，也可以把教学系统设计分为宏观和微观两个层次，规模大的项目如课程开发、培训方案的制定等都属于宏观层次的教学系统设计；而对一门具体课程、一个单元、一堂课甚至一个媒体材料的设计都属于微观层次的教学系统设计。产品、课堂、系统三个层次都有相应的教学系统设计模式，在具体设计实践中，可以按照自己所面临教学问题的层次，选用相应的设计模式。

4. 教学设计的地位和作用

教学活动是一种有目的、有计划的认知活动，为达到教学活动的预期目的，减少教学活动中的盲目性和随意性，就必须对教学过程进行科学的设计。

（1） 教学设计是连接教学理论与教学实践的中介或桥梁。

教学设计为了追求教学效果的最优化，不仅关心如何教，更关心学生如何学，因此，在系统分析、解决教学问题的过程中，注意把人类对教与学的研究成果和理论及传播学的理论综合应用于教学实践，把教与学的理论与教学实践活动紧密地连接起来，是连接基础理论与实践的桥梁，图 4-1 所示是教学设计与教学理论和教学实践的关系。伴随着教育技术实践的深入发展，设计思维和系统方法逐渐成为教育技术的核心思维和方法，与教学设计有关的思想逐渐成为教育技术的灵魂。目前，单独抛开设计领域，教育技术中的其他领域也必须使用设计思维和系统方法，例如在教育技术的评价领域，广泛使用的形成性评价就是一个使用系统方法评价问题的过程；教育技术产品的开发过程也是系统方法具体应用的过程。教学设计的核心思维和核心方法——设计思维和系统方法，在教育技术的实践中必将起到越来越大的作用。

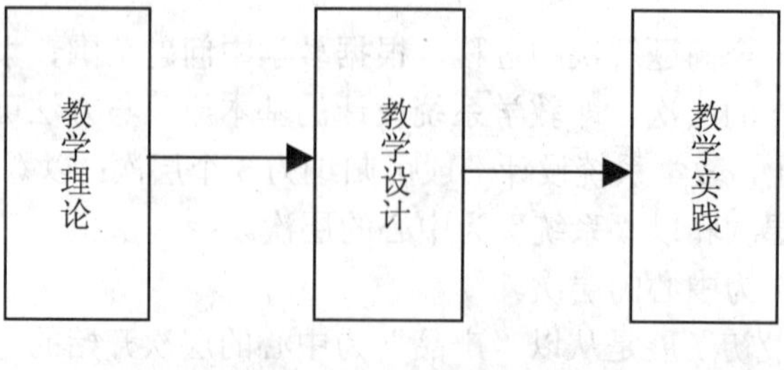

图 4-1 教学设计与教学理论和教学实践的关系

（2） 教学设计有利于教学理论指导教学实践。

为了使教学活动高效、有序，人们一直致力于探讨教学的机制，对教学过程、影响教学的因素及其相互关系进行研究，并形成了一套独立的知识体系——教学理论。但这种理论偏重于理论上的描述和完善，对于教学的改进产生的是非直接的作用，因为理论到实践仍然是有距离的，而且实践是有丰富情境、发展变化的，有些时候也不完全能够套用现成的理论。学习理论亦是如此。被称为“桥梁学科”的教学设计学起到了沟通教学理论与教学实践的作用。一方面，通过教学设计，可以把已有的教学理论和研究成果运用于实际教学中，指导教学工作的进行；另一方面，也可以将教师的教学经验升华为教学科学，充实和完善教学理论，这样就把教学理论与教学实践紧密地结合起来了。

（3） 教学设计运用系统科学方法进行教学决策，为开发教学产品提供计划方案。

教学设计是系统解决教学问题的过程，按照问题解决的一般过程：发现（鉴别）问题、选择和建立解决问题的方案、试行方案及评价与修改方案，可见教学设计和传统的备课是有明显的差别的。在利用教学设计优化学习的过程中，设计人员一方面要善于发现教学中的问题，用科学的方法分析问题，谋求解决的方案，另一方面需要在设计、试行过程中不断地反思解决方案，在这个过程中科学思维习惯得以有效的培养，发现、解决教学问题的能力也会逐渐提高。此外，这种解决问题的方法、技术和思维方式具有很强的迁移性，可用于其他相似的问题情境和实际问题。因此，教学设计所带来的不仅仅是教学设计的基本原理和必要的知识，更重要的是设计人员从中领会到的解决问题的思维方式和科学态度，他将从中学会创造性地解决问题的原理和方法。

（4） 教学设计有利于加强教学项目的管理与评价，有利于提高教学开发产品的效益。

教学设计的核心方法是系统方法。它研究的是整个教学过程中的所有教学资源，设计内容包括教师的教学方式、学生的学习过程和学习策略、教学内容的呈现方式、教学方法、教学组织形式、教学媒体的选择和利用、教学效果的监测和评价等，是一个由目标、条件、策略和评价贯穿起来的系统化过程。这就说明教学设计是有组织、有计划地设计、开发、利用一切与学生学习有关的教学资源，进而通过有效的教学策略来达到教学目标的过程。

因此，教学设计是一门将教育技术理论和思想方法运用于教学实践中的新学问，它有利于现代教育技术应用的不断深化，同时也使教育技术理论在总结实践经验的基础上得到升华与完善，从而促进教育技术的深入发展。

4.1.2 教学设计的过程与模式

教学设计是一种运用系统方法解决教学问题的过程。它综合了教学过程中诸如教学（学习）目标、教学（学习）内容、教学（学习）对象、教学策略、教学媒体、教学评价等要素，将运用系统方法的设计过程加以模式化。

1. 教学设计过程的基本环节

目前能够看到的关于教学设计过程的理论、模式有许多种，虽然在一些问题上存在着不同，但有一点是相似或一致的，那就是人们较普遍地将分析教学对象、制定教学目标、选择教学策略、开展教学评价等看做是教学设计过程的四个基本环节。也就是说，教学设计主要是在对学习者、目标、策略、评价这四个基本要素之间的相互联系和相互制约进行分析的基础上完成的。

（1） 分析教学对象。

对教学对象的分析涉及教学系统为谁设计的问题。教学作为促进学习者学习的一系列活动，就应充分考虑学习者的能力、潜能、背景和要求等，因为学习者的这些特征对教师选择适当的目标、教学策略、教学媒体等都有十分重要的影响。因此，要使教学设计有效，就必须深入地了解学习者，对学习者的各类特征进行认真分析和预估，分析得越充分越有利于教学设计。

（2） 制定学习目标。

学习目标是教师和教学人员对要求学习者达到的学习成果或最终行为的阐述。通过教与学的活动，要求学习者掌握哪些知识和技能，思想态度水平发生什么样的变化，这就要求在进行教学设计过程中能使用具有可观察性、可测量性的术语，精确阐述教学目标，这样才会使教师和学习者在教与学的活动中更好地相互作用，增强目的性，减少盲目性，提高教学活动效率。因而，教学设计中要非常重视学习目标的确定和准确的阐述。

（3） 选择教学策略。

当学习目标、学习者的特征等情况明确之后，为了达到学习目标需采用什么样的教学策略以及选择什么样的教学媒体资源的问题就成为教学设计的重要问题。这里需要对实施教学活动的组织形式、教学媒体的选用、具体教学的方法等方面的具体问题进行选择与设计。这个环节可以说是教学设计过程中最核心的设计环节。教学系统最终能否有效发挥功能，主要取决于教学设计者在这一环节所做出的一系列判断和决定。

（4） 开展教学评价。

教学评价是教学设计过程中始终进行的环节，是教师在教学开始之前、教学进行期间、教学结束之后都要做的重要工作。通过评价，取得各方面的反馈信息，以不断修正、完善教学设计。教学评价既是了解教学是否实现预期目标的根本措施，也是修正教学设计的实际依据。

2. 教学设计过程的组成部分

根据教学设计过程的基本环节，在开展教学设计的过程中，围绕四个基本环节展开的具体工作或程序包括以下内容。

（1） 学习需要分析。

教学设计是一个问题解决的过程，只有发现了问题、认清问题的本质才能对它进行解决，而对问题的鉴别与分析通常也称为学习需要分析。

学习需要分析是指通过系统化的调查研究过程发现教学中存在的问题，通过分析问题产生的原因，确定问题的性质，论证解决该问题的必要性和可行性。其核心是发现问题，而不是寻求解决问题的方法。

通过分析学习需要，使教学系统的目标能适合更大的教育系统的环境——社会系统的要求，也就是明确社会系统对我们要培养的人才有什么要求，我们的教学活动还存在什么差距。这是我们进行教学设计的逻辑起点：在客观地分析和论证某种学习需要的基础上，确定进行教学设计的教学系统的目标。同时，还要充分考虑对某一教学系统进行教学设计的可能性，即可以利用的人类资源（教师、学生等）、非人类资源（教学设施、教学媒体、教学材料、教学经费等）和各种相关的约束条件等。综合社会需求与可能性，把理想的学习需要与受限制条件结合起来，形成最优的教学目标，使教学设计建立在切实可行的基础上。

学习需要分析主要解决的问题是：为什么要开展某一教学（有关教师“为何教”、学习者“为何学”的问题）；教学系统的目标是什么；建立教学系统需具备什么条件等。

（2） 教学对象分析。

教学对象分析或称学习者分析，是教学设计前期的一项分析工作，目的是了解学习者的学习准备情况及其学习能力与学习风格，为教学内容的选择和组织、学习目标的编写、教学活动的设计、教学方法与媒体的选择和运用等提供依据。重视和了解学习者对某项学习目标的学习已具备的知识和技能，是教学工作成败的决定因素之一。我们应该充分注意确定每个学习者在参加学习时所具有的一般特点和起点能力，应根据学习者的起点能力进行切合实际的设计。

在对教学对象进行分析时，要对学习者的一般心理、生理和社会背景等方面的特点，以及从事某项特定学习任务的基础知识与技能等进行细致的分析。

（3） 教学内容分析。

教学内容分析又称学习内容分析。根据课程目标，确定内容、大纲，并科学地加以组织、确立知识结构，把课程总目标分解为一系列子目标，即单元目标；进而根据单元目标进行学习任务分析，确定单元目标所需的从属知识与技能。要着重分析学习者需要学习哪些知识和技能，达到什么程度和水平；培养什么能力和态度；使学习者的身心获得什么样的发展等。

教学内容分析所要解决的是教师要向学习者“教什么”、学习者“学什么”的问题，因而教学内容分析与教学对象分析有着密切关系，两者常常是同时进行的。

（4） 学习目标的编写。

教学内容分析要揭示出单元教学目标要求掌握的各项从属知识与技能及其相互关系。教学设计中要求对学习者通过每一项从属知识或技能的学习以后应达到的行为状态，以及通过一个单元的学习以后应达到的最终行为状态做出具体、明确的说明。这就是学习目标的编写。学习目标是评价教学效果的标准，也是选用教学方法和媒体的重要依据之一。

在教学设计中，学习目标应该预先确定。学习目标应该说明学习的结果，要以明确、具体的术语加以描述。在教学活动开始以前应把学习目标告诉学习者，使学习者的学习活动做到有的放矢。

（5） 教学策略设计。

教学策略是实现教学目标的手段，对教学策略的设计主要解决教师“如何教”和学习者“如何学”的问题。教学策略设计常常要从四个具体方面着手：课的划分、教学顺序的设计、教学活动设计及教学组织形式的确定。

教学策略设计既要符合教学内容、教学目标的要求，适合学习对象的特点，还要考虑实际教学条件的可能性。因此，对教学设计者来说，教学策略的设计需要系统考虑诸多因素，我们必须创造性地开展教学设计工作，灵活地安排教学活动，巧妙地设计各个环节，合理地安排各有关因素，使之成为一个能够发挥整体功能的优化结构。

（6） 教学媒体选择与设计。

在进行教学媒体选择时，要注意根据编写学习目标、教学策略设计中所做出的决定和各种教学媒体所具有的教学功能和特性加以选择。教学媒体选择的好与坏直接影响学习目标的达成以及教学策略的实施。关于教学媒体的研究已反复证明：各种教学媒体各有所长，不存在对所有教学内容和教学情境都适用的或最佳的媒体。

但是，在教学媒体的选择过程中，常常会涉及需要根据实施计划的具体要求设计制作合适的教学媒体软件的问题，这时就需要教学设计者考虑如何对教学媒体所承载的教学信息进行设计。

（7） 教学评价。

经过以上各部分的分析、设计，我们就可以得到教学设计的初步产品——解决某一教学问题的方案。那么，得到的这个方案是否能带来预期的教学效果？设计教学方案的过程对学习需要、学习内容、学习对象等的分析是否准确？学习目标的确定是否明确、具体？教学策略的设计是否合理？教学媒体的选择和设计是否有效？要检验这些问题就必须对教学设计的初步成果进行评价。

教学设计的评价主要是采用形成性评价，即在设计成果推广之前，先在一定范围内进行试用，以了解教学系统的试用效果，获知其可行性、可用性和有效性等。学习目标的达到程度是评价的主要方面。如有不足之处，则需对前期的设计方案进行修改，然后再试用、修改。就教学设计来说，形成性评价是指对教学系统开发中的每一步进行评定，提供教学计划实施的数据、资料等反馈信息。

总结性评价对教学成果可做出较全面的、综合的总结和评定，也是整体、全面研究所设计的教学系统的有效性评定，是教学设计的最后阶段。

上述内容构成了教学设计过程的主要组成部分。各部分相互联系、相互制约，组成一个有机的教学系统，但并非是线性的、直线式的关系。

3. 教学设计的一般模式

教学设计模式是一套程序化的教学设计步骤，它是针对教学设计实践的再现，是对教学设计理论的精心简化，有利于指导教学设计工作的开展。不同教学设计模式适用于不同系统的教学设计实践，表 4-1 所示为教学设计过程各基本组成部分及其特征。

表 4-1 教学设计过程模式的基本组成部分

序 号	模式的共同特征要素	模式中出现的用词
1	学习需要分析	问题分析，确定问题，分析、确定目的
2	学习内容分析	内容的详细说明，教学分析，任务分析
3	学习目标的阐明	目标的详细说明，陈述目标，确定目标，缩写行为目标
4	学习者分析	教学对象分析、预测，学习者潜力评定
5	教学策略的制定	安排教学活动，说明方法，策略的确定
6	教学媒体的选择和应用	教学资源选择，媒体决策，教学材料开发
7	教学设计成果的评价	试验原型，分析结果，形成评价，总结性评价，行为评价，反馈分析

教学设计过程中诸要素的关系，以及由这些要素构成的教学设计的一般模式如图 4-2 所示。从图中可以看出教学设计各部分之间的关系：前端分析是教学设计的基础，也就是它非常强调教学设计过程要建立在对学习需要、教学对象、教学内容等方面充分而准确的分析基础上；教学设计的关键任务就是首先要对学习目标进行设计，进而对有助于实现学习目标的教学策略进行设计，对学习活动需要的教学媒体进行选择和设计；为了保证整个

教学设计的有效性，教学设计过程中必须随时通过教学评价来进行调控修正，以使教学设计最终成果符合设计目标的要求。

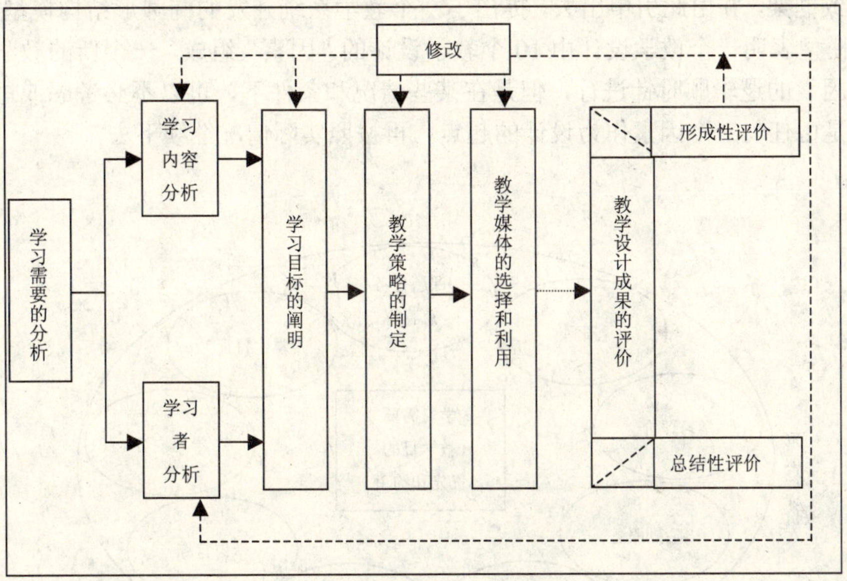

图 4-2　教学设计的一般模式

（1）　瀑布模式。

目前大多数实用的教学系统开发模式都是从系统方法的“瀑布”模式演变而来的。瀑布模式把教学过程划分为几个阶段，并且分别定义各个阶段要实现的目标，教学活动从上一个阶段向下一个阶段逐级过渡，如同瀑布下泻，最终达到教学目标，如图 4-3 所示。

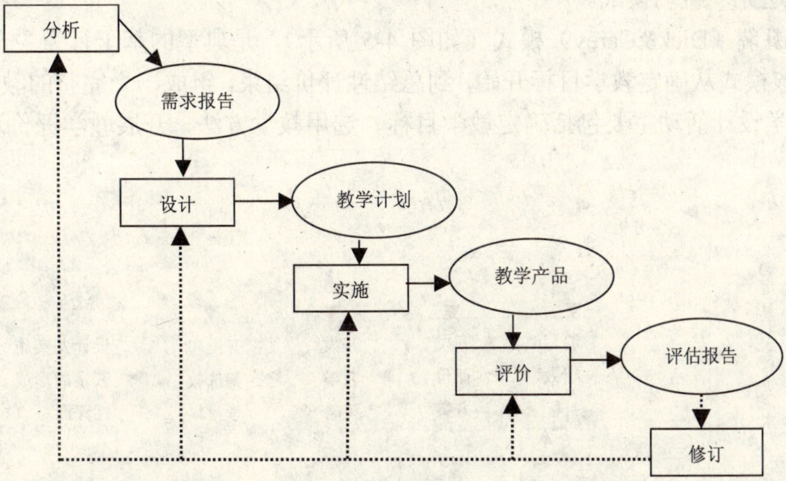

图 4-3　瀑布模式

（2）　肯普模式。

肯普（J.E.Kemp）模式认为，一个教学系统应该包括四个基本要素，即学生、方法、目标和评价。也就是说，在进行教学设计时要考虑：这个教案或教材是为什么样的人设计的？希望这些人能学到什么？最好用什么方法来教授有关的教学内容？用什么方法和标准来衡量他们是否确实学会了。肯普认为这四个基本要素及其关系是组成教学系统开发的出发点和大致框架，并由此引申出去，提出了一个教学系统开发的椭圆形结构模型，如图 4-4 所示。该模型表明一个教学设计由 10 个教学设计的“因素”组成，一个新的教学设计可以按照这些因素的逻辑顺时针进行，但是在某些情况和条件下，可以不必考虑或进行全部的因素，或是由任何一个因素作为设计的起点，再按照实际情况继续下去。

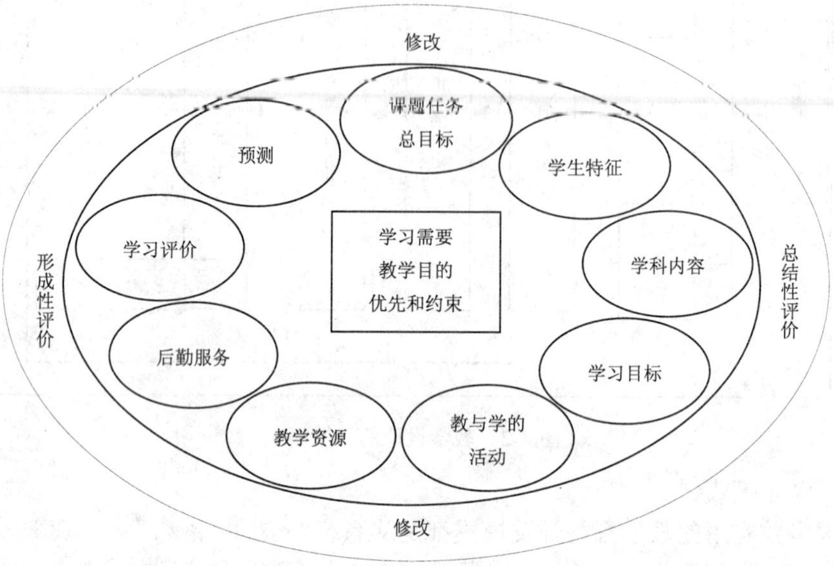

图 4-4　肯普模式

（3）　迪克－凯瑞模式。

迪克－凯瑞（Dick&Carey）模式（如图 4-5 所示），是典型的基于行为主义的教学系统开发模式。该模式从确定教学目标开始，到总结性评价结束，组成一个完整的教学设计过程。该模式的教学设计活动主要包括确定教学目标、选用教学方法、开展教学评价这 3 个方面。

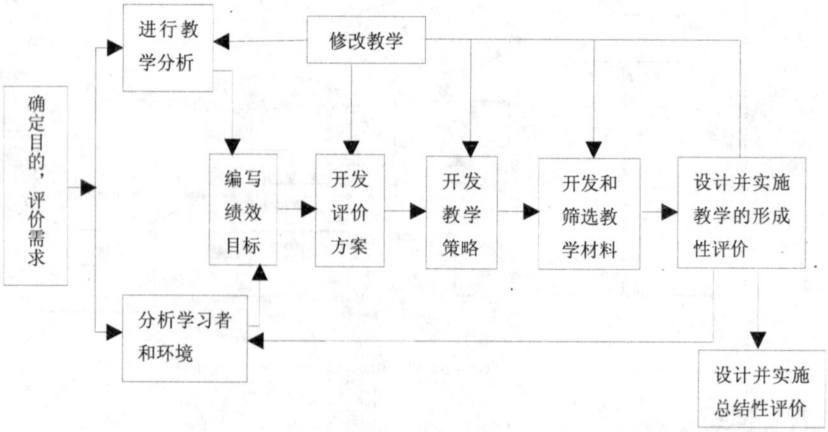

图 4-5　迪克－凯瑞模式

4.1.3 教学设计方案举例

教学系统是一个开放的、动态的体系，教学所涉及的环境、学习者、教师等要素都处于变化之中，因此教学方案的设计可以根据实际情况灵活把握。应该在学习借鉴别人模式的同时，充分掌握教学设计过程的要素，根据不同的情况要求，决定设计从何着手、重点解决哪些环节的问题，创造性地开发自己的模式，因地制宜地开展教学设计工作。下面以设置《三角翼纸飞机》实例介绍教学设计的基本过程。

1. 教材及学情分析

《三角翼纸飞机》是河北省九年义务教育小学课本《科技活动》第七册中的内容，《科技活动》作为小学《科学》课的补充教材，是适应素质教育需要提出的一门创新课程。《三角翼纸飞机》是在学生学习了图形基础知识和简单的机械知识后，联系实际，通过观察、对比、分析、折叠、连接等动脑、动手的行为，在实际操作中建立空间结构观念，了解飞机的构造和基本飞行原理。

本节课教学对象是小学六年级学生，他们对一些图形和一些机械的基本操作已经了解，对飞机怀有很大的兴趣。

2. 教学目标

（1） 使学生了解飞机的基本构造、种类和飞行原理；让学生通过自主动手操作，掌握三角翼纸飞机的基本制作过程。

（2） 培养学生动手操作、协作学习的能力，以及不怕挫折、反复试验、追求真理的精神。

3. 教学重点、难点

重点：明确飞机的构造，以及飞机制作过程。

难点：对试飞失败的原因予以纠正。

4. 教学准备

教师提供 PowerPoint 课件、多媒体教室、制作工具（材料包），教室的桌椅是六个人一组的圆形座位。

5. 教学过程

（1） 导入。

- 教师展示嫦娥奔月的 Flash 动画。

师：“嫦娥奔月”的故事使我们了解，从古代起，人们就有了飞上天空的梦想。飞机就是由一个个渴望飞上天空的人大胆设想、勇于追求研究而成的。

师：最初人们模仿小鸟，插上翅膀想飞起来。直到 1903 年，莱特兄弟发明了第一架飞机——“飞鸟”一号，人类飞上天空的梦想才得以实现。

教师展示各个年代的飞机图片，使学生了解飞机的进化过程。

（2） 教授新知。

- 认识飞机结构及动手制作飞机。

师：同学们已经看过了这么多飞机，它们和飞鸟有什么相似之处呢？

教师用计算机展示飞机与飞鸟的对比图片供学生观察（突出重点）。

生：它们都有两个翅膀，但飞机的翅膀叫机翼。

师：机翼的功能和飞鸟的翅膀功能相似，主要是为飞机提供升力，以支持飞机在空中飞行的；它也起一定的稳定和操纵作用。机翼平面形状成三角形的称三角翼，适用于高速飞机。

生：飞鸟有尾巴，飞机有尾翼，它们有同样作用。

师：飞机的尾翼分为水平尾翼和垂直尾翼，其主要功能是调整方向。水平尾翼水平安装在机身尾部，主要为保持俯仰平衡和俯仰操纵；垂直尾翼垂直安装在机身尾部，主要为保持飞机的方向平衡和操纵。

……

师：今天我们来学习制作一种最简单的模型飞机——三角翼纸飞机。

教师用计算机展示制作步骤，强调“加强片”的制作是容易出错的地方（突出重点）。

学生开始制作飞机。

- 飞机试飞。

师：做好飞机后下一个步骤就是试飞，大家可以到操场去试飞，如果飞机飞得不高、不稳或者根本就飞不起来，请不要气馁，要及时检查什么地方做得不好，并加以调整，为我们最后的飞行比赛做准备。

学生回到教室，并做试飞经验汇报。

教师用计算机展示可能遇到的四种不正常飞行的 Flash 动画，并说明解决方法（突破难点）：

✧ 飞机波浪飞行，说明头轻，应该头部加配重。

✧ 飞机很快坠地，说明头重，应该尾部加配重。

✧ 飞机向右或向左侧滑行，说明机身不直，用手把机尾轻轻向左或右弯曲。

✧ 飞机胡乱飞行：说明机身、机翼、机尾均不平直，我们要一点点找出毛病，加以调整。

师：下次课我们进行飞行比赛，大家有没有信心使自己制作的飞机在比赛中夺得第一名呢？

6. 教学评价

本次课根据小学生的生理、心理特点和知识水平进行设计，让学生在动手动脑的过程中掌握科学知识，培养不怕挫折、追求真理的精神。在课堂中巧妙运用信息技术，以其特有的直观性、趣味性，充分调动学生的积极性、主动性，突破教学的重点和难点，使学生在愉快轻松的环境中掌握知识、发展能力、陶冶情操。

4.2 多媒体组合教学设计

随着现代教育技术的发展，课堂教学中使用的教学媒体越来越多。根据教学设计理论，把传统教学媒体与现代教学媒体优化组合，各展其长，组成多种媒体相互配合的媒体组合教学系统，优化课堂教学结构，提高教学质量和效率，是现代教育技术的一个重要方面。

4.2.1　多媒体组合教学概述

科技的进步，经济的发展，促进了我国教育现代化的进程。近些年来，我国教育事业突飞猛进，取得了巨大的进步。在学校的课堂上增添了许多现代教学媒体，这些现代教学媒体的运用不仅改变了原来的教学手段，也促进了教学方法和课堂教学结构的变革，从而促进了教学思想和教学理论的改革。现代教学媒体的应用是对传统教学媒体和教学方法的改善和补充，是将现代教学媒体与传统教学媒体有机地结合起来，形成多媒体组合教学的各种模式。其中多种媒体组合的基本教学模式如图 4-6 所示。

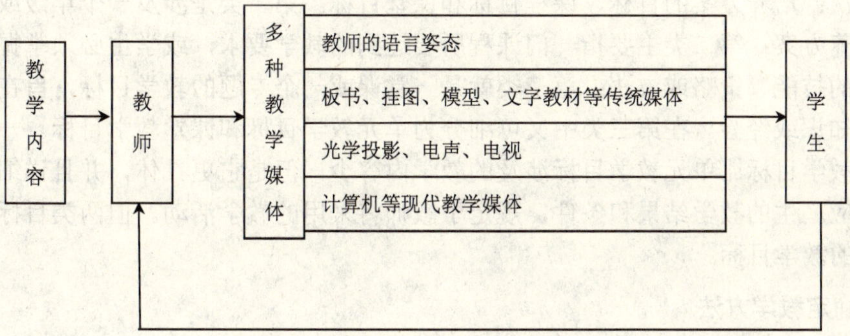

图 4-6　多媒体组合的基本教学模式

教师在进行课堂教学时，可以根据教学目标和教学内容的需要，通过选择、设计和评价，组合运用多种教学媒体，以达到优化的教学效果。这就是多种媒体组合教学的含义。

多种媒体的组合可以是两种以上传统媒体的组合，或者是两种以上现代媒体的组合，也可以是传统媒体与现代媒体的组合。

多种媒体的组合并非是各种媒体的随意搭配，它应该是根据教学需要而进行的科学的有机组合，是在继承传统教育媒体有效成分的基础上，合理而充分地选择和应用现代教育媒体，使两者有机结合，各展所长，互为补充，从而组成一个完整的教育信息传递及进行有效控制的系统，共同参与课堂教学的全过程，达到优化教学过程的作用。

4.2.2　多媒体组合教学的过程与方法

现代教育技术的一个显著特点就是应用了现代教学媒体，在教育、教学过程中，既可以使用单一的媒体，也可以使用几种媒体的组合。现代教学实践证明，在教学过程中，几种媒体组合的教学效果要优于单一媒体。但是，媒体的组合并不是几种媒体简单地相加和随机凑合。媒体的选择和组合是教学设计的主要内容，本节主要探讨媒体组合教学设计的过程和方法。

1.　确定教学目标

媒体组合教学设计首先必须确定教学目标，并以教学目标控制整个设计过程。教学目标是教师和有关教学人员根据教学大纲的要求，对学生应达到的学习成果或最终行为的明确阐述，它为每门课、每一单元或每一节课中教师、学生和教学材料的相互作用规定了明确的方向，在教学中起着关键性的作用。因此，教学目标是媒体组合教学设计的重要依据，也就是说，媒体组合教学设计应能为更好、更快地达到教学目标提供帮助。

在学校教育目的的指导下，在课堂教学中，教师需要确定将完成的具体教学目标。这样可以帮助教师选择教学内容和确定教学效果。在大多数的课堂教学中，学生固定，教学内容比较明确，而教师面临的主要问题是：哪些内容最为重要？哪种学习活动最有利于学生学习？怎样的教学计划最为有效？教学目标为这些问题的回答确定了出发点。教学目标往往需要以具体的行为来体现，其陈述的内容大多是教师讲授或学生学习的具体技能、任务、内容和态度。故这种教学目标形式的主要功能是：指导教师确定教学范围、教学内容、教学重点和学生的相关原有学习基础等。此外，随着目标具体性的深化，教学目标又可分为三个层次：培养方案的目标、课程目标和课堂目标。第一类是涉及一个年级或一个学科领域的培养方案；第二类主要指一门课程所要达到的教学要求，或学生必须掌握的知识体系或形成的技能、策略或方法；第三类就是一堂课或一个专题的教学目标，旨在使学生获得特定的知识或经验。在第三类中又可细分为单元教学目标和课堂教学目标。一般来说，虽然课堂教学目标比单元教学目标涉及的教学内容少，但是它更具体，并且详细确定了一堂课教学应产生的教学结果和条件，规定了教师将采用的教学活动。但两类目标都属于课堂水平上的教学目标。

2. 确定教学方法

一旦教学目标确定后，教学设计者就可根据教学目标选用适当的教学方法。“教学有法，教无定法”这句至理名言道出了教学方法的变异性和灵活性。因此，需要教师灵活地选用教学方法，并与教学实际结合起来，设计和创新教学方法，这是课堂教学优化设计的保障。随着现代教育技术的发展，以现代教育思想为指导，应用和设计体现时代特征的教学方法，是当代教学方法发展的趋势。选择教学方法的原则有以下几点：

（1） 以教学目标为基础。

任何教学方法都是为一定的教学目标服务的，有什么样的教学目标就应该有什么样的教学方法相适应。对于知识、理解等较低层次的目标，可选用教学信息传输量大的教学方法，而对于综合、评价等高级层次的目标，则采用发现式、探究式的教学方法。

（2） 以学生特征为依据。

教学方法的选择要依据学生的年龄特征、智能水平、知识基础等方面的情况。如小学低年级学生以具体思维、形象思维为主，应选用直观教学法，而大学生有一定的逻辑思维能力，就应选用探究教学法。

（3） 与教学内容相适应。

一门学科的性质和一节课的教材内容，都是制约教学方法的重要条件。对于形态结构等描述性内容应选用直观教学法，而对于技能性的内容则应采用示范模仿法。

（4） 以现有条件为依托。

教学条件是制约教学方法选用的主要因素。教学条件既包括学校、学科的教学资源条件，也包括教师的自身条件。如学校教学条件比较优越，那就应该用多媒体教室进行教学，而没有多媒体教室的学校可以采用演示法等简易的方法。

3. 选择教学媒体，确定教学媒体展示的时机

（1） 选择教学媒体。

选择教学媒体要依据教学目标、教学内容、教学对象和教学条件。

媒体选择的基本思想是尽可能选择低代价、高功能的教学媒体，可用如下公式表示：

媒体选择几率（P）=媒体产生的功效（V）/需付出的代价（C）

其中，代价 C 包括制作费用及付出的努力程度；功效 V 是指媒体在完成教学目标中所起作用的大小程度。

媒体在实现教学过程中，按其完成的职能一般可分为事实型、情境型、示范型、原理型及探索型五种类型。

事实型：提供有关科学现象、形态、结构，或者是史料、文献等客观、真实的事实。

情境型：提供一些有关情节、景色，现象的、真实的，或模拟、相近的画面。

示范型：提供一系列标准的行为模式（如语言、动作、书写或操作行为）。

原理型：提供某一典型事物的运行、成长、发展的完整过程。

探究型：媒体提供某一些事物的典型现象或过程。

根据上述媒体的五种类型，我们可以看出，它与教学内容、教学目标之间有着较为密切的联系。为此，可以建立一个内容、目标、媒体关系的三维选择模型，如图 4-7 所示。

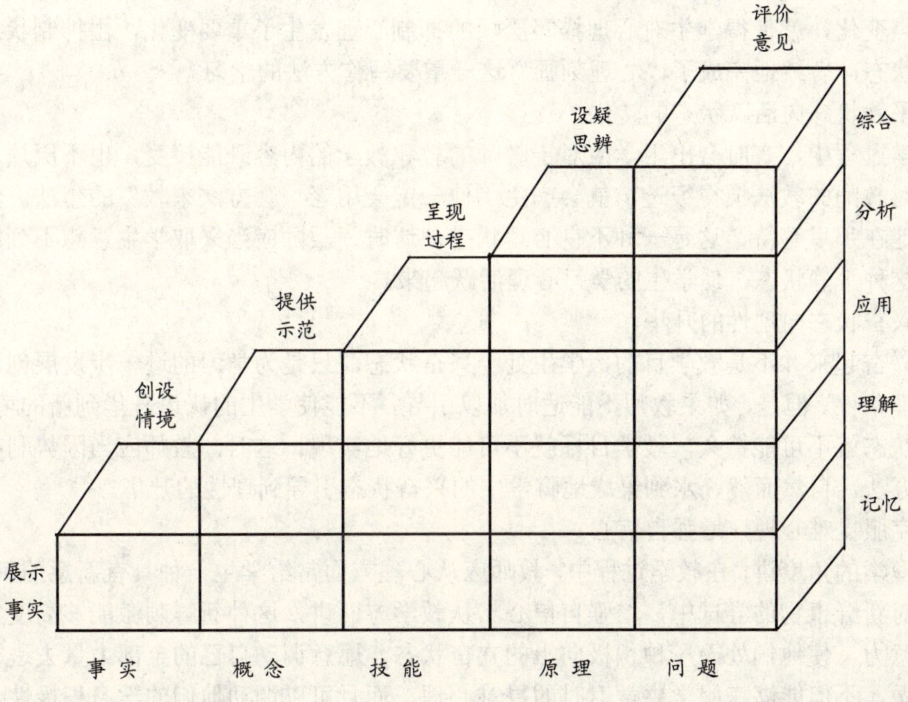

图 4-7　内容、目标和媒体的三维模型

由图可以看出，这个三维选择模型是教学内容与教学目标二维层次模型的发展。通过这个三维选择模型，我们可以很方便地根据教学内容与教学目标来确定媒体的选择。

（2） 确定教学媒体展示的时机。

在课堂教学中把握媒体使用和展示的时机，是媒体选择与使用的重要环节。它是指教师根据教学内容及以往的教学经验，预测学生在学习过程中心理上可能发生的变化，针对这种心理变化，不失时机地发挥教学媒体的作用，帮助学生保持良好的心理状态，或帮助学生将不良的学习心理状态转化为良好的学习心理状态，以保证学习有效地进行。教学媒体的最佳展示时机主要有以下几个方面。

- 有意注意与无意注意的相互转换。

心理学研究表明：在课堂教学中，主要是有意注意在起作用，但中小学生注意力的集中时间是有限的，过分地、强制性地要求他们长时间地集中注意力，只能引起他们的思维疲劳和厌烦心理，而无意注意在一定条件下，可在轻松愉快的气氛中，起到有意注意所不易起到的调动积极性、加强学习效果的功效。所以，有经验的教师，在教学过程中，要抓住这一特点，灵活地运用转换原理，这样既可以使学生紧张的大脑得到休息，又能达到较好的教学效果。

- 抑制状态向兴奋状态的转化。

心理学研究表明：处于抑制状态的学生，是不可能很好地进行学习的。教师应想方设法，将这种抑制状态转化为兴奋状态。例如，在进行高中语文课《母亲》的写作方法教学时，教师针对学生对心理刻画描写的厌烦心理，在课一开始时，就一反常规，利用投影放映出了一张心理曲线图，然后，要求学生根据这张图，分析母亲的心理变化。只是教学方法的这一点变化，就使得学生对心理描写厌烦的抑制心理发生了重要变化，由抑制状态转化为兴奋状态，有效地完成了“心理刻画”这一重要写作方法的学习。

- 平静状态向活跃状态的转化。

在教学过程中，有时会出现学生对于教师的教和教学的内容既能接受，也不厌烦。但是，由于对教师的教法摸得很透，就会产生“他一定会用老一套方法来教”的想法。然后就是平静地在那里等待，这是一种不良心理状态。这时，教师应当采取学生意想不到的方法，打破这种平静状态，使学生的学习心理活跃起来。

- 兴奋状态向理性的升华。

学生兴奋起来并不是教学目的，学生处于兴奋状态，只是为学习的进一步发展创造了良好的心理条件。但是，如果教师不能适时加以引导，不能使学生的认识升华到新的境界，这种兴奋状态就不可能持久，教学目标就不可能更好地实现。这时，教师应当因势利导，采取有效方法，自然而然、水到渠成地将学生的兴奋状态引导到理性的升华。

- 克服畏难心理，增强自信心。

从心理学的角度讲，在教学过程中，教师应从心理方面常给学生一种具有新意的刺激，让他们在对新鲜事物的尝试中，增强自信心。从教学方面讲，这种新鲜刺激能够高度集中学生的注意力，使他们处于一种积极向上的亢奋状态，愿意调动自己的全部力量去进行实践。这样做，不但能够克服学生学习时的畏难心理，而且可以调动他们的学习积极性，有利于培养和提高各种能力。

- 满足合理的表现欲望。

任何人都希望别人把自己看做有能力、并能胜任某项工作的人，中小学生尤其甚之。如果教师能够把握学生的这种要求和愿望，及时地创造机会与条件，以满足学生的这种表现愿望与要求，那么，学生的学习积极性，将会由此而进一步提高，学习的效果和质量也会更高。由此可见，只要使用现代教育媒体，就会有现代教育媒体的展示时机问题，把握住这个时机，现代教育媒体的作用就会更加突出，把握不住时机或根本不考虑时机，非但不能达到预期的教学目标，甚至会起到干扰目标实现的作用。同样教一节课，有的教师只用了一张投影片就把课堂教学推向了高潮；有的教师用了三张投影片，教学仍显得平淡无味，重要原因就在于前者注意了在使用投影片时学生的心理时机，而后者只是按课文顺序依次映示三张投影片，根本没有考虑学生的心理状态和时机。

我们应根据每种媒体的功能，结合实际教学过程，确定它们的展示时机。教师应该理解每种媒体都有它的优缺点，我们应该把它们作为我们的工具自如地使用。

4.2.3　多媒体组合教学设计与课堂教学结构优化

随着多媒体技术和教学设计的发展，经过广大教育技术工作者的不懈努力，逐步形成和发展了多媒体组合教学设计思想，并在实践中取得了显著的效果。其中以李克东教授的“多媒体组合课堂教学设计的实验研究”为代表。

1.　多媒体组合教学设计的思想

多媒体组合教学设计就是运用系统的理论和方法，根据各种媒体的特点和教学的实际，优选教学媒体，使其实现优化组合，并对媒体教学过程进行系统规划的理论和方法。虽然多媒体组合课堂教学设计采用的是一般教学设计的理论，但在教学设计的具体方法上，它采用了工作图表的形式，规定了教学设计的具体任务，比一般的教学设计更具有操作性，更符合我国教育技术的实践。多媒体组合教学设计的基本思想主要包括以下三个方面。

第一，在课堂教学过程中积极采用多媒体组合教学。

近年来，在我国大力开发应用现代教育媒体，过分强调电子媒体的优越性，企图代替传统媒体，这是不科学的。其实各种教学媒体各有所长也各有所短。任何现代媒体都不可能是全能的，也不可能取代其他媒体，所以，我们应该在应用现代教育媒体的同时，注意传统媒体的合理成分，与传统媒体有机结合，在课堂上采取多媒体组合教学。

第二，以教学设计的理论指导多媒体的开发与组合运用。

教学过程是由教师、学生和教学媒体等要素构成的复杂系统。我们要应用系统科学的观点和方法进行教学设计，通过分析学习内容，分析教学对象的特点，确定教学目标，并按照教学目标的要求，合理地选择和设计教学媒体，在课堂中把现代教学媒体与传统媒体有机组合，充分发挥教师的主导作用，调动学生的积极参与性，形成优化的教学结构，通过学习评价，反复修改教学媒体与教学结构，最后形成最优的课堂教学方案，以实现教学目标。

第三，通过实践探索，结合中国实际情况，积极研究和发展教学设计的理论模式和操作方法。

要联系我国的实际情况，探索建立适合我国课程设置、学科内容的教学设计模式和方法，不能照搬原有的教学设计理论与方法；同时要使教学设计成为可操作的方法，就必须选择不同的学科，有组织地开展多媒体组合教学设计与施教实验，通过实践研究、分析总结，探索出一套适合广大教师并易于操作的工具和手段，成为教师行之有效、得心应手的工具。

2. 常用工作图表

下面，介绍几种常用的工作图表和课堂教学过程的结构图，如表 4-2、表 4-3、表 4-4 和表 4-5 所示。

表 4-2 课堂教学内容与目标分解表

知识点	教学目标			
	了解	掌握	应用	创见
1				
2				
3				

表 4-3 教学目标表述表

知识点	学习水平	描述语句	行为动词
1			
2			
3			
4			

表 4-4 选用媒体情况表

知识点	学习水平	媒体类型	媒体内容要点	使用时间	资料来源	媒体在教学中的作用	媒体使用方式
1							
2							
3							
4							

表 4-5 教学评价表（形成性练习题）

知识点	学习水平	题目内容
1		
2		
3		

3. 课堂教学过程的结构图

（1） 示范型。

在这种类型的课堂教学中，媒体所起的作用主要是提供给学生进行示范模仿的标准行为，它适用于语言示范模仿教学（如外语语音、语文朗读、音乐唱法等示范）、动作示范模仿教学（如体育动作、表演动作等示范）、书写示范模仿教学（如书法、符号公式、报告格式、汉字结构等示范）以及操作示范模仿教学（如实验操作、程序操作等示范）。示范型的课堂教学过程结构如图 4-8 所示。

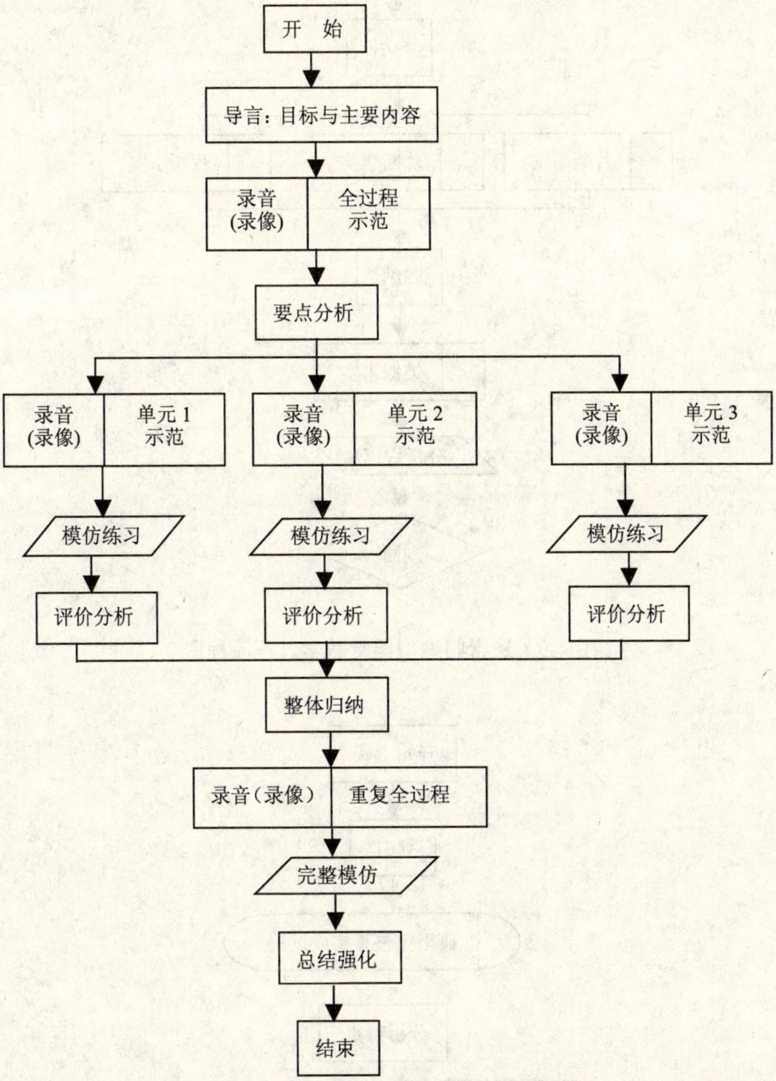

图 4-8　示范型的课堂教学过程流程图

（2）　逻辑归纳型

在逻辑归纳型的课堂教学过程中，媒体的主要作用是提供若干事实，建立共同经验，形成表象，如概括归纳自然现象、概括社会现象、概括旧有知识、概括新旧知识之间的关系等。这种类型主要用于显示特征、建立概念的教学，如图 4-9 所示。

（3）　逻辑演绎型。

在逻辑演绎型的课堂教学过程中，媒体的作用是为学生提供典型的、完整的过程事实。这种类型的教学主要适用于教师借助典型的事实，进行分析、推理和演绎，使学生知识迁移。如由旧结论推论出新结论，由量的关系推理出质的关系，或原理与现象之间的互相推理。逻辑演绎型的课堂教学过程结构如图 4-10 所示。

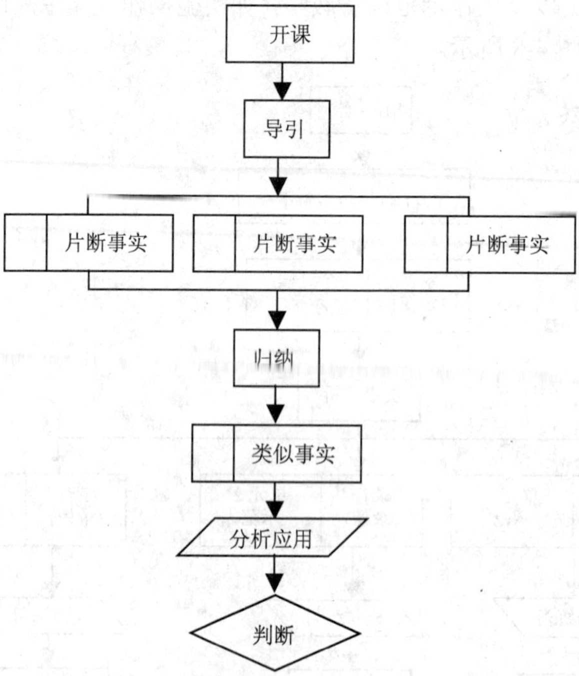

图 4-9　逻辑归纳型课堂教学过程流程图

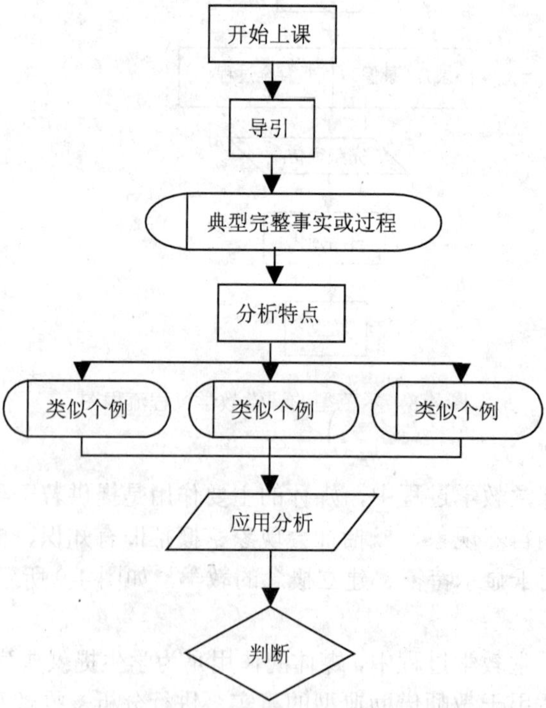

图 4-10　逻辑演绎型课堂教学过程流程图

（4）　探究发现型。

在这种类型的课堂教学过程中，媒体所起的作用是向学生提供典型的现象和过程。探究发现型教学结构主要适用于组织学生观察、引导思考、激发争辩、探究原因、分析特征、寻找规律等教学。如表现某一现象与事件，探求其发生的根源；表现某一实验过程，探求其最后的结果等。探究发现型的课堂教学过程结构如图 4-11 所示。

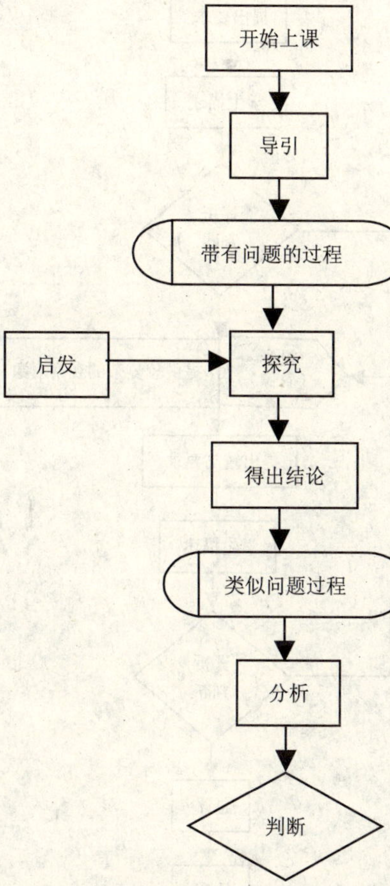

图 4-11　探究发现型课堂教学过程流程图

（5）　练习型。

在这种类型的教学过程中，媒体的作用是提供给学生某种观察对象，如某种物体的形态、某事物的变化、发展过程等。它适用于学生通过观察，运用语言、文字符号以及形态动作来描述被观察的对象的教学活动。这种类型的教学方式，也可用来对学生某方面的能力进行测验考试。练习型的课堂教学过程结构如图 4-12 所示。

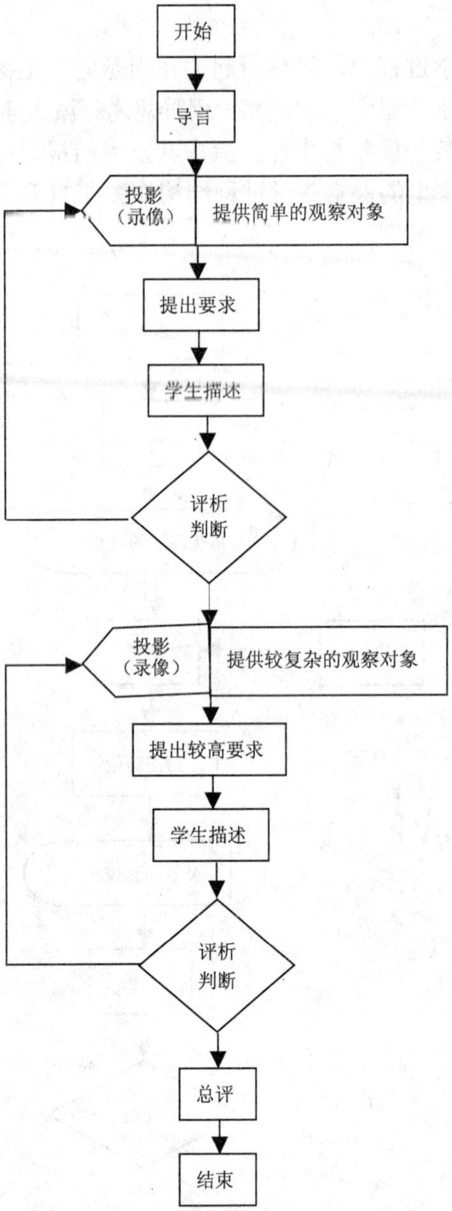

图 4-12　练习型的课堂教学结构示意图

4.3 教 学 评 价

教学评价是学校教育评价的一个重要方面，是提高学校教育质量的中心和基础。教学评价的对象可以是教学过程中一个阶段教学工作的方方面面，如教学过程组织是否合理，教学目标是否达到，教学方法、教学媒体的选择使用是否恰当等。教学评价的对象也可以是某个教师、某个学生或者某个班级，还可以是教材、课件等，总之，教学评价涉及的方面很多，它本身又是一个多因素的复杂系统，这里只就常用的评价方法和技术进行探讨。

4.3.1　教学评价概述

教学评价是以教学目标为依据，按照科学的标准，运用一切有效的技术手段，对教学过程及其结果进行测量，并给予价值判断的过程。教学评价的目的是为了确定教学活动是否达到预期的教学目标。因此，教学评价是教学过程中不可缺少的环节，是对教学工作进行改进、完善的重要依据。

1. 教学评价的意义

教学评价是对教学系统的效能进行测定和价值判断的过程，它直接作用于教学活动的各个方面，是教学的一个重要方面，也是教育技术学研究的一个重要领域。教学评价是教学目标控制、调节整个教学过程的主要途径，使得教学过程朝着预定的教学目标进行。教学评价的理论与方法对提高教学质量、培养创新精神和实践能力，促进师生发展，推动教学改革起着显著的作用。

2. 教学评价的功能

教学评价的功能是多重的，而且在不同条件下或不同需求时，它可以偏重发挥其中的某些功能而忽略另一些功能。一般来说，这些功能可以概括为以下四个方面。

（1） 诊断指导功能。

在学习新课程或新内容前，对学生的学习起点进行测定。教师可以了解某个学生的知识和能力已达到的水平及存在的问题，分析造成学生学习不利（或有利）的原因，从而设计出适合学生起点水平的教学目标和教学内容，制定适合该学生的施教措施。教学评价如同体格检查，是对教学现状进行一次严格的科学诊断，以便为教学的决策或改进指明方向。

（2） 反馈调节功能。

通过教学评价可以提供有关教学活动的反馈信息，以便师生调节教和学的活动，使教学能始终朝着预定的教学目标进行。教师可以根据评价的结果，发现教学中的某些弱点，以便随时调整教学；学生可以根据评价的结果，发现自己的学习与教学目标的差距，改进学习方法，增强学习的自觉性，确定学习进展程度，以便更好地进行下一步的学习。

（3） 强化激励功能。

通过评价，可以确定每个学生的等级，并把评定的等级向家长和学校管理部门汇报。科学合理的评价结果能给人心理上的认同和满足，从而激励人们不断进取。评价本身不是目的，提高和改进才是评价的根本目的。对于教师而言，适时、客观的教学评价，可以使其明确教学中应努力的方向；对于学生而言，教师的表扬和奖励、学习成绩测验等，可以提高学生的学习积极性和学习效果。

（4） 教学提高功能。

评价本身也是一种教学活动。在这种活动中，学生的知识、技能将获得长进，甚至飞跃。比如，测验本身就是一种重要的学习经验，它要求学生在测验前对教学内容进行复习、巩固，在测验中对材料进行比较分析，测验后有可能澄清和纠正一些观念，并认识到下一步应该思考和研究的领域。另外，教师在估计学生实际水平的前提下，将有关学习内容用测试题的形式呈现，了解学生是否朝着既定的教学目标努力，使题目包含某些有意义的启示，让学生自己探索、领悟，获得新的学习经验或达到更高的学习目标。

4.3.2 教学评价的类型

依照不同的分类标准，教学评价可分为不同的类型。

1. 按照教学评价在教学过程中的功能划分

按照教学评价在教学过程中的功能划分为诊断性评价、形成性评价和总结性评价。

诊断性评价是在教学活动开始时进行的评价。一般在单元、学期、学年开始时，对学生已具备的知识和技能、智力、情感等状况进行“摸底”，通过对学生实际水平和准备情况的了解，判断他们掌握了多少预期目标，更喜欢用什么样的方式进行学习，来为教学决策提供依据，设计出可以满足不同起点水平和不同学习风格的学生所需的教学方案。

形成性评价是在教学活动过程中为了改善教学活动效果而不断进行的评价。它能及时了解阶段教学的结果和学生学习的进展情况、存在的问题等，以便及时反馈、及时调整和改进教学工作。形成性评价进行得比较频繁，如学习一个章节或一个单元后的小测验。其反馈结果对于学生来说增强了成功的学习，也指出了需要改正的错误；对教师来说，为改进教学提供了帮助，也为给学生的补习提供了建议；对于提高教学质量来说，重视形成性评价比重视总结性评价更有实际意义。

总结性评价是在教学活动告一段落时，为把握活动最终效果而进行的评价。如一个学期、一个教程或一个学程结束的时候的考核、考试，以便进行分等级、鉴定、评价进步，或对课程、学程以及教学计划的有效性进行研究。总结性评价注重的是教与学的结果，主要用于确定学生达到教学目标的程度，评定学生学习成绩的等级。以上三种类型的评价对比如表 4-6 所示。

表 4-6 诊断性评价、形成性评价、总结性评价对比

类 型	目 的	时 机	手 段	作 用
诊断性评价	摸清学生底细以便安排学习	在教学活动开始时	摸底用的形成性测验或总结性测验	查明学习准备情况和不利因素
形成性评价	了解教学和学习过程，调整教学方案	在教学活动过程中	特别编制的正式测验	确定学习效果
总结性评价	检验学习结果，评定学习成绩	在单元、学期、学年总结时	期末测验或总结性测验	评定学习成绩

2. 按照教学评价的基准不同划分

按照教学评价的基准不同划分为相对评价、绝对评价和自身评价。

相对评价是在被评价对象的集合中建立基准，然后把各个评价对象与基准进行比较，确定每个评价对象在集合中所处的相对位置。为相对评价进行的测验一般称为常模参照评价。它的试题取样范围广泛，成绩表明了学生学习的相对等级。相对评价的优点是适用面广，甄别性强，能了解学生的总体变现和学生之间的差异或比较不同群体间学习成绩的优劣。缺点是基准发生变化，易使评价标准偏离教学目标。

绝对评价是在被评价对象的集合之外确定一个标准，这个标准称为客观标准，评价时把评价对象与客观标准进行比较，来判断学习是否达标。为绝对评价进行的测验一般称为标准参照测验。它的试题取样就是预先规定的教学目标，测验成绩主要表明教学目标的达

到程度。绝对评价的优点是评价标准比较客观，使每个被评价者了解自己与标准的差距，以便不断向标准靠近。缺点是易受评价者原有经验和主观意愿影响，也不易分析出学生之间的学习差异。

自身评价是把被评价者的过去与现在相比较，或者是对他的若干侧面进行比较。这种评价方法充分照顾到了个性差异，在评价过程中不会给被评价者造成压力。但是，由于自身评价没有标准也没有比较，难以判定被评价者的实际水平和差距。所以，一般自身评价应与相对评价结合起来使用。

3. 按照教学评价对象分类划分

按照教学评价对象分类划分为面向学习过程的评价和面向学习资源的评价。

面向学习过程的评价是指运用一切有效的技术手段搜集学习过程的相关数据，对学生的学习过程和学习效果进行价值判断。也就是采用测量工具和方法对学生的学习过程或学习结果进行描述，并根据教学目标对所描述的学习过程或结果进行价值判断。

面向学习资源的评价主要是指根据教学目标，测量和检验学习资源所具有的教育价值。从广义上讲，学习资源是指一切提供学习、支持学习和改善学习事物的总称，它不仅包括学习内容和学习资料，还包括人、媒体、策略、方法以及环境条件等要素。狭义地说学习资源是指学习内容和学习资料，在现代信息社会，多媒体素材、网络学习资源等以其生动、丰富的特点成为主要的学习资源。

4.3.3 教学评价技术

教学评价技术就是评价者为了完成教学评价任务，搜集学习过程和学习资源中的相关数据或证据，并对其进行处理和评判所采用的方法与手段。

1. 测验

测验是教学中评价学生最基本、最常用的方法。测验包括通常的学前摸底测试（前测）、期中测验和期末考试（后测）。这种方法可以测定学生对教学内容的掌握程度，同时也能起到巩固、强化所学内容的作用。但测验题的编制要注意效度、信度和难度的合理性。

2. 观察

观察是在自然的状态下了解观察对象，使观察者不会感到任何的压迫感。学生在学习过程中会出现各种各样的反应，这些反应在很大程度上能说明其学习的情况。观察一般要在事前确定观察目的和观察范围，尽量不影响被观察者，使搜集到的资料自始至终是他的常态表现，都是自然的、真实的。

3. 调查

调查是通过预先设计的问题请有关人员进行口述和笔答，从中了解情况，获得所需要的资料。调查主要分为问卷调查和访谈两种。问卷调查是通过书面形式向回答者提出问题，从答案中获取数据的方法。问卷法没有预先确定的标准答案或正确答案，一般采用无记名方式，它不受时间和空间的限制，能够在短时间内获得较多的信息，并且比较容易处理和具有真实性。访谈是面对面聊天式地提出问题，从访谈对象的回答中获取相关资料。谈话时的气氛，谈话人的态度、时间以及对问题的表述和敏感性等都会影响调查的结果，所以应该事先对即将进行的调查进行精心的设计，以保证评价的合理真实。

4. 量规

量规是一种结构化的定量评价指标，通常在与评价目标相关的多个方面详细规定评级指标，具有操作性好．准确性高的特点。应用量规可以有效地降低评价的主观随意性，不但可以教师评，而且可以让学生自评或同伴互评。如果在学习之前事先公布量规，还可以对学生的学习起到导向作用。

4.3.4 评价方法的运用

在进行教学评价时面对不同的评价对象应采用不同的评价方法，下面分别介绍面向学习过程的评价方法和面向学习资源的评价方法。

1. 面向学习过程的评价

学习过程设计包含许多不同的教学形式与方法，而不同的教学形式与方法应该采取不同的评价方法，并且要综合采用观察、记录、调查、作业、测验、档案、自我评价等多种方法进行评价。新课程中面向学习过程的评价，其评价功能从甄别选拔转向了促进学生的发展；评价的主体从教师一元转向了师生多元；评价的内容从单一的评价学生成绩转向了评价学生各方面的素质；评价的过程从静态的评价结果转向了动态的评价整个过程……总的来说，新课程需要的是一个能促进学生主动发展的全面的评价体系。

为了全面地评价学习状况，应该把通过观察、调查、测验等搜集的评价信息进行综合处理。依据教学目标，建立一个评价指标体系，再规定相应的权重与量化方法，给学习状况做出价值性判断，确定其达到的水平等级。同时还可检验教学设计的完善性，发现问题所在，以便进一步调整、修改设计方案。

（1） 评价指标项目的确定。

评价指标体系是一个指标项的集合体。它与教学目标相一致，可分为多个层次。指标项必须具有可测性、独立性、全面性和可比性。

（2） 权重系数的确定。

每个指标项在整个体系中的重要程度是不同的。因此必须根据实际情况确定其权重系数。这项工作可根据经验而定，也可通过问卷调查统计多名有关人员的排序意见来确定。

（3） 评价标准与等级的确定。

为了便于比较量化，通常采用等级划分的方法来进行，如三等级式（好/一般/差）、四等级式（优/良/中/差）。评价对象属于哪个等级，还必须确立一个比较的基准，称为评价标准。对于不同的评价内容，可采用不同的评价标准表示方法，常见的有下面几种。

描述式标准：它用文字来说明每个等级的情况，并赋予每个等级分值。描述式标准要求描述的各要素明确合理，且利于鉴别。

期望评语量表式标准：它根据目标要求，写出期望达到的要求，同时把该项指标分为若干等级，赋予不同的分值，由评判者打分。

客观可数等级式标准：它以客观的、可数的定量数值作为标准。例如，对于测验成绩，可按分数值分段定级：90 分以上为优，75～90 分之间为良，60～75 分为中，60 分以下为差。

完成上述三项工作后，便可得到一个如表 4-7 所示的完整的学习评价体系总表。

表 4-7　初中学生语文综合能力评价指标体系

一级指标	单项指标	内涵标准	权重 Wik	等级 aj				Fik	Fi
				优 4	良 3	中 2	差 1		
Ⅰ阅读能力（50）	Ⅰ-1 文学知识		1.25		√			4.5	39.25
	Ⅰ-2 使用工具书知识		0.5		√			1.5	
	Ⅰ-3 字		2		√			6	
	Ⅰ-4 词语		2		√			6	
	Ⅰ-5 句		2	√				8	
	Ⅰ-6 段		1			√		2	
	Ⅰ-7 篇		3.75		√			11.25	
Ⅱ写作能力（30）	Ⅱ-1 审题立意		3		√			9	24
	Ⅱ-2 选材组材		2.5		√			7.5	
	Ⅱ-3 语言表达		1.5	√				6	
	Ⅱ-4 标点、书写、格式		0.5		√			1.5	
Ⅲ听说能力（20）	Ⅲ-1 集中注意力		0.5	√				2	10.75
	Ⅲ-2 理解语意		0.5	√				2	
	Ⅲ-3 分析、概括		0.75		√			2.25	
	Ⅲ-4 发声吐字		0.5				√	0.5	
	Ⅲ-5 重音停顿		0.5				√	0.5	
	Ⅲ-6 语句语调		1.25			√		2.5	
	Ⅲ-7 表情达意		1				√	1	
总分									74

注释：i 为一级指标的序数，k 为单项指标的序数，Fik 为单项指标的得分，Fi 为一级指标的得分。

2.　面向学习资源的评价

面向学习资源的评价是对学习资源建设质量的把关，是资源建设和使用过程中一个不可缺少的重要环节。面向学习资源评价的意义一方面在于改进学习资源的设计，使之更加符合教学或学习的需要，如面向学习资源的形成性评价；另一方面在于选择符合特定要求的学习资源，提高教学或学习的成效，如面向学习资源的总结性评价。

由于学习资源的多样化，人们对学习资源的评价标准也不尽一致。目前教育技术界比较关注的是音像教材和教学软件及网上资源的设计、编制和选用，并总结出“五性”的原则，可以认为这是评价学习资源的基本标准。

（1）　教育性。

学习资源首先要有明确的教育目标，且与课程的教育目的统一起来。学习资源首先应该符合教学大纲，向学生传递规定的教学内容，符合教学原则和学生认知规律，有助于解决教学中的重点和难点，有效地启发和诱导，达到最佳教学效果。

（2）　科学性。

学习资源应正确地反映学科的基础知识或先进水平。教学内容选择要典型真实，具有代表性，符合科学要求。同时，教学内容的表现形式也要符合科学原理和客观规律。

（3）　技术性。

其传递的教学信息要达到一定的技术质量，有利于交流和推广。在教学过程中，应充分调动学生视觉、听觉等感官，以取得理想的传播效果。

（4） 艺术性。

应具有较强的表现力和感染力，以激发学生的学习动机，提高学生的学习兴趣，同时受到审美教育。

（5） 效益性。

效益是教育性与成本的比例。学习资源的生命力不仅在于它的使用价值，还在于它的效益。所以在选择制作学习资源时应尽量以最低的成本取得最好的效益。

本章小结

教学设计是针对教学中的问题和学习者的学习需求，依据学与教的理论和教学经验，从教学系统的整体性出发，为开发技术性的教学资源和教学过程而进行的系统化的计划、决策的过程。多媒体组合教学是现代常用的一种教学模式，它综合运用多种教学媒体，达到了优化教学过程的作用。教学评价是以教学目标为依据，按照科学的标准，运用一切有效的技术手段，对教学过程及其结果进行测量，并给予价值判断的过程。它直接作用于教学活动的各个方面，是教育技术学研究的一个重要领域。教学评价具有诊断指导、反馈调节、强化激励、教学提高等功能。

习　题

（1） 什么是教学设计？它的应用层次有哪几种？

（2） 试表述教学设计在现代教育技术中的作用。

（3） 论述教学设计的过程。

（4） 结合自己所学的专业课程，设计一个单元的教学活动方案。

（5） 什么是多媒体组合教学？

（6） 试述多媒体组合教学的过程与方法。

（7） 什么是教学评价？教学评价有哪些主要的类型？

（8） 结合实践，你认为当前我国基础教育中教学评价中存在的主要问题是什么？

（9） 了解教学评价的主要方法，并自己设计一份调查问卷对全班同学进行统计。

（10） 运用本章提供的学习资源评价表，对自己或同学开发的教学软件进行评价。

参考文献

[1] 何克抗．教学系统设计．北京：北京师范大学出版社，2002.

[2] 张立新．教育技术的理论与实践．保定：河北大学出版社，2000.

[3] 祝智庭．现代教育技术——走向信息化教育．北京：教育科学出版社，2002.

[4] 蒋家傅，董武绍．现代教育技术．北京：电子工业出版社，2004.

[5] 张剑平．现代教育技术——理论与应用（第二版）．北京：高等教育出版社，2006.

第 5 章　视听媒体辅助教学

教学目标：

- 掌握教学媒体的相关概念。
- 了解视听媒体的类型。
- 掌握各种视听媒体的主要特点。
- 熟悉各种媒体教材的编制方法。

视听媒体在现代教学中的应用最广泛，本章在介绍视听教学媒体设备的基础上，将重点介绍其编制的流程及其在教学中的应用。通过对本章的学习，读者可以掌握视听媒体的基本媒体类型：视觉媒体、听觉媒体、视听媒体；对于各种具体媒体的基本原理、组成部分、使用过程中的注意事项等有个初步了解。

5.1　教学媒体概述

教师将教学信息传递给学生，需要中介。就像商人把货物从甲地运往乙地时需要运输工具一样。传统教学过程教师传递教学内容使用的中介物不外乎是黑板、粉笔、书本、挂图、模型、教师自己的声音和身体语言等。随着技术的不断发展，现代教学过程中教学内容的传递中介物发生了改变，幻灯机、投影仪、视频展示台、激光唱机、电视、计算机网络等比较常见，这些中介物被统称为媒体。下面介绍几个与媒体相关的概念。

1. 媒体

媒体（Media）可以说是一个外来的名词，表示传播信息的载体，它是连接传者和受者双方的中介物，是用以完成传递信息的工具。

媒体有两种含义：一是指信息的载体，如我们平时所说的文本、图像、音频、视频、动画等都可以作为承载信息的载体。

二是指存储和传递信息的实体。如我们所说的黑板、粉笔、书本、挂图、模型、幻灯机、投影仪、视频展示台、激光唱机、电视、计算机等看得见摸得着的实实在在的物体，只要是 用来存储和传递信息的，它们都可以称做媒体。

2. 教学媒体

媒体的应用领域很广泛，但是当媒体以传递教育教学信息为最终目的时就成为教学媒体。教学媒体是教育教学信息的载体，是连接教育者与学习者双方的中介物，是人们用来传递和取得教育教学信息的工具。例如，当录像片、录音带专门用于教学时，就称为教学录像片、教学录音带，这些都是教学媒体。

3. 现代教学媒体

现代教学媒体是相对于过去的传统教学媒体（如黑板、粉笔、书本、挂图、模型等）而言的。现代教学媒体是随着近年科学技术迅速发展而产生的一批新型教学媒体，如幻灯机、投影仪、视频展示台、激光唱机、电视、计算机等，这些媒体都具有现代化的特征。在出现之初，因为它们都要使用电作为动力，所以人们将其统称为电化教学媒体。主要包括放映性（如幻灯、投影等）媒体和放音性（如录音、录像等）媒体。

4. 教学媒体的本质

1964年加拿大传播学者麦克卢汉在《媒体通论：人体的延伸》一书中，提出“媒体是人体的延伸”的关于媒体本质的著名观点。

各种媒体在教学过程中发挥的作用，与人类通过何种感觉器官接受教学信息密切相关。有研究表明，单独通过视觉能接受83%的信息，听觉是11%，嗅觉是3.5%，触觉是1.5%，味觉是1%。可见这几种感觉器官中通过视觉接受的信息量最多。如果将视听觉结合起来接受的信息量会更多。

教学媒体是教学信息的载体，无好坏之分，各种教学媒体各有自身的特点与功能，又有其局限性。在教学中不存在一种万能的教学媒体，应把多种媒体优化组合，取长补短，互相补充综合利用。教学媒体只是在教学中起到辅助教学的作用，其作用发挥的程度还依赖于教师对各种媒体特性掌握的程度以及选择应用组合媒体教学的能力。

5.2 视听教学媒体的设备

人们感知世界、认识世界的主要感觉器官是视觉和听觉，视听媒体的引入使得现代教学过程变得更为形象、具体、直观、生动且富有情趣，有效地激发了学生的思维，改善了学习效果。在这一节中，我们将介绍在教学中经常用到的光学投影媒体、电声媒体、电视媒体。

5.2.1 光学投影媒体

光学投影媒体是利用光学放大器将视觉材料投影放大到屏幕上，以实现教学信息传递的一种媒体。常用的光学投影媒体主要有：幻灯机、投影器和视频展示仪等。

1. 幻灯机

幻灯机是放映透明幻灯片的光学投影设备，是以幻灯机光学放大作用播放教学幻灯片为基本手段，是最早应用于教学且使用较为普遍的投影型视觉媒体。

（1） 基本结构。

幻灯机的光学系统由光源、反光镜、聚光镜、放映镜头等构成，其基本结构如图 5-1所示。

（2） 工作原理。

由光源发出的光经反光镜反射和聚光镜汇聚光线后，均匀地照射在幻灯片上，透过幻灯片的光线再通过放映镜头的放大作用，在银幕上形成一个放大的清晰明亮的倒立实像。

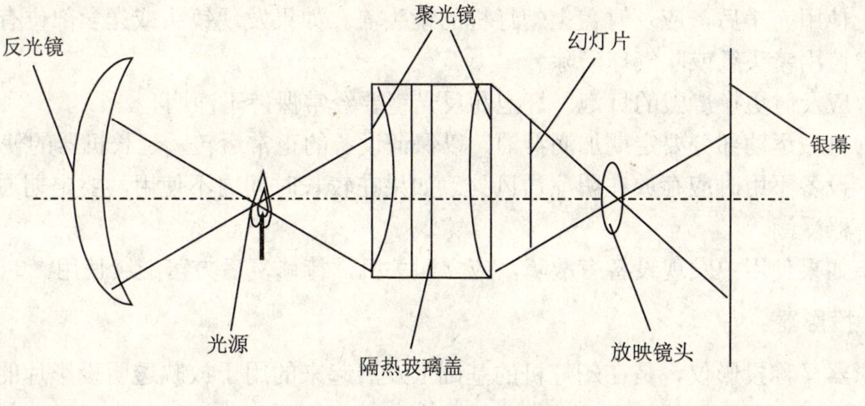

图 5-1　幻灯机的基本结构图

（3）分类。

幻灯机的种类很多，归纳起来主要有以下几种分类。

- 按幻灯片格式和性质分类有：单片幻灯机、卷片幻灯机和显微幻灯机。
- 按放映镜头分类有：单镜头幻灯机、多镜头幻灯机和复合式幻灯机。
- 按输片方式分类有：直盒式幻灯机、圆盘式幻灯机。
- 按幻灯机功能分有：简易手动幻灯机、自动幻灯机和多功能声画同步幻灯机。

（4）特点。

幻灯机构造简单，使用方法简单易学，制片方法容易掌握，教师可根据教学需要制作幻灯片；同时可提供影像清晰、逼真、放大的彩色静止视觉画面。

幻灯机除了上述优点以外，也有其不足：一般情况下只能提供静止的画面；对放映环境有一定要求，室内光线的强度会影响图像的清晰度；连续放映的时间不能过长，以免片门温度过高而烧坏幻灯片。

（5）使用。

在使用幻灯机时，应该注意以下几个问题。

- 首先在使用前应仔细阅读幻灯机的使用说明书，了解其性能、特点及使用方法。
- 幻灯机安放的位置要便于使用，幻灯机与银幕要保持恰当的距离，以画面银幕充满为准；其高度选择以避免学生头部挡住光线为宜。
- 根据教学内容，装好幻灯片。注意不要装漏、装反、装颠倒。
- 开机前要检查电源线及电器插头是否完好，电压是否符合要求，机器的镜头盖是否打开。
- 开机时先打开电源开关，让散热风扇运转，稍后再打开灯泡开关，这样可以延长灯泡的使用寿命。
- 调节焦距。调节放映镜头的前后位置，使画面清晰为止。
- 在使用中发现不正常的现象、声响时，一定要停机检查，直到排除故障后方可继续使用。

（6） 维护。

恰当地维护幻灯机，可以延长其使用寿命。

- 使用完毕后，应及时盖上幻灯机的镜头盖。如果发现镜头或光学部位有灰尘，应该用镜头纸或吹气球清除。
- 应及时更换烧毁的灯泡。灯泡和反光镜要经常保持干净明亮。
- 机械运动部分要定期加润滑油，以保证设备的正常运转，延长机器的使用寿命。
- 设备不用时应存放在阴凉通风处。如果在较长时间内不使用，要定期通电以防机器受潮。
- 如果使用中发现设备有故障，应立即关机，待修复后方可继续使用。

2. **投影器**

投影器又称投影仪，是在幻灯机的基础上发展起来的用于放映透明投影片的光学投影设备。

（1） 基本结构。

常用的投影器由光源、聚光镜、螺纹透镜、放映镜头及反射镜等组成，其基本结构如图 5-2 所示。

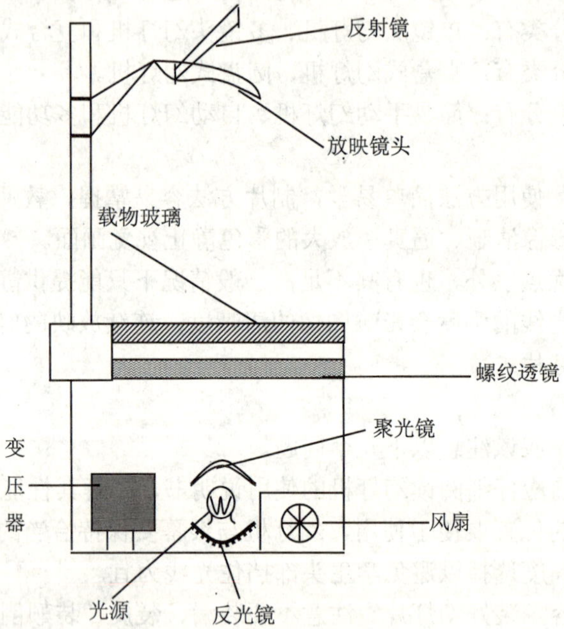

图 5-2　投影器的基本结构

（2） 工作原理。

其工作原理是：光源发光，经反光镜、聚光镜和螺纹透镜将光线汇聚，均匀地照亮置于载物玻璃放映台上的投影片，将投影光束汇聚在放映镜头上，通过放映镜头的放大，再经平面反射镜反射到银幕上形成放大实像。

（3） 分类。

按照不同的分类标准，投影器有不同的分类。

- 按照工作原理可分为两类，一类是透射式，另一类是反射式。
- 依外形可分为：台式投影器、柜式投影器、便携式投影器。
- 依光源可分为：溴钨灯投影器、镝灯投影器。

（4） 特点。

投影器在使用过程中具有以下优点。

- 构造简单、操作方便，体积小、携带方便。
- 教师可以根据教学需要灵活使用各种形式的投影片。在教学过程中，教师可以边讲边在投影片上写、画。
- 对投影片画面进行遮挡，逐步揭示、讲解，有利于引起学生的注意力，提高教学效果。
- 与幻灯机相比较，对教室光线没有特殊要求，在教室内自然光条件下就可以使用，方便教学。

投影器除了具有上述优点外，还有如下的局限性：不能自动地连续展示图像；不能投影不透明的插图；要投影必须先制成透明片。

（5） 使用。

使用投影器应该注意以下几个方面的事项。

- 使用前，按照说明书了解装置的功能与使用方法。
- 检查投影器的反射镜是否打开，电源电压是否符合要求。
- 选择好投影器与银幕的放映距离、高低、角度等，使银幕上的影像大小合适。
- 打开投影器电源开关，使光源与散热风扇同时工作。
- 调整投影器的调焦按钮和反射镜的角度，使投影的影像清晰、位置恰当。如有色散现象，可转动色带调整钮加以消除。
- 放映结束后应关机断电，将反射镜合在放映镜头上。

（6） 维护。

投影器的日常维护，主要有以下几种方式。

- 放映镜头、反光镜等光学物件，需要擦拭时需用软质绒布轻擦，忌用硬纸、粗布或其他东西擦拭。
- 定期用小毛刷或皮老虎吹去投影器内的灰尘。
- 暂时不用的投影器，应将反射镜盖下，遮住放映镜头。
- 更换灯泡时，应注意必须是同规格灯泡，更换后应调节对准。
- 投影器工作时，如果出现散热风扇不运转或转动异常的情况，要停机检查，修复后方可继续使用。
- 设备不用时，应存放在阴凉通风处。如果在较长时间内不使用，应定时通电。

3. 视频展示仪

视频展示仪是随着信息科学技术的发展而发明的一种用于教学的设备，可将文字、图片以及实物等转换为视频信号，实现实时再现的目的。视频展示仪主要由一个可变焦的摄像头、视频信号处理电路、展示台、支架和光源等组成，如图 5-3 所示。

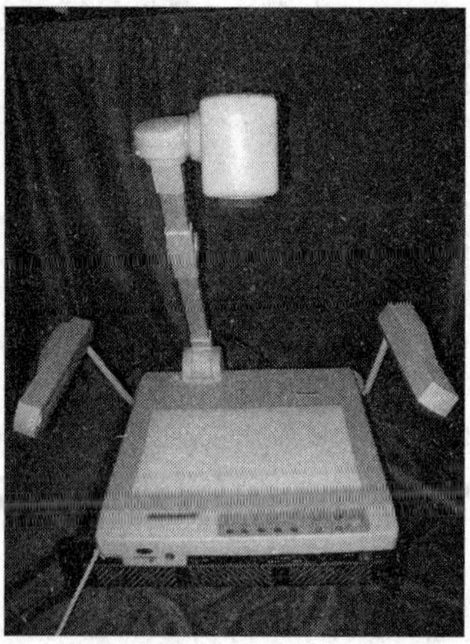

图 5-3　视频展示仪

视频展示台的使用，一般遵循连接、置件、开机开灯、调节等操作过程。另外，在使用过程中，通过调整白平衡，可使获取的影像色彩不失真；通过调整光圈，可调节呈现影像的亮度和细节；通过调节摄像头中的变焦镜头，可调节成像的范围。在使用过程中要保持摄像头干净，并且确保透射屏不被划伤。

5.2.2　电声媒体

电声媒体是以电声技术为基础发展起来的一类教学媒体，主要指扩音设备、录音机、激光唱机等教学设备。广播和录音技术产生之后，人们利用这些技术对教育信息进行记录、存储，使教育信息的传播突破了时空的局限，扩大了教育规模，丰富了教学方法，提高了教学质量。

1. 扩音设备

扩音设备除了放大声音信号的作用外，还可以增加音色效果，多媒体教学中常用的扩音设备包括传声器、扬声器和扩音机三部分。

（1）　传声器。

传声器俗称话筒或麦克风，是一种将声音信号转换成电信号的换能器件。如图 5-4 所示是一款动圈式单一指向性的传声器。

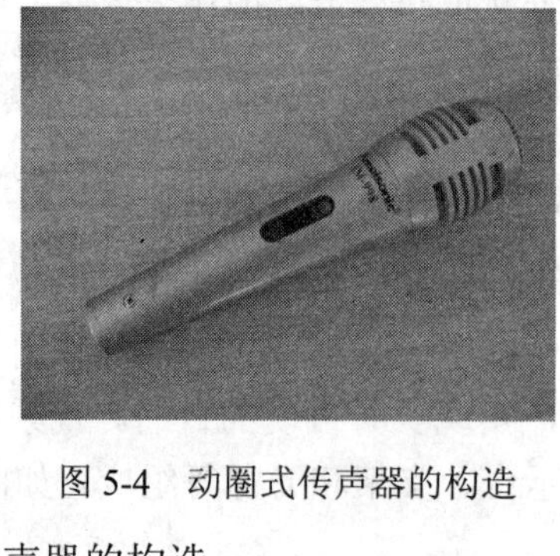

图 5-4　动圈式传声器的构造

如图 5-5 所示为动圈式传声器的构造。

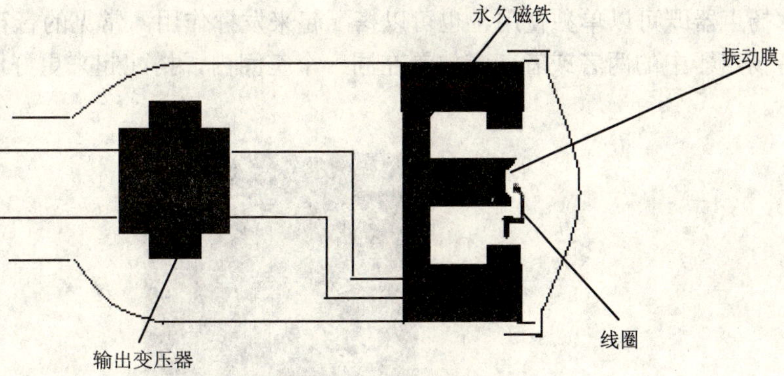

图 5-5　动圈式传声器

传声器的种类按不同标准分类有很多，常见的有以下几种。

- 按原理可分成动圈式、电容式、电磁式、压电式传声器等。
- 按使用方式可分为有线式和无线式传声器。
- 按指向性可分为全向式、心形式、双向式、单向式传声器。

使用传声器的注意事项主要有以下几条。

第一，要与音响设备的特性相匹配。传声器的特性要与连接的音响设备的特性相匹配。例如传声器与扩音机的连接应阻抗匹配，当连线超过 10 m 时宜选用低阻传声器；当连线超过 10 m 时宜选用高阻传声器。

第二，要注意声源的方向与距离。使用传声器时要注意声源的方向，一般应正对传声器发声；另外，声源距离传声器的位置应适当，过远信号会太弱，过近则会使声音失真。

第三，传声器应避免强烈震动。传声器如果受到强烈震动，会使磁铁芯或音圈偏移，造成输出信号减小或失真，因此试音时，切忌用手敲击或用嘴猛吹。

第四，注意防潮。传声器使用后，为了防止潮气侵入，可在其外面包上一层纱布或纱巾，平时存放在干燥的地方。

（2）扬声器。

扬声器俗称喇叭，是一种把电信号转换成声音信号的换能器件。如图 5-6 所示是电动纸盆式扬声器的结构。

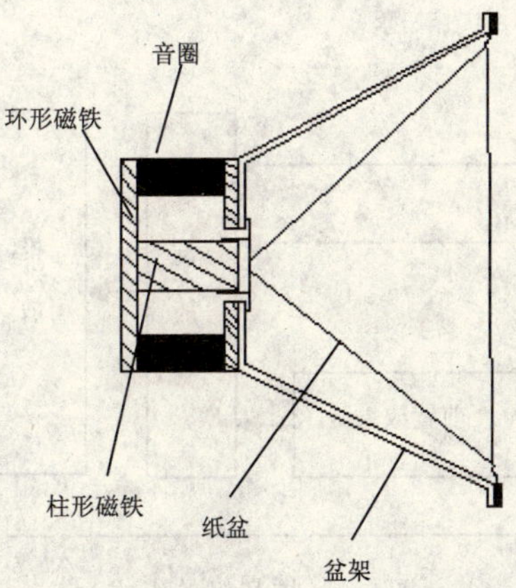

图 5-6　电动纸盆式扬声器

扬声器既可以单独使用，也可以搭配起来发挥作用。常见的音箱就是将高音、低音、中音扬声器中的两者或者三者放置在同一个空间内，搭配起来更好地还原声音，如图 5-7 所示。

图 5-7　音箱

按照不同的分类标准，扬声器可以分为以下几种。

- 按换能原理分为电动式、静电式、压电式扬声器。
- 按频率范围分为低音、中音、高音扬声器。
- 按声波辐射系统分为直接式、号筒式、音箱式、声柱式扬声器。

扬声器使用的注意事项有以下几条。

- 扬声器的输入功率不要超过它的额定功率，否则会烧毁音圈或将音圈震散。
- 扬声器的阻抗应和扩音机输出阻抗匹配，否则会损坏扬声器或扩音机。
- 在使用立体声放音系统时，应将两个音箱分开适当的距离，两个音箱之间的距离约等于音箱到听众中间位置的长度。
- 两个以上扬声器组合在一起使用时，必须注意相位问题。如果反相，声音将显著削弱。特别是立体音箱更要注意相位，不要接错。

（3）扩音机。

扩音机是把微弱的电信号放大成具有一定电功率的音响设备，如图 5-8 方框内所示是扩音机的主要组成部分。

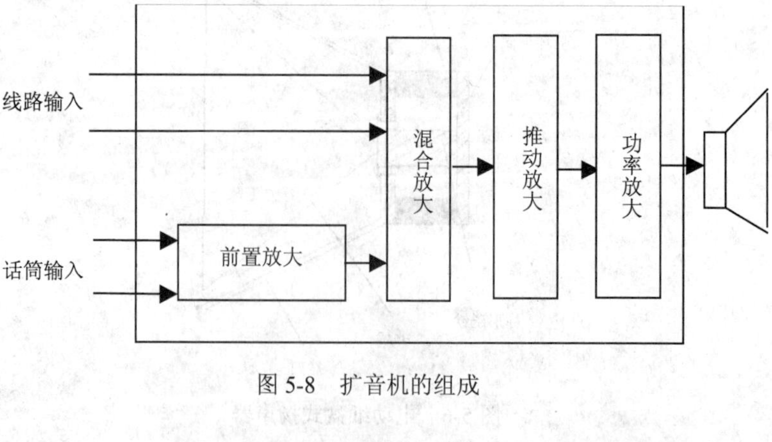

图 5-8　扩音机的组成

扩音机的作用是把传声器、录音机、CD 机等的微弱信号加以放大后转换成电信号，传输给扬声器，推出扬声器发出声音。常见的将声音信号放大的还有功率放大器，如图 5-9 所示。该设备可接入传声器、CD、VCD、DVD、TAPE 等的信号并将其放大，通过外接扬声器将声音输出。

图 5-9 功率放大器

扩音机通常有以下几种分类。

- 按放大器分类可分为晶体管式、电子管式扩音机。
- 按输出方式分类可分为定阻式、定压式扩音机。
- 按声道分类可分为单声道、立体声扩音机。

正确选用合适功率的扩音机的方法如下。

- 教室大小不同，所选扩音机输出功率大小也有所差别，一般可根据公式 P=0.02N（P 为输出功率，N 为学生人数）来确定。
- 扩音机使用前应接好保护地线，并且只有在负载接好后，才可打开电源开关，如果在空载下工作，则容易烧坏。
- 扩音机上音量控制按钮平时应置于最小的位置，使用时再缓缓开大。
- 扩音机应放置在通风、干燥的地方，以免发生跳火、漏电短路等故障。

2. 录音机

录音机是利用电磁转换原理来记录和重放声音的一种音响设备。常用的录音机主要有盒式和盘式两种。教学中最常用的是盒式录音机，使用的磁带是盒式的，如图 5-10 所示。

图 5-10 盒式录音机

盒式录音机主要包括三个组成部分：机械传动系统、电路系统和磁头磁带系统，其构造如图 5-11 所示。

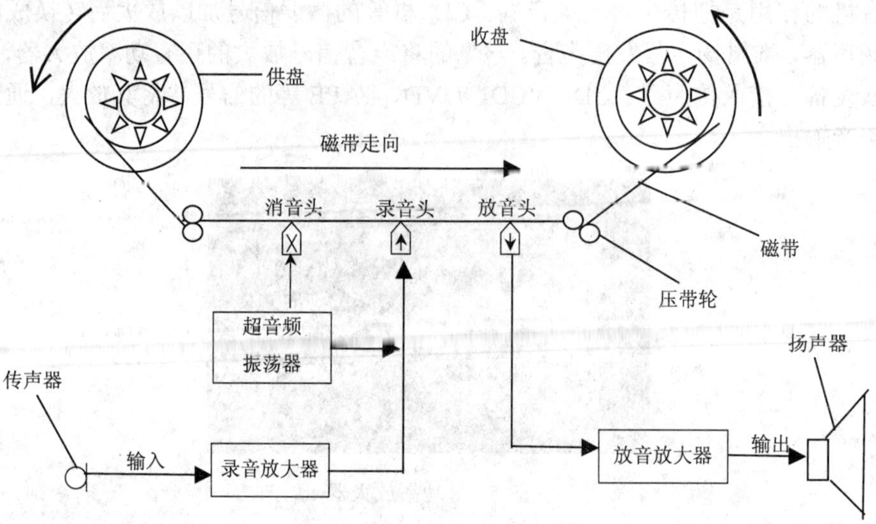

图 5-11　录音机的组成

（1）原理。

待录制的声音信号经话筒将声音转变成音频电信号，通过录音放大器加到录音磁头上。磁头的磁芯绕着线圈，并且在磁头和磁带接触的部位有一条极窄的缝隙。信号电流通过磁头线圈在磁芯中产生与信号相对应的交变磁场。由于磁带贴着磁头移动，经过缝隙处的各磁带单元段在每一瞬间都受到变化磁场的磁化作用，于是声音就以剩磁的形式记录在磁带上。录音的过程就是先把声能变成电能，然后由电能再变成磁能，最后以磁的形式把声音保留下来的过程。

放音是录音的逆过程，已录有声音的磁带按录音时的同等速度经过放音磁头时，在磁带的剩磁场的作用下，在放音磁头内产生变化磁通。放音磁头的线圈里会感应出原来录音时的音频电流，经过放音放大器放大，然后推动扬声器发出声音。

（2）使用。

- 应避免震动，注意防尘、防潮。
- 在录音机的录音键很难按下时，不可用力强按，应取出查看磁带防误抹片是否已去掉。当磁带的防误抹片已经去掉时，录音键是按不下去的。如果想继续录音，只要用透明胶带把防误抹片处贴好即可。
- 设有磁带选择开关的录音机，根据使用磁带的类型将开关打到相应的位置上。
- 录音机应尽量不用劣质磁带，否则会降低录音机的使用寿命。
- 无交流电源开关的录音机，用完后应拔掉电源插头，否则电源变压器会因其初级线圈长时间通有电流而损坏。

3. 激光唱机

激光唱机又称为 CD（Compact Disk）唱机，其集中了激光技术、数字信号处理技术、自动控制与精密伺服等技术，是一种比较好的音源设备。现代教学中使用的一般是能够同时播放声音和画面内容的 VCD 或者 DVD，这两款设备中可以播放 CD 盘，只是播放时只有声音。而 DVD 能够兼容播放 VCD 和 CD 盘的内容。VCD 和 CD 机中不能播放 DVD 的内容。

如图 5-12 所示是一台 VCD 机。

图 5-12 VCD 机

（1） 基本结构。

一般的激光唱机不带功率放大器和扬声器，而带有耳机插孔，可用耳机听音。激光唱机主要由机械部分和电路部分组成。机械部分由唱片托盘驱动机构、唱片旋转机构与激光拾音器机构组成；电路部分由激光拾音器、伺服系统、信号处理系统，控制显示系统和电源电路等部分组成，激光唱机的电路组成如图 5-13 所示。

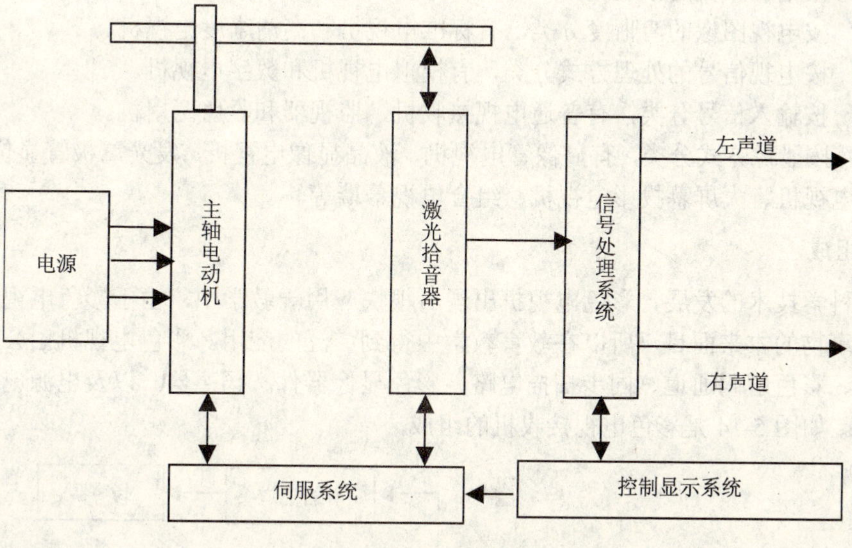

图 5-13 激光唱机的电路组成

（2） 工作原理。

激光唱机是利用激光唱片的声槽对激光的反射来检测信息的。利用激光拾音头发出的激光打到激光唱片上的凹坑点上时，反射的光的强度随凹坑的散射作用而降低。如果光束打到无凹坑的反射膜时，因无散射而使反射光较强，以这种反射光的强弱来反应激光唱片上的“0”和“1”数字信息，再经过信号处理系统恢复为原来的模拟音频信号，最后经过扬声器或耳机还原。

（3） 使用过程中的注意事项。

- 激光唱机在使用中应避免震动，不要随便搬动。

- 不要长时间使用暂停键，否则容易损坏激光唱机。因为暂停时，声音虽然停止了，但唱片仍在旋转。如果较长时间停放，应使用停止键，使唱片处于静止状态。
- 不要使用有裂纹或扭曲变形的唱片，以免损坏机器。
- 激光唱机的唱片托盘不要长时间处于弹出状态，以免进入灰尘；不要用手推回唱片托盘，必须按动唱片放入/取出键，使它自行缩回。
- 对于 CD 唱片要持边轻拿，拿取唱片时，要手持唱片的边缘部位或中心孔，以防唱片表面沾上指纹或被划伤。

5.2.3 电视媒体

电视媒体集视觉媒体和听觉媒体的功能于一身，表现手法多样，有利于激发学习者的学习热情，提高学习的效率，电视媒体主要包括电视接收机和录像机。下面主要介绍电视接收机的相关知识。

在广播电视系统中，电视接收机的任务是将接收天线接收到的广播电视台的电视频道信号还原为图像信号和伴音信号。

1. 类型

（1） 按电视图像的颜色分类，有黑白电视机和彩色电视机。

（2） 按电视图像的清晰度分类，有标准电视机和高清晰度电视机。

（3） 按电视信号的处理方式分类，有模拟电视机和数字电视机。

（4） 按输入信号分类，有普通电视接收机、监视器和收监两用机。

（5） 按显像方式分类，有显像管电视机、液晶显像电视机、发光二极管显像电视机、激光显像电视机、大屏幕投影电视机、组合电视幕墙等。

2. 组成

随着科学技术的发展，彩色电视机出现后很快应用于教学中，由于彩色电视机能够逼真地呈现事物的本来面目，所以在教育教学中得到广泛的应用。彩色电视机由公共通道、伴音通道、彩色解码通道、同步扫描电路、彩色显像器件、扬声器，以及电源电路等几大部分组成。如图 5-14 是彩色电视接收机的组成。

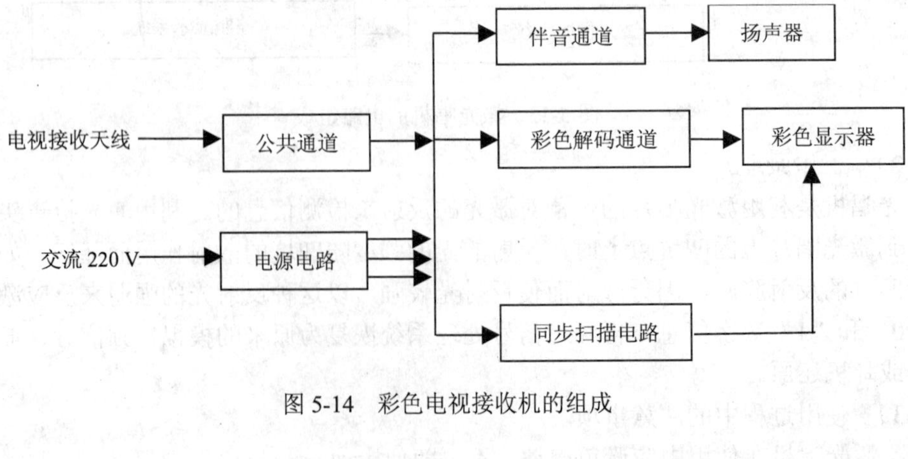

图 5-14 彩色电视接收机的组成

3. 原理

电视接收机主要由接收天线接收广播电视台发射的电视信号，经高频调谐器调至所欲选择的电视台频道，经过一系列放大处理后，用显像器件呈现图像，用扬声器还原声音。

4. 使用过程中的注意事项

（1） 使用前，要先仔细阅读说明书，以了解电视接收机上各个按钮的位置、功能和调整方法。

（2） 在接通电源前，必须检查电视机使用的电压与电源电压是否一致。

（3） 要注意防潮、防尘、防高温。电视机应放在干燥、通风的地方，长期不用的电视机或遇到梅雨天气，应定期开机通电，以驱散潮气。要注意环境的清洁，电视机内一些高压器件具有静电，易吸附尘埃，使电视机的散热性能和绝缘性能变差。

（4） 电视机要远离磁场放置，否则周围的磁场会使图像的色彩失真。

（5） 要注意防雷击。雷雨时，要拔掉电视机的电源插头和室外天线插头，电视室外天线最好安装避雷器。

5.3　视听教学媒体的应用

信息时代网络成为信息传播的主流载体，但是视听教学依然有着不可替代的作用，它可以激发学生的情趣，突破重点、降低难点，促进学生主动学习，还有利于优化教学过程，提高教学效率。

5.3.1　幻灯投影教材的编制与应用

幻灯投影教材主要是指承载教育教学信息的幻灯片、投影片，其编制应从教学的实际出发，根据教学大纲的要求，重点解决教学中的重点、难点问题。

1. 幻灯片的编制

教学中常用的幻灯片是 135 幻灯片（规格是 50 mm×50 mm），其制作的步骤如下。

第 1 步，拍摄。

利用 135 反光照相机将所需的图片、景物等内容记录在感光胶片上。

第 2 步，冲底片。

通过显影、定影等加工程序，将感光胶片制作成被摄物的负像，即底片，这时的负片与实景明暗、色调相反。

第 3 步，印正片。

将底片上的负像在感光胶片上印成与实景相同的正像。

第 4 步，冲正片。

通过显影、定影等加工程序，使感光胶片上显现出原摄物的影像，即所需要的幻灯片。

第 5 步，装帧。

将冲印好的幻灯片正片按画幅一一剪开，装入片框，编号、书写片名，这样就制成了一张幻灯片。

2. 投影片的编制

投影片是需要给学生演示观看的直觉教材，因此要有吸引力。投影片的制作方法有很多，下面主要介绍绘制法制投影片的步骤。

第 1 步，起稿。

起稿是依据编写提纲和稿本在白纸上设计构图，用铅笔把画面绘制出来，经过修改完成底稿，同时设计色彩和线条。起稿要抓住构图、结构和设色三个要点。

第 2 步，描线。

根据底稿的尺寸，留空装帧边围部分，去剪裁透明胶片。把剪裁好的胶片反面覆盖在底稿上，用描线工具和颜料描出物体的轮廓线，还要用不同的线条表示物体的主次、远近。

第 3 步，着色。

着色是绘制投影片的重要步骤。着色前应把画好轮廓线的明胶片，固定在透光台上，按设计好的色彩要求在透明胶片上涂上颜色，应力求教学效果上对比醒目。

第 4 步，组合装帧。

绘制好的投影片为了便于使用和保存，最后要进行组合装帧。单片要加框或封边，长条片、卷片要组接，复合片和活动片还要进行组装。将投影片装入片框后，用透明胶带、铆钉和订书机将投影片固定在片框内。

第 5 步，编写使用说明书。

使用说明书包括投影教材的学科、年级、片名、片序、使用方法和教学方式等。

3. 幻灯投影教材的教学应用

幻灯投影教材都属于视觉教材，在教学中应用时的特点、具备的教学功能，以及使用过程中的注意事项如下所述。

（1） 特点。

设备简单、易于操作，便于普及，呈现画面的时间长短可由教师控制，制作方法多，表现形式灵活。

（2） 教学功能。

- 可展示较大的、清晰的、彩色的静止画面，影像逼真，有利于激发学生的学习兴趣。
- 培养学生的操作技能，利用幻灯投影教材能够呈现操作过程，讲清掌握动作技能所需要的知识，呈现示范动作的要领。
- 能代替板书与板图。教师可以在投影片上直接板书或画图，也可以将教案中的文字与图形、图表制成幻灯片或投影片，按课堂教学过程的进度逐步呈现。
- 有利于解决教学中的重点、难点问题。教材中的重点和难点问题，很多是难以用语言、板书和传统模型讲清楚的。利用幻灯投影教学，可以采用多种方法再现教材内容，展示事物的细节，揭示事物的本质，提高教学效果。
- 幻灯系列教材不仅可在课堂教学中应用，还可用于个别化学习或小组学习，投影教材比较适合于课堂教学。

（3）　使用过程中的注意事项。

幻灯投影媒体能提供鲜明、清晰的视觉画面，在教学中恰当地应用将能提高学生学习的效果，如果运用不当，可能达不到理想的效果，因此在应用时应注意如下问题。

- 上课前要做好充分的准备，设计好教学过程，严格按照规定的操作程序来使用设备。
- 在使用幻灯片进行教学时，应注意上课教室的光线是否能够清晰地呈现幻灯片的内容。
- 掌握好幻灯片、投影片的演示时机，有针对性地指导学生观察画面，定时讲解。
- 适当地控制教学速度、放映节奏，根据学生的反馈恰当地加以调整。

5.3.2　录音教材的编制与应用

录音教材作为听觉教材，在编制过程中需要使用专门的媒体或处理软件进行采集和处理，以便在教学过程中进行使用。

1. 录音教材的编制

录音教材是根据教学大纲的要求，用声音表达教学内容的听觉教材。编制录音教材首先要根据教学内容，确定选题，然后组织编写稿本，再搜集整理素材，最后进行录制和编辑。录音教材的编制过程分为以下几个阶段。

（1）　分析阶段。

以教学目标为依据，在进行教学内容、教学对象分析，教学策略选择的基础上，确定适合用录音手段表现的内容，完成选题和总体设计工作。

（2）　设计撰稿阶段。

根据编制计划的要求，完成文字稿本的编写任务。文字稿本是录音教材的基础和依据，编写时一定要遵循学习理论和教学理论两大原则，精心撰写稿本，它包括教学目标、教学内容、录制内容及顺序、录制长度、时间安排等。

（3）　搜集素材阶段

对录音教材的结构有了初步设计之后，应尽可能搜集和整理与确定的选题有关的素材。

（4）　录制阶段。

根据录音稿本进行录制，其中，录音是录音教材编制的重要环节，应选择合适的播音人员。录制阶段的工作主要由编创人员和制作人员承担，然后所有参与人员共同对素材进行察看、整理和取舍。

（5）　合成阶段。

在进行合成阶段之前，应根据稿本逐一核实素材，检查是否有遗漏，对不符合要求的内容应组织重新录制，然后根据录音稿本的要求进行剪辑、合成，完成样带的制作。

2. 录音教材的教学应用

录音教材经济实用，可根据需要自主进行播放，还可自行自制录音教材，其制作简单、复制方便、使用方式灵活多样并能长期保存并反复使用。

（1） 提供典型示范、可以反复训练。

录音教材为学生提供了规范性的听觉材料，便于学生的模仿和训练。

（2） 提供及时反馈，便于自我改进，帮助学生提高学习效率。

在语言教学中，利用录音教材教学，不仅可以给学生提供模仿的示范，而且可以利用录音媒体记录学生的发音、朗读、对话，即时播放后，学生可以很快找出其中的错误或与标准的差异，给以迅速纠正。

（3） 因材施教、照顾学生的个别差异。

教师可以根据学生的起点水平编制不同学习程度的录音教材，在课后指导同一班级不同学习程度的学生进行自学，使全体学生都得到不同程度的发展。

（4） 打破了时空限制，扩大教学规模。

对具有共性的教学活动，利用扩音、录音，扩大了教学信息的传送范围，从而扩大了教育的规模，扩大受教育的覆盖面。

3. 使用过程中的注意事项

录音教材在教学中有着广泛的应用，不仅可以用于课内外教学、个别化教学，而且还可以用于远程教育、社会教育，扩大教育规模，提高教学效率。在教学中运用时，要合理运用注意以下几点。

（1） 合理选择录音媒体材料，要选择适合用此媒体表现的教学内容，如外语课程、音乐教学等。

（2） 合理使用录音教材，应根据教学设计确定播放次序、内容和时机与节奏，调动学生学习的积极性。

5.3.3 电视教材的编制与应用

电视教材是根据课程教学大纲的培养目标要求，通过电视图像和声音去呈现教学内容，并且用电视录像技术进行记录存储与重放的一种视听教材。

1. 电视教材的编制

电视教材是进行电视教学的关键，其编制过程分为下面几个阶段。

（1） 确定选题。

确定选题是电视教材编制的首要工作，确定选题可依据如下原则：第一个原则是选择适用于电视手段表现的内容。电视的长处是呈现活动的图像，对那些需要活动图像说明的教学内容，可以考虑作为选题。第二个原则是选择教学效益高，制作成本低，制作技术能实现的内容。要考虑现有设备、技术条件以及经济条件，并对预期要达到的教学效果进行分析，综合考虑后来加以选择。

（2） 编写文字稿本。

将确定的选题，按电视教学媒体的表现手法进行设计和构思，写出一份表现主题需要的画面与解说相对应的文字资料。文字稿本的格式常采用声画式，如表 5-1 所示，左边写画面内容，右边写解说词。另外，文字稿本的前面还要附有简要的说明，包括使用对象、目的任务、主要内容、结构形式和时间长度等。

表 5-1 声画式文字稿本格式

画面内容	解 说 词

（3） 编写分镜头稿本。

分镜头稿本是根据文字稿本经过分析后写成的供摄像、编辑、配音等电视教材摄制用的工作蓝本。分镜头稿本的格式如表 5-2 所示。

表 5-2 分镜头稿本的格式

镜号	机号	景别	拍摄技巧	持续时间	画面内容	解说词	音乐	音效	备注

分镜头稿本是把文字稿本所描述的画面内容、解说词进行再创作，将画面意义转化为若干可供拍摄的镜头，并对镜头的串联组接进行设计。

（4） 电视教材的前期摄制阶段。

从开机拍摄到停机结束拍摄为前期摄录阶段。这一阶段主要是根据分镜头稿本对每个镜头的画面内容、景别及镜头运动技巧的不同要求用摄像机拍摄得到录像素材。摄像不是简单的记录，而要根据具体情况进行再创作。在摄像过程中，既要把握摄像画面的基本要求，又要注意用光、构图以及拍摄角度的选择，还要使所拍摄的每一个镜头达到“平、稳、匀、准、清”的要求。

（5） 后期合成阶段。

从停机到全片完成为教材的后期合成阶段。在这一阶段，导演要与编辑、音乐、解说、录音人员合作，完成画面编辑和声画合成的工作。图像画面编辑要做到自然、合理，不产生视觉跳动；镜头组接要合乎逻辑，要遵循“动接动、静接静、动静组接要过渡”的原则；光线和色调的过渡和谐自然，节奏变化要合理。

（6） 评审阶段。

电视教材编制完成后，要组织有关专家对教材的教育性、科学性、可用性以及教材的质量等方面进行评议和审查，合格后才能投入使用或交流发行。

2. 电视教材的教学应用

（1） 特点。

声画并茂、视听结合，图像鲜明生动；广播电视能实时、迅速、远距离、大范围地传输；此外，电视同时传输图像、文本、声音及多媒体信息，具有教育信息容量大的特点。

（2） 教学功能。

电视教材以独特的表现功能，对优化课堂教学起着非常重要的作用，主要有以下几个方面。

- 电视媒体教学能提供丰富的感性材料，加深学生对所学知识的感知和理解。
- 电视教学可以把肉眼看不见的微观世界或者人的视野所不能及、收不全的宏观世界搬上屏幕，控制事物变化的动作、速度和时间，让学生观看，从而加深学生对所学内容的理解。
- 电视教学能开阔学生的视野，扩大知识面。
- 教学电视的内容，虽然源于文字教材，但又不局限于文字教材。它充分发挥自己的特长，运用丰富的、最新的、更加典型的材料，从多侧面、多角度使教学内容更加充实。
- 电视教学有利于扩大教学规模，使更多的人获得学习机会。
- 电视可以通过有线传输、无线广播、计算机网络传输等方式，将教育信息传送到世界各地各个角落，使得千百万人都有可能同时进行学习，极大地扩大了教学规模。
- 电视媒体在教学中也得到较广泛的应用，用电视和电视媒体可以组织多种形式的学习活动。例如，可以利用电视媒体进行示范教学，为学生提供典型的示范，供学生观摩效仿；利用电视媒体进行现代远程教学，可以使众多优秀的教学资源得到共享，加快边远贫困地区和西北地区中小学的教育信息化进程。

本章小结

视听媒体作为教育媒体中的一个重要组成部分，相对而言是发展历史比较长的一簇。即使在因特网技术迅速发展并深刻地影响和改变着人们的学习、工作和生活方式的今天，视听媒体在教育教学中仍有广泛的应用，在学校教育中依旧发挥着不可替代的作用。

习　题

（1） 解释媒体、教学媒体、现代教学媒体的含义。
（2） 投影器与幻灯机相比，有哪些结构上的不同和使用上的不同？
（3） 简述录音机的基本结构和工作原理。
（4） 简述录音教材的教学功能。
（5） 阐述电视教材的编制过程。
（6） 结合视听媒体的特点，简单阐述在教学中如何选择合适媒体辅助教育教学。

第 6 章　计算机辅助教学

教学目标：

- 掌握计算机辅助教学的相关概念。
- 了解支撑计算机辅助教学的理论基础。
- 掌握计算机辅助教学系统的 3 个组成部分。
- 了解计算机辅助教学的模式。
- 掌握多媒体课件的特点和类型。
- 熟悉多媒体课件的开发过程。

20 世纪 40 年代第一台计算机的诞生至今不过半个多世纪，计算机却在不知不觉中改变了人们的工作、生活和学习方式。计算机在工业、农业、国防、教育、文体、卫生等社会各个领域得到广泛的应用，大大提高了人们的工作效率。其中计算机在教育领域中的推广应用，使得教师的教学和学生的学习过程从原来的线性的书本变为具有非线性特征的多媒体形式，其主要形式就是计算机辅助教育。

6.1　计算机的教育应用

1945 年第一台计算机 ENIAC 出现距今已有半个多世纪的时间，在这 60 多年的时间里，计算机从实验室进入千家万户，PC 逐渐普及，计算机在各领域得以广泛应用。

计算机在教学中的应用始于 20 世纪 50 年代末的 IBM 公司开发的计算机辅助教学程序。20 世纪 90 年代计算机多媒体技术、网络通信技术以及人工智能技术得到进一步发展，与此同时建构主义学习理论逐渐深入人心，在技术和理论的双重支持下人们开始设计基于多媒体计算机和建构主义学习理论的多媒体教学系统。

计算机不仅是一种辅助教学的工具，而且是认知工具、情感激励工具以及协作和交流的工具，并可以作为导师和学习伙伴存在，计算机在辅助教学中的作用如图 6-1 所示。

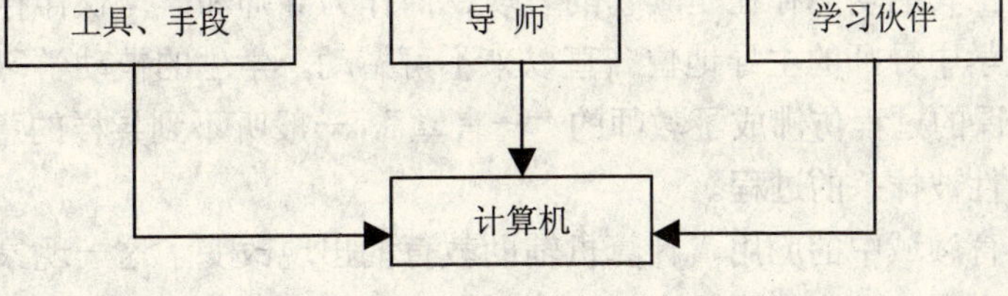

图 6-1　计算机在辅助教育中的功能

6.1.1 计算机作为工具和手段

计算机硬件和软件都在不同程度上飞速发展，从开始的286、386到现在的双核心处理器、四核心处理器，从最初的DOS、Windows 95到现在的Windows 2000、Windows XP、Windows Vista，计算机的处理速度越来越快，性能越来越强大。软件方面也由原来的画图必须编程，到现在的各种图形处理工具应有尽有，所见即所得的应用软件给用户带来了很大的方便。

计算机可以作为检索工具、多媒体素材处理工具、娱乐工具、交互工具、自学工具等存在。现在国内比较知名的搜索引擎主要是“谷歌”和“百度”，而“有问题百度一下”几乎成为一句尽人皆知的口头禅。只要你在搜索引擎中输入要查找的信息的关键词，例如查找“计算机辅助教育的概念”，系统会自动呈现与之相关的网站地址和相关信息。

计算机的功能越来越强大，能够方便、快捷地呈现并处理多媒体信息使得计算机具有传统媒体无可比拟的优势。多媒体素材处理工具将在本书第10章进行详细介绍，请参照其详细内容。

计算机作为交互工具，包含两方面含义：一是指人机交互，二是指人际交互。多媒体计算机功能越来越强大，但是其使用界面却越来越人性化，进入的门槛越来越低，只要熟悉一种软件稍经训练其他软件通过自学也能使用，实现了人与计算机之间的顺畅的交流与沟通。而人际交互主要是指以计算机为媒介进行的人与人之间的交流与沟通，主要分为实时与非实时的两种。实时的人际交互指沟通双方同时在线进行交流，例如通过腾讯QQ、Live Messenger、网络论坛等聊天工具进行交流。非实时的人机交互指沟通双方有一方不在线，一方通过留言或发送电子邮件等形式将自己的所要说的话发送给对方，对方上线后再进行回复。

计算机还可以作为自学工具存在，这与计算机出现之初实行的程序教学以及后来的个别化学习形式密切相关。课堂学习抹杀了学生的特性，这是课堂教学存在的弊病，而个别化学习形式与之相反，它鼓励学生按照自己的学习习惯进行学习。如通过网络课程设定自己的学习步调进行学习。

计算机作为娱乐工具存在，我们所听到、见到的大多是青少年为了网络游戏荒废学业，甚至走上犯罪道路的负面报道。因而作为工具的计算机是一把双刃剑，就看使用者如何把握娱乐的度，使之有利于自己的学习和生活。

6.1.2 计算机作为导师

计算机作为工具的功能存在是其物的表现，而作为导师和学习伙伴存在是其人性化的表现。在课堂教学中导师的主导地位一直以来不可撼动，学生的被动学习的地位一直以来也无法改变，上课的过程仿佛成了教师的“一言堂”，一般听不到异样的意见，教学过程同时也是学生的个性被抹杀的过程。

计算机在教育领域中的应用，计算机辅助教育的出现改变了这一现象。上课之前教师将精心制作的教学课件发布在网络上，上课时学生使用计算机进行自主学习，遇到问题再来请教老师。这时学生的学习自主性被充分调动起来，学生作为学习的主体控制并决定自己的学习内容和进度，教师只是起到指导、辅助学生学习的作用。这时的计算机代替教师成为学生的导师，计算机作为导师可以为学生提供海量学习资源，可以不厌其烦地为学生答疑解惑，可以及时对学生的学习情况进行反馈，方便学生调整自己的学习进度。

但是在实际教学过程中计算机并不能取代教师，一方面因为在我国学生的学习自觉性不高，学习过程需要教师的监督和指导；另一方面计算机不能像教师那样随时处理教学过程中出现的问题，计算机毕竟只是机器，距离智能化还有一段距离。所以在教学过程中计算机可以辅助教学活动的开展，但是不能完全取代教师。

6.1.3 计算机作为学习伙伴

学习过程中的学习伙伴的作用不容忽视，学习伙伴之间可以是互相监督、互相帮助、互为比较的对象。虽然学习的过程并不是互相比较的过程，但是学生在学习的过程中不可避免地要互相比较，而这也是评价形式的一种，通过与他人的横向比较、评价，更好地进行自我评价，实现自我的进步和完善。

当学生利用计算机进行自学时，也需要监督、帮助、比较，这时计算机就是很好的对象。和计算机软件设置的小助手一样，当人们遇到困难和问题时，小助手会提供人性化的帮助。计算机辅助教学的课件可以实现这一点，例如学生使用计算机课件进行考试后，会反馈给学生考试结果，以及应该重新学习或巩固的知识点，这种类似伙伴的提醒，既不会造成学生的学习压力，也使学生更容易接受考试结果。

6.2 计算机辅助教育的相关概念和理论

计算机技术在教育、教学中的应用非常广泛，在此我们不仅要掌握和区分计算机辅助教育的相关概念，还要注意在不同时期支撑计算机辅助教育的相关理论基础。

6.2.1 计算机辅助教育的相关概念

计算机辅助教育 CBE（Computer Based Education）就是利用计算机在教育领域中应用的总称，包括 3 种形式：计算机辅助教学、计算机管理教学和计算机辅助行政管理。

计算机辅助教学 CAI（Computer Assisted Instruction）是指用计算机辅助教师进行教学，辅助教师课堂和课外教学，辅助学生学习。

计算机管理教学 CMI（Computer Management Instruction）是指用计算机辅助教师管理教学和组织教学活动。例如使用计算机搜集学生的日常学习信息，提供帮助教学决策的信息，对学生的学习成绩等进行记录和保存。

计算机辅助行政管理是指学校行政管理部门利用计算机对学校行政事务进行管理。例如管理学生档案、学校的人事档案、下发行政文件、采购教学设备等，使学校行政管理部门实现“无纸化”办公。

计算机辅助教育中与教学联系紧密的就是计算机辅助教学，而计算机辅助教学过程中不可避免地要涉及到多媒体课件。

所谓多媒体课件 MC（Multimedia Courseware）就是将文本、图像、音频、视频、动画等多种媒体信息通过有机地组织形成辅助教学过程和活动的计算机多媒体软件。

多媒体课件中涉及的两个重要概念即超文本（Hyper Text）和超媒体（Hyper Media）。超文本就是指用非线性的方式组织起来的文本信息。它不同于传统意义上的课本，课本是以线性形式组织信息的。所谓非线性就是用户在学习过程中可以通过某个节点链接，跳转到相关页面。线性形式组织的教学内容只能是顺序地展开的。

在实际教学活动中，教师主要进行计算机辅助教学活动，教师关注的核心问题是如何制作多媒体课件，但是这正是计算机辅助教育的一个误区，计算机辅助教学并不单纯等于制作课件，通过学习本章第 5 节的内容可以帮助用户走上计算机辅助教学的正确道路。

6.2.2 计算机辅助教学的理论基础

计算机辅助教学发展的不同阶段的指导思想不同，教学形式也随之变化。其中影响最大的是各种教学理论和学习理论，尤其是对学习理论的影响最为直接。

1. 行为主义（刺激-反应）学习理论

行为主义学习理论的代表人物斯金纳和赫尔认为学习是因强化练习而导致的行为的变化，甚至还有人比如华生和格思里认为学习单凭练习就足够了。

经典行为主义学习理论认为学习是刺激与反应之间的直接连结，比如桑代克用动物模仿学习过程，揭示了刺激与反应的直接连结，巴甫洛夫对条件反射的研究几乎成为 20 世纪上半叶学习理论的基础，华生使行为主义与刺激反应心理学成为一体。

2. 认知主义学习理论

刺激-反应理论认为学习者的心理不参与学习过程，学习者能做出反应完全是因为外界存在的刺激。格式塔心理学代表人勒温通过实验提出学习者的学习过程是学生头脑中的认知结构发生改变的过程；布鲁纳强调学生的学习应该是主动发现的过程，而不是被动接受知识。

奥苏贝尔强调新旧知识同化过程，并提出先行组织者理论，他强调动机对学习者学习的重要性。如果说刺激反应学说关注的是学习的结果，那么认知主义学习理论关注的是学习的过程即学生认知结构改变的过程。

3. 建构主义学习理论

建构主义的代表人物皮亚杰认为只有在学习者思考之后才会成为有意义的学习。学习的结果，不是知道对某种刺激做出特定的反应，而是在头脑中构建自己的认知结构（或图式）。决定学习的因素既不单纯是外部因素，也不单纯是内部因素，而是个体与环境的相互作用。

建构主义强调 3 点：学习者在学习过程中的中心地位，学习环境的建构，学习者与环境的相互作用。学习者就是通过这种相互作用实现学习。

学习理论无所谓好坏之分，只有合适不合适课程内容的区分，下面的表 6-1 揭示的是各种学习理论对计算机辅助教学的影响。

表 6-1　各种学习理论对计算机辅助教学的影响

	行 为 主 义	认 知 主 义	建 构 主 义
影响的年份	20 世纪 50—70 年代	20 世纪 70—90 年代	20 世纪 90 年代至今
核心思想	学习是刺激反应的连结；学习过程是一种试误并获得成功的过程；学习是知识习得的过程	学习是学习者内部心理结构的形成过程或者重组的过程	学习是学习者主动与外界环境进行互动，并从相互作用中重组自己的认知结构
对计算机辅助教学的影响及相关教学/学习模式的选择	操练与练习；教学测试	认识工具；问题解决	微型世界；案例学习；基于资源的学习；探究性学习；计算机支持的协作学习

6.2.3 计算机辅助教学系统的构成

计算机辅助教学系统作为一个应用系统，主要由三部分组成：硬件、软件和课件。

1. 硬件

计算机辅助教学系统中所涉及到的设备、装置都可以成为计算机辅助教学系统的硬件。主要包括主机、外部设备、网络等。外部设备包括输入和输出设备，例如扫描仪、鼠标、键盘、打印机、投影仪、数码相机等。其硬件组成拓扑，如图 6-2 所示。

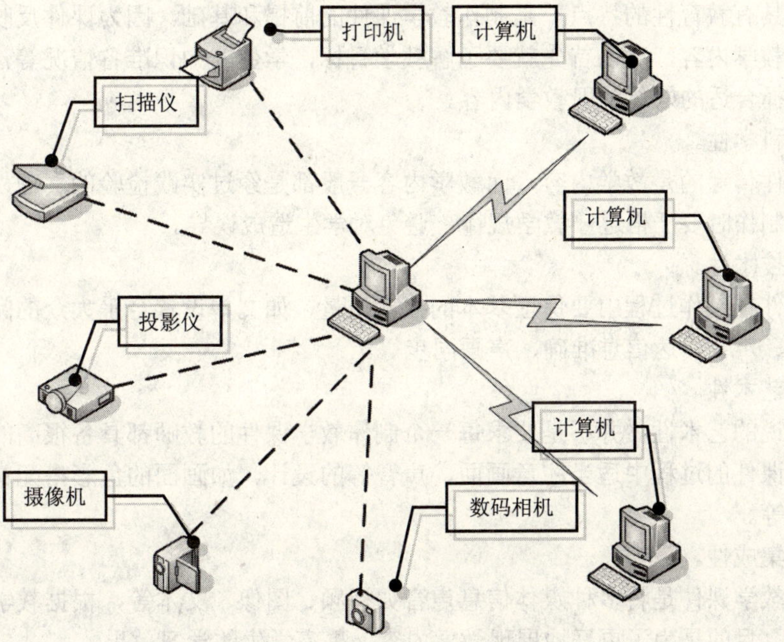

图 6-2　计算机辅助教学系统的硬件

2. 软件

计算机辅助教学系统的软件通常指与硬件配合发挥作用的，包括操作系统、程序设计语言、多媒体素材制作工具、多媒体课件制作工具等。

操作系统主要就是 Windows 系列的操作系统：Windows 98、Windows 2000、Windows XP 和 Windows Vista，现在常用的就是 Windows 2000 和 Windows XP。虽然 Windows Vista

的界面最为华丽，功能最为强大，但是因为其对计算机内存的要求比较高（最少 1 GB），所以很多用户现在还是选择 Windows 2000 或者 Windows XP 系统。

除了要设置好操作系统这个大环境外，多媒体课件及素材的制作工具软件也应做出相应的选择和准备。例如制作文本素材的软件 Word，处理图像的软件 Photoshop，处理声音素材的音频解霸或者 Cool Edit，处理视频的软件 Premlere 等。这些工具软件方便我们进行素材的加工和课件的制作。

另外一些程序设计语言如 VC、VB、Java、Delphi 等都具有很强的多媒体课件开发的能力。

3．课件

课件（Courseware）是在一定教学理论指导下，根据教学目标设计，反映某种教学策略和教学内容的计算机软件，它可以用来存储、传递和处理教学信息，能让学生进行交互操作，并对学生的学习进行评价。

课件通常具有教育性、科学性、技术性、艺术性、集成性等特点。课件可以说是计算机辅助教学的核心，在硬件和软件都具备的前提下，课件的制作和使用是计算机辅助教学的主要活动。

（1） 教育性。

课件要具有教育性的特点，是制作教学课件的前提和基础。因为课件反映的是教师向学生传授的教学内容，所以首先就要了解教学目标，学生的知识准备情况等，这样才能有针对性地选择合适的媒体展现教学内容。

（2） 科学性。

教学课件传递的是教学内容，而教学内容一般都是经过实践检验的真理，所以在进行教学课件的制作时要严格遵守教学规律，避免对学生造成误导。

（3） 技术性。

教学课件在制作过程中要保证基本的技术质量，如文本设置合乎大众的阅读习惯、画面清晰可辨、声音传达信息准确、声画同步等。

（4） 艺术性。

这里所说的艺术性，并不是要求每一个制作教学课件的教师都具备很高的艺术造诣，而是在制作课件的过程中适当注意画面、声音等的设计，如画面的色彩搭配、音乐和音响的合理利用等。

（5） 集成性。

多媒体教学课件是将多种媒体信息声音如视频、图像、文本等，根据教学的要求合理地组织起来，目的是为了更好地展现教学内容，提高学生的学习效果。

在此，要将多媒体课件辅助教学与传统教学相区分。有了多媒体课件并不意味着我们全面否定传统教学，多媒体课件不是万能的，也不是最优秀的。采用多媒体课件辅助教学只是教学的一种形式，不应过分夸大其作用。

6.2.4 计算机辅助教学的模式

计算机辅助教学的模式是在教学实践中依据不同教学要求进行分类，不同的学者对分类会有所不同。在具体的教学活动中，各种模式名字可能不同，但是所指内容很接近，而且各种教学模式往往是结合起来使用的。我国教育技术学者祝智庭指出对教学模式从认识论和价值观两个维度进行分类，并提出计算机辅助教学的分类框架及相关模式，如图 6-3 所示。

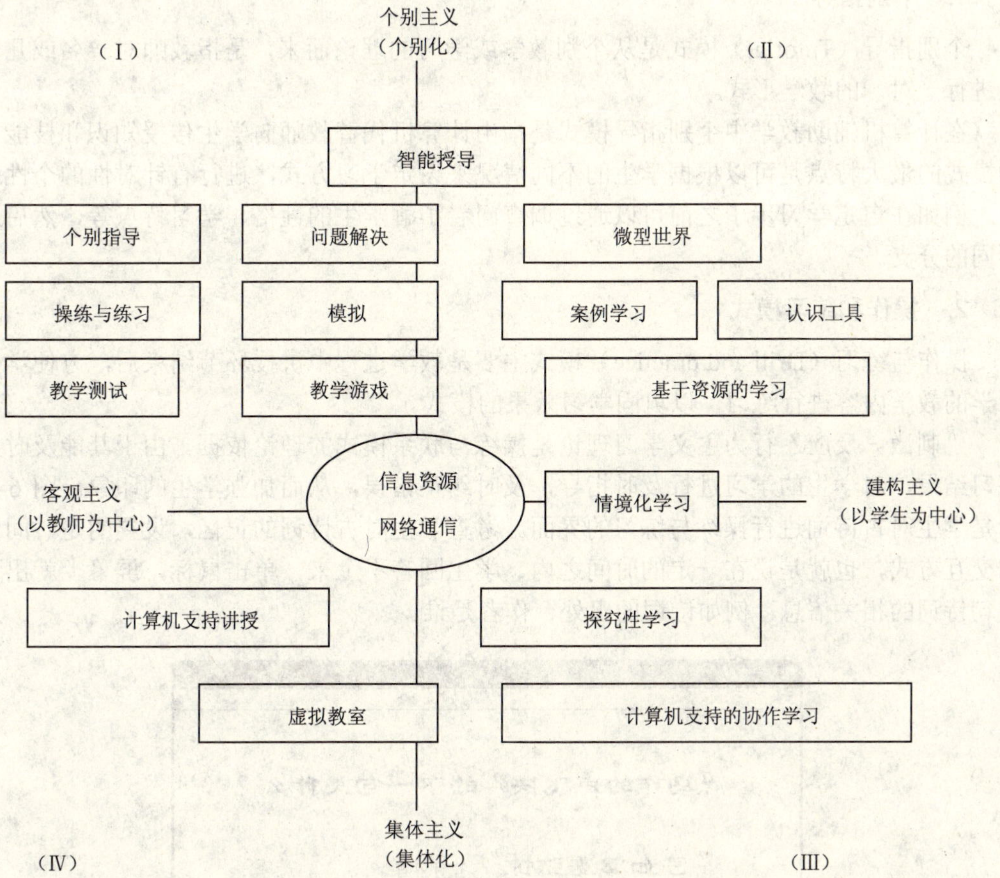

图 6-3　计算机辅助教学的主要模式及分类框架

该分类框架将计算机辅助教学的模式分为以下 4 类。

第Ⅰ类：客观主义 - 个体主义，也就是教学过程以教师为中心，兼顾个别化学习的模式。主要有个别指导、操练与练习、教学测试、模拟、问题解决、教学游戏和智能授导。

第Ⅱ类：建构主义 - 个体主义，也就是教学过程以学生为中心，以个别化学习为主的模式。主要包括微型世界、案例学习、认识工具、基于资源的学习、情境化学习。

第Ⅲ类：建构主义 - 集体主义，也就是教学过程以学生为中心的集体学习为主的模式，主要包括探究性学习和计算机支持的协作学习两种模式。

第Ⅳ类：客观主义 - 集体主义，也就是教学过程以教师为中心的集体教学模式，共有两种模式，虚拟教室和计算机支持讲授。这些模式是传统的课堂教学的一种改进，使用计算机支持讲授的模式进行教学，为课堂教学增加了计算机的元素，使得教学信息的传递多元化，课堂教学更具吸引力。

下面对图 6-3 分类框架中的几种模式进行简要介绍，教学模式的选择和使用与教学内容和教学条件、教学环境、学生的准备知识等密切相关，在具体的教学活动中，各种教学模式并不是只能单独使用，而是可以采用一种教学模式，也可以采用几种教学模式混合在一起使用，只要达到有利于教学内容的传递，有利于学生的学习效果的提高的目的即可。

1. 个别指导

个别指导（Tutorial）模式是从个别教学或学习的理论而来，是指教师对一名或几名学生进行一对一的教学形式。

在计算机辅助教学中个别指导模式是指由计算机代替教师向学生传授知识和技能。这种模式的最大特点是可以根据学生的不同情况来设定学习方式，进行有针对性的个性化指导。例如在自定学习步子之前可以通过调查问卷了解学生的性格、学习特点等，然后进入不同的分支。

2. 操作和练习模式

操作与练习（Drill and practice）模式主要是教学过程中讲授环节结束后，方便学生对所学的教学内容进行练习，以巩固学习效果的模式。

“刺激－反应”行为主义学习理论是操练与联系模式的理论依据。由于其能及时反馈练习结果，对学生的学习进行及时指导，及时纠正错误，从而加强学生的印象。图 6-4 所示是学生对古诗词进行操练与练习的界面。考查学生对古诗词的记忆，设置的是时间限制的交互方式，也就是说在一定的时间之内，学生回答不上来，单击鼠标，屏幕上就出现与这句诗词的相关信息，例如诗词的出处、作者是谁。

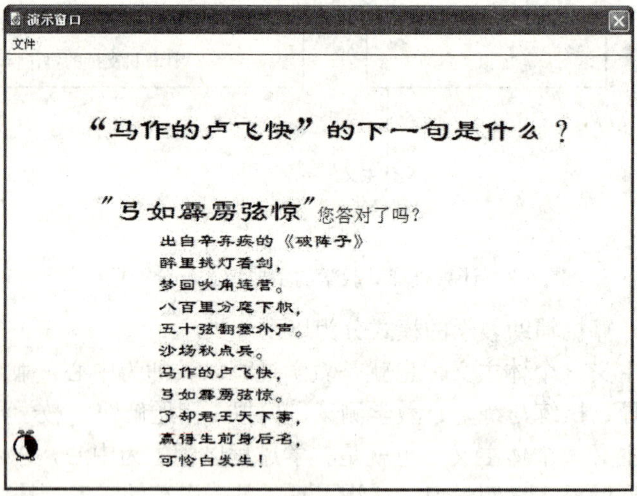

图 6-4　古诗词练习界面

3. 辅助测验

教学效果的判断依据之一就是测验结果，因此测验尤其是纸笔测验是传统教学的重要组成部分。利用计算机开展的测验被称为计算机辅助测验 CBT（Computer Based Testing）是计算机辅助教学的重要组成部分。计算机辅助测验包括自动组卷、联机测验、自动阅卷、测验数据统计与分析等内容。

计算机辅助测验中很重要的工作就是题库的建设。题库（Item Bank）并不是传统意义上的题目的简单集合，而是根据教育测量理论建立的测验资源库。题库中的题目具有不同的标签，包括题目来源、难易程度、测试内容、区分度等信息。

4. 模拟

模拟（Simulation）也称为仿真，就是利用计算机模拟现实世界中的自然现象等，为学生提供视觉或听觉刺激，使其能够通过现象更好地理解和把握事物的本质和规律。例如：凸透镜成像规律，可用来解释放大镜成像原理，如图 6-5 所示。

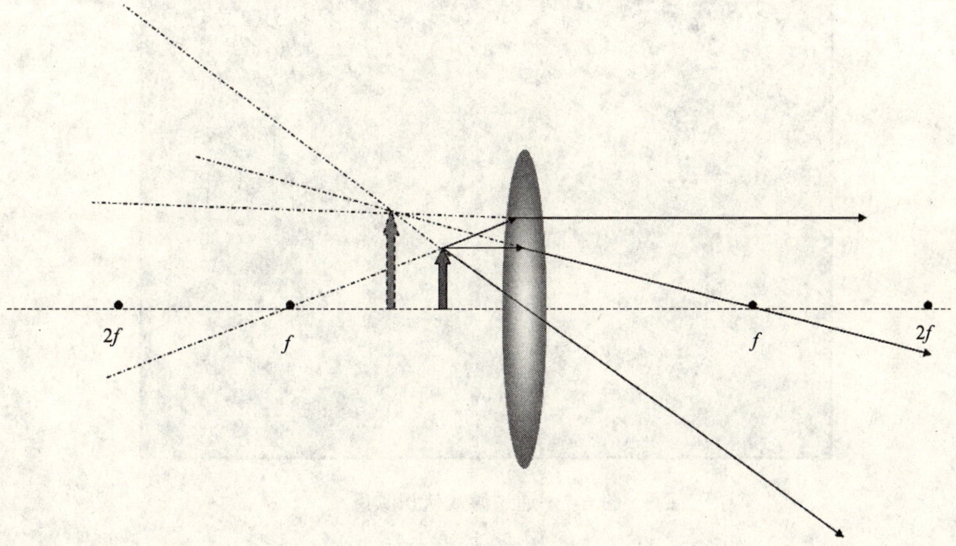

图 6-5　凸透镜成正立放大虚像

5. 问题求解

问题求解（Problem Solving）指在教学过程中学生以计算机为工具根据自己掌握的知识去寻求现存问题的解决办法，培养学生的解决问题的能力。

举例：如何用凸透镜成像原理来解释相机记录影像的道理？如图 6-6 所示是物体在二倍焦距之外时成倒立缩小的实像，而相机在记录影像时通常是这种情况。

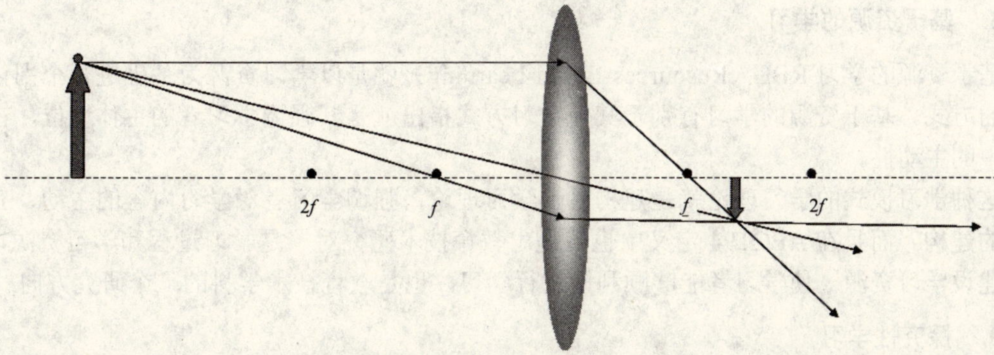

图 6-6　凸透镜成倒立缩小实像

6. 教学游戏

教学游戏（Instructional Games），就是在教学中以计算机为工具将教学内容以游戏的形式呈现给学生，给学生创造游戏的学习情境，刺激学生的学习动力，使学生在游戏中掌握所学内容。这种教学模式比较适合年龄层次较低的学生，例如，通过单击气球认识和区分不同颜色，如图 6-7 所示。

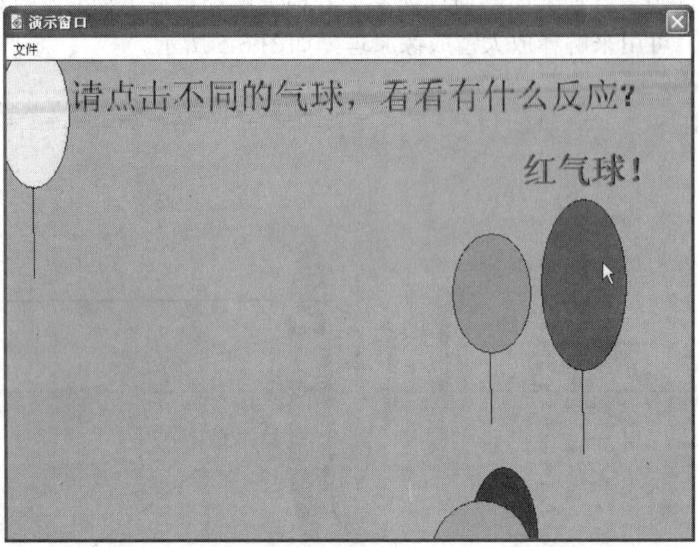

图 6-7　通过游戏认识颜色

7. 案例学习

案例学习（Case Study）最早出现并应用于法学界和医学界，其后应用于管理学界，在教育学界得到运用是 20 世纪 70 年代以后的事情。案例学习是指以教学案例为载体，基于一定的教学目标，在计算机网络环境下对遇到的问题进行资料的搜集、整理，提出案例中涉及问题的解决方案。

案例学习是基于问题的学习，这里的问题是来自实践中的实实在在存在的问题，学生解决问题的过程也就是培养能力的过程。

8. 基于资源的学习

基于资源的学习 RBL（Resources-Based Learning）就是以学习资源为基础进行个别化学习的方式。基于资源的学习有别于其他学习方式指出就是其强调学习者的主体地位，在学习中的主动性。

这种学习模式的学习理论就是建构主义学习理论，强调学习者对学习内容的主动、有意义的建构。而且在 AECT94 定义中也曾提出教育技术研究对象是学习过程和学习资源，可见建设学习资源，使学习者能够顺利地进行学习，也是教育技术学科的一个研究方向。

9. 探究性学习

探究性学习 IL（Inquiry Learning）是指学习者在学习过程中自主探求问题解决的学习

方式。探究性学习方式最早是由杜威在 1909 年提出的，杜威认为学习的过程不应仅仅是知识积累的过程，还应该是学习能力培养的过程。

探究性学习方式的理念印证了中国的一句古语“授人以鱼，不若授人以渔。”意思就是给别人一条鱼，不如教会他如何捕鱼。大力推行教育改革的中国教育者也逐步意识到培养的学生不应仅仅是社会主义的建设者，还应该是具有创新精神的建设者。如何培养学生的创新意识，探究性学习的开展是一条途径。

10. 计算机支持协作学习

计算机支持协作学习 CSCL（Computer Supported Collaborative Learning）是指以计算机为媒介辅助和支持的小组合作的学习方式，是由计算机支持协同工作 CSCW（Computer Supported Collaborative Work）与合作学习的理论与教育方法进行有机结合形成的一种学习方式。

计算机支持协作学习者以小组的形式开展学习，小组成员为了完成共同的任务或者解决共同的问题，通过成员之间的互动，实现个别化学习达不到的效果。协作学习的结果尽量体现每个小组成员的意见，这种学习方式极大地激发了学习者的主动性。其理论基础是建构主义学习理论和人本主义学习理论。

6.2.5 多媒体课件的设计与开发

多媒体计算机因其可以方便地处理多种媒体信息：文本、图形图像、视频、音频、动画等，使得信息的表现形式可以多种多样。由其生成的课件可以被称为多媒体课件。多媒体课件体现出如下特点。

1. 多媒体课件的特点

（1） 多样性。

在计算机多媒体功能出现之前，教学内容的表现形式比较单一，书本文字是最常见的形式。多媒体计算机的出现使得教学内容的表现形式多样起来。多媒体课件的制作是一个系统的可循环的过程。教学媒体的选择要根据内容的需要和学习者的特点（年龄和认知特点）。多媒体课件的多样性是指其对教学内容的表现方式多样，例如对小学生在编写教学课件时可适当增加动画、视频、图形、图像的比例。

（2） 集成性。

计算机多媒体课件的制作的过程需要搜集多种媒体信息，但是多种媒体素材并不是简单地堆砌到一起，而是需要根据前期的教学设计进行安排，使多种媒体的集成发挥“1+1＞2”的效果。

（3） 交互性。

建构主义学习理论强调的一点就是：学生的学习必须通过自身与外界环境的交互来改变自己的认知结构。交互可以指人机交互，也可以指人际交互。人机交互指学生或教师与计算机之间的交互，例如学生在使用教学课件学习的过程中可以进行训练和练习，而练习和训练的过程中出现的问题可以在百度、Google 等搜索引擎中进行查找，计算机可以将答案反馈给学生。人际交互可以指学生之间的协作学习，也可以指师生之间的交流。

（4） 生动、直观。

使用多种媒体素材来表现教学内容，教学内容具有生动、直观的特点。例如用动画的形式来表现凸透镜成像的特点，使用者可以自己设计凸透镜的焦距，可以亲自动手拖动蜡烛左右移动，观察凸透镜的成像情况。与原来的课本图像展示不同，教师在课堂上的实物演示只要学生将课件下载到使用的计算机上，就可以反复观察。这种直观、生动的动画给了学生视觉刺激，激发了学生的学习兴趣，有利于学生对学习内容的掌握。

（5） 易操作、易维护。

现在开发多媒体课件的工具软件越来越人性化，只要稍作培训，教师就可以掌握其使用方法，而且能够制作出符合自己教学特点的课件。因为教师在进行多媒体课件的制作时选择的课件工具大同小异，使得教师在使用自己或者他人的课件时只需借助使用说明就可以进行。当然使用时同样对于多媒体课件的使用过程中出现的问题，教师可以进行方便的修改完善。因此多媒体课件具有易操作、易维护的特点。

2. 多媒体课件的类型

多媒体课件在教学中发挥的作用越来越大，涉及到教学工作的方方面面，因此逐渐受到广大教师的重视。根据多媒体课件的制作目的不同主要分为以下几种类型。

（1） 课堂演示型。

目前校园内的教学虽然受到多种多样的教学理论、学习理论的影响，也有教师采取其他的教学手段、教学形式传递知识和技能。但是教学的开展最常见的还是讲授的形式。教师课堂讲授结合多媒体课件的演示是目前最常见的授课形式。

（2） 学生自学型。

人本主义学习理论提倡学生应该被当做独立的个体对待，而不是传统意义上的“等待填食的鸭子”。学生在学习中应该主动地探索知识，因此基于多媒体课件的学生自学的形式也比较常见。学生通过主动探索知识，在探索的过程中为保持学生的学习兴趣，在设计课件时应考虑到学生的各种出错的可能，寻求帮助的可能。

（3） 课外练习型。

多媒体课件在课外练习中发挥作用也是目前常见的一种现象。由于计算机的及时反馈、不知疲倦的特点，学生可以在练习时根据计算机的反馈信息进行及时调整和修改，便于其对学习内容的强化和巩固。因为每个学生的接受能力和学习起点不一致，所以对于同一知识点不同的学生掌握情况不一样。接受能力差的学生可以进行练习查看自己的出错点，通过反复练习直至掌握。课件中可将反馈信息设置成鼓励性的语句，这样在学生出错时学习积极性仍会高涨。

3. 多媒体课件的开发流程

多媒体课件的设计和开发是一个系统过程，需要对系统过程中的每一步进行精心设计。课堂讲授使用的演示型课件开发与使用最多，而其他类型的课件的开发与之大同小异，故以其为代表介绍多媒体课件的开发过程，开发流程如图 6-8 所示。

多媒体课件的使用主要是教师和学生，教师主要负责课件的设计和制作，学生在使用过程中可以对课件内容和形式进行评价，并反馈给任课教师，教师根据反馈意见进行修改。

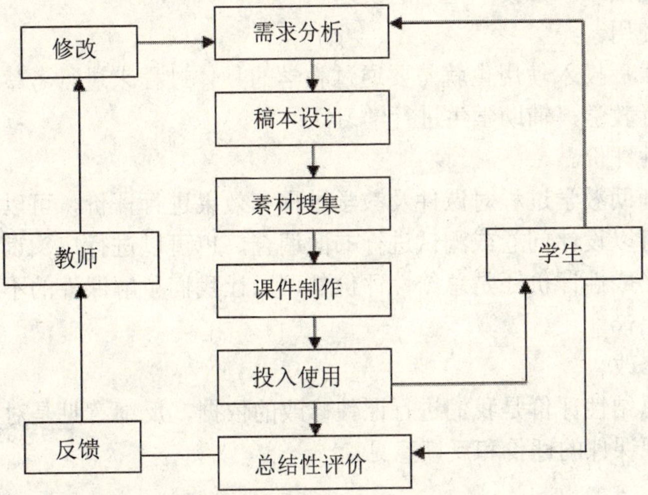

图 6-8 多媒体课件开发流程

（1） 需求分析。

决定多媒体课件制作水平的高低并不是使用多少新技术，而是多媒体课件的教学设计工作是否进行。教学设计的具体内容在第 4 章中进行详细介绍，在此不再赘述。教学设计的环节之一的需求分析是在教学目标的确定、教学内容的分析、学习者的水平分析这些工作完成的基础上进行的。

（2） 稿本设计。

将对教学内容、教学目标、学习者了解学习需要，确定教学方法，选择合适的教学媒体和教学策略，在教学过程结束时将教学评价的分析过程记录下来，并将需要制作课件的环节挑选出来，以便使用相应的工具进行课件的准备。虽然稿本的格式根据具体内容可以进行调整，但是因为稿本是制作课件的依据，所以必须说明教学内容、教学媒体及其呈现方式。

（3） 素材搜集。

素材搜集是课件制作开始之前必须进行的准备工作。只有素材搜集完成了，课件才能顺利地制作。多媒体课件需要准备的素材包括文本素材、图形图像素材、音频素材、视频素材等。根据多媒体课件的需要，并不是每种素材都需要准备。各种素材的收集和制作详见第 10 章。

（4） 课件制作。

素材准备工作完成后，根据稿本的设计就可以进行课件的具体制作了。课件的制作可以选择不同的制作工具。多媒体课件的制作经历了最初的计算机语言编程，繁琐的编程语言不利于广大教师的掌握。专业教师需要计算机专业人士的帮助才能完成课件的制作。集成式课件制作工具的出现方便教师掌握和使用，使得教师可以根据自己的意愿进行课件的设计与制作。常见的制作工具有方正奥思、课件大师、Authorware、Flash、FrontPage、Photoshop 等，基于编程语言的制作工具有 Visual Basic、Visual FoxPro、Java 等。教师可以根据自己的需要掌握其中的一种或两种工具，能够创作融合教学内容和多媒体表现手段的课件即可，不能陷入“唯技术论”的误区。

（5） 投入使用。

课件制作完成后投入使用也就是要通过教学的具体过程来进行考察，教学过程中使用课件辅助教师进行教学，辅助学生进行学习。

（6） 总结性评价。

利用计算机辅助教学过程对课件及教学过程和效果进行评价，可以根据学生的反应进行形成性评价，可以设计问卷或测试进行书面调查，也可以进行口头询问调查，进行总结性评价。无论是形成性评价还是总结性评价都可以让我们了解课件的不足，有针对性地对课件进行修改和完善。

（7） 反馈修改。

评价尤其是总结性评价是我们进行课件修改的依据，反馈意见是对课件进行修改的根据。所以应该重视课件的评价和反馈意见。

本章小结

本章主要介绍计算机在教学中辅助教师进行教学、辅助学生进行学习的计算机辅助教学的相关理论和实践。了解到计算机辅助教学系统由3部分组成，其中的核心就是多媒体课件。对计算机辅助教学的理论基础的了解可以指导我们进行多媒体课件的设计，而多媒体课件的教学设计是多媒体课件制作的前提和纲要，在进行多媒体课件制作时应注重前期的设计工作的进行。多媒体课件的开发流程是本章的重点也是难点。

习 题

（1） 什么是计算机辅助教育、计算机辅助教学？

（2） 计算机辅助教学系统由几部分组成？

（3） 简述计算机辅助教学的模式与多媒体课件的类型的区别与联系。

（4） 多媒体课件的开发流程包括哪些主要步骤？

（5） 自选主题进行多媒体课件的设计与制作。

第 7 章　现代远程教育

教学目标：

- 掌握现代远程教育的基本概念。
- 了解现代远程教育发展的历史过程。
- 掌握网络远程教育的特点和模式。
- 了解现代远程教育的新技术。

20 世纪 90 年代末期国家教育部指出要加快教育现代化和信息化建设的步伐，必须尽快建立覆盖全国的现代远程教育网络，构建终身学习体系。加快现代远程教育基础设施建设，鼓励有条件的高等学校开设远程继续教育课程。本章重点介绍现代远程教育的基本概念和学习模式等内容。

7.1　现代远程教育概述

远程教育主要是学生与教师、学生与教育组织之间采取多种媒体方式进行系统教学和通信联系的教育形式，是将课程传送给校园外一处或多处学生的教育。现代远程教育则是指通过音频、视频（直播或录像），以及包括实时和非实时在内的计算机技术把课程传送到校园外的教育。

7.1.1　远程教育术语的演变

远程教育是现在中国公认的对教师和学生分离进行教学活动的教育形式的统一后的名称。在此之前 20 世纪 50 年代时沿用的是“函授教育”，20 世纪 70 年代后我国一直使用的是“远距离教育”这个名称。远程教育这个名称是 1996 年由清华大学发起的，社会上和大众媒体启用远程教育这个名称始于 1998 年。到今天，“远程教育”和“远距离教育”两个名称仍然并存，但是并不影响大家对这个领域的了解，也不会产生误解。

世界上远程教育的术语也并未统一，例如“distance teaching”、“correspondence study”、“home study”、“Open learning”和“external study”等，开办远程教育的机构的名称各式各样，有“correspondence division”、“extensive college”、“university without wall”、“open university”等，同样对于“distance education”一词我国大陆和中国香港、台湾地区的翻译也不一样，我们普遍译作“远程教育”，中国香港地区译做“遥距教育”，中国台湾地区则译做“隔空教育”。同样对于“open university”译法也不一样，我们译做“开放大学”，中国香港地区译做“公开大学”，中国台湾地区译做“空中大学”。这些翻译方法的不同从网站名称可见一斑，比如 101 远程教育网（http://www.chinaedu.com/）、香港公开大学

（http://www.ouhk.edu.hk/）和台湾国立空中大学（http://www.nou.edu.tw），等等，如图 7-1 所示。

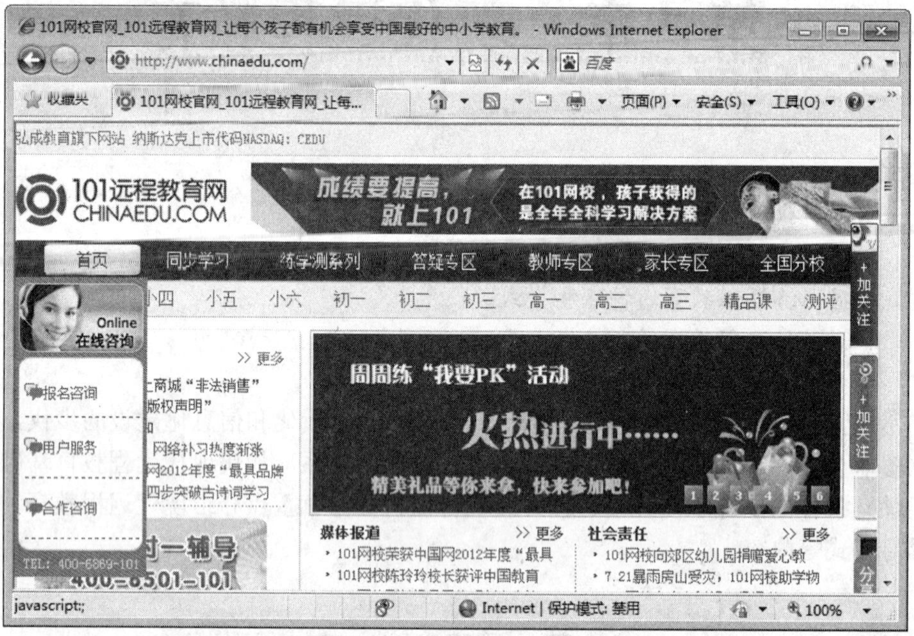

图 7-1　101 远程教育网

现代远程教育可以有效地发挥远程教育的特点，是一种相对于面授教育、师生分离、非面对面组织的教学活动，它是一种跨学校、跨地区的教育体制和教学模式，它的特点是：学生和教师分离；采用特定式传输系统和传播媒体进行教学；信息的传输方式多种多样；学习的场所和形式灵活多变。与面授教育相比，远程教育的优势在于它可以突破时空的限制；提供更多的学习机会；扩大教学规模；提高教学质量；降低教学的成本。

7.1.2　基本概念

伴随着技术的进步，远程教育 DE（Distance Education）使用的名称也几经演变。远程教育目前没有确定的定义，不同的学者对该领域给出的定义有所不同。

1. 基更定义

20 世纪 80 年代初基更在对其他学者的定义进行综合分析的基础上提出了自己对远程教育的看法，认为远程教育应包括以下 5 项要素：

教师和学生在教与学的全过程中处于相对分离状态。

教育组织通过规则和准备学习材料，以及提供学生支助的服务对学生学习兴趣产生影响。

应用各类技术媒体——印刷媒体、视听媒体和计算机媒体——将教师和学生联系起来并以此作为课程内容的载体。

提供双向通信并鼓励学生交流对话和从对话中受益。

学生在学习全过程中与学习集体也处于相对分离状态，学生通常是接受个别化教学而不是集体教学，但并不排除为了教学和社会的目的组织必要的集体面授交流活动。

2. 丁兴富定义

我国以丁兴富在 1988 年给出的远程教育的 5 项描述性定义为代表：

学生和教师在时间和空间上处于分离状态。

以现代教育技术为基础的媒体教学占有主导地位。

有组织的系统工程。

自学为主、助学为辅。

在学生和教师之间存在某种形式的双向通信和反馈机制。

丁兴富的定义中明显保留了基更的定义的基本特征，同时做了中国化的处理，所以在我国远程教育领域被广泛引用。

3. 其他概念

“现代远程教育”是一个随时代和技术而改变的概念，在今天现代远程教育指的是随现代信息技术的发展而产生的一种新型教育方式，它以现代远程教育为手段，兼容面授、函授和自学等传统教学形式，多种媒体优化组合的教育方式。

除了远程教育的概念以外，远程教学、远程学习和开放学习等概念在远程教育领域被广泛使用。

远程教育与远程教学只有一字之差，但是远程教育涵盖的内容比远程教学要广泛得多。

远程教学是指教师和学生分离的状态下，教师通过各种媒介向学生传递教学内容或者提供学习支助服务的过程和活动。

远程学习是指教师与学生分离的状态下，学生通过网络或其他媒体提供的资源进行学习的过程和活动。

开放学习是相对于传统封闭的校园学习而言的，具有开放教学资源，开放教学时空，开放教学方法，开放教学观念，开放教学对象等特征。

7.1.3 历史发展

一般认为远程教育从 19 世纪中叶发展至今大致经历了 3 个阶段，也就是伴随 3 代信息技术产生的远程教育的 3 个阶段（如表 7-1 所示）。

表 7-1 远程教育发展的 3 个阶段

发展阶段	年代	涉及的技术	远程教育的形式
第一阶段	19 世纪中叶到 20 世纪初	印刷、邮政传输、早期视听技术	函授教育
第二阶段	20 世纪 50 年代到 80 年代末	单向传输为主的电子信息通信技术	广播电视教育
第三阶段	20 世纪 90 年代起至今	双向交互的电子信息通信技术	网络远程教育

1. 基于函授课程的远程教育

远程教育最初的形式是函授教育，而函授教育起源于 19 世纪中叶的英国。1840 年英国人伊萨克·皮特曼（Isaac Pitman）将速记教程以邮寄的方式寄给学生，被公认为函授教育的始祖。1849 年伦敦大学开创了校外学位制度，世界远程高等教育由此诞生。我国远程教育起源于 20 世纪初，1902 年蔡元培等在上海成立中国教育会，被认为是中国函授教育的源头。普通高等学校如中国人民大学和东北师范大学也开始举办函授教育。

2. 基于广播电视的远程教育

视听媒体的出现带来了远程教育形式的改变，远程教育进入第二阶段。国外仍以英国为最。1969 年英国开放大学的成立标志着世界上基于广播电视教育的第一所远程教育大学的诞生。我国在 20 世纪 70 年代建立了中国广播电视大学。如今中国广播电视大学各省市地区各种级别的广播电视大学开办得如火如荼，中国广播电视大学开办了自己的网站，如图 7-2 所示。1979 年 2 月 6 日中国广播电视大学正式开始授课。第一课是著名数学家华罗庚主讲的高等数学。我国政府在 20 世纪 80 年代下半期购买了国际通信卫星上的两个转发器，分别于 1986 年和 1988 年开通了两个专用的卫星电视频道，在 1987 年建立了中国电视师范学院和中国教育电视台。

图 7-2　中央广播电视大学网站

3. 基于计算机网络的远程教育

20 世纪 40 年代计算机出现，经过近半个世纪的发展计算机网络技术使得远程教育出现了新的变化。从前两个阶段的单向非实时交互到计算机网络双向实时交互，远程教育因为有了师生之间的实时交互使学生的学习更加有效。迄今为止，各个远程教育网都处于有偿服务阶段，也就是除非你在该学校通过注册，否则你无权访问该网站的学习资源，更不用说与网络教师进行交流了。国内著名的 101 远程教育网址设立了少量的学习资源供用户使用，如图 7-3 所示。

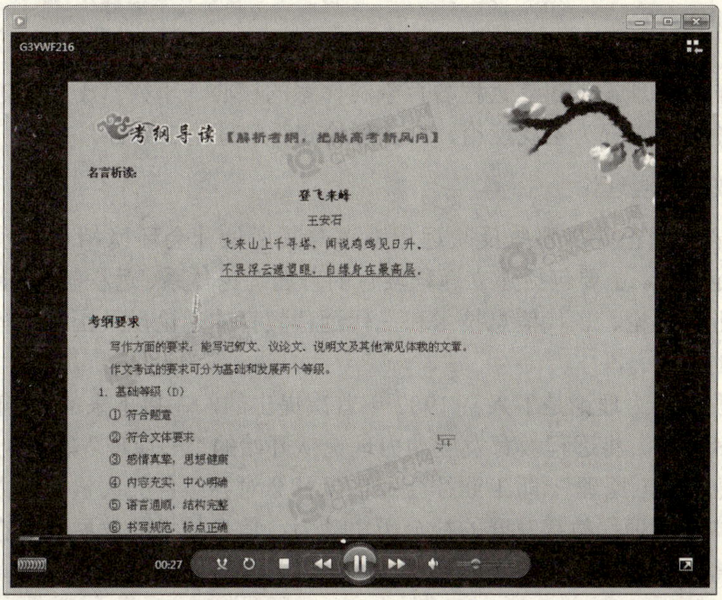

图 7-3　101 远程教育网站开放的名师授课的界面

1995 年英国政府推出题为“教育高速公路——前进之路”的行动计划。我国 20 世纪 90 年代中期起我国政府开始组织教育界和企业界实施跨世纪的现代远程教育工程。1996 年教育部首批在清华大学、北京邮电大学、浙江大学、湖南大学 4 所高等院校进行现代远程教育试点。截至 2004 年底我国开展学历远程教育的高校已经达到 68 所。图 7-4 所示为清华大学远程教育网站——“清华大学网络学堂”网站主页。

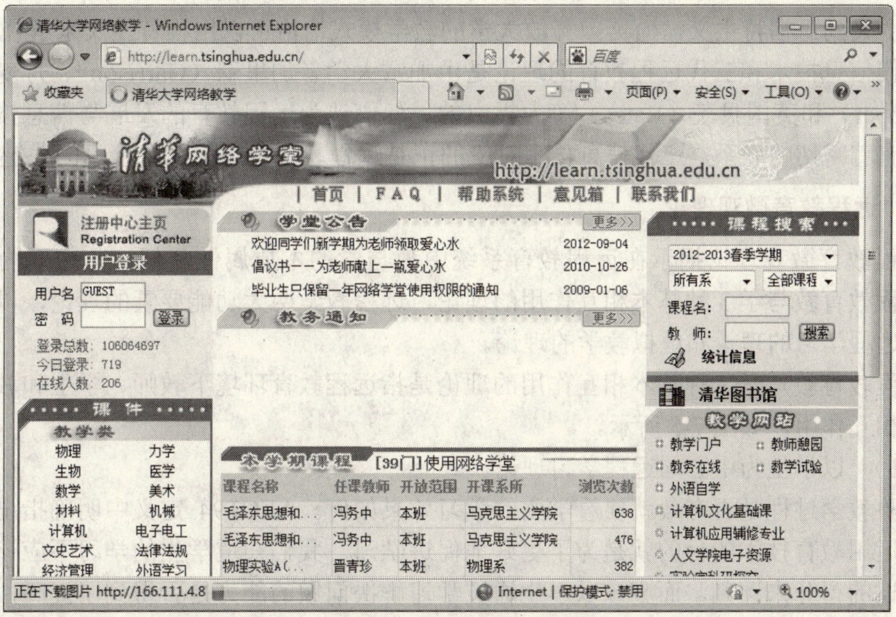

图 7-4　清华大学网络学堂

7.1.4 基础理论

远程教育的基本理论是建立远程教育学科体系的核心，丁兴富于 2000 年首次提出将远程教育的理论体系划分为宏观理论、微观理论和哲学理论 3 部分。

1. 远程教育宏观理论

远程教育宏观理论是指那些反映远程教育与其所处社会环境相互关系的某些规律性认识的各种特定理论，主要包括建立远程教育的普遍理论体系、远程教育的发展动力理论、远程教育的工业化理论、三代信息技术和三代远程教育的理论以及国际远程教育的三种模式和三大学派的理论。

远程教育发展动力理论是丁兴富 1987 年首次提出的，在接下来的 10 年间丁兴富不断对其进行完善和发展，将远程教育发展动力理论从开始的“三原理”发展到“四原理”，直到最后比较成熟的“五原理”。即工业社会和信息社会对各级各类大量专业人才和高素质劳动大军的需求构成了远程教育发展的社会历史动力；信息技术的发展及其在教育中的发展应用为远程教育的发展奠定了坚实的物质技术基础；教育民主化和学习终身化成为各国教育决策的指导原则之一，并构成发展远程教育的思想理论基础；人力资源开发的巨大压力和构建包括远程教育在内的终身学习的共识构成了发展远程教育的政治决策基础；重视教育技术的开发和应用，重视学习过程和学习资源的开发和设计，发挥建构主义认知理论在教学系统开发和教学设计中的指导作用，所有这些构成了发展远程教育的当代教育科学和心理科学的基础。

1967 年，德国的彼得斯首次提出远程教育的工业化理论，在这个理论中他将学习过程等同于工业生产过程，认为工业的分工、流水线、大规模生产、专业化等特点同样在学习中能够体现出来。后来的堪培奥发展了彼得斯的工业化理论，他认为现代工业理论的发展从福特主义到后福特主义，而英国开放大学的教学模式恰恰可以用福特主义来解释。

三代信息技术和三代远程教育的理论是由加拿大学者加里森（Garrison）、丹麦学者尼柏（Nipper）和英国贝茨（Bates）等人提出的。他们认为远程教育的发展与信息技术的发展过程有着密切的联系，三代信息技术对应的正是远程教育发展史 3 个阶段的关键技术。

2. 远程教育微观理论

远程教育微观理论揭示在远程教育系统中教与学的本质属性和规律，主要内容概括为：远程教育教与学 3 种基本相互作用的理论，远程教学两大功能要素的理论，以学生为中心的远程学习的理论和虚拟教学的理论。

远程教育教与学 3 种基本相互作用的理论是指远程教育环境下教师、学生和教学资源之间的相互作用，如图 7-5 所示。

（1） 以学生为中心的远程学习理论。

检验教学过程是否有效就要看学生的学习效果如何。AECT94 定义中明确指出在教育过程中运用教育技术的目的就是为了更好地促进学习。我们知道学生的学习不应该仅仅以学生考试的得分来评判，而应该以学生通过学习解决问题的能力是否得到了提高，学生的知识结构是否发生了改变作为判断的标准。

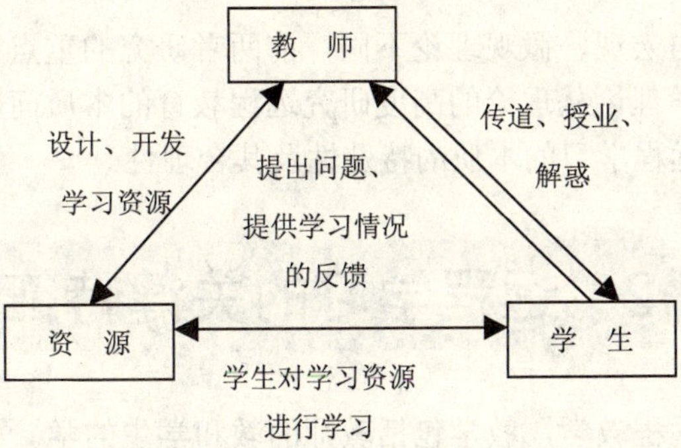

图 7-5　远程教育教与学三元素的基本相互作用

如果说以教师为中心是传统学习/教学的特点，那么以学生为中心则是远程学习的特点。远程学习为什么不将教师、课程等其他内容作为中心，是由远程学习自身具有的特点决定的，相关内容详见本章第 2 节。

（2） 虚拟教学理论。

虚拟现实技术应用于远程教学产生了虚拟教学理论。虚拟现实技术的相关内容在本章第 4 节进行了介绍。虚拟教学、虚拟实验、虚拟学习甚至是虚拟大学（如图 7-6 所示为深圳虚拟大学网站主页，网址为 http://www.szvup.com/）等网络虚拟活动都是虚拟现实的衍生物。与现实相对比，虚拟的效果也许不明显。但是作为网络技术的一种，以其为支撑进行的学习也具有师生分离、教师和学生通过媒介进行交流的特点，因此在远程教育领域也同样得到了广泛应用。

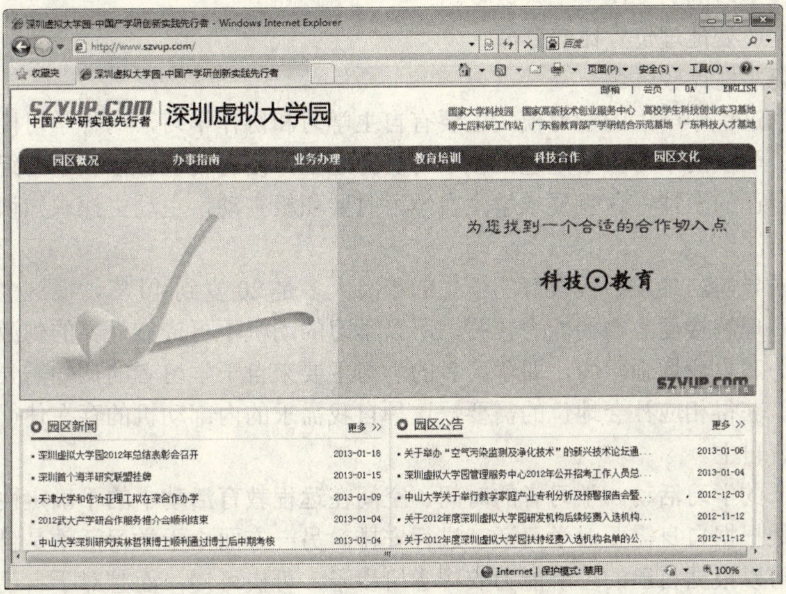

图 7-6　深圳虚拟大学网站主页

3. 远程教育哲学理论

远程教育哲学理论与宏观、微观理论不同，前两者研究的重点在于远程教育中存在的实际问题。远程教育哲学理论从理论的高度研究远程教育的本质问题，着重论述对远程教育及其核心远程教学和远程学习的本质的特殊性及其合理性。

7.2 远程学习的关键特征

远程教育的核心是远程教学，教学包括教师的教和学生的学。而在国际国内远程教育届公认的观点是远程教学以学生为中心、以学生自主学习为主。

远程教学的效果归根结底要通过学习者自身对知识的建构来检验。学习者在远程教育院校或者远程教师提供的学习资源及学习支助服务下进行自主学习。学习支助服务又称学生学习支助服务。支助服务（Learning Support Services）旨在为学生的远程学习提供支持与帮助服务。学习支助服务首先产生于英国开放大学的远程教学实践中。

7.2.1 远程学习者的特点

远程学习中以学生为中心的观念使得远程教育界对远程教育情境下学生的特征给予特别的关注，虽然各国远程教育的形式不尽相同，但是远程教育中的学生还是具有很多共同的特点，归纳起来有如下几点。

远程学生大多是成年人，有工作和家庭。

大多数远程学生以在家进行业余学习为主。

参加远程学习的男生比女生人数多。

远程学生所处地理位置比较分散。

学习的自主性比较强。

远程教学过程中学生的学习模式主要有自主学习和协作学习，两种学习模式的特征共同之处在于：学生的学习主要是建立在学习资源之上，没有传统课堂教学的纪律约束，学习变成学生自己的事情，这就要求学生在学习时要积极主动，主动去探求知识，寻求适合自己的学习方法。

自我需求导向。参与远程教育的学生的年龄大多是 20 岁到 40 岁，而这个年龄段人群的逻辑思维和理解接受事物的能力较强，所以学习的动机不再依靠外界的刺激，而主要表现为认知驱力和自我增强驱力，即学习者的学习主要来自于学习者的认知需要和凭借自己的才能与成就获得相应社会地位的需要。这种自我需求的内部动机的存在使得学习者的学习更加自觉、自主。

自我调节的学习活动。学习者的时间、空间在远程教育活动中的不确定性，导致学习者必须自觉地根据自身需要对学习活动进行安排。另一方面由于学习活动是自主安排的，所以学习者可以根据自己的理解能力安排学习步子，可快可慢，而且对于自己不清楚的地方可以反复学习。

7.2.2　远程学习的关键特征

远程学习要求学生具备自主学习的能力，培养学生选择合适的学习策略和学习方法，才能提高学习质量。从学生如何实现高质量的学习的角度我们可以总结得出网络学习的 7 大关键特征：高质量的网络课件、清楚的学习计划、探究式活动、协作学习、虚实结合的学习社区、专业的学习支持、及时的学习评价，如图 7-7 所示。

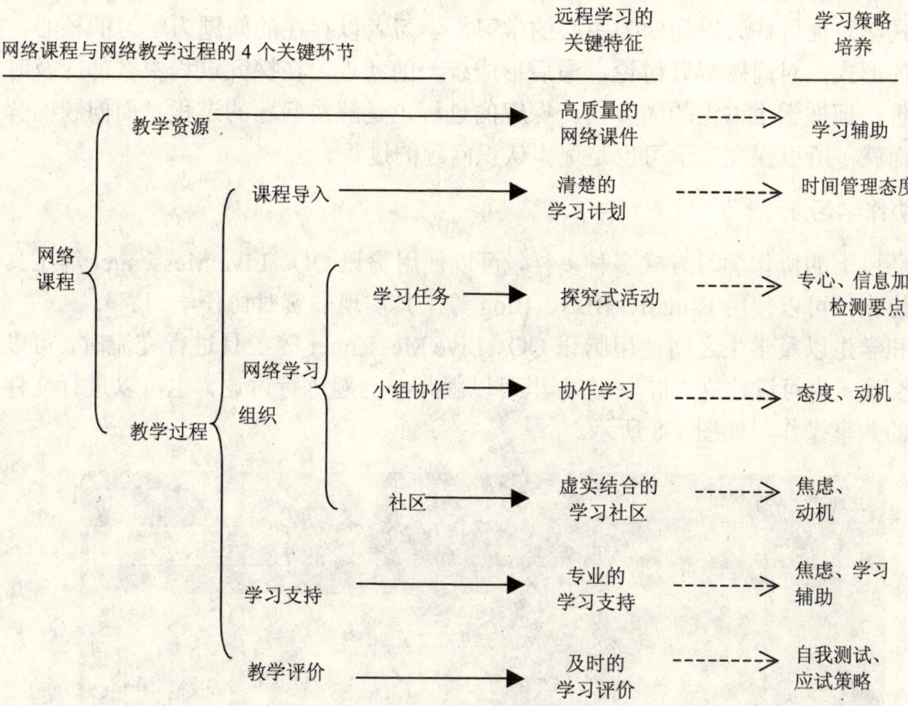

图 7-7　远程学习的关键特征[1]

1. 高质量的网络课件

远程学习资源是支撑远程学习的基础，网络课件是远程学习资源的重要组成部分。除此之外，还有参考教材和其他辅助学习材料。

网络课件是远程学习者接触最多的学习资源，是教师教学质量的保证。现在的网络课件质量参差不齐，有的课件只是课本知识的搬家，把课本内容转变成电子版。许多教师正在逐渐意识到这个问题，采取措施提高网络课件的质量。

提高网络课件的质量途径很多，无论采取什么方法，必须做好网络课件的教学设计工作。因为设计、开发、利用、管理和评价在教育技术的 5 个研究领域中，设计工作首当其冲，其重要性可见一斑。

---

[1] 黄荣怀，周跃良.《关于远程学习的特征分析》.《中国电化教育》2003 年 3、4 期。

2. 清楚的学习计划

保证学生自主学习效果的条件就是制定详尽的学习计划。在传统的教学模式下，教师在教学过程中占主导地位，学生被动接受知识，采取什么学习策略和学习方法不需要学生考虑。而在网络环境下开展的远程学习学生是学习的主人，根据自己的学习特点，制定学习步骤和计划，选择适合的学习策略、学习方法，实现最有效的学习。

3. 探究式活动

探究式学习也可称为以问题为中心的学习，学习者以存在的问题为学习的核心，采取小组学习的形式，对问题展开讨论，最后形成统一的观点。在探究过程中教师应及时进行形成性评价，把握学生讨论的大方向。探究的过程也是解决问题的过程，而问题的解决不可能一蹴而就，所以探究式学习也是逐步认识问题的过程。

4. 协作学习

网络环境下的协作学习方式多种多样，可以使用腾讯 QQ、Live Messenger 等工具实现在线实时协作，可以使用 E-mail、BBS、Blog 等工具实现非实时协作学习。

教师和学生以及学生之间使用腾讯 QQ、Live Messenger 等工具进行交流时，可以进行一对一的交流；也可以建立“群”，在群里可以就某一问题进行讨论，也可以进行文件的上传、下载的共享操作，如图 7-8 所示。

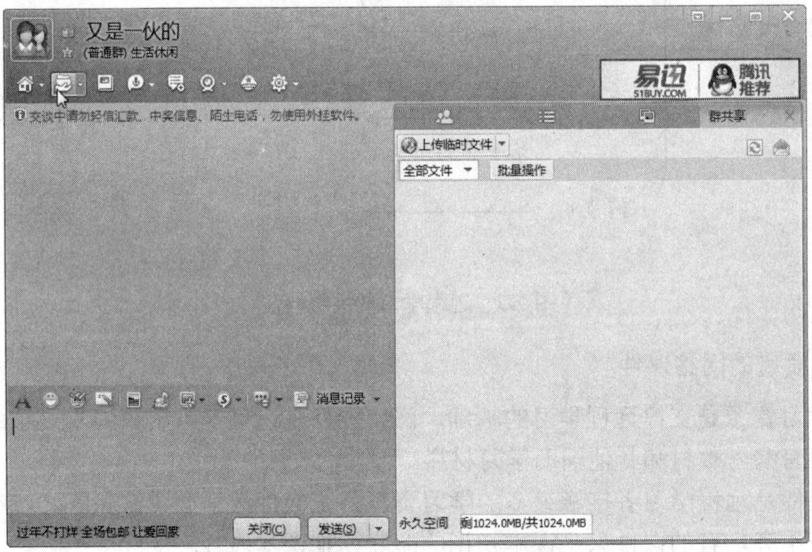

图 7-8 腾讯 QQ 群共享界面

使用 E-mail、BBS、Blog 等工具进行协作学习时，学习者与协作者不必同时在线，可以将自己对问题的看法留言，在其他学习者上线后进行讨论学习。

5. 虚实结合的学习社区

远程学习的特征之一就是教师与学生处于地理位置的准分离状态，学生之间一般也是互相见不到面。师生之间，生生之间的交流都是以虚拟的形式进行的。

为了保证学生的学习效果，必须采用不定期的面授。这样教师与学生就有实际接触的机会，学生可以就自己的问题与教师进行面对面的交流。

6. 专业的学习支持

学习支持服务或者学习支助服务，是由教师或其他网络人员对远程学生的学习提供的支持和帮助。这里的支持和帮助特指学习方面。不仅要提供给学生必要的学习资料，还要求学生保持不定期的学习反馈，及时了解学生的学习状况以及心理变化，做到有的放矢。

7. 及时的学习评价

与传统意义上的评价不同，网络环境下的学习评价可以采取实时评价，也可采取非实时评价。非实时评价的反馈效果因为时间的延迟，所以学生对反馈意见的理解和接受也会受到影响。采取实时的学习评价，可以使学生了解自己在学习中的问题以及解决的途径，加深学生对所学知识的印象。

7.3 网络远程教育

利用因特网开展的远程教育不受时间和空间的限制，学习者可以很方便地使用教育信息和有关的学习资料，也可以将本地的教育信息和资料上传，供其他人学习和讨论。因特网给学习者提供了与其他学习者的交互机会，可以实现小组学习、协作学习等学习方式，使学习者能主动建构自己的知识体系。

7.3.1 网络远程教育的特点

网络远程教育是基于计算机技术、网络技术和通信技术为基础的进行知识传输和知识学习的远程教育形式，网络教育代表了现代远程教育中先进技术和实用性的有效结合，是现代远程教育发展的主流模式。其基本特征主要表现在以下5个方面。

第一，最大限度地利用各种资源。各种教育资源通过网络跨越了空间距离的限制，使学校的教育成为可以超出校园范围向更广泛的地区辐射的开放式教育。名牌学校更可以充分发挥自己的学科优势和教育资源优势，把最优秀的教师、最好的教学成果通过网络传播到四面八方，促进地区间的教育交流，使教育不发达地区的学生同样可以接受高水平的教育。

第二，“五个任何”与主动学习。网络技术应用于远程教育，其显著特征是：任何人、在任何时间、任何地点、从任何章节开始、学习任何课程。网络教育便捷、灵活的“五个任何”，在学习模式上最直接体现了学习和主动学习的特点，充分满足了发展中的现代教育和终身教育的基本要求。

第三，双向互动、实时全交互。教师与学生、学生与学生之间，通过网络进行全方位的交流，拉近了教师与学生的心理距离，增加教师与学生的交流机会和范围。并且通过计算机对学生提问类型、人数、次数等进行的统计分析使教师了解学生在学习中遇到的疑点、难点和主要问题，更加有针对性地指导学生。

第四，个性化教学。网络教育中，运用计算机网络所特有的信息数据库管理技术和双向交互功能，一方面，系统对每个网络学员的个性资料、学习过程和阶段情况等可以实现完整的系统跟踪记录，另一方面，教学和学习服务系统可根据系统记录的个人资料，针对不同学员提出个性化学习建议。网络教育为个性化教学提供了现实有效的实现途径。

第五，自动化远程管理。计算机网络的数据库信息自动管理和远程互动处理功能，被同样应用于网络教育的教学管理中。远程学生的咨询、报名、交费、选课、查询、学籍管理、作业与考试管理等，都可以通过网络远程交互通信的方式完成。

7.3.2 网络远程教育的模式

与传统教育不同，利用计算机网络开展远程教育既可以采用传统教学的集体授课模式，也可以采用其他几种个别化或协作学习模式，如图 7-9 所示。下面对网络远程教育的几种教学模式进行介绍。

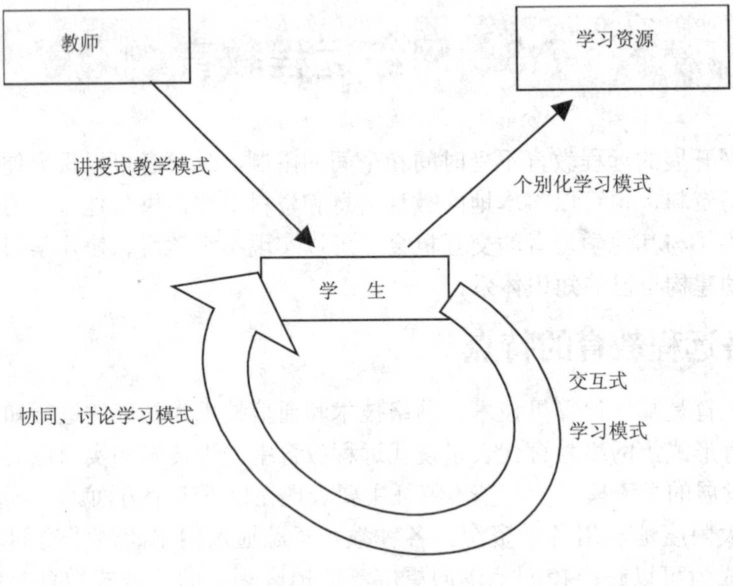

图 7-9 网络远程教育的几种模式

1. 讲授式教学模式

讲授式教学作为最基本的教学形式，在传统教学中占据主导地位。这是一种由教师通过讲授来传递新知识和技能的教学形式。在基于计算机网络的远程教育模式中讲授式教学不同于传统意义上由教师实施的讲授式教学。

传统的讲授是师生面对面的，所涉及的媒体可能是黑板、粉笔等传统媒体，而基于计算机网络的讲授是教学在时间、空间上不再受限制，而且师生之间的交流也不是面对面的交流，而是通过计算机网络的实时的、非实时的互动。因此讲授式教学又可分为同步讲授式教学和异步讲授式教学。

（1） 同步讲授式教学。

是在同一时间以同步广播的形式向分散在不同地点的学生进行知识传递的形式。由于我国目前的网络带宽还不能满足实时传送视频图像传输速率的要求，虽然能以多媒体形式呈现教学内容，但视频文件质量不高。所以通常是教师将要讲的教学内容以超文本的方式组织，放在服务器上，学生在开始授课前根据需要事先下载。图 7-10 所示是在网络上进行展示的一款“腾商”视频会议系统软件，它可以实现多人同时在线的语音交流，同时还提供电子白板，供用户进行文件共享，这款软件可以在同步教学中使用。

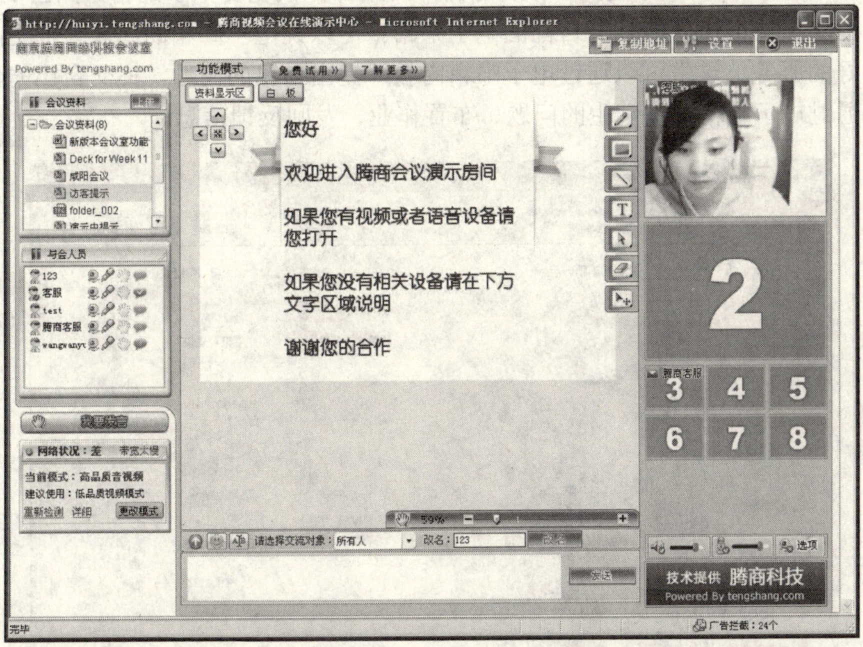

图 7-10　视讯通视频会议系统

（2）　异步讲授式教学。

教师的教和学生的学并非同时进行，这点是传统教学有别于远程教学的典型之处。教师将相关资料如视频、课件等放到网站（教学信息资源中心）上，学生可随时随地下载使用。但是由于教师并非实时在线，所以学生在学习过程中出现问题或上交作业需要借助电子邮件、电子公告牌系统等方式与教师交流。教师在合适的时候进行回复。这种异步讲授式教学由于教师的反馈是延时的，不利于学生对知识的强化和巩固。

2.　个别化学习模式

个别化学习模式是基于建构主义学习理论的学习模式。建构主义学习理论认为：学习的过程也是学习者内部认知结构与外部的刺激情境发生相互作用从而建构内部心理表征的过程。基于计算机网络的个别化学习模式主要有下面几种具体的模式。

（1）　基于 WWW 服务的学习模式。

基于 WWW 服务的教学模式下通常教师事先将教学内容用超文本的形式进行组织，并将其存放在 Web 服务器上，学习者根据自己的时间安排和需要，通过 WWW 浏览的方式访问远程服务器，选择自己需要的内容进行学习。在这种教学模式下学习者可以随时随地获取需要的教学信息，它是远程教育的一种基本的教学模式。

（2） 基于远程登录（TELNET）的学习模式。

学习者可以通过因特网提供的远程登录服务登录到各大图书馆或教学资源中心检索和下载学习资料。通过远程登录进行的个别化学习模式是目前我国远程教育的一种重要学习模式，因为它易于在网上实现。

（3） 基于E mail的学习模式。

因特网例如163、126、搜狐、雅虎等门户网站都提供免费电子邮箱，如图7-11所示。只要用户提出申请很快就能拥有自己的电子邮箱。可以说电子邮箱的出现为师生的交流沟通提供很好的服务。学生可以通过电子邮箱向教师提出自己的问题，提交自己的作业。教师也可以通过电子邮箱解答学生的问题、布置作业、发回反馈信息。

图7-11 163免费电子邮件注册、登录页面

（4） 基于文件传输（FTP）的学习模式。

教师将事先组织好的教学内容存放在网络服务器上。学生可以利用FTP服务将学习资源下载到本地计算机上，然后在本地计算机上进行个别化学习。

（5） 基于网络资源的学习模式。

网络课程及其他可供借鉴的学习资源很丰富，而且方便获取。网络远程教育环境下的个别化学习大多是基于网络资源的自学，学生自学为主，教师提供学习支助服务为辅。

3. 交互式学习模式

建构主义学习理论强调学习者的学习是在与环境交互作用的过程中逐渐建构的结果。因此交互在学生的学习过程中很重要。交互包括与外界环境、教师及其他学习者的交流。基于因特网的交互式学习，有实时和非实时两种交互式模式。

（1） 实时交互式学习模式。

目前我国的教育网的带宽比较窄，在因特网上远距离运行多媒体课件还难于实现，借助电信通信网的视频会议系统和基于因特网的实时交互式教学模式，不同地域的课堂教学可以通过视频会议系统进行交流，异地的学生可以看到、听到其他地区的教师的讲授，并就自己的疑问进行实时的提问，远程教师可以实时解答。

（2） 非实时交互式学习模式。

非实时交互式学习模式的形式很多，通过电子邮件（E-mail）或电子公告牌系统（BBS）、文件传输服务（FTP）、远程登录（Telnet）服务进行学习，因为前面已做介绍在此不再重复。

4. 协同、讨论学习模式

我们了解到个别化学习模式很多，但是自主学习的过程中总会碰到自己解决不了的问题，学习不容易坚持下来。如果在学习过程中能有学习伙伴进行讨论，就像在传统课堂学习中一样，学习者的学习兴趣会比较容易保持。在远程教育领域出现了协作化的趋势。基于计算机支持的协同工作技术 CSCW（Computer Supported Cooperative Work）为在因特网进行的协作学习模式提供了技术保证，协同学习也可以借助视频会议系统实现。讨论式学习模式可以通过 BBS、OICQ、MSN、电子邮件等进行。

网络环境下的协同学习模式主要有 4 种形式：竞争、协同、伙伴和角色扮演。

（1） 竞争。

就是在学习者之间展开的竞争性学习方式，比一比谁的学习进度快，而且用所学知识解决问题的速度快。通过竞争提高学生的学习兴趣，激发学生的学习动机，使学生能够更加自觉地学习。

（2） 协同。

与传统学习环境下的情况一样，学习者在学习过程中遇到难题时，期盼能与其他学习者“商量”。商量的过程就是互相帮助、互相鼓励的过程，也是通过协作共同完成学习任务的过程。

（3） 伙伴。

学习者在网络学习的过程中即使采取个别化学习的形式，从内心来说还是期望归属，归属到同龄人或者学习伙伴的队伍中，情感上的归属能够让学生产生安全感。而且伙伴的存在使得学习者在学习过程中有竞争和协作的对象。

（4） 角色扮演。

对一件事物印象深刻，知其然知其所以然的方法就是身临其境、设身处地去体验事物发生的环境和原因。比如学生要掌握镁在空气中燃烧所发生的化学反应的原理可以让学生扮演实验者，通过虚拟实验产生的现象：刺眼的白光，燃烧后只剩下的粉末。学生印象深刻，继而对反应方程式也会记忆深刻。

7.4　现代远程教育的新技术

现代远程教育突破了时空限制，使教学活动不再像传统教育那样受到各种各样的束缚。现代远程教育允许任何人在任何地方任何时间进入到网络学习环境中学习想学的任何课程。这就需要越来越多的新技术应用到远程教育领域中来。在此对虚拟现实技术和智能代理技术进行简单的介绍。

7.4.1 虚拟现实技术

虚拟现实 VR（Virtual Reality）技术利用计算机生成一种虚拟场景，通过各种传感设备例如通过数据头盔、数据手套、数据衣、三维音响、语音识别系统、嗅觉和味觉处理系统等使用户“融入”到该场景中，实现用户与该场景之间的交互。

国内虚拟现实的网站不仅提供虚拟现实软件，还提供一些作品供用户浏览。图 7-12 所示是“虚拟无忌”的网站（http://www.86vr.com/）的一款冰箱的使用软件，用户可以用鼠标拖动实现旋转冰箱，在冰箱门上单击就可以打开或者关闭冰箱，可以任意抽拉里面的部件，使用控制按钮可以控制冰箱执行动画演示以及规定的展示动作。

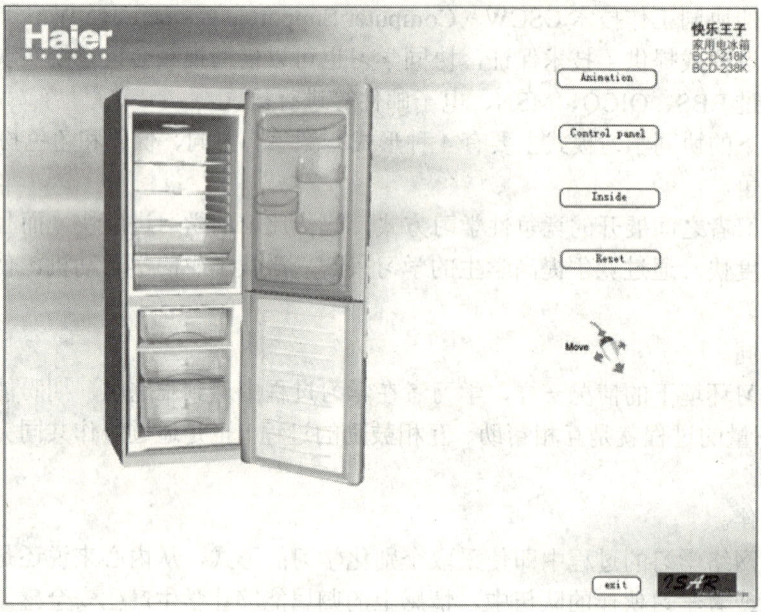

图 7-12 虚拟现实技术的应用

1. 虚拟现实技术的特点

虚拟现实技术的主要特点包括以下几种。

（1） 交互性（Interaction）。用户可以对虚拟场景内的物体进行操作。例如，当用户戴上数据手套用手去抓取虚拟场景中的物体时，手会有握着真实物体的感觉，比如能够感觉到物体的重量，同时物体也会随着手的移动而移动，随着手的挤压而变形。

（2） 沉浸性（Immersion）。用户使用相应的设备时，可以感到自己仿佛置身于真实的场景之中，产生身临其境的感觉。例如当用户转动头部，虚拟环境中的场景也随之变化；移动数据手套时，虚拟场景中的手中的物体也跟着移动。理想的虚拟场景应该达到使用户难以分辨真假的程度，使得用户产生沉浸其中的感觉。

（3） 构想性（Imagination）。用户对虚拟场景内的物体进行操作时，物体会随之改变自己的状态，与用户之间产生互动，满足用户的需求，这种互动是实时的。用户发出指令，计算机会产生相应的反应，通过人机交互加深用户对虚拟场景中事物的认识。

2. 虚拟现实技术的分类

根据虚拟现实技术实现的手段的不同，我们把虚拟现实技术分为使用专用硬件实现的虚拟现实技术和使用专用软件实现的虚拟现实技术。

（1） 硬件实现的虚拟现实技术。

使用专用硬件实现的虚拟现实技术比如头盔式立体显示器可以让用户在虚拟场景中看到与现实世界相似的物体，其他如三维音响、数据手套、数据衣等装置可以让用户从不同的感觉角度感受虚拟场景。但是由于虚拟现实硬件设施的价格昂贵、操作复杂，所以使用专用硬件的技术近期只能停留在实验室或者小范围试用阶段。

（2） 软件实现的虚拟现实技术。

使用专用软件实现的虚拟现实技术，我们可以应用虚拟现实建模语言 VRML（The Virtual Reality Modeling Language）、全景环视技术、Java 语言等技术在 PC 上来实现虚拟现实。VRML 是一种应用于因特网网页的虚拟现实建模语言，也是在因特网上建立三维虚拟世界的一个开放标准。VRML 常用于描述三维物体及三维场景，它能够在 WWW 上构建动态的、具有丰富的传感效应的虚拟环境。

7.4.2 教学代理技术

在基于因特网的现代远程教学中，智能代理 IA（Intelligent Agent）技术已经受到人们的高度重视，并且正在逐渐成为教学领域实现智能化的一种重要技术。智能代理技术利用储存在知识库里的信息执行任务，具有高度智能性和自主学习性；智能代理间能进行交流，共同执行任务；智能代理具有通过学习而获得知识、从经验中不断积累，提高处理问题的能力。智能代理具有智能性、代理性、自主性、机动性等几个特性，它在教学中的应用主要包括以下两个方面的内容：

（1） 作为教师代理。教师代理在了解学生的不同情况的前提下，选择恰当的教学策略，因材施教，有的放矢地指导学生。

（2） 作为学生代理。智能代理系统作为学生代理，可以作为学习者的学习伙伴，与学习者对具体问题进行交流讨论，从而克服网络教育环境中学习者自主学习的缺点，提高网络教学的绩效。

本 章 小 结

远程教育的发展始终伴随着技术的进步，从开始的以信件为中间媒体的函授教育到以视听媒体如收音机、电视机等为传播手段的广播电视教育，再到以计算机网络为中介的现代远程教育，发展至今远程教育的内涵越来越丰富，形式越来越多样，师生之间的交流越来越便捷。在终身教育的理念逐渐深入人心的今天，参与现代远程教育的学习不仅是当今社会对社会成员的要求，也是自身生存和发展的需要。所以了解现代远程教育的相关内容非常必要。

习　　题

（1） 简述远程教育、现代远程教育的概念。
（2） 现代远程教育的发展经历了几个阶段，每个阶段的主要特点是什么？
（3） 网络远程教育的特点是什么？
（4） 网络远程教育的模式有哪些？
（5） 通过上网搜索，了解现代远程教育的新技术还有哪些。

第 8 章　学校现代教育技术环境

教学目标：

➢ 了解校园网络的基本概念与主要功能。
➢ 了解多媒体教室以及网络机房的基本构成与设计要点。
➢ 熟悉网络机房、多媒体教室及语言实验室的基本功能及教学特点。
➢ 了解微格教学的概念与微格教室设施的基本组成。
➢ 掌握微格教学的组织与实施方法。

现代教育技术环境是指在教与学的实践活动中，所涉及的系统化的信息技术设施与条件，即实现教学信息与教学资源共享、有利于学生主动参与和协作讨论、有利于信息反馈和教师调控的现代化教学环境。它是学校现代化的重要标志，也是学校教学环境建设的重要组成部分。

8.1 校　园　网

校园网（Campus Network）系统是指利用计算机网络设备、通信介质和相应的协议（例如 TCP/IP 协议等）以及各类系统管理软件，将校园内计算机和各种终端设备有机地集成在一起，同时又与外部的计算机网络（如 CERNET 或 Internet）连接，以用于教学、科研、学校管理、信息资源共享和远程教育等方面工作的局域网。可见，校园网是 Intranet 技术在学校中的一个典型应用，换言之，校园网就是一个特殊的 Intranet。

校园网是学校信息化教学环境的基础设施，是教师和学生运用现代信息技术进行教学活动的基本条件，是学校实现现代化教学管理的物质基础，也是建立远程教育体系的基本前提。

校园网由于校园面积较大，往往要建立多个局域网，同时考虑到网络扩展性，一般采用"主干加分支"的结构。在这种方式中，利用高速网络技术构建整个校园主干网，主干网中包含一个或多个的出口连接到外部网络，学校各部门的局域网或计算机终端则作为校园网的分支通过交换设备或集线设备连接到学校网主干部分，进而形成一个统一的校园网。

目前，构筑主干网主要有 3 种高速网络技术：快速以太网技术、ATM（Asynchronous Transfer Mode）技术和 FDDI（Fiber Distributed Data Interface）技术。

快速以太网技术（Fast Ethernet）：又称千兆位以太网技术（Gigabit Ethernet），它是在交换机技术和传统局域网技术的基础上发展起来的一种高速网络技术，其传输速度可达 1000 Mb/s，由于千兆位以太网和过去大量使用的以太网与快速以太网完全兼容，并以易掌握和管理、升级费用低等优势发展成为主流网络技术。

ATM（异步传输方式）技术：ATM 技术是在电路交换技术和报文交换技术相结合基础上的信元交换技术，它能提供较大的网络带宽，支持多媒体信息的传输。ATM 技术目前还不很成熟，而且价格昂贵、技术复杂，但由于其在多媒体信息传输方面的优势，正日益受到人们的关注和重视，有不少高校的校园网采用 ATM 网络作为主干网。

FDDI（光纤分布式数据接口）技术：FDDI 使用令牌环结构，以 100 Mb/s 以上的速率传输的光缆，提供了双环结构和链路恢复等故障容错性能。FDDI 技术是目前局域网主干技术中传输速率较高的组网技术。虽然 FDDI 技术具有许多优点，技术也比较成熟，但其网络协议比较复杂，安装和管理相对困难，而且价格比较昂贵。

8.1.1 校园网的组成

校园网的建设主要包括两大部分：硬件系统和软件系统。

1. 校园网的硬件组成

校园网的硬件通常有服务器、网络互联设备、传输媒质、工作站（终端设备）等部分组成。

（1） 服务器。

服务器（Server）是网络上一种为客户端计算机提供各种服务的高性能的计算机，它的高性能主要体现在高速度的运算能力、长时间的可靠运行、强大的外部数据吞吐能力等方面。从提供网络功能的角度，可以将服务器划分为文件服务器和专门应用服务器两大类。文件服务器控制访问存储在一个或多个存储设备上的文件或数据，所有的网络交互活动都要通过文件服务器；专门应用服务器在网络中可以提供某种特殊应用服务，常见的专门应用服务器有：数据库服务器、Web 服务器、视频服务器、FTP 服务器、网关服务器、域名服务器等。对于小型的校园网络，往往把 Web 服务、FTP 服务、数据库服务等集成于一台服务器上，如图 8-1 所示。

图 8-1 服务器

（2） 网络互联设备。

网络互联设备主要用于连接多个相对独立的网络，以实现网络之间的资源共享。网络互联设备主要有以下几种。

交换机（Switch）：交换机的外形与集线器很接近，也是一个多端口的连接设备，主要区别在于交换机的数据传送速率通常要比集线器快很多，学校网络中心的核心交换机往往还具有路由功能，如图 8-2 所示。

图 8-2 交换机

路由器（Router）：路由器是连接多个网络或网段的网络设备。通常路由器有两大典型功能，即数据通道功能和控制功能，数据通道功能一般由硬件来完成，控制功能一般用软件来实现，如图 8-3 所示。

图 8-3　路由器

网关（Gateway）：网关是网络连接设备的重要组成部分，它不仅具有路由的功能，而且能对两个网络段中使用不同传输协议的数据进行互相的翻译转换，从而使不同的网络之间能进行互联。网关一般是一台专用的计算机，该机器上配置有实现网关功能的软件，这些软件具有网络协议转换、数据格式转换等功能。

防火墙（Firewall）：是指一种将内部网和公众访问网（如 Internet）分开的硬件和软件技术。

（3）网络传输媒质。

双绞线（Twisted Pair）：由两根具有绝缘保护层的铜导线组成，两根绝缘的铜导线按一定密度互相绞在一起，可以降低信号干扰的程度，每一根导线在传输中辐射的电波会被另一根线上发出的电波抵消。"双绞线"的名字也是由此而来的。双绞线可分为无屏蔽双绞线（Unshilded Twisted Pair）和屏蔽双绞线（Shielded Twisted Pair）。常用的无屏蔽双绞线由 4 对双绞线和一个塑料护套构成。在当前的技术下，传输数据的距离一般限定在 100 m 范围内，双绞线是目前局域网中使用最多的传输媒质，如图 8-4 所示。

光纤（Fiber）：光纤是以光波的形式来传输信号，材质以玻璃或有机玻璃为主的网络传输介质。它由纤维芯、包层和保护套组成。光纤按其传输方式可分为单模光纤（直线传播）和多模光纤（折射传播）。光纤具有极高的传输带宽，目前技术可以以 1000 Mb/s 以上的速率进行传输。光纤的衰减极低，抗电磁干扰能力很强，传输距离可达 20 km 以上。但价格高，安装复杂和精细，需要使用专门的光纤连接器和转换器，如图 8-5 所示。

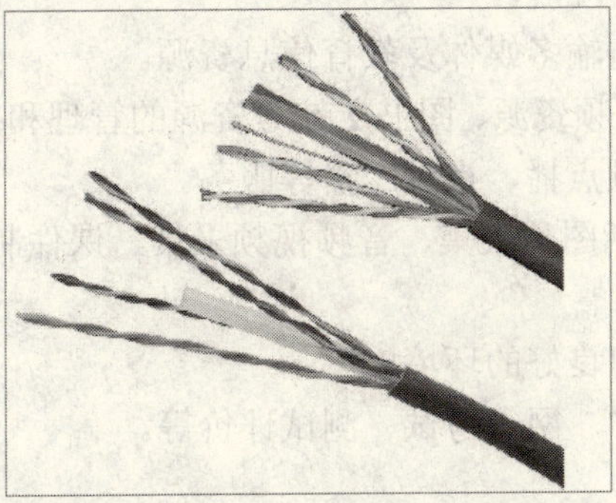

图 8-4　双绞线

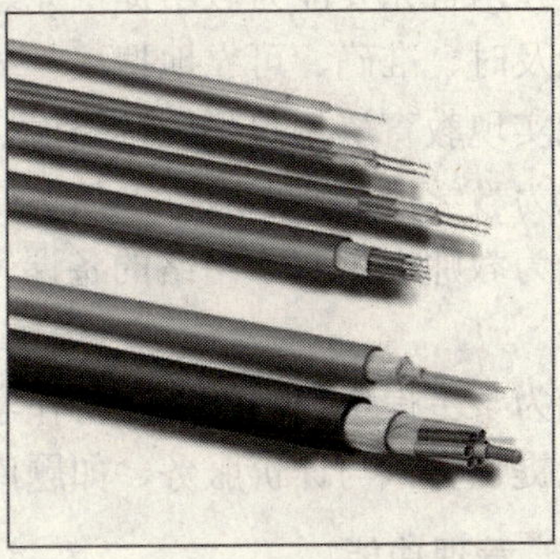

图 8-5　光纤

（4） 工作站（终端设备）。

在校园网中，工作站是一台客户机，即网络服务的一个用户。但有时也将工作站当做一台特殊应用的服务器使用，如打印机或备份磁带机的专用工作站。作为客户机的工作站一般通过网卡实现与网络连接，并需安装相关的程序与协议才可以访问网络资源。

2. 校园网软件系统

校园网硬件系统提供了校园网的物质基础，但仅有硬件是不够的，还必须有使其运转起来的软件系统。在校园网上运行的软件主要分为两类：网络操作系统软件和网络应用系统软件。

（1） 网络操作系统软件。

操作系统是网络的底层基础设施和系统运作的核心。网络操作系统是一种运行在网络硬件基础之上的，为网络用户提供共享资源管理服务、基本通信服务、网络系统安全服务及其他网络服务的软件系统，是校园网软件环境的核心部分，其他应用系统软件需要网络操作系统的支撑才能运行。

网络操作系统是计算机网络系统与网络用户之间的接口。网络操作系统是使网络上各个计算机终端能够方便且有效地共享网络资源，为网络用户提供所需的各种服务软件和有关规程的集合。

目前常用的网络操作系统主要有 Windows NT、UNIX、Linux 和 Netware。

（2） 网络应用系统软件。

网络应用系统软件是校园网的重要组成部分。校园网的成功与否，主要取决于应用系统软件的建设。

常用的应用系统软件如：WWW 服务器软件、数据库软件、电子邮件服务器软件、客户端网络浏览器软件等。

8.1.2 校园网的基本功能

校园网应为学校的教学、管理、办公、信息交流和通信等各方面提供全面、切实的服务。校园网的基本功能包括以下几方面。

1. 教学功能

校园网首先要能为教学提供先进的信息化教学环境。

能及时、准确、可靠地搜集、处理、存储、传输多媒体及教育信息资源。

能实现教育资源包括图片资源、视频资源、音频资源、图书文献等资源的管理和共享。

能为教学提供演示服务，如多媒体演示、视频点播、视频广播等服务。

能为教师提供基于网络的备课系统，系统包括图片采集、音频视频采集、课件制作等模块。

能为学生提供自主学习、协作学习、交互学习良好的环境。

能提供考试与评价服务，如题库的管理与维护、网上考试、测试评价等。

2. 管理功能

校园网络能为管理者提供信息化、自动化的办公环境。应具有行政、教务、后勤管理、信息查询与交换等功能。

行政管理：包括教职工档案管理、文书档案管理、党务信息管理等。

教务管理：包括学籍管理、课程管理、课表生成、成绩管理等。

后勤管理：包括财务预算、伙食管理、校产管理、工资管理等。

信息查询与交换：能进行数据浏览、查询、统计、打印及交换等功能。

3. 信息通信功能

（1） 能实现与因特网的连接，实现基于因特网的通信与资源共享，加快对外宣传和交流的电子化进程。

（2） 利用电子邮箱、电子公告牌、电子白板等网络信息服务支持师生间的联系，不受时空限制。

（3） 提供与教育部门、学校、家庭之间进行连接的通信接口，实现相互沟通。

4. 扩展图书馆功能

图书馆的采购、分类编目、流通、查询、期刊等环节全面实行计算机自动化管理，可以在校园网提供网上在线书目检索服务，读者可以在网上实现检索图书、浏览全文、查阅借阅情况、办理预约及续借手续等。还可为管理人员提供业务数据，及时分析研究，加强宏观管理，进而实现图书管理的“电脑化”和资料查询的“网络化”。

8.2 网 络 机 房

网络机房又称网络多媒体教室，是目前国内各类学校广泛应用的一种网络教学系统。它利用网络技术和多媒体技术将若干台多媒体计算机及相关的网络设备连成一个小型局域网。教师运用多媒体教学软件进行教与学，教师可以控制整个教与学过程，师生之间、生生之间、人机之间可进行交互式的小组学习或讨论。学生也可进入脱机状态，实现个别化学习。

8.2.1 网络机房的组成与原理

网络机房的硬件组成主要有：服务器、多媒体学生机、多媒体教师机、交换机、集线器、多媒体控制机和大屏幕投影系统及音响系统，形成了一套功能齐全的网络教学系统，它还可以连入校园网或因特网。网络机房中学生机及教师机等网络设备的布局，通常有普通教室型、U 字型、小组协作型、综合型等。具体实施时可依据教室空间结构、学生群体的特征，以及教学活动的内容和模式等因素设计摆放格局，以满足实际教学需求。

1. 普通教室

普通型多媒体教室是在机房中安装一台数据/视频大屏幕投影机加上一台多媒体计算机。可以支持以教师为中心的课堂讲授和演示，或用于创设支持学生主题活动的情境。这类设备简单、操作方便、投资较少。如果多媒体计算机能够联网，则更利于现代教学设计的实现，如图 8-6 所示。

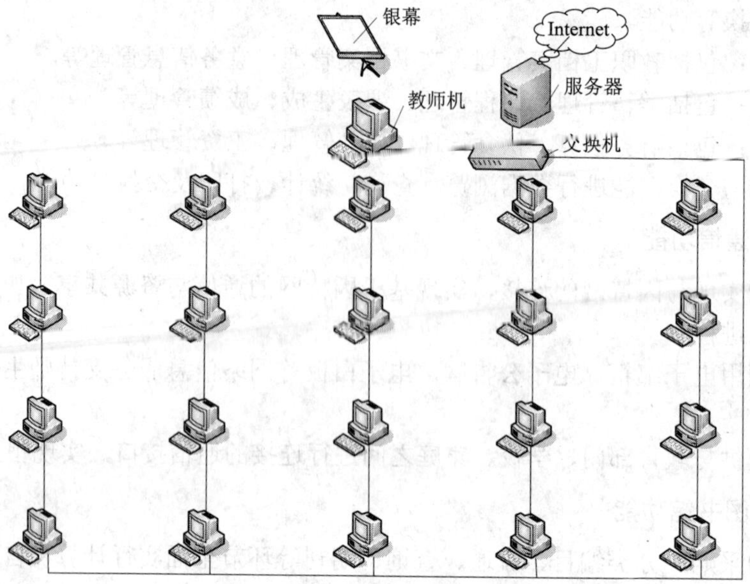

图 8-6　普通教室型

2. U 字型教室

U 字型教室是根据教室的空间结构，将学生机器布局为：两边机器靠墙，中间机器背靠背，如图 8-7 所示。这样在教室里留出宽敞的过道，便于教师开展教学辅导活动。

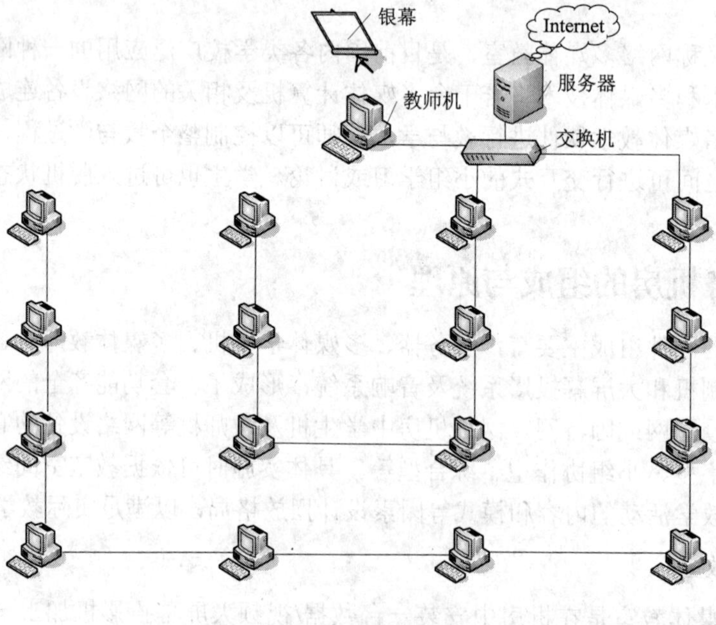

图 8-7　U 字型教室

3. 小组协作型教室

小组协作型教室是依据机房的面积，将几台机器围成一个环，便于开展小组协作学习，如图 8-8 所示。通过小组协作探究，培养学生解决问题的能力，自主学习能力和协作学习能力，同时提高信息素养。

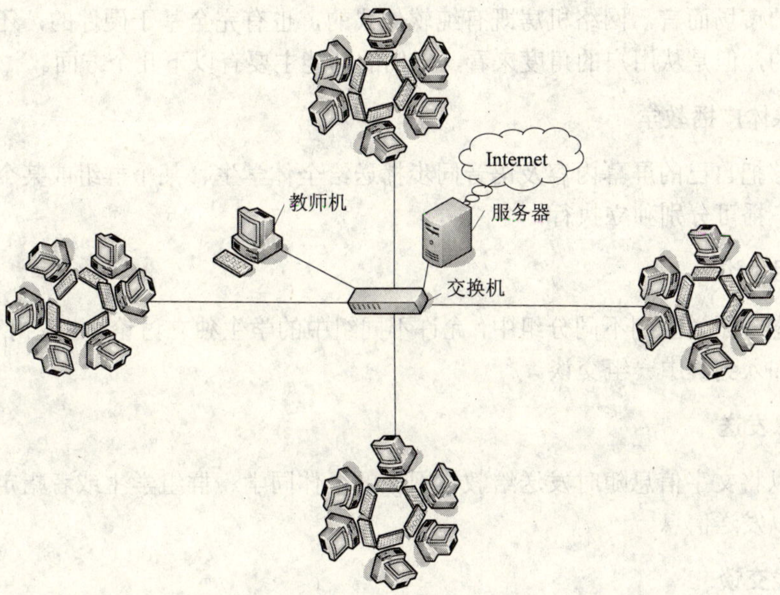

图 8-8　小组协作型教室

4. 综合型教室

综合型教室结合了普通型教室和小组协作型教室二者的优势，如图 8-9 所示。既可以支持以教师为中心的课堂讲授和演示，又便于开展小组协作学习。

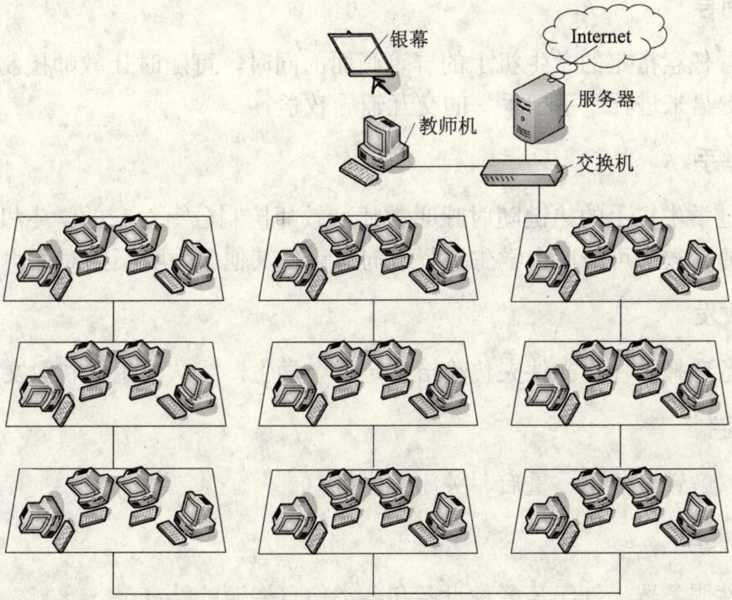

图 8-9　综合型教室

8.2.2 网络机房主要功能

就目前的市场而言，网络机房既有纯软件式的，也有完全基于硬件的，还有软件和硬件结合方式的，但是从用户的角度来看，它们的功能主要有以下几个方面。

1. 多媒体广播教学

教师能够把自己的屏幕内容及语音同步播送给全体学生、某个群组或某个学生。屏幕广播和语音广播可分别独立执行。

2. 分组讨论

教师动态分派学生到不同分组中，允许不同组中的学生独立讨论，讨论内容互不干扰。教师可随时加入到其中一组交谈。

3. 信息发送

教师可以将文字信息随时发送给教学网上的全体同学、群组学生或者指定的学生。学生之间也可以发送信息。

4. 在线交谈

教师和学生、学生和学生之间可以白板、文字、语音实时动态地交流信息。

5. 学习视察

利用学习视察功能，教师可以在自己的屏幕上观察和检查全体学生、某一群组学生或某一特定学生的屏幕信息。必要时可以锁定学生的键盘和鼠标。

6. 遥控辅导

教师在监看任意指定的学生机上的屏幕画面的同时，可随时让教师控制该学生机，用教师的鼠标和键盘来进行“手把手”的交互辅导教学。

7. 电子举手

学生可通过学生机上的热键随时呼叫教师，教师控制台上对应的学生机指示灯闪亮并伴有呼叫声。随后教师可与单个学生进行双向对讲，其他学生听不到对话声，不受干扰。

8. 文件收发

教师可任意选择文件、文件夹传输给指定多个学生，或从学生机收取文件和作业。

9. 远程控制

远程锁定、解锁、复位、重启、关闭学生机。

10. 资源共享

可提供文件服务器、打印等多种设备和各类信息资源的共享。

8.3　多媒体教室

多媒体教室也称多媒体演示室，是根据现代教育教学的需要，将多媒体计算机、投影、录音、录像等多种现代教学媒体集成在一个教室内，以利于教师与学生运用现代教学媒体开展教与学活动的场所。

8.3.1　多媒体教室的类型

多媒体教室依据配备的设备和教学功能的不同，可分为以下几种类型。

1. 简易型

简易型多媒体教室主要由多媒体计算机、视频展示台、录像机、影碟机、液晶投影机和银幕等设备构成。其结构如图 8-10 所示。

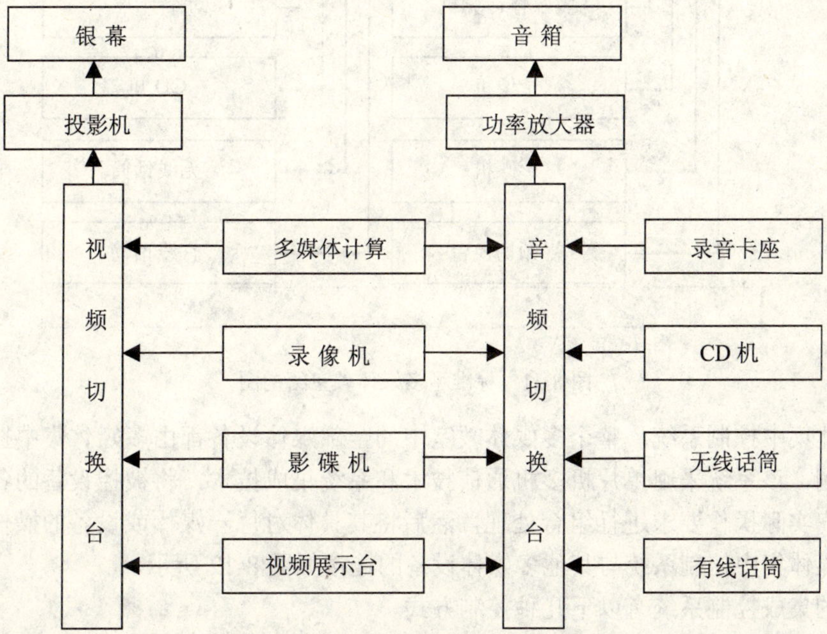

图 8-10　简易型多媒体教室结构图

透过液晶投影机，将来自多媒体计算机的数字信息或来自视频展示台（实物、图片）、录像机、影碟机等的电视信号投影到大银幕上。

该系统使用了液晶投影机，具有很好的清晰度。同时使用了视频展示台，可将文稿、图片、投影片以及实物直接转换为视频信号进行处理，增加了整个系统的教学功能。但是，该系统中，组成多媒体教室的各种设备都是相对独立的。因此，在使用时操作比较麻烦。稍有不慎，可能影响教学的顺利进行。

2. 标准型

标准型比简易型增加或改用了一批较高档次的设备与技术，其主要设备通过多媒体集成控制系统连成一体，多媒体计算机、录像机、影碟机、视频展示台等音频视频信号可直接输入、输出，由控制面板统一操控，克服了简易型多媒体教室的缺陷。其结构如图 8-11 所示。

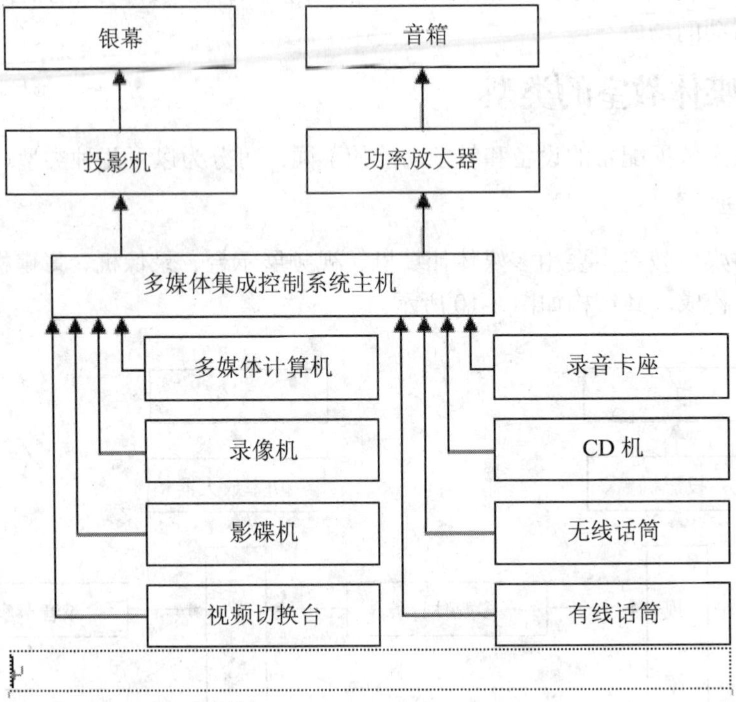

图 8-11　标准型多媒体教室结构图

多媒体集中控制系统：整个多媒体教室中的全部媒体设备都由多媒体集中控制系统集中管理控制。该系统采用单片机多机通信技术和系统集成技术，将被控设备的各种操作功能按照用户实际操作要求进行组合处理，然后将其具体对每一媒体或设备的操作过程集成一体。多媒体集中控制系统与其他多媒体设备的连接如图 8-12 所示。

常用的集成控制系统有以下几种控制方式。

（1） 按键开关式：它用线路连接各种设备的控制信号，用手动按键开关操作。特点是简单、可靠，价格低等。

（2） 电脑软件控制方式：通过运行在多媒体电脑上的软件进行控制，软件界面也非常直观，使用方便。

（3） 电脑触摸屏式：它是通过电脑触摸屏去控制电脑主控机的输出，从而实现对各种设备与设施的操作和控制。这种方式技术先进，使用方便，但价格较高。

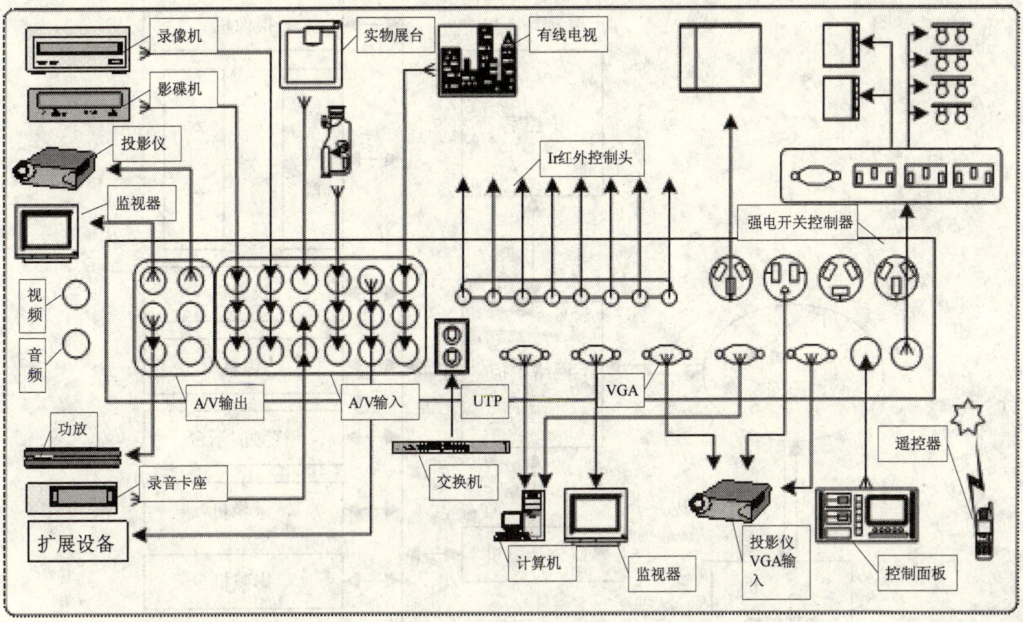

图 8-12　多媒体集中控制系统与其他多媒体设备的连接图

3.　多功能型

多功能型多媒体教室是在标准型的基础上增加了摄录像系统和学习信息反应分析系统。

（1）　摄录像系统。

在教室装配有 2～3 台带云台的摄像机，用于摄录师生的教学活动过程。摄像信号传送到中心控制室供记录储存，或同时传至其他教学场所供观摩或扩大教学规模使用。

（2）　学习信息反应分析系统。

利用该系统，全班同学就能在座位旁的按键上对老师提出的问题作选择性的回答。它通过计算机搜集与分析学生的学习信息，使教师能及时全面了解学生的情况，更有针对性地进行教学活动。

4.　学科专业型

该类型是在简易或标准型配置的基础上，增加一些某门学科教学特殊需要的设备，如生物课教学需用的彩色显微摄影装置，音乐教学需要的 MIDI 等，以构成某一学科专用的多媒体教室。

5.　网络型

网络型多媒体教室是在多功能多媒体教室的基础上增加了因特网终端等设备。其结构如图 8-13 所示。

网络型多媒体教室可以通过校园网与因特网连接，实现共享校园网内的教育信息资源、浏览远程教学资料、调用远程终端的教育资源，也可以通过摄像头、电子白板等设备及相应软件将课堂内容发送到远程终端，甚至可以进行远程交互式教学活动。

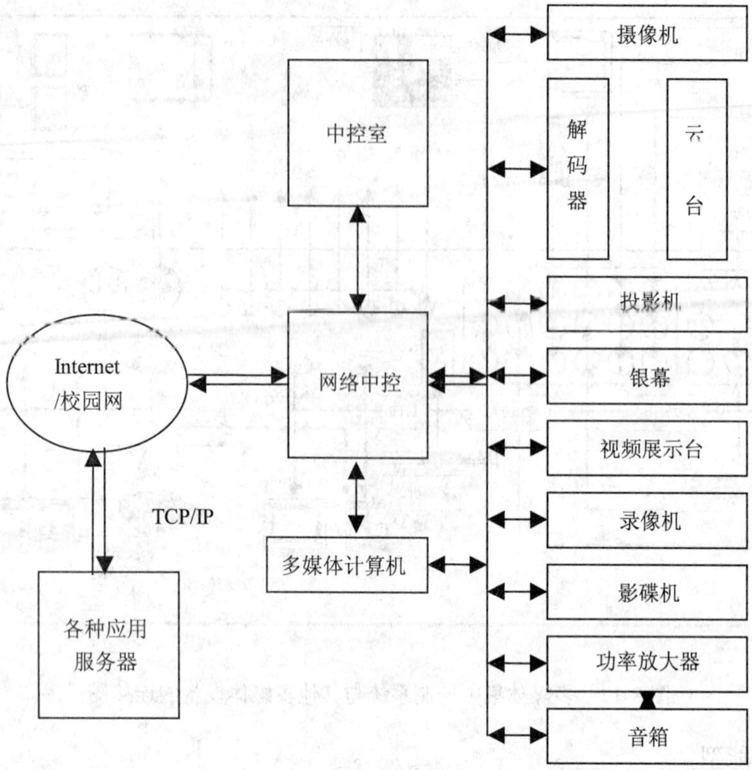

图 8-13　网络型多媒体教室结构图

另一方面，网络型多媒体教室中的多媒体计算机和网络中央控制器均具备联网功能，可以独立设置或结合设置，并配置管理软件，构成多媒体教室的集成控制系统，可通过网络对多媒体教室的设备、设施进行远程控制和管理。

8.3.2　多媒体教室的教学功能

播放多种教育媒体教材，充分发挥各种媒体的优势，克服其局限性，优化教学过程。包括以下几方面。

电视教材：利用录像机、影碟机播放相应介质的电视教材。与校园闭路电视网连接，还可以接收闭路电视节目进行电视教学。

展示实物投影：利用视频展示台可投影实物、照片、图片等。

广播与录音教材：教师可用无线或有线话筒进行讲课，声音信号经功率放大器，最后由音箱播出。录音卡座和 CD 机可播放录音教材。

多媒体软件与网上资源：教师运用多媒体课件进行交互式的教学，不仅便于教师讲解、演示，而且还有利于学生的认知。同时，通过与校园网的连接，可以很容易地实现网上教育资源的共享。

开展新型教学模式的教育试验与研究，深化教育改革。利用多种媒体组合与网上资源共享，优化教学过程，提高教学质量和效率。

便于观摩示范教学，扩大教学规模。利用多媒体教室做示范教学，做学术报告，便于观摩教学和扩大教学规模。

8.4　语言实验室

语言实验室（Language Laboratory）这一名称最早出现于 20 世纪 20 年代，为美国夏威夷州立大学沃尔兹（Ralph H. Waltz）首先提出。语言实验室又称语言学习系统，主要用于语言教学、训练和研究等。最早是由录音机、耳机等听觉设备与教师工作台组合而成的。随着电子技术、计算机技术、多媒体技术的发展，以及人们教育观念改变，语言实验室已由最初的听音型语言实验室向视听型、网络型发展。

8.4.1　语言实验室的类型

语言实验室设备的组成形式多种多样，按其教学功能来分有听音型（AP 型）、听说型（AA 型）、听说对比型（AAC 型）、视听比较型（AVC 型）、多媒体学习型（ML 型）等。

1. 听音型

听音型语言实验室（Audio-Passive Laboratory，简称 AP 型）是一种最简单的仅能提供听觉训练的语言实验室。它的主要设备有教师控制台上的录音机、电唱机、耳机和话筒，以及学生座位上的耳机。学生利用听音型实验室时只能听教师控制台输出的节目，不能通过媒体听到自己的发音，也无法与教师对话，是一种被动性的学习工具，仅适用于听力和听写训练，学生不能发现与纠正自己发声中的错误。

听音型语言实验室根据节目的传送和接收方式，又有有线和无线之分：

（1）有线听音室，学生座位上的耳机与主控台用导线连接，主控台播出的教学信息通过导线传递到学生座位上的耳机。

（2）无线听音室，采用开路广播式播放教学节目。主控台用广播发射机将教学节目向空中发射，学生用带微型接收机的耳机在信号所能辐射的区域自由收听，因此更适合自学。

听音型语言实验室虽然教学功能少，但有利于学生自学和复习，进行听力训练及语言练习。因其设备简单、操作方便、造价低廉，在教学中应用较为广泛。

2. 听说型

听说型语言实验室（Audio-Active Language Laboratory，简称 AA 型）兼具放音和师生对话的功能。AA 型语言实验室是在 AP 型基础上发展起来的，在教师控制台上增加了耳机，学生座位上增加了话筒，并配有隔音玻璃板。学生可以听老师讲解或听播放的录音教材，并能回答问题或进行跟读练习。同时还增加了监听和呼叫功能。这样教师便可随时监听学生的学习情况和及时进行个别或集体辅导，学生也可以通过呼叫键请求教师解答问题。

这种语言实验室可以用做听力、听写、语音、语调、语言句型、会话和口头翻译等多种训练。AA 型与 AP 型相比较，“双向交流”是一个显著优点，更适合教学活动，但它仍属简易型，其缺点是学生不能自录（座位上无录音机），无法完成听说对比练习。

3. 听说对比型

听说对比型语言实验室（Audio-Active Comparative Language Laboratory，简称 AAC 型）是一种具有放音、师生对话和学生自录等多种功能的语言实验室。目前，在我国使用得最多的就是这种类型的语言实验室。

AAC 型语言实验室与 AA 型相比，有了较大的发展。教师控制台上增加了双人练习、小组练习等组合练习的功能，在学生隔音座位上加装了双声道双轨或双声道四轨录音机。学生可以录下自己跟读或对话的内容，并可重复播放进行对比，提高了学生的学习积极性与主动性，有利于培养学生独立进行语言学习的能力。教师可以根据教学要求，有目的地组织学生进行分组练习，不但可进一步检查和了解学生的学习情况，而且增加了个别辅导面。

学生座位上的录音机一般由学生自己进行操作，但有的实验室也有教师遥控学生录音机的功能，教师可以控制学生的活动，并有目的地记录学生的作业，使教学有节奏地进行。

AAC 型语言实验室较 AP 型和 AA 型语言实验室效果好，但投资较多。

4. 视听型

视听型语言实验室（Audio-Visual Language Laboratory，简称 A-V 型）是在 AAC 型语言实验室的基础上，增加了视频系统或图像投影系统。因此，它是兼有放音、录音、对讲、视觉图像播放等功能的视听语言室，教学过程中，在播放语言教材的同时，还可提供视觉形象，从而取得较为理想的教学效果。

近年来，人们不断改造 AV 型语言实验室的设施，增加了视频展示台、多媒体计算机、多媒体投影机、VCD 放像机等设备，教学功能更加完善，使之成为多功能语言实验室，教师可以根据教学需要放映幻灯片、投影片、文字、图形、图像等各种教学节目。

AV 型语言实验室既能听又能看，学生视听并用，这就大大提高了学生的学习积极性，使教学效果更好。它不仅用于外语教学，而且还用于音乐、戏曲、体育、教育等其他科目的教学，如图 8-14 所示。

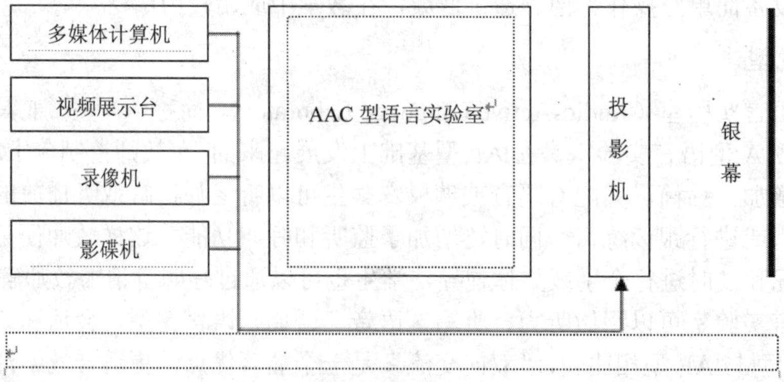

图 8-14　视听型语言实验室结构图

5. 多媒体学习型

多媒体学习型语言实验室（Multimedia Learning Language Laboratory，简称 ML 型）是在 AV 型语言实验室的基础上发展起来的更为完善的语言教学系统。在学生座位上配有跟读机、显示器和学习反应装置。学生可以自主地学习，教师在这个系统上建立各种教学和测试评估软件，可作测验考试、课堂信息分析等处理。

多媒体语言实验室系统由教师主控制台和学生用多媒体计算机一套组成，构成一个多媒体计算机网络教学系统。主控制台包括有教师用多媒体计算机一套、视频展示台、录像机。多媒体语言实验室除了具有 AV 型语言实验室的全部教学功能外，还具有电子黑板、教材编辑、摄像等功能，并且能够完成视听学习、视听考试、标准化考试等工作。

多媒体语言实验室由于采用多种的媒体和利用计算机技术进行管理，可将学生数、提问次数、问题回答的正确率、错误率，等等有关的教学管理的数据信息显示或打印出来供教师随时掌握教学现状，随时修正自己的教学方案，这就将课堂教学置于动态的交互的快速反应状态下，也利于教学管理人员课后根据实际的反应结果做出统计和检查。

8.4.2 语言实验室的教学功能

语言实验室是用现代教学媒体装备的现代化实验室，它具有与多媒体教室不同的特点和教学功能，其主要功能如下。

1. 创造良好的语言学习环境，提高学习兴趣和效率

语言实验室中的现代教学媒体可以创造形、声、色、动相结合的语言情境，为贯彻语言教学中的情境教学原则提供了有利条件。学生在这样的环境中可以了解所学语言的国家的历史、文化背景和传统习俗习惯，同时也可以消除语言学习的枯燥感，提高语言学习的兴趣。

2. 提高教学效率

在语言实验室中，学生可以根据自身的情况，在不同的水平，各自集中精力进行听、说、读、写的训练和学习。而不必像在普通教室里，学习进程需“步调一致”，以致总有部分学生“吃不饱”，部分学生“吃不了”；或一位学生回答问题，其他学生无奈等待。

3. 有利于个别化教学，实现因材施教

在语言实验室中，每位学生都可获得教师的个别指导与帮助；教师根据不同水平的学生，可以提出不同的学习要求，让每位学生都有适合自己的学习目标，从而达到因材施教的目的。

4. 有利于学生克服心理负担，轻松地学习

在语言实验室中，学生可以向教师个别请教，获得帮助；教师也可对学生个别提问，而不必担心别的学生听见，因此可以从容地与教师进行交流。学生除接受教师的直接指导外，还可进行自我比较的学习。学生可以反复听，反复训练，消除了心理负担，学习积极性、主动性得到充分发挥。

5. 反馈及时

利用反应分析系统，能够对学生的测试结果当堂统计、分析，了解学生学习成绩的分布状态，答题的平均反应时间，掌握某一知识或概念的学生人数等，以便根据分析的结果，科学地调控教学过程，实现教学最优化。

8.4.3 语言实验室的教学应用

语言实验室中的各种媒体设备为克服传统课堂教学的某些弊端，提高语言教学质量，提供了许多有利条件。

1. 语音语调训练

语音语调训练是学习语言的重要环节。训练中包括发音、辨音、正音、语音技巧、语调朗读等多种练习。模仿是掌握语音语调的最佳方法。它可根据提供的标准语音语调进行反复模仿。学生根据教学的要求，先将教师播放的模仿材料听一遍，并可录制下来，然后教师讲解发音要领，再分句播放第二次，学生边听边模仿。教师可通过监听和对讲键对学生进行纠音指导，学生通过不断地对比、正音，掌握正确的语音和语调。

2. 听力训练

听力训练的目的就是提高学生听懂某种语言的能力，可采用分句、分段或整篇播出的方式给学生听。通过提问和让学生复述来检查学生听懂的程度。放音的方式可以由教师统一播放，或由学生录下来后反复自放自听。教师通过口头或书面的形式检查学生练习的情况，并有针对性地给予个别指导。

3. 会话训练

会话训练主要用于提高学生的口语能力。口语能力提高的关键在于实践。会话训练时可利用有情境的视觉教材或会话材料，结合学生的看、听、模仿与记忆，让学生进入角色中进行多种形式的会话练习。

4. 句型训练

句型训练是让学生通过大量的实践，训练遣词造句，提高自由表达思想的能力。其练习形式有重复练习、替换练习、转换练习、连环转换练习、固定增添练习和问题练习。训练中要根据不同训练形式采取不同方法，分步骤进行。一般的练习形式是：按照所要求练习的句型举出几个例子，然后留出一定的空隙让学生练习。练习后最好能为学生提供标准答案，以便让学生进行比较模仿。

5. 跟读复述训练

跟读复述训练主要是培养学生正确的连续讲读习惯，对培养学生思维和记忆非常有帮助。这种训练方法要求能提供重复教学的语言材料，并要求提供的语言材料有一定的连贯性，最好有故事情节。在复述时，教师要指导学生尽可能地按原文的意思复述，或尽可能地用自己的话复述原文，并引导学生从单句复述逐步过渡到段落或全文复述。

6. 口译训练

口译训练是培养与提高学生语言交际能力与技巧的一种有效方法。训练前，教师可根据翻译练习的要求先编制好录音带，再对训练的难易程度及速度做出规定。在训练中，学生可以一边听一边做口译训练，也可以采用同声翻译法，先给学生播放幻灯、影视资料，再让学生进行练习。

如果进行视听译训练，可先让学生边看边听原文或边看边听译文，然后再播放画面让学生边看边口译；或将画面与原文一同播放，让学生进行视听译。在训练过程中，教师也可播放标准译文让学生进行比较。这种训练可全面锻炼学生的反应、记忆、理解，以及语言的运用和表达能力。

8.5　微型教学系统

微型教学（Microteaching）通常又被称为“微格教学”，它是由美国斯坦福大学艾伦（D.Allen）教授等人创立的一种利用现代视听设备（摄像机、录像机等），专门训练学生掌握某种技能、技巧的小规模教学活动。微格教室是在装有电视摄像、录像系统的特殊教室内，借助摄像机、录像机等媒体，进行技能训练和教学研究的教学环境。

8.5.1　微型教学系统的组成

微格教学一般用于师范院校的学生和在职教师教学技能训练的模拟教学，它可以描述为一个缩减的教学实践，它在班级大小、课程长短和教学复杂程度上都被缩减了。

1. 微型教学的方法及模式

微型教学法是在装备有电视摄、录像设备系统的微型教室内，以很少的（不超过 10 个）模拟学生为教学对象，用很短的（不超过 10 分钟）时间，每次只训练一种技能（如导入、提问、启发、结课等）的讲练结合的教学方法。训练时，实习教师与模拟学生的活动行为被录像机记录下来，指导教师与实习教师、模拟学生一起观看重放的录像，共同分析、评价其教学技能的优缺点，然后再做训练直到掌握正确的教学技能为止。由于这一教学训练活动是对很少的学生、用很短的时间，而且只训练掌握一种技能，所以称它为微型教学（Microteaching）。

微型教学过程的模式可用图 8-15 表示。这一模式把整个复杂的教学过程分解为 4 个步骤，如图 8-15 所示。

第 1 步，在微型教学开始前，指导教师一定要向学生讲清楚本次技能训练的目标、要求以及要领等内容，使学生有明确的心理定向；第 2 步，由学生扮演角色，进行实际训练，同时进行录像（如果是语言课的训练，只要录音即可）；第 3 步，重放录像，由训练者本人、同学、指导教师一起观看；第 4 步，根据录像，对照训练目标，由训练者本人、同组学生及指导教师共同进行分析，给予评价。然后针对不足之处重新训练。以上步骤反复进行，直至达到训练目标要求为止。

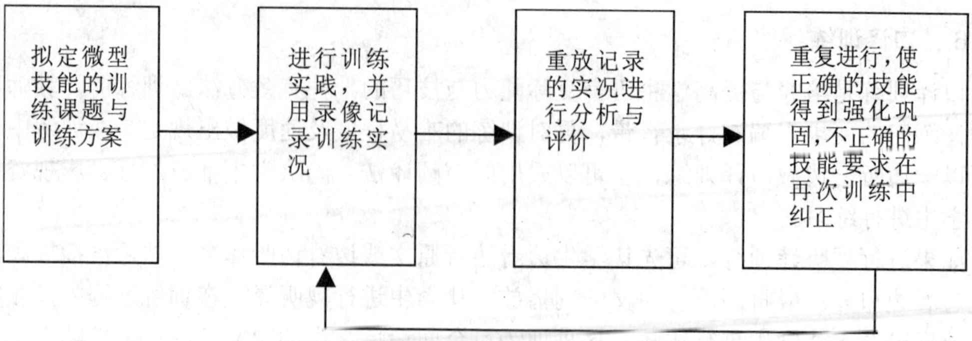

图 8-15　微型教学过程的模式

2. 微型教学系统的组成

微型教学系统可由一间或多间微型教室、控制室、观摩室、示范室等组成，如图 8-16 所示。因设计思想与理念的不同，有的微型教室将示范室和观摩室合二为一，统称为示范观摩室或称为示范室，有的则干脆不用，或用学校的多媒体电教室或演播厅代替。

观摩室	控制室	微型教室 2	微型教室 4
示范室	微型教室 1	微型教室 3	微型教室 *n*

图 8-16　微型教学系统结构图

以上各组成部分介绍如下。

微型教室：装有话筒和摄像机，用来拾取实习教师的声音和教学活动图像。如有条件，应另设一台摄像机用来拾取模拟学生的学习反应情况。室内还设置一台电视机，用来显示重放的教学过程录像，供同步分析评价。

控制室：装有电视特技台（视频切换器）、调音台（混音器）、录放像机、监视器等设备。从微型教室送来的实习教师、模拟学生教学活动的视、音频信号经电视特技台、调音台处理后，送到录像机进行录像。同时把教学实况信号直接送到观摩室总控制台，供指导教师监控和指导。

观摩室：观摩室是装有电视机的普通教室。控制室中经视频切换器选择后的视频信号被送到观摩室的电视机上，实时播放教学实习的实况，供指导教师现场评述，使较多的学生观摩分析。

示范室：示范室与控制室以及各间微型教室一起组成一个双向闭路电视传输系统。在示范室里可以选择收看任意一间微型教室的教学训练活动的实况，也可以将示范教室的教学活动情况同步传输到各间微型教室。示范教室还可以作为学校闭路电视台的演播室，摄制新闻、艺术、采访、知识竞赛等节目。

最新一代的微型教学系统已全部采用计算机进行信息处理，使得微型教学过程更加方便和有效。

8.5.2 微型教学系统的功能

微型教学系统为师范学生的教育提供了一个相当完美的训练场地，其主要功能有以下几点。

1. 分组训练

指导教师布置好课程后，可将学生分组，到各自的微型教室扮演各自的角色，如实习教师或模拟学生。每个实习教师按照指导教师规定的内容进行训练，一般为几分钟。通过微型教室中的摄录像设备做实时记录，记录后的录像带可马上重放或课后播放。对各小组的模拟师生的训练过程，指导教师在总控制台实施全面监控，包括图像、声音的双向传送及混合对讲；通过记录设备记录各间微型教室的训练情况，并作为后期反馈和评价的素材。

2. 交互学习

通过控制室的有关设备，可进行小组与小组之间的实况联播。指导教师可以通过总控制台，将任意一间微型教室的训练活动切换到另一间或多间微型教室的电视机上，并可向模拟师生作同步的评析，让各间微型教室的模拟教师相互学习、讨论。

3. 示范教学

在开展微型教学前，指导教师在示范室播放、分析优秀教师的课堂教学录像，为受训学生提供典型示范。在教学技能训练中，指导教师随时可利用电视教材展示标准的示范，给受训学生对照仿效。

4. 讲评教学

教学训练操作完成后，指导教师与受训学生（模拟教师）一起观看教学训练录像，并对受训学生的教学技能进行分析、评价。指导教师除了同时对各间微型教室的训练活动作单独实时录像外，还可以在总控制台上按需要编录各室训练活动的片断。在播放教学训练录像的同时，指导教师除自己做评析外，还要指导受训学生（分组或全班）进行评议；也可将有代表性的教学训练录像（完整的或片断的）在全班或小组重放，以供大家学习。

本 章 小 结

校园网络一般采用“主干加分支”的结构，利用高速网络技术并通过防火墙连接Internet，学校各部门的计算机经交换机等连接到学校的主干网上，通过校园网实现信息发布与交流、行政管理、多媒体教学、数字化图书馆等功能。网络机房由计算机网络系统、网络教学系统两部分构成，并按人机工程原理建构其协作化学习环境，以实现多媒体网络教学。多媒体教室的构成以多媒体计算机系统为核心，由投影仪、视频展示台、投影幕、影碟机（VCD 或 DVD）、录像机、音响设备等多种教学设备组成，使教师可以在教学过程运用声音、图形、图像、视频、动画等媒体，以提高教学效果和效率。语言实验室又称语言学习系统，主要用于语言教学、训练和研究等。微格教学主要应用于师范院校的学生的教学实习和试讲，它将完整的教学过程分解成许多容易掌握的单项教学技能，采用微型课堂的形式，利用现代化的教学设备进行模拟教学训练，以提高试讲人的教学技能。

习　题

（1）　简述校园网的基本设备与基本功能。

（2）　网络互联设备有哪些？各起什么作用？

（3）　简述网络机房的基本构成，网络教学系统能实现哪些功能？

（4）　简述多媒体教室系统的基本构成。

（5）　你认为在多媒体教室上课，教师的教学会有哪些变化？

（6）　微格教学系统由哪几部分构成，它们在微格教学中起什么作用？

第 9 章　因特网教育资源利用

教学目标：

- ➢ 了解因特网教育资源的特点和类型。
- ➢ 掌握因特网信息检索的基本能力。
- ➢ 了解 E-mail、blog、BBS、wiki 等网络交流工具的基本知识。
- ➢ 了解基于因特网的教学与学习的形式。

因特网就像信息社会的重要“神经系统”，深刻地改变着作为社会细胞的人的学习、生活和工作方式。因特网正在以作为人们交流信息和获取知识的强有力工具发挥着越来越重要的作用。教育是必须借助于信息传播得以实现的社会事业。教育信息化是教育发展的必然，因特网上教育资源的开发与利用是教育信息化的重要内容。本章主要介绍因特网教育资源的内涵、网上信息的获取、基于因特网资源的学习方式等内容。

9.1　因特网教育资源

计算机网络是由若干个信息处理工具互联而成的。而因特网就是遵从 TCP/IP 协议，将世界上不同种类的计算机网络互联起来的超级计算机网络，形成一个巨大的网际网，又被称为 Internet。它是世界上最大的计算机网络。

9.1.1　因特网教育资源的特点

“TCP/IP 协议”是因特网中的计算机之间要进行信息通信所必须遵循的共同规则。在因特网中，大量的数据被分割成一个个小包，穿行于计算机之间形成“包交换”的信息传递方式。这些数据包经由不同的通信线路传送到对方的计算机。TCP 协议确定数据包的目标地址和排列顺序，IP 协议负责传送和接收数据包，再由 TCP 重新复原数据。

因特网技术正以惊人的速度迅速发展，这使得它的应用领域日益拓展，因特网在教育领域的主要应用包括网络通信、网络信息检索和信息资源共享。

网络通信的作用是借助网络实现信息交流。它集非实时的异步通信方式与实时的同步通信方式于一体，并能够传递音频视频等多媒体信息。其中，电子邮件、网络论坛是主要的异步通信手段；而网络电话、网络聊天等则是同步通信手段。

网上信息检索的作用是查找用户需要的网上信息。Google 和百度等搜索工具是信息检索的重要途径。

信息资源共享。因特网上还有大量的公共文件服务器，储存着各种各样的媒体信息和计算机程序等资源，供人们通过文件传输（FTP）功能进行获取。

因特网上的信息浩瀚无边，变化多端，几乎涵盖了人类科学研究的各个学科领域。网络多媒体信息借助超链接功能形成一个巨大的信息网络资源。网络信息具有以下基本特点。

第一，数量大，种类多。因特网的信息资源从严谨的学术信息到多变的商业信息，从丰富多彩的个人信息到权威规范的政府信息，其内容包罗万象，其类型丰富多样，有限网络承载着无限信息。

第二，更新便捷，变化迅速。与纸质传媒（如报纸）相比，网络信息可随时发布、变化快，具有很强的时效性。网络信息可根据需要不断扩充，具有动态可变性，便于及时更新。

第三，非线性与无序性。由于任何组织、个人都可不受限制地在网上发布信息且信息的格式自由多样，所以因特网上的浩如烟海的信息资源呈现出杂乱无序的状态，这给信息的检索和利用带来了困难。

第四，多样式呈现，互动式交流。由于网络信息的存储与表现采用了超文本、超媒体技术，使网络资源不仅仅局限于文本信息，还可以包括图形、视频、声音、动画、图表等。网络本身是跨时空的信息交流的大平台。超链接的信息组织方式使人们在人机交互的过程中体验探索的过程；而借助人机交互实现的人与人跨越时空的交互加强了人际互动的能力。

第五，便捷性与创造性。网络信息价格低廉，多数甚至是免费提供的信息。同时借助检索工具可以快速地搜索分布在世界各地计算机上的信息，操作十分便利。网络信息是一种新的信息呈现方式。它既不同于传统的报纸传媒，也与广播电视传媒有着本质的区别，交互的多媒体网络信息的构建本身就是一种创造活动。同时网络信息的有效检索也是一种探索过程，需要专门的方法和灵活的策略。因此不论是网络信息的开发、还是查询与利用都需具备一定的创造能力。

9.1.2 网上教育资源的类型

网络信息形式多样，内容繁多，根据不同的分类标准，可以划分为不同的类型，下面对网上教育资源的类型予以简单介绍。

1. 网络信息资源的类型

网络信息形式多样，内容繁多。从信息来源、对访问者的要求，以及信息内容本身对它进行大致的分类：根据信息来源，可以分为个人提供的信息、组织（政府、公司等）提供的信息两大类；根据对信息访问者的限制程度，可以将网络信息分为开放信息与保密信息两大类；根据信息涉及的领域不同，可以将网络信息分为5类：教育类信息、文化类信息、科研类信息、娱乐消遣类信息、政策类信息。

（1） 教育类信息。

按应用范围细分可分为学前教育、基础教育、高等教育、职业教育、成人教育以及企业培训等类别的信息。主要有各类学校设立的网站及其相关信息，包括学校概况，组织或部门介绍，教师工作管理信息，学生学业管理信息，以及学校周边环境，生活设施等内容的介绍。招生就业、教学科研、组织发展等是这类网站的重要内容。网络教学现在已成为一种新的教学模式，网络学院可以使成千上万的好学者满足在北大、清华等著名院校学习的愿望。其发展突破了校园时空的限制，使优质的教学资源得到快速而广泛的扩展，为教育公平创造了客观条件。而且网络的信息除了文本信息之外，还包括图形、图像、声音、视频、动画等多媒体信息和灵活的超媒体信息组织方式，使教学内容更加生动，使学习方式更加多样化，利于个性化学习的发展，利于提高教学的质量。

（2）　文化类信息。

主要包括各种社会团体创办的网上电子刊物。这些快捷方便的传播途径使组织文化得以迅速广泛的传播，利于文化的交流与创新。在大力弘扬网络文化建设的今天，这类信息对教育教学构成一种不可或缺的文化环境。

（3）　科研类信息。

主要指专门的研究组织（如学会、协会、研究所等）所设立的网站及相关信息。

（4）　娱乐消遣类信息。

这是网上发达的领域之一，包括旅游信息、生活信息等。网络聊天成为网络休闲的重要组成部分，它为远在天边的朋友创造了近在眼前的情境，可以实现文字、音频、视频等形式的双向即时交流，也可以通过博客和论坛实现延时的信息共享。网络游戏也是人们经常谈论的具有两面性的重要话题。随着网上书店、网上订货等网站的增加，网上购物也迅速兴起。

（5）　政策类信息。

它们主要是各级各类行政部门网站提供的信息，它具有官方的权威性。这类信息可以说是最具价值的一部分信息，由于出自官方，具有权威性，可靠性等特点，而且很多信息都是免费提供的。

2.　教育类网站的分类

目前教育类网站迅速发展，这些网站大量涌现，在各级各类教育中的作用日益彰显。一般来说，按照网站的建设部门、教学作用和对象性质等因素，将它们分为以下几类。

（1）　以学历教育为主的高校网络教育学院和独立的网络远程教育院校。

1996 年国家教育部就批准了清华大学、北京邮电大学、浙江大学、湖南大学等 4 所重点大学作为中国首批开展高等远程教育的试点院校。截至 2007 年底，全国共有 67 所普通高校开办网络教育学院。这些网络学院都是面向社会招生并以各种层次的学历教育为主。

中央广播电视大学是教育部直属的面向全国开展远程开放教育的新型高等学校，它是教育部批准的现代远程开放教育试点高校之一。1999 年，教育部组织实施“中央广播电视大学人才培养模式改革和开放教育试点”项目，旨在探索并构建现代远程教育条件下人才培养的模式以及相应的教学模式、管理模式和运行机制。全国 44 所省级电大及中央电大西藏学院已全部参与试点，试点教学网络已覆盖大陆所有省区。中央电大还是亚洲开放大学协会（AAOU）和国际远程开放教育理事会（ICDE）的成员，与世界多个国家展开合作与交流。中央电大开放教育“电大在线”的网址为 http://www.open.com.cn。

（2）　同步式教育的普通中小学教育网站。

这类网站是中小学展开信息技术与课程整合的重要环境，为基础教育向素质教育发展提供技术的支持，其内容配合学校课堂教学同步展开。例如，中国人民大学附属中学网校、北京四中网校、黄冈中学网校、四川成都七中东方闻道网校、天津一中网校、陕西师大附中网校。

（3） 继续教育或技术培训类网站。例如由 ICP 开设的培训类网站。

ICP 是因特网内容提供商 Internet Content Privder 的缩写，这些网站提供的是完整的网络课程，例如，洪恩教育（http://www.hongen.com），如图 9-1 所示。

图 9-1 洪恩教育

网络教育资源按教育资源存在的形态可分为在线数据库、新闻组和电子公告牌、电子期刊、电子书、教育网站等；按发布者身份可分为政府教育机构信息、企业集团的教育信息、科研院校的教育科研信息、信息服务机构的教育信息以及个人主页等。

9.2 网络信息检索

因特网不但是人类信息的大集合，而且又是多样性信息的综合体，信息的组织形式和信息的内容都是种类繁多，非常复杂。所以在这样的信息海洋中，我们如何寻找对自己有价值的信息成为一个主要的问题。因特网解决了我们信息缺乏的问题，却又带来了繁多的信息检索与选择的问题。解决这一问题需要因特网自身具有信息搜索与筛选功能，这就是网络检索工具的工作。

9.2.1 信息检索工具

网络检索工具是指因特网上提供的一种特殊服务——检索服务。这种服务可以由专门的网站或者服务器来完成。网络检索工具可以分为 3 类：主题树和目录方式，关键词搜索方式，智能代理（Agent）方式。

主题树和目录方式给人们提供按主题或者地理位置组成树状图或者地图，再由读者通过浏览来查询。它适合于检索具有明确的分类且比较宽泛的题目。

关键词检索方式则是利用由递归算法所编写机器人程序按照一定的编目方法制定的

索引方法跟踪网页（HTML）的网址（URL）进行整网浏览，并记录下所访问网页特征的检索方法。由于编目方法的不同，不同的搜索引擎检索到的结果也会不同。这样出现集成多个搜索引擎的多元搜索引擎，它能够将检索任务分给多个搜索引擎同时执行检索，并将重复的检索内容去除后，得出检索结果。关键词检索是一种快速检索的方法，但是需要用户具备一定的背景知识并在此基础上正确使用检索所需的逻辑运算。它具备布尔逻辑检索、词组检索、截词检索、字段检索、限制检索等检索功能。

智能代理技术能够分析人的自然语言，并构建其自身内部的关联性，将检索后的结果进行分级处理，呈现给用户。人们用专业语言构建表达式的任务可以部分转移给智能代理来处理，所以这种检索方式大大降低了人机交互的难度。它可以提供自然语言、多种语言以及相互转换的检索方式。例如 Google 的“手气不错”功能可以执行智能检索，同时 Google 还提供拼音与汉字的智能转换以及简体汉字和繁体汉字的相互转换功能。

人们平时的网上冲浪也是一种非常规的检索方式。在冲浪过程中，人们积累信息查询的方法，并可以按照某些网站提供的检索目录，熟悉检索对象的分类系统及关键词的选择，积累检索的经验。我们将这些目标不明确的冲浪形式的检索可以视为任意的检索方式。它是我们熟悉网络利用与网络信息查询的基础。

9.2.2　信息检索策略

网络信息资源数量庞大，更新迅速。掌握检索策略与技能是网络资源利用的前提的基础。图 9-2 所示是结合以上几种信息检索方式提出一个不断提高检索技能的检索能力发展策略。

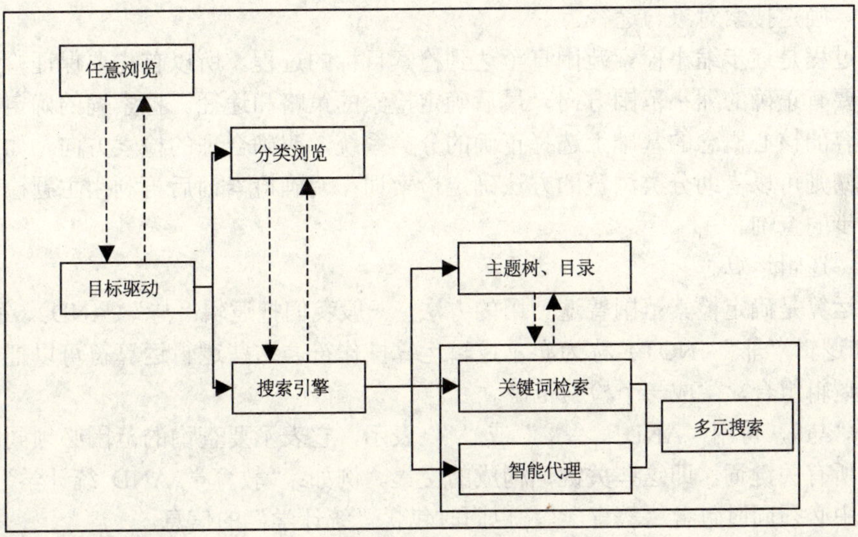

图 9-2　检索策略

图中实线箭头表示检索技能训练的途径，虚线箭头表示两种检索方法可以优势互补地展开联合检索。

1.　检索注意事项

有明确目标的信息检索还需注意以下问题。

（1）明确检索对象。

在重要的概念中提取检索的关键词，作为检索对象。同时应当十分注意检索关键词的词形变化以及同义词，必要时要构造恰当的检索逻辑表达式。

（2）选择检索方式。

我们首选多元检索保证查全，防止漏查。其次根据实际情况（如用户对背景知识的了解情况以及用户的检索技能）结合多种检索方式展开检索，直到达到检索目标为止。例如用户对关键词比较模糊时，可以先通过分类浏览的方式确定目标关键词，然后再用搜索引擎展开进一步的检索。

（3）调整检索步骤。

较为复杂的检索往往不能一次完成。每当一次检索完成之后，我们要及时评价检索效果，如果满足我们的要求就停止检索；如果还需要进一步地定位或者结果偏差较大，我们就可以缩小检索范围继续检索或者重新选择检索关键词及其逻辑组合或者改变检索方式再次展开检索，直到检索到的结果达到检索目标为止。

2. 网络教育资源的检索技巧

网络资源浩如烟海，传统的逐一浏览方式犹如大海捞针。网络在提供资源的同时也为我们准备了网络导航的指南针。很多网站都提供关键词检索功能，它能帮助我们定位检索目标，缩小检索范围。恰当地选择检索词及合理的检索词间的逻辑组合关系是我们有效检索的前提。检索词的处理包括 4 种情况：检索词的确定、逻辑运算的运用、截词法、进阶检索法。

（1）确定搜索对象与途径。

检索过程是逐步缩小检索范围直至达到检索目标的过程。所以首先要保证检索词的准确，其次要有正确的缩小范围方向，最后确定检索的策略和途径。检索词的确定需要在把握检索内容的核心概念的基础上选择正确的分类系统，明确合理的检索方向。如果对检索词比较模糊则可以借助分类浏览的方法确定检索词；明确检索词后再利用主题检索的方法展开进一步的查询。

（2）逻辑运算。

逻辑运算是确定检索范围普遍使用的方法，一般我们把逻辑“与”（AND）、逻辑“或”（OR）和逻辑“非”（NOT）称为布尔逻辑运算操作符。这些逻辑运算符可以把多个检索对象进行逻辑组合，生成一个检索范围。

逻辑“与”，可用“AND”、“&”或“*”表示，它表示要查询的范围必须同时包括用户提供的所有关键词，即这些关键词构成的交集。例如：“教育学 AND 统计学”，表示查找的资料中必须同时包含“教育学”，也同时包含“统计学”的信息。

逻辑“或”，也可以用“OR”、“|”或“+”表示，它表示查询范围只要满足用户提供的关键词之一即可。例如：“教育 OR 技术”，表示查找的资料中含有“教育”或“技术”其中之一，或者同时包含两者的资料都是符合搜索意图的信息。

逻辑“非”，也可以用“NOT”、“!”或“-”表示，它表示搜索含有 NOT 之前的关键词的资料，而不包含 NOT 之后的关键词的资料。例如：“教育学 NOT 教学论”，表示查找包含有“教育学”，但没有“教学论”的所有资料。

利用这些逻辑运算符构造符合要求的检索方式，可以提高检索的效率。

（3） 截词检索。

截词检索是利用计算机对检索对象进行逐一比较的功能，查询与不完整的词部分匹配的检索方法。这种方法的好处是可以防止漏查。截词符一般有两种类型有限截断符“？”和无限截断符“*”。需要注意的是不同的系统截词符可能会有所不同。例如：搜索“mov??”，可以检索出 moved、movie 等 mov 后带两个字符的词，而检索“mov*”结果包含 moved、movie、movable、moving 等长度不等的很多词。

（4） 进阶检索。

复杂的检索一般很难一次就能检索到符合要求的目标，所以检索往往需要多步骤的逻辑组合，前一步检索是进一步检索的基础，逐步缩小检索范围，达到检索的目的。

查全与查准是检索的两项基本要求，表 9-1 是以上几种方法的检索特点。不过，此表所列的关系只具有相对意义，用来指导大家如何结合使用以上策略和方法快速、全面而准确地达到检索目的。

表 9-1　各种检索方式的检索特点

	查　全	查　准
分类浏览	不适合查全	利于查准
关键词检索	利于查全	不适合查准
逻辑与	不适合查全	利于查准
逻辑或	利于查全	不适合查准
逻辑非	不适合查全	利于查准
截词法	利于查全	不适合查准
进阶法	不适合查全	利于查准

3. 信息检索工具举例

Google 和百度是非常有名的搜索引擎，也是人们最常用的检索工具。下面以 Google 为例介绍搜索引擎的使用方法。检索是从保证查全（截词法、同义词、近义词、逻辑或等方法）缩小范围直到查准的过程；检索范围的确定包括两种方法：一种是构造逻辑组合（布尔逻辑表达式），一种是构造逻辑步骤（进阶检索步骤）。登录 http://www.google.com.hk/ 就进入 google 搜索的主界面。

（1） 搜索步骤。

第一，确定搜索对象，明确要查什么。

确定用什么词语可以明确表述检索对象，这些词语是否有可替换的词或词的组合，如果词语表达的范围比需要检索的内容范围大，则要考虑需要减去内容的表达方式。

第二，构造逻辑关系，满足查询要求。

首先从查全角度考虑，选择所有能够体现查询目标的关键词，越多越好，可以考虑使用截词检索，即输入部分词语，并对关键词进行合适的逻辑组合，必要时使用高级查询功能。

第三，输入检索词后，执行“搜索”命令。

第四，核对搜索结果，确定是否继续检索。

对检索结果进行核对评估，确定是否继续检索。继续检索需要重新审视检索词是否合适，或者在结果中继续缩小范围进行检索。

第五，查看匹配的选项，浏览页面保存信息。

如果查询结果符合检索目标，就停止检索，浏览相关的页面，将查到信息保存下来以便于以后使用。

（2） 基本技巧。

- 多关键字检索。

缩小检索范围执行查准的检索方法。

第一，Google 通过在关键字之间加入空格来执行逻辑与运算。

第二，两个检索词之间包含空格和一个“-”表示检索前一个关键词而除去后一个检索词的内容，即执行逻辑非运算。

第三，英文双引号中的词语被视为一个检索整体看待，查找一个完整的词组特别是名言或专有名词可以用这种方法。例如，用 Google 分别检索：长征火箭、"长征火箭"会发现前者的检索结果 398 000 项而后者为 90 300 项，并会发现前者将长征系列火箭、长征系列运载火箭都视为检索对象，而后者只是长征与火箭的直接组合。

扩大检索范围执行查全的检索方法。

检索需要包括近义词和同义词时，要在搜索词前使用“～”符号。检索“～senior”结果除了包括“senior”这个词外，还包括“High School”、“Aging”、“Elderly”等 senior 近义词的页面。

- 对汉语的特殊支持。

第一，拼音汉字转换。

Google 提供对汉语拼音与中文汉字的自动转换功能，并且提供相应的提示。甚至支持拼音和中文并存的检索词。例如：搜索“xuexi”，Google 能自动提示“您是不是要找：学习”。如果您单击“学习”，Google 将以“学习”作为关键词进行搜索。

第二，自动简繁转换。

Google 对汉语的另一个支持是繁简字体的智能转换，如图 9-3 所示是 Google 智能转换的页面。这种转换反映不同地区的语言习惯。利用 Google 的语言工具，可以实现这一功能。

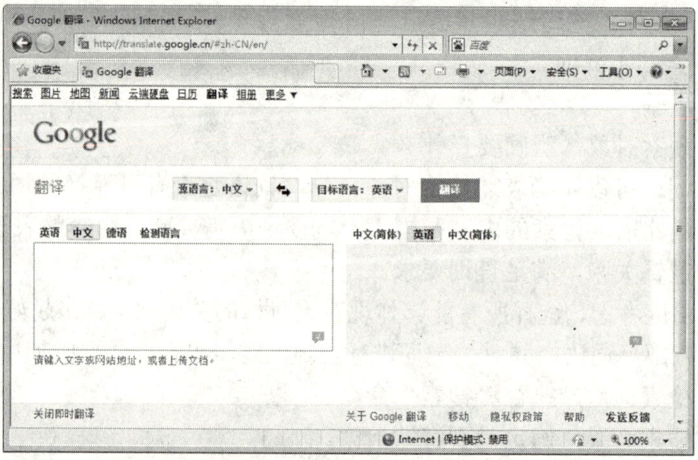

图 9-3 Google 智能转换

9.3　网上交流与资源共享

因特网的魅力在于它连接了世界上的所有上网的人，使人们摆脱了时空限制，能够以多种形式进行交流。它不同于电话，可以进行可视化交流或异步交流；它不同于信函，可以使信件即发即收；它可以支持多种通信方式，大大拓展了人们的交流形式。资源共享也是人们用得较多的服务之一。很多人浏览网页查找多媒体资源或软件资源，最终要把有用的资源下载下来使用。另外还有一些热心的电脑爱好者或者专门的网站提供大量的有价值的信息资源，通过上传服务，实现信息资源的共享。

9.3.1　网上交流的工具

网上交流工具五花八门，而且随着时代的发展，新兴的交流工具也在不断涌现，比如维客、博客等就是最近一两年才出现的新兴工具。

1.　电子邮件

电子邮件、电子信箱或电子邮政指的都是 electronic mail，简称 E-mail，俗称“伊妹儿”，它是一种模拟传统邮政工作方式，基于 Internet 的电子化信件通信服务。网络电子邮件系统提供价格低廉、快速方便的网络交流方式，它可以瞬间连接天涯海角的上网人。电子邮件可以利用图文并茂的多媒体方式传递各种各样的信息和资料。用户还可以订阅大量免费的新闻、电子期刊等服务。电子邮件集电话和信件的优点于一身，既能快速地传递信息又能方便地保存信息。

电子邮件系统按照客户端 1 服务器模式处理从邮件进入系统到邮件到达目的地为止的全过程。包含邮件客户程序的客户端负责电子邮件的发送而构成发送方与服务器的负责电子邮件的接收而构成接收方。发送方通过邮件客户程序，将电子邮件向邮局服务器（SMTP 服务器）发送。邮局服务器将邮件传给与其地址相应的邮件服务器（POP3 服务器）。邮件服务器将信件存放在接收者的电子信箱内，并告知接收者有新邮件到来。接收者通过邮件客户程序连接到服务器后，就会看到服务器的通知，进而打开自己的电子信箱来查收邮件。通常 Internet 上的个人用户只能通过申请 ISP 主机的一个电子信箱，由 ISP 主机负责电子邮件的接收。ISP 主机可以将接收到的邮件移到用户的电子信箱内，并通知用户有新邮件。因此，当发送一条电子邮件给另一个客户时，电子邮件首先从用户计算机发送到 ISP 主机，然后到 Internet，再到收件人的 ISP 主机，最后到收件人的个人计算机，如图 9-4 所示。ISP 主机起着“邮局”的作用，管理用户的电子信箱。

电子邮件的格式是“somebody@domain_name.后缀”，此处的 domain_name 为域名的标识符，也就是邮件必须要交付到的邮件目的地的域名。而 somebody 则是在该域名上的邮箱地址。后缀一般代表该域名的性质，与地区的代码。例如：com、edu.cn、gov、org 等。例如 yahoo 邮箱 yonghuming@yahoo.com。

电子邮件的使用步骤包括：申请电子邮箱、登录电子邮箱、收发电子邮件。

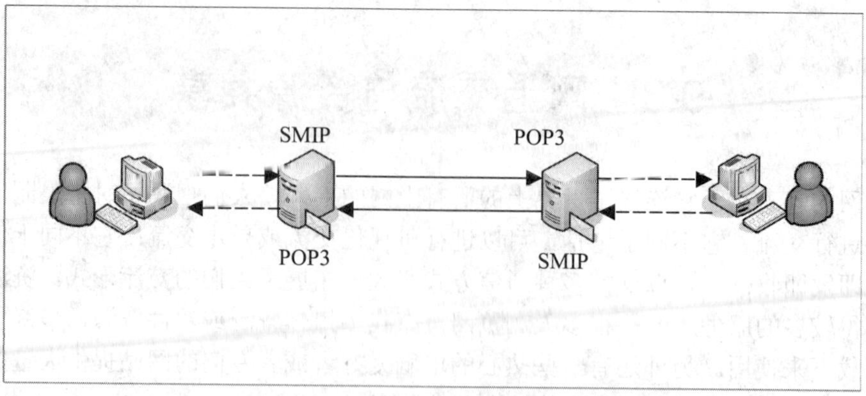

图 9-4　电子邮件传送原理

申请电子邮箱需要填写的基本信息包括用户名、密码和一些可以找回密码的选项，如图 9-5 所示。为了防止重名申请，用户名后有检测按钮，可以快速查询当前的用户名是否已被他人占用。

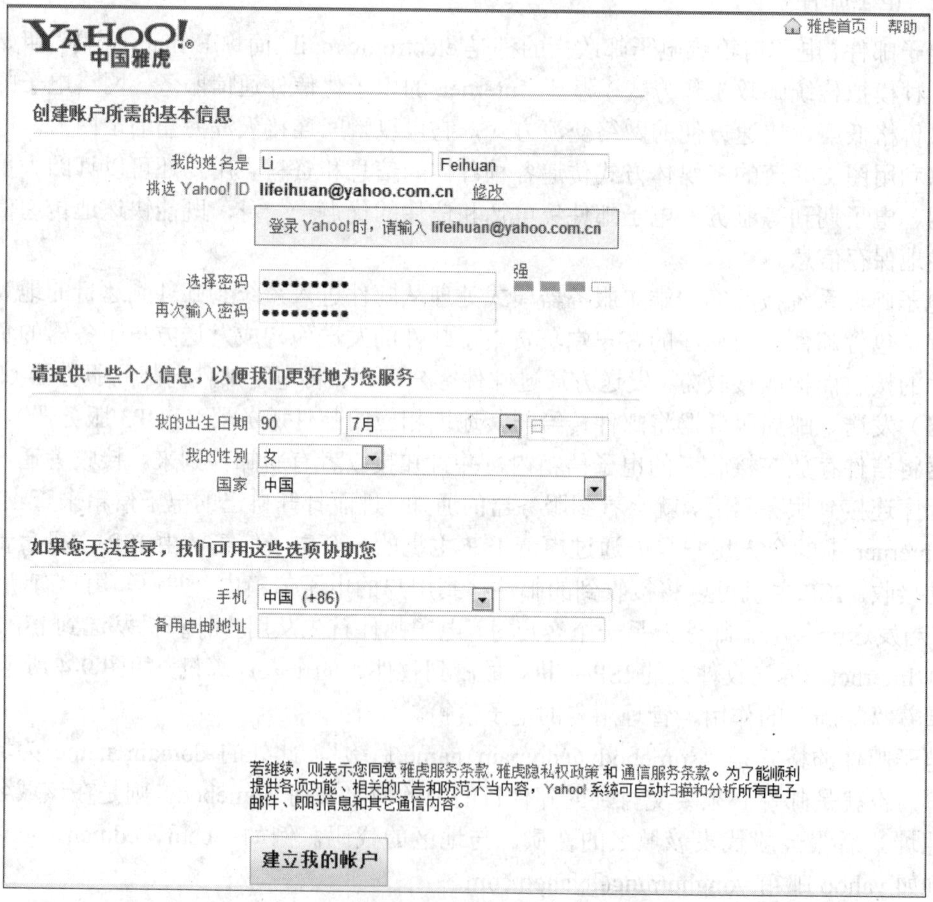

图 9-5　申请电子邮件

密码是登录邮箱的重要选项，也是防止邮箱被盗的有力工具。为了安全起见，一般密码的组成越复杂越有利于邮箱的安全。复杂的密码包括数字字母混用、字母大小写混用以及使用数字键上的特殊符号，例如&等。

用户信息是找回邮箱注册信息的选项。当自己忘记密码时可以借助这些信息找回密码。

用户登录电子邮箱可以看到邮箱中的查信和写信两个按钮，如图 9-6 所示。它们是最常用的信件处理工具。打开一封信件可以看到邮件中的操作按钮删除、回复、转发、垃圾邮件和移动 5 个按钮。

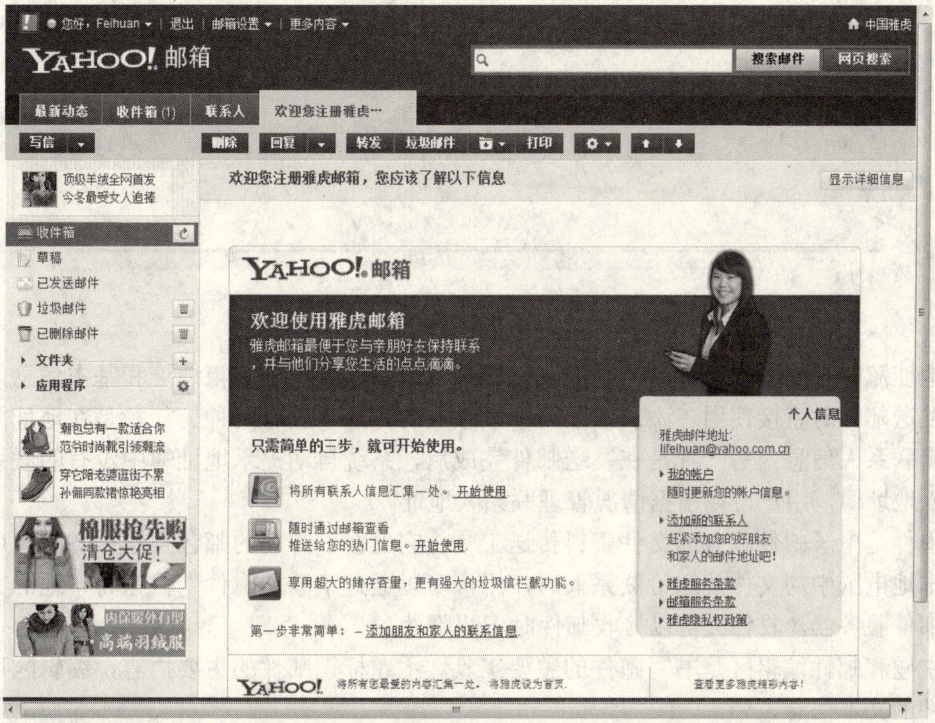

图 9-6　收发电子邮件

收件箱一般标明用户未看邮件和已看邮件，并用不同的颜色加以区分，便于用户查看新邮件。邮箱中邮件的排列顺序一般也是按时间顺序排列，信件接收时间越近排列位置越靠前，便于用户查看最新的信件。

删除按钮用来删除已经看过的并且不需要继续保存的信件。此处删除的信件被存放到“以删除文件”中。若要清理空间而完全删除文件，需要到“已删除文件”中彻底删除信件。

回复和转发是两个快捷写信的按钮。人们接到邮件后往往需要给对方回信或者将信件内容完全传递给第三个人，此时用户就可以通过邮件的回复和转发实现快速的写信或直接转发功能，如图 9-7 所示是写信的界面。

写信是电子邮箱的主要功能。发件人需要填写的是接收邮件的人的电子邮箱地址。如果需要给多个人发送电子邮件，可以用半角的逗号将不同的电子邮箱地址写入收件人位置。

也可以以“抄送”或者“密送”等不同的方式给多人发送邮件。

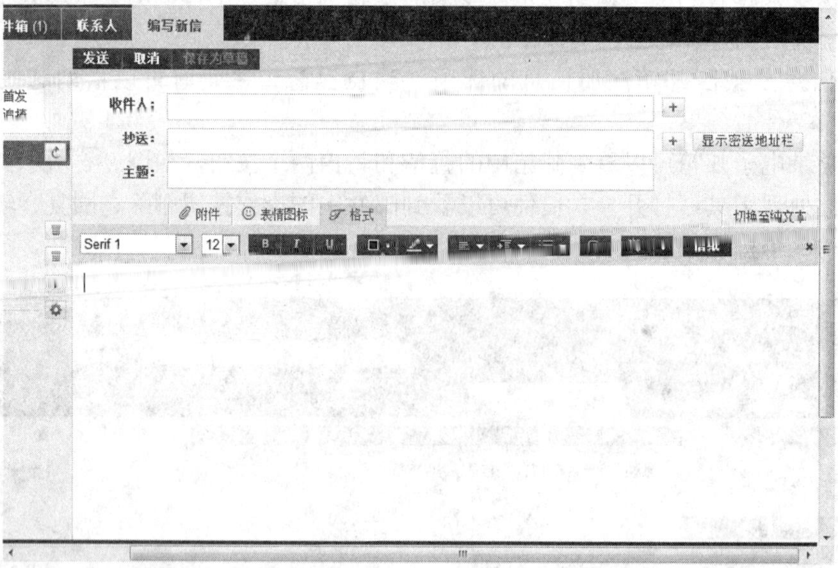

图 9-7　写信

地址簿的功能类似于电话号码簿，它记录下联系人的电子邮箱地址和基本信息，便于用户发送邮件时直接使用。添加地址簿中联系人的方式一般有两种。一种是在地址簿中直接编辑联系人信息；另一种是在发送邮件完成后，系统自动提示地址簿中没有的联系人是否加入地址簿，用户可以根据情况管理联系人地址。

附件是电子邮件具有的文件资料传送工具，它类似于邮局的邮包寄送服务。当用户需要将本地电脑中的文件传送给联系人时，用户可以通过“添加附件”按钮将本地的文件上传到邮件服务器，收件人可以接收邮件时下载附件。

主题和邮件编辑区是书写邮件的主要工具。主题标识邮件的主要内容，编辑区可以编辑文件的文本信息。

信件写完后可以直接点击“发送”按钮发送邮件，也可以通过“保存为草稿”按钮保存目前的编辑状态，方便以后继续编辑此信件。

2. 网络日志

网络日志 Web Log 被简称为网志，英文缩写为 Weblog 或 Blog，往往被音译为部落格或博客，Blog 的作者被称为 Blog writer 或 Blogger 也称博客。随着 Blog 的迅速发展，网络日志从起初 Bloggers 将个人心得和意见记录下来并公开给其他人到目前已成为各种社会组织之间流行的沟通工具。所以对网络日志的界定有很多说法：它是一种新的生活方式、新的工作方式、新的学习方式和交流方式，是继 E-mail、BBS、ICQ 之后出现的第四种网络交流方式；网络时代的个人“读者文摘”；以超链接为武器的网络日记。就其形式而言网络日志是一种网上的一个共享空间，以日记的形式在网络上发表自己的个人内容的一种形式。一个博客（blog）就是一个网页，它通常是由简短且经常更新的按照年份和日期排列的文章所构成的，如图 9-8 所示是网络日志。博客（blog）的内容和目的有很大的不同，从其他网站资源的连接和评论，有关组织的新闻到个人思想记录或资料的发表或张贴，涉及各行各业。许多博客是个人随想记录的发表，其他博客则是一群人基于某个特定主题或共同利益领域的集体创作。

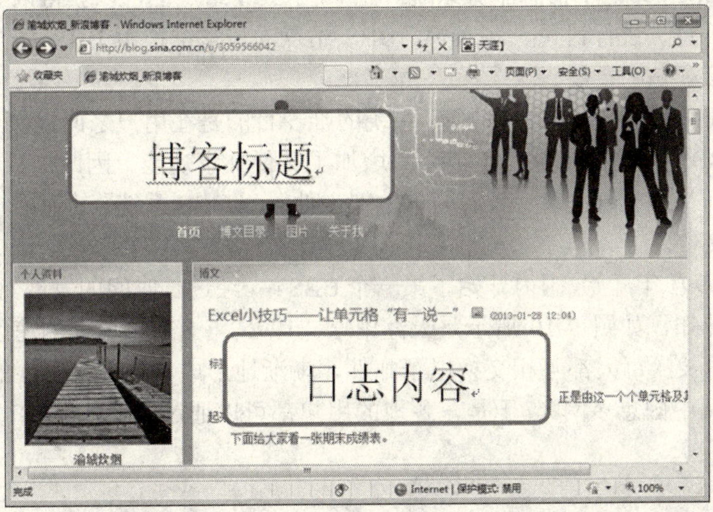

图 9-8　网络日志

每个博客都有一个日历索引，它可以让人们方便浏览作者不同时期发表的内容，了解作者的日程活动以及思想变化过程。每篇日志都有作者、时间等信息。

博客具有统计信息，可以看到文章数量、浏览的以及回复的情况。

方便浏览的各种连接分类，例如最新文章、最新回复、留言等栏目，如图 9-9 所示是一个博客的建立界面。

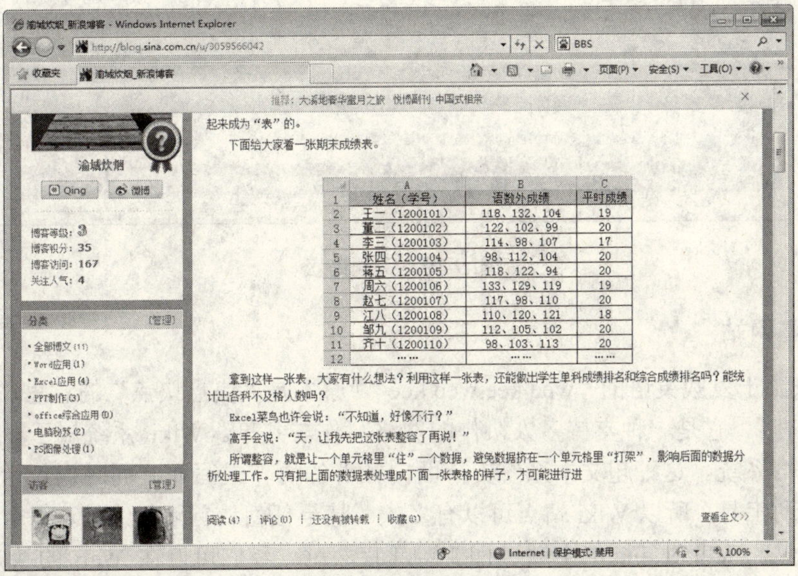

图 9-9　博客的建立

3. 论坛

论坛又名电子公告栏（Bulletin Board System），简称 BBS。它是一种交互性强、内容丰富而及时的 Internet 电子信息服务系统。用户在 BBS 站点上可以获得以下信息服务：下载软件、发布信息、进行讨论、聊天等。BBS 站点的日常维护由 BBS 站长负责。BBS 的推广促进了论坛和贴吧发展。

起初的 BBS 系统是报文处理系统。系统的唯一目的是在用户之间提供电子报文。随着时间的推移，BBS 系统的功能有了扩充，增加了文件共享功能。因此，目前的 BBS 用户还可以相互之间交换各种文件。只需简单地把文件置于 BBS 系统，其他用户就可以极其方便地下载这些文件。

大约是从 1991 年开始，国内开始了第一个 BBS 站。经过长时间的发展，直到今天，BBS 已被被人们所熟知，如图 9-10 所示是天涯论坛。1996 年更是以惊人的速度发展起来。多数 BBS 站的站长，每天都互相交换电子邮件，渐渐地形成了一个全国性的电子邮件网络 China FidoNet（中国惠多网）。于是，各地的用户都可以通过本地的 BBS 站与远在异地的网友互通信息。

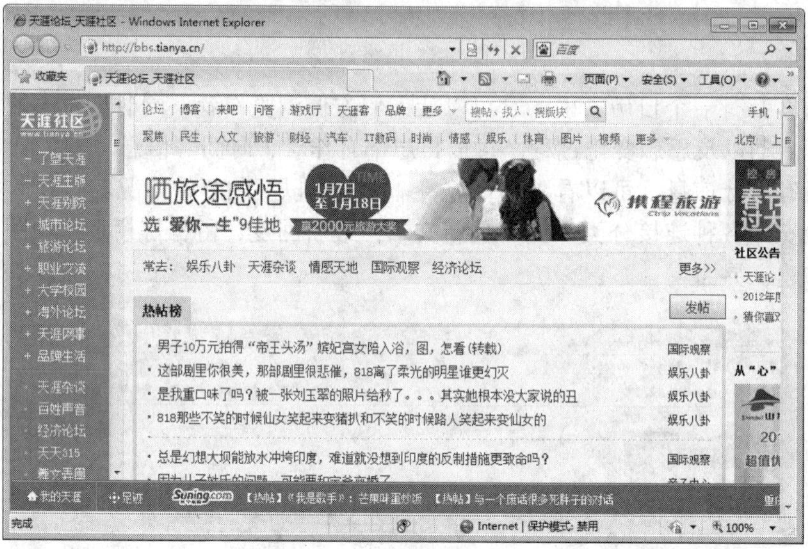

图 9-10 天涯论坛

4. 维基网站

Wiki 来源于夏威夷语的“wee kee wee kee”，原本是“快点快点”的意思，被译为“维基”或“维客”。它是一种支持多人协作的网络写作与共享。Wiki 系统属于一种发展着的人类知识网格系统。这种超文本系统支持面向社群的协作式写作，同时也包括一组支持这种写作的辅助工具。所以 Wiki 站点可以有多人（甚至任何访问者）维护，每个人都可以发表自己的意见，或者对共同的主题进行扩展或者探讨。我们可以在 Web 的基础上对 Wiki 文本进行浏览、创建、更改，而且创建、更改、发布；它支持群体协作创作；Wiki 的写作者自然构成了一个社群，Wiki 系统为这个社群提供简单的交流工具。与其他超文本系统相比，Wiki 有使用方便及开放的特点，所以 Wiki 系统可以帮助我们在一个社群内共享某领域的知识，如图 9-11 所示是天下维客的界面。

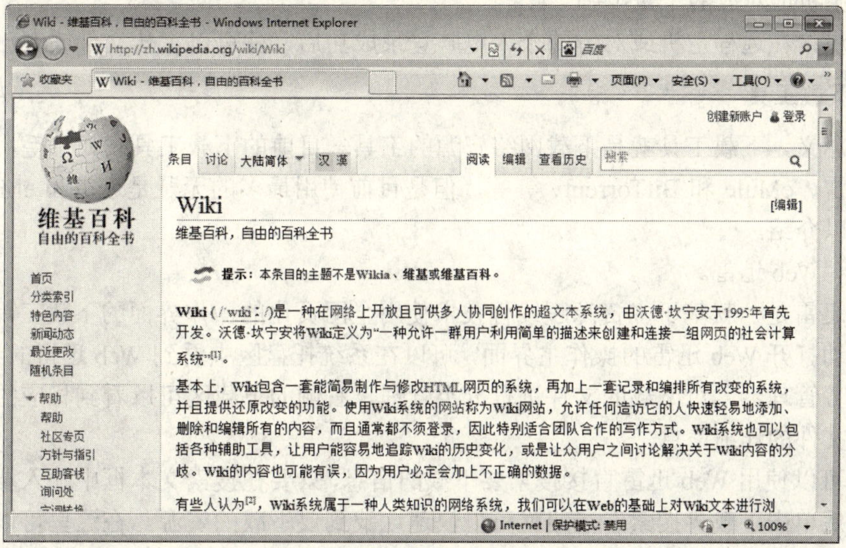

图 9-11　天下维客

目前国内著名的维客（Wiki）网站：

百度百科 http://bk.baidu.com/

天下维客 http://www.allwiki.com/

中华百科 http://www.wikichina.com/

9.3.2 资源共享的方法

有道是“条条大路通罗马”，基于资源共享这个目的，我们可以通过许多种方法来实现，下面就分别予以介绍。

1. FTP

FTP（File Transfer Protocal），是文件传输协议的简称。它是用于 Internet 上的控制文件的双向传输的应用程序。用户可以通过它把自己的计算机与运行 FTP 协议远程计算机（即 FTP 服务器）相连，访问服务器上的程序和信息，进行从远程机到本地机下载或从本地机到远程机的上传。

其工作原理是当启动 FTP 从远程计算机下载文件时，就启动了两个程序：一个本地机上的 FTP 客户程序，它向 FTP 服务器提出复制文件的请求。另一个是启动在远程计算机上的 FTP 服务器程序，它响应请求把指定的文件传送到本地计算机上。FTP 采用“客户端/服务器”方式，用户端要在自己的本地计算机上安装 FTP 客户程序。FTP 客户程序有字符界面和图形界面两种。字符界面的 FTP 的命令复杂、繁多。图形界面的 FTP 客户程序，操作上要简捷方便。

传输文件的一般步骤如下。

第 1 步，从本地计算机登录到因特网。

第 2 步，搜索文件共享主机或者个人电脑。

第 3 步，当与远程主机或者对方的个人电脑建立连接后，用对方提供的用户名和口令登录到该主机或对方的个人电脑。

第 4 步，在远程主机或对方的个人电脑登录成功后，就可以上传文件或者下载文件。

2. 下载工具

顾名思义，下载工具就是下载网络资源的工具。目前的下载工具多如牛毛，比如网络蚂蚁、迅雷、eMule 和 BitTorrentv 等等，但是目前使用最多的无疑是迅雷和 eMule，下面就分别予以介绍。

（1） Web 迅雷。

Web 迅雷是一款基于多资源超线程技术使用全网页化的操作界面的下载工具。软件运行时会自动打开 Web 迅雷的操作主界面，可以在系统托盘区中看到 Web 迅雷的红色图标。左侧是任务管理器，对下载的文件进行分类管理，右侧的下载区可以看到相应的正在下载与已下载文件的详细信息。

我们可以使用 Web 迅雷直接搜索要下载的信息，只要在搜索文本框中输入要下载的关键字，然后单击下载“搜索”按钮就可以快速地找到要下载的资源。在这里可以看到每个资源的名称、大小、文件格式、昨日下载次数及最后更新时间等信息，单击资源链接后就可以直接使用 Web 迅雷下载了，如图 9-12 所示为 Web 迅雷下载页面。

图 9-12 Web 迅雷下载页面

文件开始下载后，随时可以看到当前的下载速度、资源数、剩余时间、下载百分比等信息，方便地了解正在下载文件的状态。

单击已下载链接，可以看到全部下载完成的文件列表。在这里可以看到下载文件的文件名、资源描述及完成时间等。选中一个文件，会以高亮显示，单击“打开”按钮，就可以直接打开且运行该文件，单击目录按钮，则可以打开该文件所在的目录；另外还可以通过下拉菜单对下载文件进行管理，如重新下载、查看属性、移动位置等等；同时还支持按文件类型自动分类功能，把相应的下载文件自动分配到对应的分类中。

（2）电骡。

英文名称 eMule。用户用电骡软件把各自的 PC 连接到电骡服务器上，而服务器的作用仅是收集连接到服务器的各电骡用户的共享文件信息（并不存放任何共享文件），并指导 P2P 下载方式。P2P 就是 Point To Point，也可以理解为 PC To PC 或 Peer To Peer，所以电骡用户既是客户端，同时也提供服务。可以说，电骡把控制权真正交到用户手中，用户通过电骡可以共享硬盘上的文件、目录甚至整个硬盘。

第 1 步，到 www.verycd.com 下载 eMule 电骡软件，并安装 eMule VeryCD 版的 eMule。

第 2 步，更改目录。

打开“选项”下拉菜单，从中选择“目录”菜单项，把“下载的文件”和“临时文件”两个目录选择到非系统盘（不要放到 C 盘）的分区，如 D:\emule\incoming 和 D:\emule\temp。下面还有一个共享目录，你可以选择你想共享的分区、目录或者文件，在前面打上钩就可以共享给其他电骡用户了。

第 3 步、文件下载。

运行 eMule 后，它会自动连接服务器（也可以自己双击连接）。连接成功之后，单击论坛上发布的资源连接，它会自动添加到 eMule 的下载任务当中。

电骡文件 ed2k 链接里面的相关信息：以“|”划分可以分成 3 部分：文件名、文件大小和文件 ID。其中文件 ID 又叫做 hash，这是 ed2k 链接。很多文件即使它们的文件名不一样，但是只要文件 ID 一致，电骡服务器就视同为同一个文件。如果想知道你欲下载的文件是否以前已经下载过了，唯一的操作办法就是将每次下载文件的文件 ID 保存到 Word 文件里面（当然保存 ed2k 链接更简便），然后下载之前查找一下你要下载文件的文件 ID 是否在该文件中即可判定，如图 9-13 所示是电骡下载页面。

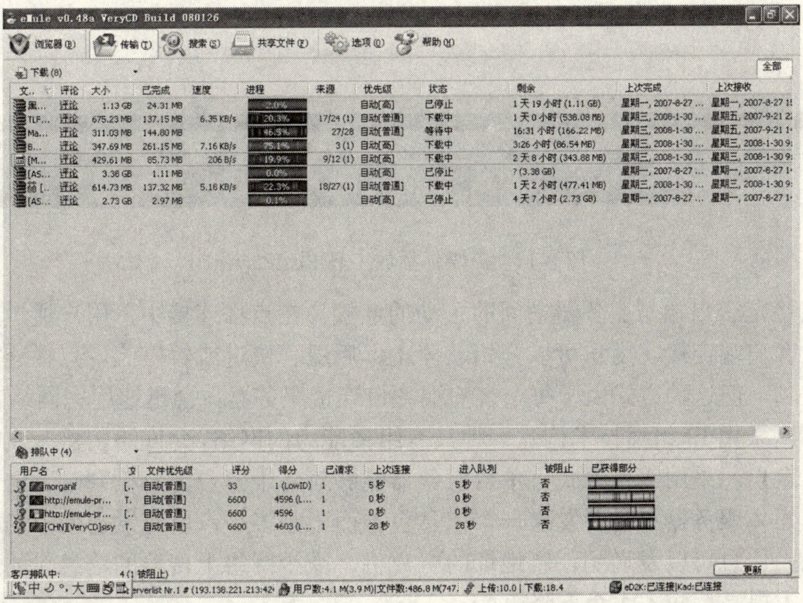

图 9-13　电骡下载页面

3. 流媒体——网上音频、视频的共享

流媒体是指采用流式传输的方式在 Internet 播放的媒体格式。流式传输方式则是将整个音频视频信息及 3D 等多媒体文件经过特殊的压缩方式分成一个个压缩包，由视频服务器向用户计算机连续、实时传送，这个过程的一系列相关的包称为“流”。在采用流式传输方式的系统中，用户不必像采用下载方式那样等到整个文件全部下载完毕，而是只需经过几秒或几十秒的启动延时即可在用户的计算机上利用解压设备（硬件或软件）对压缩的音频、视频或 3D 等多媒体文件解压后进行播放和观看。此时多媒体文件的剩余部分将在后台的服务器内继续下载。与单纯的下载方式相比，这种对多媒体文件边下载边播放的流式传输方式，不仅使启动延时大幅度地缩短，而且对系统缓存容量的需求也大大降低，如图 9-14 所示是流媒体播放工具 RealPlayer。

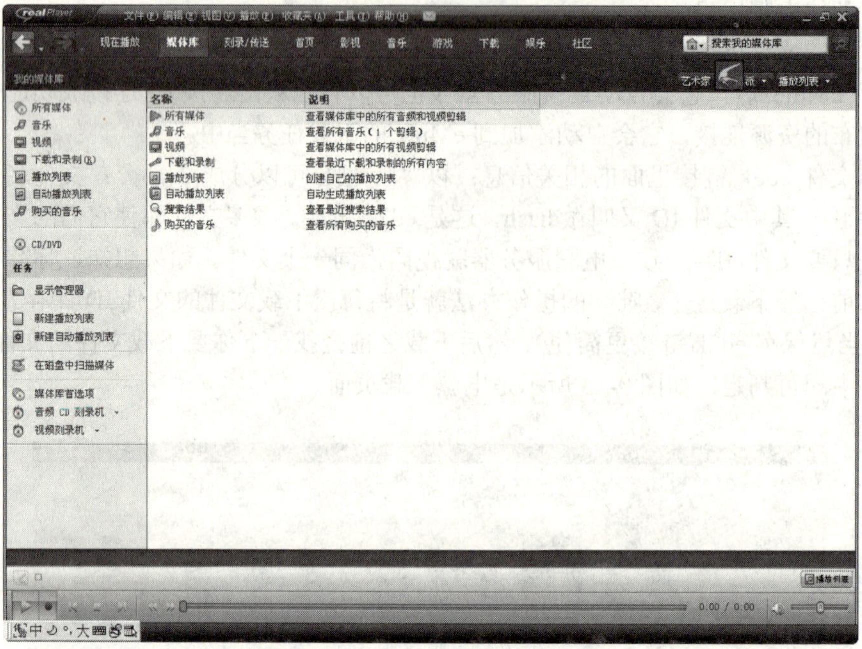

图 9-14　流媒体播放工具 RealPlayer

点播连接是客户端与服务器之间的主动的连接。在点播连接中，用户通过选择内容项目来初始化客户端连接。用户可以开始、停止、后退、快进或暂停流。点播连接提供了对流的最大控制，但这种方式由于每个客户端各自连接服务器，会迅速用完网络带宽。

广播可以采用 IP 组播技术构建一种具有组播能力的网络，允许路由器一次将数据包复制到多个通道上。采用组播方式，单台服务器能够对几十万台客户机同时发送连续数据流而无延时。媒体服务器只需要发送一个信息包，而不是多个；所有发出请求的客户端共享同一信息包。信息可以发送到任意地址的客户机，减少网络上传输的信息包的总量。网络利用效率大大提高，成本大为下降。

流媒体技术广泛用于多媒体新闻发布、在线直播、网络广告、电子商务、视频点播、远程教育、远程医疗、网络电台、实时视频会议等因特网信息服务的方方面面。

9.4　基于因特网教学与学习

因特网在给我们提供丰富资源的同时也提供了形式多样的人际交流方式。这种交流方式改变着人类的学习方式。丰富的信息资源和便利的检索方式利于发展自主学习和探究学习；不同的交流方式利于发展讨论学习和合作学习。同时因特网也从这两个方面改变了教学方式，发展了讲授方式与自学方式。

9.4.1　基于因特网的教与学的形式

因特网正以它无限的容量、覆盖面的广阔、多方式交互等特色，超越时空地迅速改变着世界。同样，今天的课堂也在各种电子工具和网络等的协同使用下，改变着或改变了传统的教与学。

1. 基于因特网的改造型传统教与学的方式

传统的教与学建立在行为主义强化理论以及认知主义有意义的接受学习的基础之上，它利于自动化技能的训练以及结构良好的知识的学习。传统的教与学的方式包括：教师的讲授与指导、学生的自学与练习，以及小组的讨论等形式。因特网拓展了这种教与学的时空范围。

（1） 教师的讲授与指导——分布式课堂教学和基于因特网的教师个别指导。

分布式课堂是在不同地点的教师和学生同时在场，借助因特网构成一个虚拟空间的课堂。这种课堂延伸的模式可以发展特定的课程，请最好的教师来讲授，这样有利于提高教学质量，扩大教学覆盖面积，实现师资的最佳配置，体现教育公平。E-Learning 大讲堂就是一个典型的例子。

基于因特网的教师个别指导，教师可以借助网络通信工具针对学生的个体差异对学生展开同步或异步的个别化的指导。同步指导主要是指通过聊天、在线交谈软件或网络电话回答及时地回答学生提出的疑问。异步指导是教师和学生之间利用电子邮件、BBS 留言等方式进行通信解答学生疑问。这种方式学生可以随时提问，但是教师回答的反馈时间较长。不过它有利于教师搜集问题后集中回答，节约时间。

（2） 自学方式——Web 课程的学习和基于因特网的软件个别指导。

教师把传统课程中的教学要求、教学内容以及相应的习题、学习参考资料编制为 Web 课程，放到 Web 服务器上，供学生们浏览学习。例如国家精品课程网 http://www.jpkcnet.com 提供的精品课程。与分布式课堂相比，Web 课程不但突破了空间限制，学习时间以及学习进度也由学习者自己根据情况确定。缺点是师生之间缺乏实时交互，学生需要具备自觉性和主动性，教师需要具备 Web 课程的设计能力。

基于因特网软件的个别指导有两种形式：学生可以在因特网上下载单机版的 CAI 课件，在本地计算机运行实现个别化学习；学生运行个别化学习支持的软件客户端程序直接联入远程计算机。这些计算机程序的设计考虑到学生可能会出现的问题，可以不断地对学生进行指导，直到学生掌握为止。

（3） 讨论方式——基于因特网的讨论学习。

讲授和自学都缺乏学生共同学习相互交流的因素，借助因特网的人际交流支持系统是展开讨论学习的重要途径。在讨论过程中，教师作为主持人，确定讨论主题并监督讨论过程；学生在相互讨论中深化对问题的认识。这些工具有电子公告牌 BBS 或新闻组 NewsGroup 以及 QQ 的群。

2. 基于因特网的新型的教与学的方式

（1） 自主学习。

建构主义学习理论认为学生自己是意义的主动建构者，教育的作用就是为其提供资源与情境，在其自主解决问题的结果上进行适当反馈，促使他反思解决问题的方法从而实现意义的主动构建。所以我们要告诉学生做什么和做得如何，而怎么做以及为什么这样做则由学生通过自己的活动去构建。因此自主学习需要给学生提供任务（做什么）并给予反馈（做得如何），而学生利用资源（分析和利用条件）和学习提示（选择策略和方法）去解决问题，并借助反馈对解决问题的过程进行有效的分析评估。

因特网为学生自主学习提供了信息资源和解决问题途径（信息处理方式）。学生可以利用博客将自己的自主学习过程记录下来，可以获得更多的帮助或者反馈信息。

（2） 合作学习。

利用计算机网络技术，有多个学生针对同一学习内容彼此进行交流合作，达到对教学内容更深刻的理解和掌握。学生在执行个体不能单独完成的复杂任务过程中经过合作获得知识和能力同时培养合作精神和人际交往能力。任务合作完成，责任共同担负，资源共同分享，结果共同享有。

（3） 探究学习。

学生利用因特网资源展开的主动发现问题并解决问题评价结果的学习方式。“WebQuest”是典型的基于资源探究学习的方式，如图 9-15 所示。

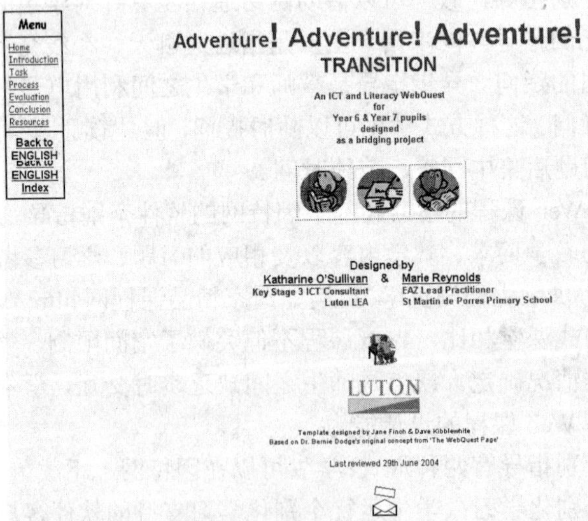

图 9-15 WebQuest 案例

9.4.2　基于因特网资源的自主探究学习——WebQuest

因特网资源为学生独立学习提供了非常便利的条件。学生可以在瞬间获得大量的信息资源。而传统的资源获取方式（查阅文本资料）由于各种条件的限制使学生往往处于资源匮乏状态，很难展开有效的自主学习。基于因特网资源的自主探究学习包括因特网资源和自主探究学习两个方面，它是二者整合而形成的新的学习方式。因特网资源是自主探究学习的前提条件，而自主探究学习是基于这种条件可能形成的结果。所以，基于因特网资源的自主探究学习指的是学生利用因特网资源解决问题，在人机互动过程中发展自己解决问题的能力的学习方式。资源、问题、过程、能力构成了描述基于因特网资源的自主探究学习的四要素，它们共同决定了教学策略、教学评价和师生角色新特点。

丰富多样的资源为问题的解决提供多种探索的方式；人机互动的过程简化了信息查询步骤，使学生可以更集中于解决问题的信息处理过程；学生通过对解决问题过程的比较、反思和体验不断提高自己的解决问题的能力。因特网资源所提供的解决问题的多种途径正是发展探究学习的客观基础。基于因特网资源学习的步骤是确定问题（明确目标）、提供资源（包括方法）、展开学习（发布成果）、评价反思。

WebQuest 是典型的基于因特网资源的自主探究学习方式。WebQuest 实际上是按照伊德的主题发布到网上的学习自主学习方案。它一般包括主题简介（课程导入：明确基础知识，激发学习动机）、任务陈述、资源目录、学习过程、分析评价、得出结论 6 个步骤。

本 章 小 结

本章介绍了因特网教育资源利用的相关知识，主要内容包括因特网教育资源的特点、网上教育资源的类型、信息检索工具、信息检索策略、网上交流工具、资源共享的方法、基于因特网的教与学的形式和基于因特网资源的自主探究学习等知识点。学完本章内容应该对因特网教育资源有一个比较清楚的了解，并能够利用因特网辅助教学。

习　　题

（1）　登录 http://www.google.com.hk//或 http://www.baidu.com/练习检索技能。

（2）　登录 http://cn.mail.yahoo.com/网站申请一个邮箱。

（3）　登录 http://blog.sina.com.cn/lm/edu/index.html 网站，浏览别人的博客，创建自己的博客。

（4）　登录 http://tieba.baidu.com/检索自己喜欢的主题，例如“教育技术”，进入贴吧浏览、发表意见或回复自己感兴趣的话题。

（5）　自己设计一个 WebQuest。

参考网站

郑和与哥伦布谁更伟大 http://www.being.org.cn/webquest/zh/index.htm。

第 10 章 多媒体素材获取与处理

教学目标：

- 掌握本章所介绍的多媒体素材的获取与处理。
- 了解文本、图像、视频、音频、动画素材的常见格式。
- 至少掌握一种素材获取与处理的方法。

计算机辅助教学系统中重要的组成部分是课件，课件尤其是多媒体课件在教学过程中的使用使计算机在教学中起到提高教学效率，激发学生的学习兴趣的作用。课件制作之前必须搜集和处理课件中涉及的相关素材，这些素材主要包括文本素材、图像素材、视频素材、音频素材、动画素材。本章重点介绍各种素材的获取与处理的方法。

10.1 文本素材的获取与处理

文本素材是多媒体课件中最常见的素材形式，适当地使用文本素材对教学内容进行介绍，可以达到提纲挈领的作用，方便学生有重点地复习。然而文本素材的滥用是制作多媒体课件时最常见的问题，课堂上教师呈现的课件主要或者全部是文字，课本内容从纸上搬到了屏幕上，学生形象地称之为“电灌”，如何避免这种情况的出现，这就要求教师课前做好多媒体课件的设计工作。

10.1.1 文本素材的常见格式

文本通常包括我们接触到的字母、数字、注音符号、拼音字母、标点符号、数学符号、数字序号、制表符号、特殊符号等，在计算机辅助教育领域将其统称为文本素材。在各种多媒体素材中，文本素材是课件中最基本和最常见的教学内容的表现形式。在计算机中文本文件的存储格式常见的有：*.doc、*.txt、*.rtf 等。

1. 文本素材的获取

文本素材可以采用在文本处理软件中输入的方法获取，输入的方法主要有以下 4 种。

（1） 键盘输入的方法。

键盘输入的方法是使用时间最长，也是迄今为止最常见的一种文本输入方法。

对于刚刚接触计算机的学生来说，学得最多的可能就是键盘的分布，以及使用各种输入法进行文本输入的练习，全国计算机一级考试就包括文本输入及排版等内容。可见熟练地使用键盘进行文本输入是每个学习计算机学生必备的技能。

现在常见的汉字输入法有：“智能 ABC”输入法、“微软拼音”输入法、“五笔”输入法、“全拼”输入法和“双拼”输入法等。每种输入法各有其特点，可以在使用过程中选择适合自己的输入方法。

（2） 语音识别输入的方法。

语音识别输入就是将手从键盘上解放出来，直接采用语音的形式与计算机交互，计算机进行实时的识别并将其转化为文本信息。进行语音识别要准备麦克风，并进行相应的设置。

第 1 步，打开音量控制面板，单击“选项”在其下拉菜单中选择“属性”命令，在弹出的“属性”面板中选中“麦克风”复选框，如图 10-1 所示。

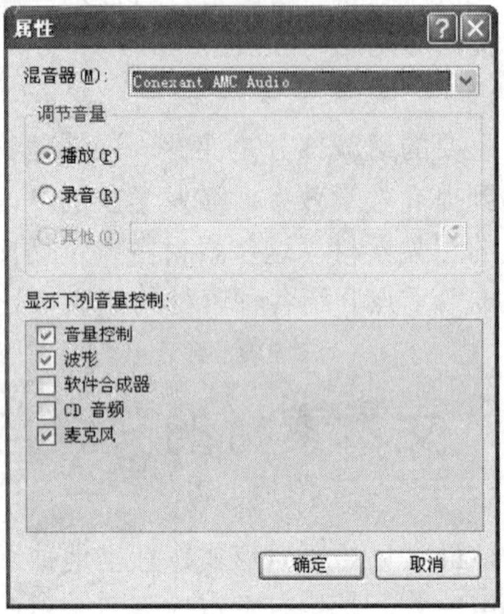

图 10-1　选中“麦克风”复选框

第 2 步，新建一个 Word 文档，打开“工具”下拉菜单，从中选择“语音”菜单项。为提高输入准确率，先选择语言栏中的“语音工具”按钮，可进行语音输入训练。

第 3 步，单击语言栏中的“麦克风”按钮，进行语音的输入。

识别过程中要注意保持环境的安静，进行语音输入的人发音吐字必须清晰、准确，语速适中。计算机语音识别率不高是导致语音输入方法至今未得到广泛应用的主要原因。

（3） 绘图板手写输入的方法。

手写输入文本适合习惯使用纸和笔来记录信息的人使用，而且目前手写输入文本的方法准确率已经非常高了。

第 1 步，单击语言栏中的“手写”按钮，选择“框式输入”、“绘图板”或者“任意位置书写”，均可进行手写输入文本，如图 10-2 所示。

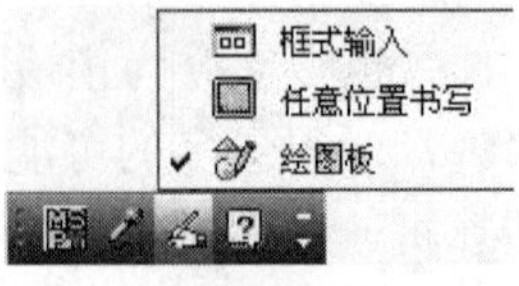

图 10-2　手写输入工具

第 2 步，选择“绘图板”工具，打开“绘图板”对话框，如图 10-3 所示。按住鼠标左键不放，拖动鼠标进行书写即可。

图 10-3　“绘图板”对话框

（4） 扫描识别输入的方法。

扫描识别输入法就是通过扫描仪将现有的文本转换为图像，保存后再使用光学识别软件将图像中的文本内容还原出来，方便进一步的处理和使用。主要操作步骤如下。

第 1 步，扫描仪是一种能够进行光电转换的设备，属于计算机系统的外接设备中的输入设备。下面以 Microtek ScanWizard Pro 为例对扫描识别输入法进行介绍。接通扫描仪的电源，运行图像编辑软件，其窗口界面如图 10-4 所示。

图 10-4　Microtek ScanWizard Pro 窗口界面图

第 2 步，将需要扫描的文本资料平放到扫描仪中，单击“Prescan”按钮进行文本素材的扫描。扫描完成后，效果如图 10-5 所示。

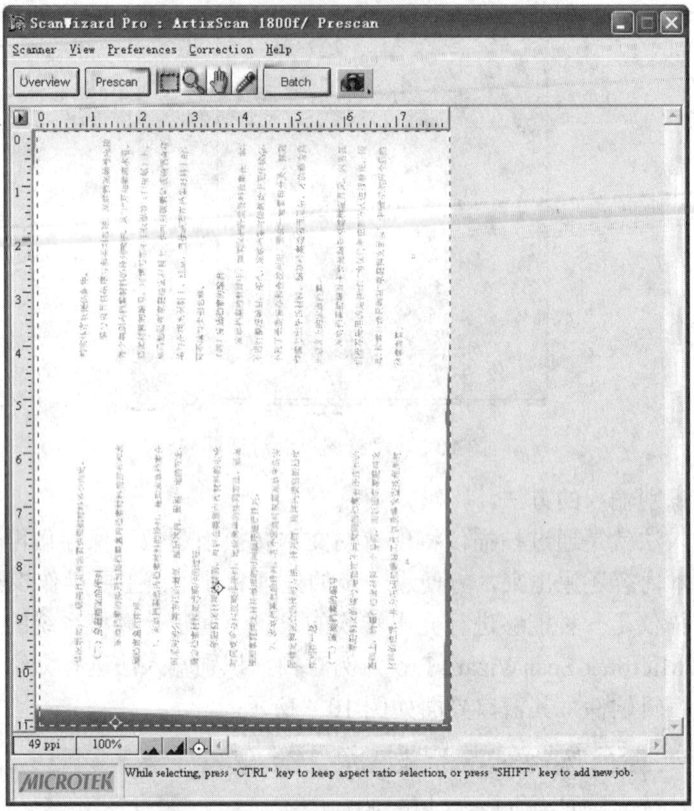

图 10-5　扫描仪窗口界面示意图

第 3 步，单击“Batch”按钮，弹出如图 10-6 所示的对话框。

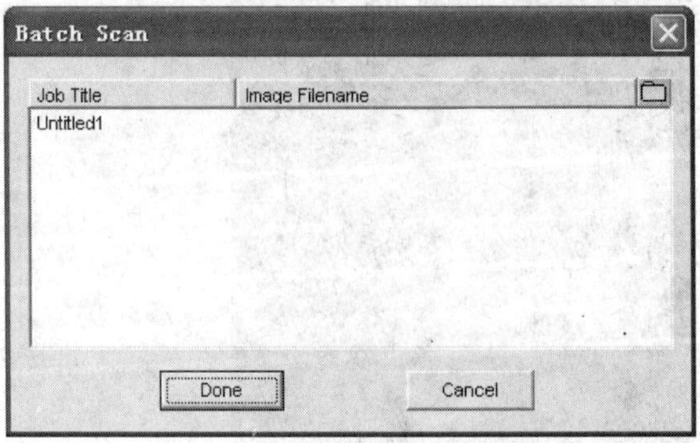

图 10-6　“Batch Scan”对话框示意图

第 4 步，单击窗口右上方的“文件夹”按钮，将其存储为图像格式，系统默认存储类型为*.tif，可在图像存储格式中自由进行选择，如*.jpg、*.bmp、*.gif 等。

第 5 步，使用汉字识别软件对扫描得到的包含文本信息的图像进行转换，还原为文本格式。下面以“尚书六号 OCR 汉字表格识别系统-图像处理”为例介绍如何将扫描后的包含文本信息的图像进行还原。软件界面窗口如图 10-7 所示。

图 10-7　“尚书六号 OCR 汉字表格识别系统”窗口示意图

第 6 步，在“尚书六号 OCR 汉字表格识别系统”中打开刚刚扫描的图像文件，如图 10-8 所示。

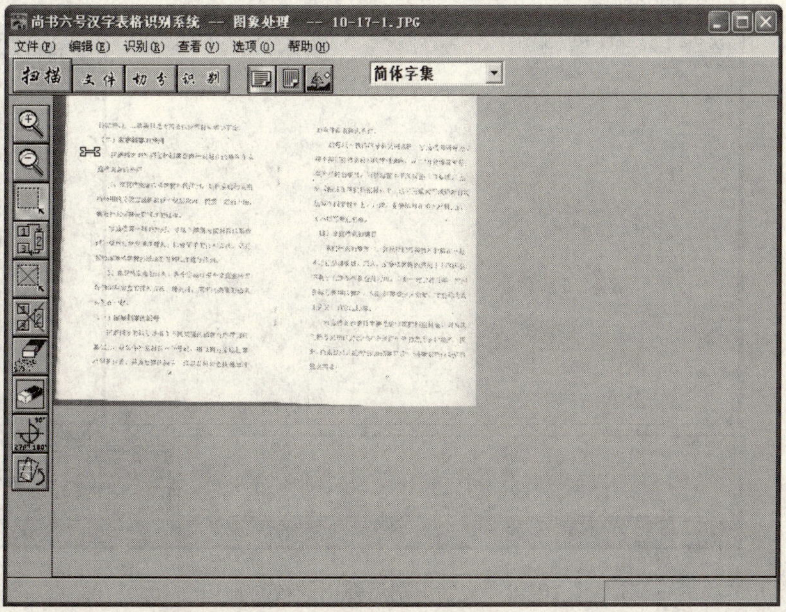

图 10-8　在汉字识别系统中打开图像文件

第 7 步，单击左侧工具栏中的“设定识别区域”按钮，在图像上按下鼠标左键拖动设定要识别的文字区域。选中后效果如图 10-9 所示。

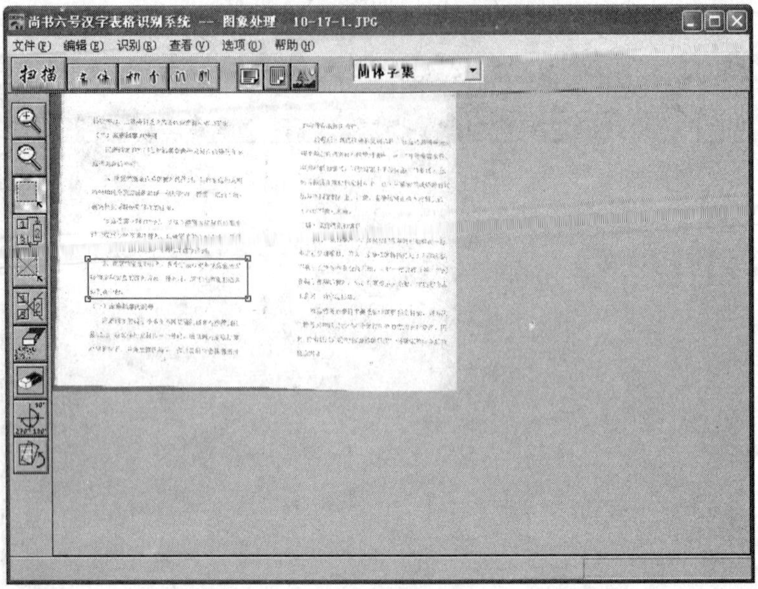

图 10-9 选中需要识别的文字区域

第 8 步，单击“识别”按钮，系统会立即进行汉字识别操作。识别完成后弹出如图 10-10 所示的窗口，此时需要对原稿和识别后的文字信息进行对比和检查，对错误之处进行修改，然后保存。

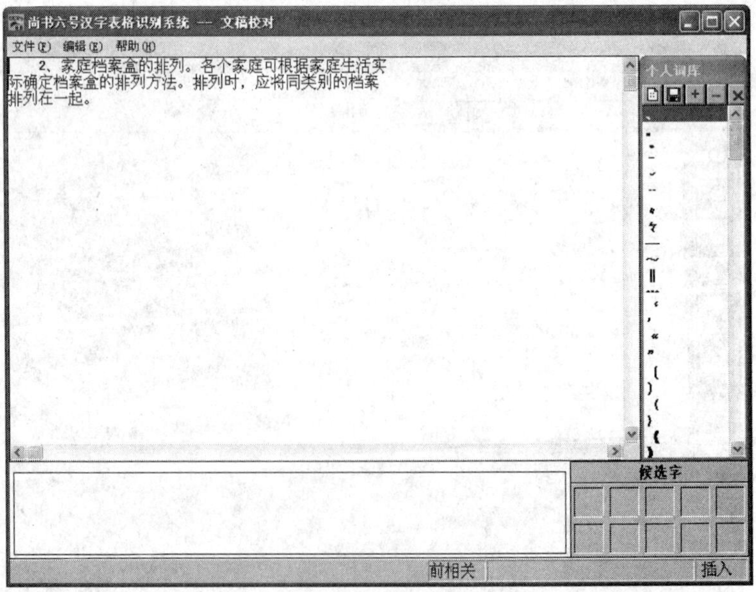

图 10-10 文字识别后弹出的校对窗口

3. 文本素材的处理

常见的文本素材处理工具主要有 Windows 的记事本和写字板、金山公司的 WPS、Microsoft 公司的 Word 等软件。

在上述这些文本素材处理工具软件中，微软公司的 Word 软件是最为常用的。Microsoft Word 软件包含的菜单以及各种命令基本能满足用户对文本素材进行编辑的各种要求，这里不做详细介绍。

处理一些小型的文本内容可以用 Windows 附件所带的记事本或者写字板。这两款软件虽然不如 Word 功能强大，适合于对文本信息进行简单处理。例如进行字体的转换，内容的查找和替换，插入当前时间信息等。

10.2 图像素材的获取与处理

素材的获取与处理是多媒体课件开发的基础和关键环节，如果没有好的图像素材，再好的多媒体创作工具也难以创作出好的课件。这就好比建筑一样，没有建筑材料，再好的设计蓝图也没有办法实现。

10.2.1 图像素材的常见格式

图像文件在计算机中常见的存储格式主要有：*.bmp、*.gif、*.jpeg、*.png、*.psd 等，其中*.gif 和*.jpeg 两种格式是计算机网络中经常使用的图像文件格式。下面简单介绍一下各种存储格式的特点。

1. *.bmp（bit map picture）格式

作为 Windows 系统主要的图像文件格式，*.bmp 格式也被称为位图格式。在计算机中输入*.bmp 就可以搜索到位图格式的文件。由于其对于图形信息的记录未压缩，所以导致以*.bmp 格式保存的文件占用空间比较大，尤其与后两者比较，其占用空间最大。

2. *.gif（graphics interchange format）格式

*.gif 格式既可以作为静态图片的存储格式，也可以作为动画的存储格式。由于其占用空间小，图像质量较好，利于传输，所以 Internets 上的小型动画多数采用这种格式保存。

3. *.jpeg 或者*.jpg 格式

JPEG 是 Joint Photographic Experts Group（联合图像专家小组）的缩写，或记为*.jpg，这种格式是一种有损压缩，文件占用空间可以很小。

4. *.png 格式

.png 格式与.gif 格式一样，是适合于网络传输的一种图像文件格式。一般情况下，其压缩比大于后者，一个文件只能存储一幅图像，可作为静态图像存储格式。

5. *.psd 格式

.psd 格式是 Adobe Photoshop 图像处理软件的专用图像处理格式。无论你使用的是哪一版的 Photoshop，当你将图像处理完毕后选择图像保存类型时，会看到.psd 格式排在所有存储类型的首位。使用*.psd 格式存储图像文件可将不同图层的文件进行分别存储，有利于图像的后续处理。

10.2.2 图像素材的采集

图像素材具有直观生动的特点，是继文本素材之外常用的素材形式。在制作多媒体课件的准备素材过程中图像素材的准备是很重要的组成部分。图像素材也可以通过直接采集或者进行适当的处理加以使用。

1. 使用数码相机或摄像机拍摄

使用数码相机拍摄的照片，可以通过将数码相机与计算机连接，或者使用读卡器将拍摄到的图像信息传到计算机中保存为需要的图像格式。

使用数字摄像机拍摄的图像文件与数码相机一样直接将摄像机与计算机连接，将图像文件导入计算机保存即可。

2. 扫描仪扫描

如果想将现存图片或其他资料转换为计算机能够识别和处理的数字图像，可以使用扫描仪进行扫描。在使用扫描仪进行扫描的过程中可以根据需要设置扫描的范围和扫描的分辨率。

3. 使用 Print Screen 键抓取图像素材

如果想将当前窗口内容全部抓取下来，保存成图像，可以使用键盘上的 Print Screen 键，按下该键就可以将当前窗口内容采集下来。这时抓取到的屏幕图像放在 Windows 剪贴板中，要想还原图像只需打开“附件”中的“画图”或其他图像处理程序，“新建”一个图像文件并进行“粘贴”即可。

4. 用抓图工具直接进行抓取

现在比较常用的抓图工具有 SnagIt、红蜻蜓抓图精灵、HyperSnap、白云截屏助手等。下面以 SnagIt 为例介绍如何使用抓图工具对图像文件进行直接抓取。

SnagIt 是 Tech Smith 公司出品的一款功能强大的 Windows 屏幕捕获工具。SnagIt 可以抓取图像文件，也可以抓取文本文件、视频文件、Web 文件；既可以自定范围进行捕获，也可以选择特定窗口，或者进行全屏幕捕获；既可以抓取滚动窗口，还可以在抓取 Web 页时保留页面中的链接；既可以抓取静态图片，也可以抓取视频；既可以使用系统本身设定的抓图方案，也可以自行设置抓取方案；还可以对输入形式和输出形式进行设置。HyperSnap 窗口如图 10-11 所示。

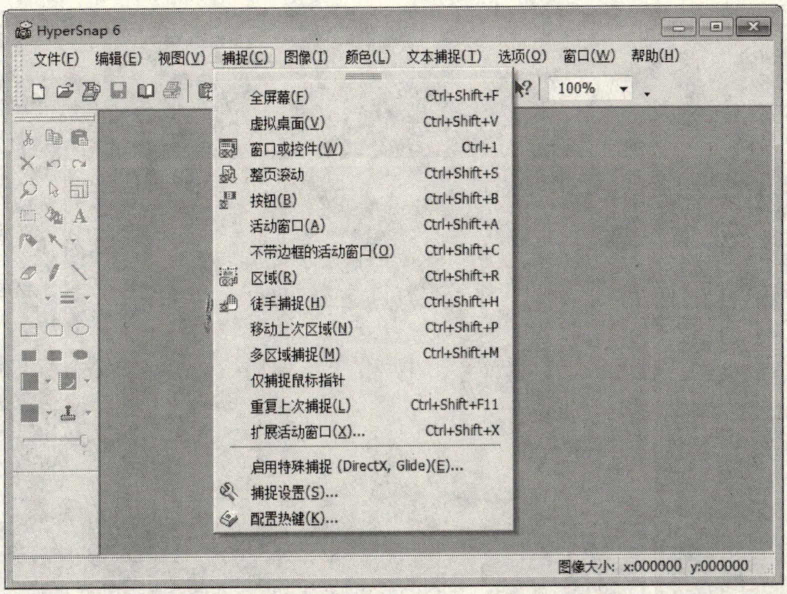

图 10-11　HyperSnap 窗口示意图

在使用 HyperSnap 进行抓图的过程中，单击“捕捉”按钮，在弹出的菜单中根据需要选择抓图的范围，即可完成抓图的工作。抓图完成后选择合适的存储格式对图像进行保存。

10.2.3　图像素材的处理

常见的图像文件的处理工具有 FreeHand、Fireworks、Photo Editor、Windows 画图程序、Adobe Photoshop 等。常用的有两种，其一是 Windows 画图程序，其二是 Adobe 公司的 Photoshop 程序。

Windows 画图程序在附件的下拉菜单中能够找到。该程序只能制作简单的图形图像文件，或者对已有的图形图像文件进行简单的加工，如反转/旋转、拉伸/扭曲、反色、彩色图像转换成黑白图像等。

Adobe 公司的 Photoshop 程序可以对图像进行全方位的加工和整理，尤其是其拥有的“滤镜”菜单可以实现各种各样的图像处理要求。下面通过一个实例感受 Photoshop 的功能。

第 1 步，在 Adobe Photoshop 程序中打开需要处理的图片，在工具栏中选择“椭圆选框工具”，在菜单栏下方的工具栏中设置“羽化”值为“10 像素”，选择照片中花朵部分，选中部分周围会出现黑白相间的蚂蚁线，如图 10-12 所示。

第 2 步，按下组合键 Ctrl+C 对椭圆选区的内容进行复制，单击图层面板中的“创建新图层”按钮，在“背景”图层之上出现一个新图层“图层 1”，在图层 1 选中的状态下按下组合键 Ctrl+V，在此过程中注意“图层 1”的变化，如图 10-13 所示。

图 10-12　在 Photoshop 中选中部分图片后的效果

图 10-13　图层 1 的创建

第 3 步，选中“背景”图层，打开“滤镜”下拉菜单，依次选择“模糊”→“径向模糊”菜单项，弹出的对话框中设置如图 10-14 所示，同时调整中心模糊点的位置。设置完毕后单击“确定”按钮。

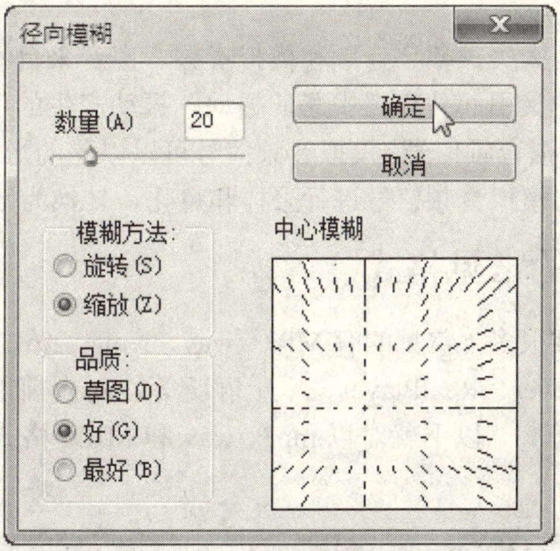

图 10-14　“径向模糊”对话框的各参数设置

第 4 步，单击“图层 1”前面的“眼睛”图标，将其设置为可见状态，处理效果如图 10-15 所示。

图 10-15　图片径向模糊最终效果

10.3 音频素材的获取与处理

音频素材主要分为两大类，数字音频和模拟音频。声音来自物体的振动，物体振动引起空气的振动，空气振动又引起传声器中膜的振动，振动产生的信号经过传声器模电转换装置转换为电信号，即模拟音频信号。模拟音频信号可以以磁的形式存储，也可以使用 A/D 转换（模数转换）装置将模拟音频信号进行采样和量化，转换为数字音频信号。

10.3.1 音频素材的常见格式

数字音频素材的种类很多，常见的有 MP3、wav、wma、rm、MIDI 等类型。播放软件有：Windows Media Player、RealPlayer、千千静听等，对于前两者比较熟悉，图 10-16 所示是千千静听的界面窗口。以下就对以 mp3、wav 和 MIDI 格式存储的文件进行简单的介绍。

图 10-16 千千静听的界面窗口

1. mp3 格式

mp3 是 MPEG Layer 3 的简称，是当前网络上流行的一种声音存储格式，尤其是流行歌曲等声音文件的存储，其压缩比可达到 12∶1，播放时需要解压缩，播放效果比较好。mp4 是 mp3 技术的继承和发展，其压缩比达到 15∶1。

2. wav 格式

wav 格式是 Windows 常用的一种数字音频文件格式，最常见的就是由 Windows 附件中的“录音机”程序制作并保存的声音文件。这种声音文件由模拟信号转换为数字信号，存储时所占空间比较大。

3. MIDI 格式

MIDI（Musical Instrument Digital Interface）即乐器指令数字接口，文件扩展名为 MID。

通过连接计算机中声卡的 MIDI 接口与带 MIDI 输出的乐器，通过弹奏乐器直接进行音乐的采集，形成 MIDI 文件；或者用连接在计算机上的 MIDI 键盘创作音乐，形成 MIDI 文件。MIDI 文件的容量比较小，但是由于其表达能力有限不能重现自然声音，而且只能记录有限的几种乐器的组合，所以使用起来比较受限制。

10.3.2　音频素材的获取

音频素材尤其是数字音频素材在多媒体课件中的使用可以从听觉的角度增加课件的吸引力，活跃课堂气氛，使学生产生身临其境的感觉，这也是现代多媒体课件与传统的课本相区别之处。信息的获取与音频素材的获取是制作课件的前提条件，在实践中可以用以下几种方法进行音频素材的采集。

1.　使用录音工具直接进行音频素材的采集

对于手头没有的音频资料，采用录音工具直接对其进行录制的方法最简单。比较常见的录音工具有 mp3、mp4、录音笔和录音机等。

现在 mp3、mp4 和录音笔已经很普遍，使用这些工具直接对所要采集的声音进行录制的方法最直接、最简单。因为录制的音频文件一般所占空间都不小，所以录音之前要做好存储空间的检查工作。这 3 种工具录制的音频文件都是数字音频文件，直接导入计算机就可以编辑和使用。

如果没有这几种工具，录音机也是一种录音工具，与前三者不同的是，录音机将音频信号转变成磁信号存储在磁带上，其采集到的是模拟音频信号，在使用之前还要进行模/数转换。

2.　使用“录音机”程序进行音频素材的采集

使用连接到计算机上的话筒，打开“录音机”程序进行录音。录制步骤如下：

第 1 步，将话筒插入计算机声卡的麦克风插孔，在“音量控制”面板的菜单中选择“选项”→“属性”，在“属性”面板中选中“麦克风”复选框。

第 2 步，单击任务栏中的“开始”→“所有程序”→“附件”→“娱乐”→“录音机”，打开“录音机”程序如图 10-17 所示。

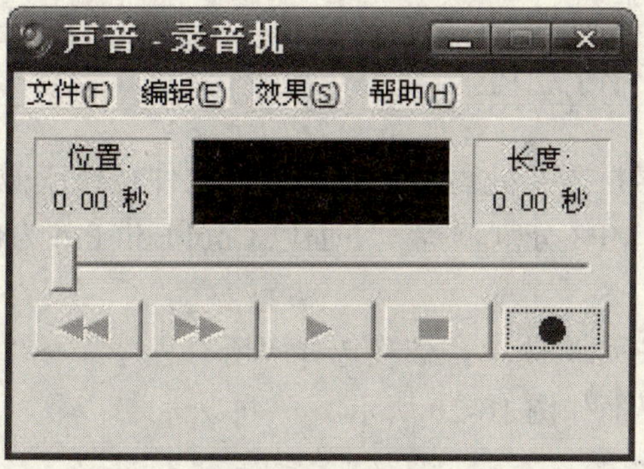

图 10-17　“录音机”程序窗口示意图

第 3 步，从“编辑”下拉菜单中选择“声音属性”命令，弹出的对话框如图 10-18 所示。

第 4 步，在弹出的“声音属性”对话框中单击“录音”选项组中的“音量”按钮，打开如图 10-19 所示“录音控制”窗口。选中“麦克风”选项组中的“选择”复选框，然后对麦克风的音量进行设置，音量不宜过大，过大会引起声音的失真。

图 10-18 “声音属性”对话框

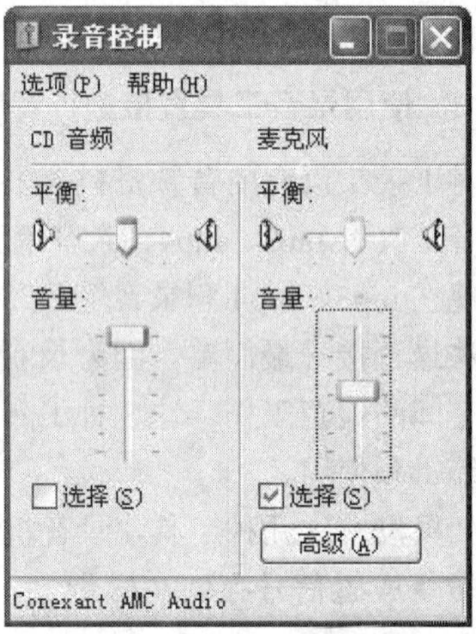

图 10-19 “录音控制”窗口

第 5 步，单击“录音”按钮，即可开始录音。录音时要注意调整好麦克风与嘴部的距离，距离太近容易将呼吸声也录下来。

第 6 步，录制结束后，单击“停止”按钮，结束录音。

第 7 步，将录制的音频文件保存，选择“文件”→“保存”命令，为新录制的声音文件输入文件名并保存为*.wav 的文件。为检查录音质量，单击“播放”按钮，就可以听到刚刚录制的声音文件的质量和效果。

10.3.3 音频素材的处理

如果现有的音频素材需要处理，可以用编辑软件转换或截取 Cool Edit Pro, Sopcast, Gold Wave，蓝光影音 MP3 分割器等。下面以 Cool Edit Pro 为例介绍如何对音频文件进行截取和转换。

第 1 步，打开“开始”菜单，依次选择“所有程序”→“MP3 剪切器”，打开“MP3 剪切器”程序，程序界面如图 10-20 所示。

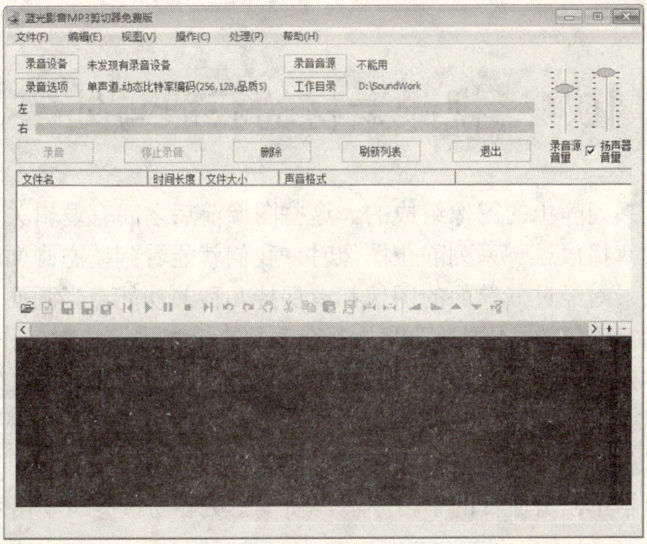

图 10-20　MP3 剪切器界面示意图

第 2 步，打开已有音频文件，在波形窗格中通过单击鼠标并拖动选择需要截取的音频长度，然后单击“编辑”按钮，在弹出的快捷菜单中单击“剪切”按钮，然后单击“文件”按钮，在弹出的菜单中单击“另存为”或“保存”按钮即可完成一段音频文件的截取，如图 10-21 所示。

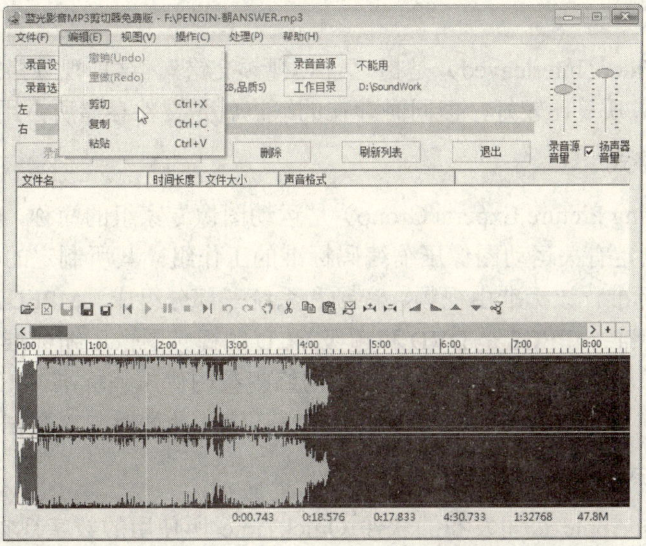

图 10-21　MP3 剪切器截取音频文件

另外，MP3 剪切器还可以进行声音文件的转换，例如将 mp3 格式的文件转换为 wav 的文件。在 MP3 剪切器中打开一个 mp3 文件，单击“播放”按钮，选择合适的开始点单击“暂停”按钮，然后单击快捷工具栏中的“播放并录音”快捷键，在弹出的对话框中为转换的文件命名，单击“保存”按钮，返回音频解霸面板开始转换工作，停止转换时，只需单击“暂停”按钮。打开转换后的文件，检查转换工作是否成功。

10.4 视频素材的获取与处理

视频就是由一系列静止的图像组成的，这些图像前后之间有逻辑关系，当我们在屏幕上按一定顺序和频率播放这一系列静止图像时，我们就能看到动态画面。这与人眼特有的暂留机能有关，人眼对经过其前面的图像都有保持几秒的功能，当画面更新达到一定的频率，如电视机达到每秒播放24幅画面时，观众看起来电视中演员的动作是流畅的。

视频素材是多媒体素材中涵盖内容最丰富的媒体素材，它既包含文本信息，也包含音频信息，图像信息甚至是动画信息。如果说文本素材和图像素材是从视觉的角度激发学生的注意力，音频素材是从听觉的角度引起学生注意，那么视频素材则可以同时从视听两个方面刺激学生，给学生创造逼真的学习环境，使学生更容易接受所学内容。

10.4.1 视频素材的常见格式

视频素材作为声音和图像兼具的一种素材，其存储空间比其他几种素材都要大，因此选择合适的视频素材就要了解其大致有哪几种格式。一般来说，常见的视频素材主要有以下类型：*.avi、*.mpeg、*.mov、*.dat、rm/rmvb、ram。播放软件有realplayer、Quick Time for Windows、豪杰超级解霸、暴风影音。

1. *.avi 格式

avi（Audio Video Interleaved）是指“音频视频交错”。这种视频格式是由微软公司发布的。avi格式图像质量比较好，但同时存在的缺点就是文件存储所占用的空间比较大。

2. *.mpeg 格式

*.mpeg（Moving Picture Experts Group）是运动图像专家组的简称，是国际标准化组织成立的专门负责制定有关运动图像压缩编码标准的工作组，其所制定的标准是国际通用标准，称为MPEG标准，该标准由视频、音频和系统三部分组成。MPEG1被广泛用于VCD的视频图像压缩标准；MPEG2是DVD和超级VCD的视频图像压缩标准；MPEG4是MPEG提出的最新的图像压缩技术标准，MPEG4是网络视频图像压缩标准，MPEG4的压缩比高，最高可达200∶1。更重要的是，MPEG在提供高压缩比的同时，对数据的损失很小。

3. *.mov 格式

*.mov格式是Apple公司发布的软件QuickTime所使用的数字视频格式，QuickTime是主要用于Mac计算机上的一种图像视频处理软件，发展到今天它可以在Apple Mac OS、Microsoft Windows 95/98/NT/2003/XP/Vista，甚至Windows 7在内的所有主流电脑平台运行。

4. *.rm/rmvb 格式

.rm格式是Real Networks公司所制定的音频/视频压缩规范Real Media中的一种，Real Media主要包括RealAudio、Real Video和Real Flash。.rm格式的视频文件主要使用Real Player播放，而且*.rm格式适合进行网络点播，观众可以一边下载一边播放，现在的网络

电影多采用这种格式。

10.4.2　视频素材的获取

视频素材的获取可直接使用数字摄像机、手机、数码相机等进行素材的拍摄和抓取，然后与计算机相连将素材导入计算机进行编辑，就可以使用。对于现有的视频素材我们可以使用暴风影音 5 进行视频片断的简单截取。

第 1 步，打开“开始”菜单，依次选择“所有程序”→“暴风影音 5”→“暴风影音 5”命令，打开“暴风影音”程序。

第 2 步，打开已有的视频文件，在播放界面中单击鼠标右键，在弹出的快捷菜单中单击“视频转码/截取”→“片段截取”命令。

第 3 步，弹出“暴风转码”对话框，如果是第一次截取视频，将同时弹出“输出格式”对话框，设置好输出类型和视频格式，然后单击“确定”按钮。

第 4 步，在“输出目录”栏设置视频的输出路径，右侧“输出预览/视频编辑”栏的“片段截取”选项卡中，拖动两侧的滑块设置需要截取的片段，或者直接在“开始”或“结束”微调框中设置要截取的视频时间段，然后单击“开始”按钮截取视频即可，如图 10-22 所示。

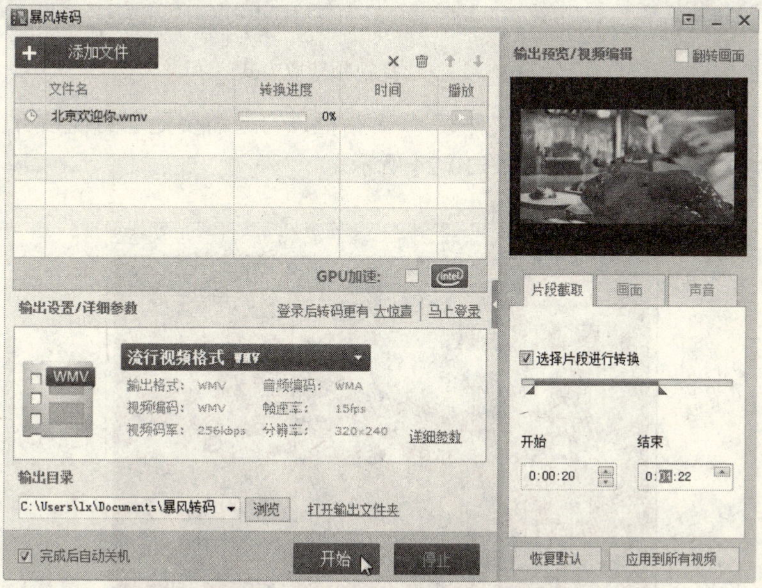

图 10-22　暴风影音 5 截取视频文件示意图

第 5 步，此时对话框的列表框中将显示转换进度，转换完成后关闭对话框即可。

10.4.3　视频素材的处理

如果要对视频素材进行处理，可使用 Adobe Premiere、会声会影等软件。本节将以会声会影 X4 为例进行介绍。

会声会影是一款针对家庭娱乐、个人纪录片制作之用的简便型编辑视频软件，不仅简单易用，而且功能丰富。该软件不仅可以修整和剪辑视频素材，还可以制作覆叠特效、转场特效、滤镜特效、字幕特效和音频特效，完全符合家庭或个人所需的影片剪辑功能，甚至可以挑战专业级的影片剪辑软件。

下面以替换视频文件的背景音乐为例，介绍会声会影软件的使用方法。

第 1 步，进入会声会影操作环境，切换到“捕获”选项卡，在“捕获”栏中选择视频的导入路径，例如单击“从数字媒体导入”链接，如图 10-23 所示。

图 10-23　选择视频获取方式

第 2 步，弹出“选取‘导入源文件夹’”对话框，勾选需要处理的视频所在的文件夹前的复选框，单击“确定”按钮，如图 10-24 所示。

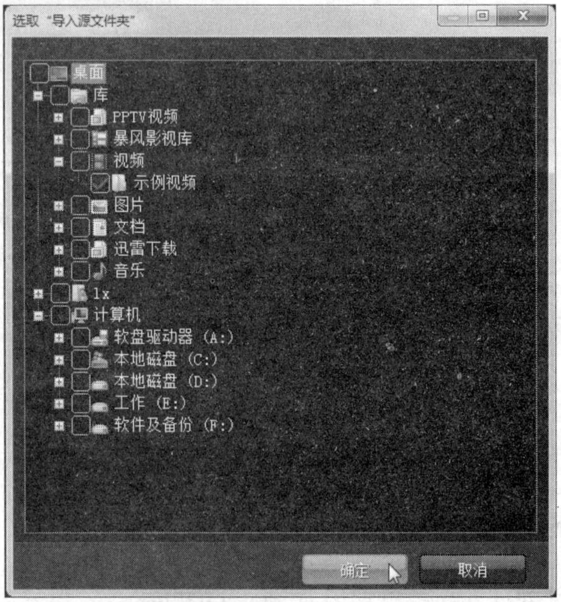

图 10-24　导入视频所在源文件夹

第 3 步，弹出“从数字媒体导入”对话框，选择刚导入的文件夹选项，单击“起始”按钮，如图 10-25 所示。

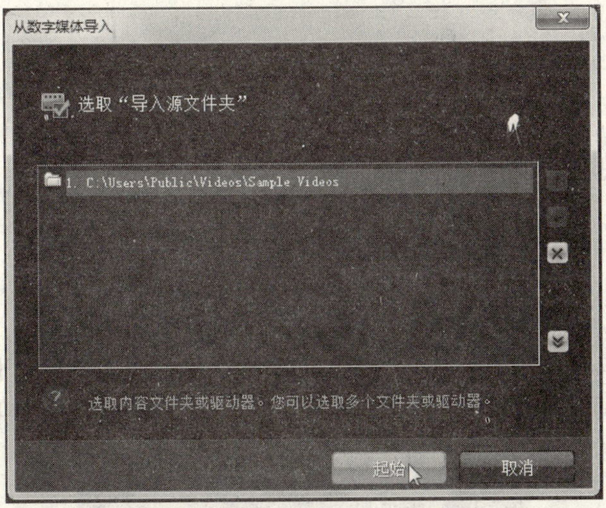

图 10-25　选取导入的源文件夹

第 4 步，在对话框中选中需要处理的视频文件，勾选文件缩略图左上角的复选框，单击“开始导入”按钮，如图 10-26 所示。

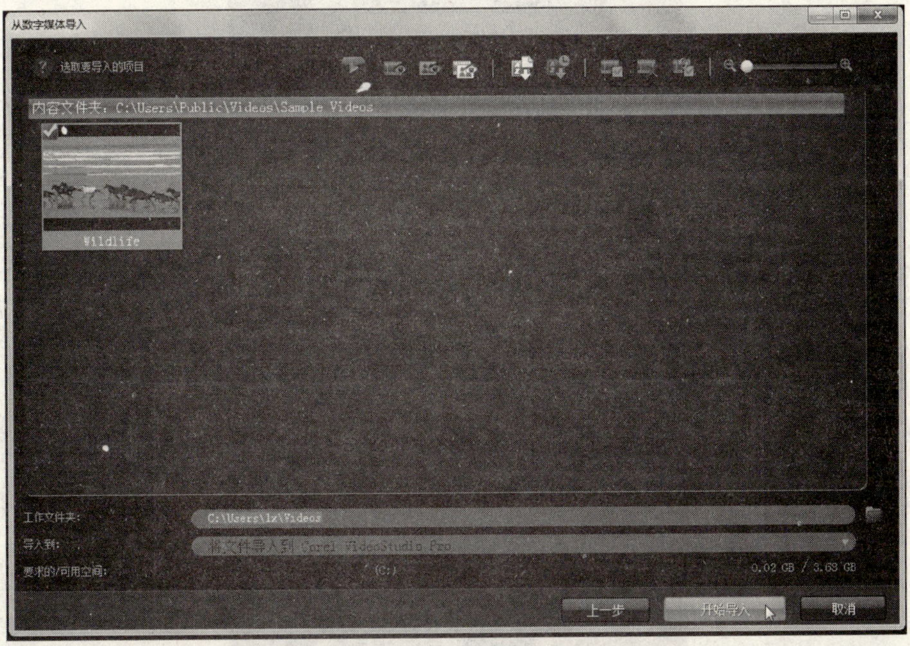

图 10-26　导入要处理的视频文件

第 5 步，弹出“导入设置”对话框，设置好相应选项，然后单击“确定”按钮，如图 10-27 所示。

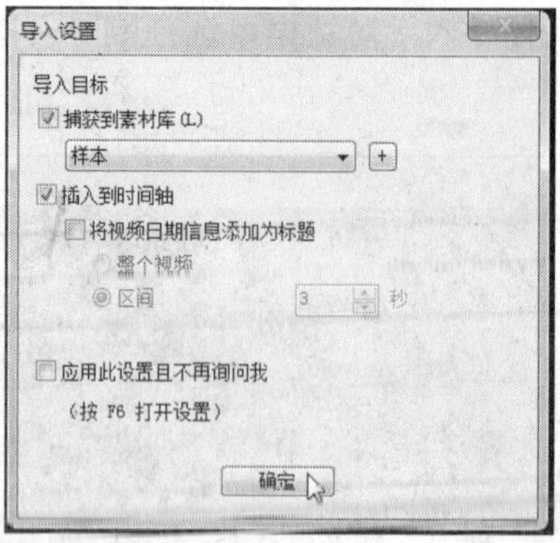

图 10-27　进行导入设置

第 6 步，导入成功后，切换到“编辑”选项卡，可看到程序窗口下方自动切换到“时间轴视图”界面，使用鼠标右键单击视频文件，在弹出的快捷菜单中单击“分割音频”命令，如图 10-28 所示。

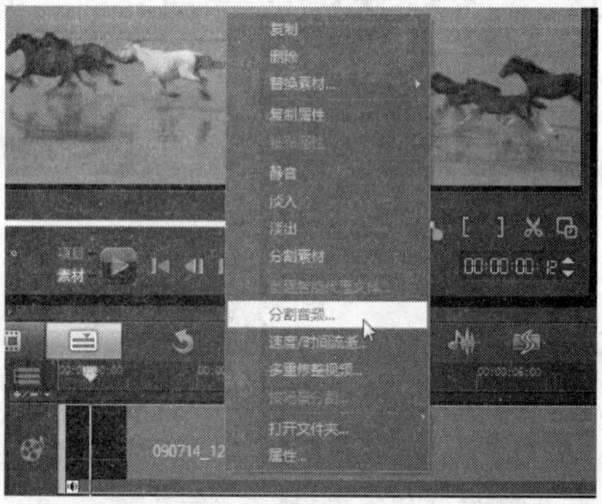

图 10-28　提取背景音乐

第 7 步，此时在下方的“声音轨”栏中可看到提取的视频文件，使用鼠标右键单击视频文件，在弹出的快捷菜单中单击“替换素材”命令，如图 10-29 所示。

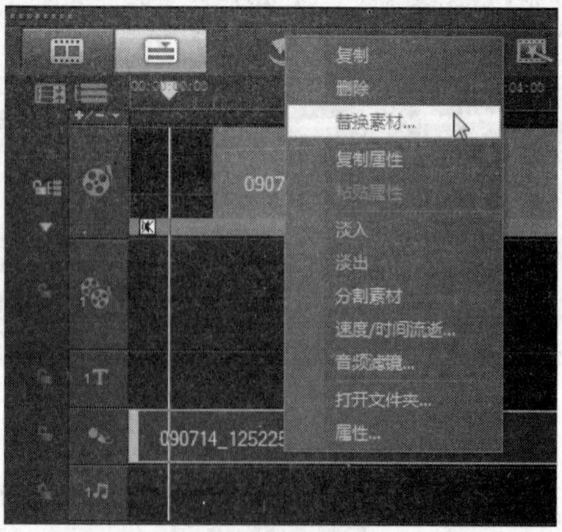

图 10-29　选择“替换素材”命令

第 8 步，弹出“替换/重新链接素材”对话框，选中要替换的音频文件，单击“打开”按钮，如图 10-30 所示。

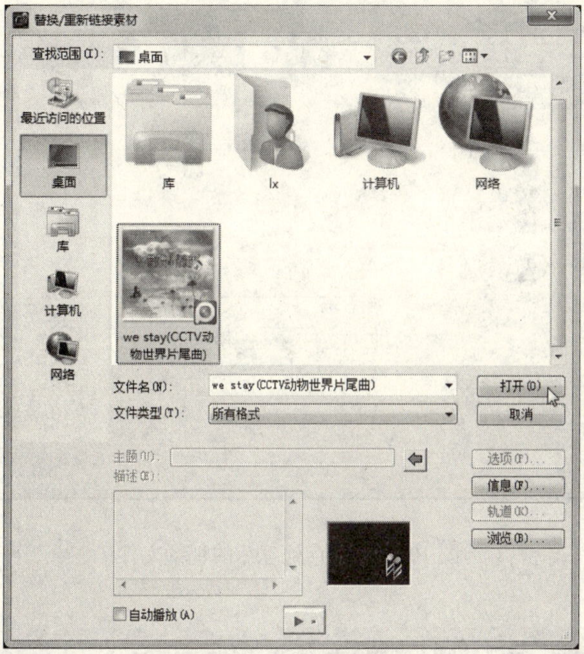

图 10-30　替换背景音乐

第 9 步，在“声音轨”栏中可看到替换后的背景音乐名称，然后单击菜单栏中的“文件”菜单，在弹出的下拉菜单中单击“另存为”命令，如图 10-31 所示。

图 10-31　完成处理

第 10 步，弹出“另存为”对话框，设置好视频文件的文件名和保存路径，单击“保存”按钮即可，如图 10-32 所示。

图 10-32　保存处理后的视频文件

10.5　动画素材的获取与处理

动画的播放一般是由人们绘制的画面，而视频则是由摄像机拍摄下来的画面。二者在原理上很相似，都是在一定的时间内将一系列静止的画面以一定的速度从镜头前面按顺序通过。由于人眼具有的视觉暂留原理，所以产生连续动作的感受。

10.5.1　动画素材的常见格式

计算机中的动画有两种：二维动画和三维动画。二维动画制作工具有 Flash、Animator Studio 等，生成文件的保存格式主要有：*.fla、*.swf、*.gif 等。三维动画的制作工具主要有 3DMAX、COOL3D 等。生成文件的保存格式主要有：*.c3d 等。

网络常见的动画都可以由 Flash 生成，一段时间以来以 Flash 为首的二维动画制作工具风靡一时。因为 Flash 可以制作*.gif 动画，这种动画所占空间小，利于网络传输。然而随着三维动画的异军突起，在游戏、娱乐、生活等领域的广泛应用，人们把关注的目光投向三维动画。

10.5.2　动画素材的获取与处理

动画素材因其自身的特点，使用户产生强烈的视觉刺激，对以动画形式呈现的内容印象深刻。而且因为动画设计题材面比较宽，所以适合各年龄阶段的人群。下面就动画素材的获取与处理方法进行介绍。

1. 上网下载

网络是动画的集中地，无论登录哪家网站，都可以看到各种动画，当然也有网站专门提供动画素材的下载。

如 Flash 素材站：http://www.flashz.cn/。

素材中国：http://sc.chinaz.com/。

笔秀网：http://www.penshow.cn/。

集福动画网 http://www.chinagif.com/。

新浪游戏动画下载中心 http://games.sina.com.cn/d/v/。

2. 使用动画制作工具自行制作。

如何使用 Flash 制作二维动画将在本书第 12 章进行详细介绍，这里不做重复。下面介绍如何使用 COOL 3D 制作三维动态字幕。

第 1 步，打开“开始”菜单，依次选择“所有程序”→“Ulead COOL 3D 3.5”命令，打开“Ulead COOL 3D”程序。

第 2 步，单击“插入文字”按钮，在弹出的对话框中输入“教育技术”后单击“确定”按钮，在工作区中显示出“教育技术”的字样，如图 10-33 所示。

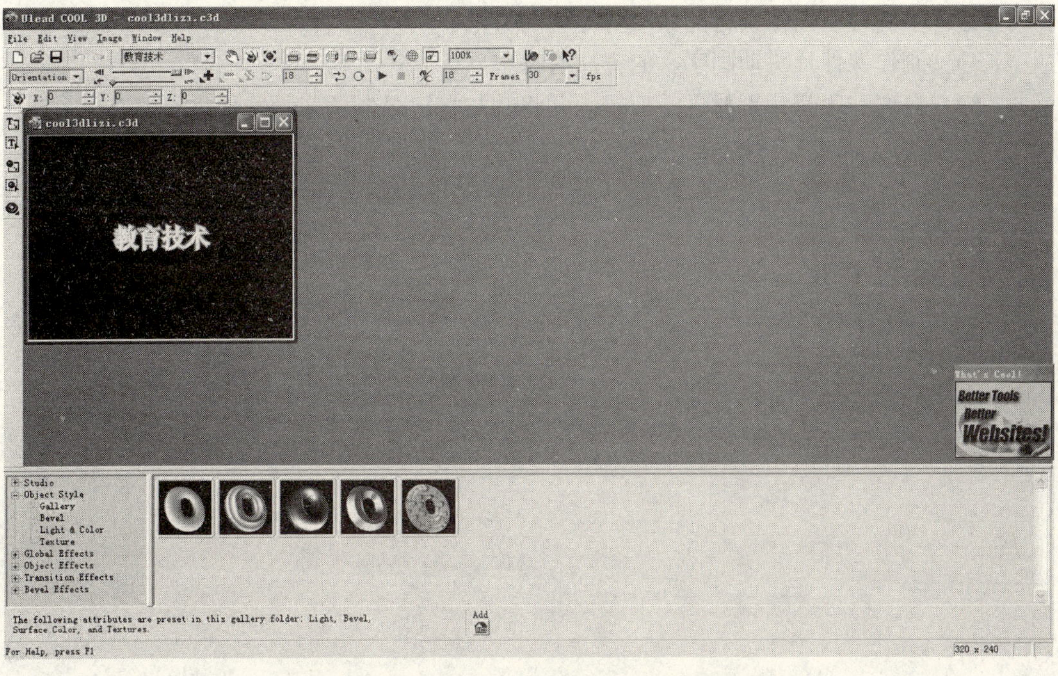

图 10-33　在 COOL 3D 中输入文字后的效果

第 3 步，在左下角中的快捷面板中选择一种特效，双击选中。在动画工具栏中对具体的动画效果进行修改，如图 10-34 所示。

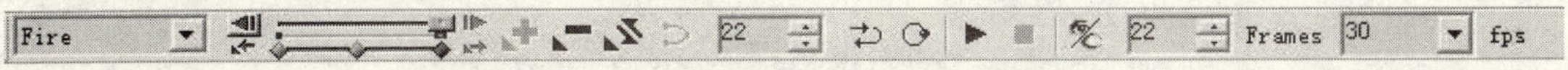

图 10-34　COOL 3D 动画工具栏

第 4 步，修改完毕后，单击菜单栏中的“文件”按钮，选择“保存”按钮，为文件命名并单击“确定”按钮进行保存。

本 章 小 结

多媒体课件制作的前期工作之一就是素材的准备，素材准备工作完成的质量直接影响到课件能否顺利制作。本章主要介绍了文本素材、图像素材、视频素材、音频素材、动画素材的获取与处理的方法。这里需要提到的是根据学习者的特点及教学内容的需要选择合适的表现手段，选择合适的素材来呈现。我们要走出一个媒体选择的误区就是舍弃传统的文本素材，而一味进行素材的堆积。

习 题

（1） 多媒体素材的种类有哪些？

（2） 除了课本中提到的素材获取与处理方法外，你还了解哪些方法可以进行媒体素材的获取与处理？

（3） 举例说明图像素材的获取与处理的方法。

（4） 制作课件片头动画字幕的方法有哪些？

（5） 自选一段音频素材进行剪辑，并将其与自己录制的音频文件进行混合。

第 11 章 PowerPoint 2010 的使用

教学目标：

- 掌握课件制作工具使用的基础知识。
- 了解多媒体课件制作的基本过程。
- 学会设置编辑环境，修改母版。
- 学会导入和绘制多媒体对象。
- 学会组织多媒体。
- 学会幻灯片放映的设置。

PowerPoint 2010 是信息技术课程 Office 2010 中的一项内容。信息技术课程侧重于菜单和工具功能的分项介绍，不是按照系统组合使用各种命令开发课件安排内容的。课件开发具有基本的规律和过程，这些规律和过程正是 PowerPoint 2010 的操作命令组合使用的基本原则，所以正确运用 PowerPoint 2010 制作多媒体课件的方法是首先掌握多媒体编辑的基础知识，然后将这些知识转化为软件的使用过程。因此利用 PowerPoint 2010 开发课件学习是一种依据多媒体编辑的原理对 PowerPoint 2010 命令进行组合使用的过程性知识。

11.1 课件编辑工具使用基础

高效地开发课件不但需要熟练地掌握 PowerPoint 2010 的各种常用操作，而且需要学习一套系统开发课件的操作程序。

11.1.1 4 种命令操作方式的合理使用

在编辑过程中，菜单栏中的菜单选项、工具栏中的工具按钮和快捷键，以及鼠标右键菜单选项都会用到。4 种编辑形式都是执行相应的命令，即它们都是便于查询和使用命令的直观而快捷的表示方式。4 种编辑形式各有其特点与适用范围，学习者对软件的熟悉程度、软件自身的设计特征，以及具体的编辑任务决定了 4 种编辑形式的混合使用方式。

1. 功能全面的菜单命令

这里的菜单指的是菜单栏的菜单选项。菜单采用的分类组织方法利于查找相关的命令，而且菜单集成了最全面的操作命令（即所有的菜单项的集合），所以其他方式找不到的操作，使用菜单最容易查找到。下面的情况需要用到菜单操作：

- 工具栏找不到的按钮，可以查找相应的菜单。
- 不知道置于工具栏何处的按钮，请返回菜单操作。

- 快捷键的查询，需要借助菜单。
- 隐藏的窗格的显示。

2. 直观简捷的工具按钮

工具就是工具栏中的按钮，或称为工具按钮。在编辑过程中，它是最直观简捷的操作方式。工具按钮的特点如下。

- 形象直观的图标示意。例如撤销按钮是一个逆时针的圆弧箭头，给人以形象的后退的感觉。
- 方便简捷的使用说明。将鼠标指针悬浮于工具按钮上，即可显示该按钮的功能提示。
- 智能记忆的呈现方式。如果找不到应该属于本工具栏的按钮，则用鼠标单击工具栏末端的箭头，则会调出所有隐藏的按钮，当选择使用某个按钮后，此按钮图标就会自动取消隐藏状态，在工具栏上显示出来。

3. 快捷方便的快捷按键

快捷键是效率最高的操作方法，使用它最节省时间，但是掌握这些快捷键需要一个适应的过程。菜单栏中的相应的菜单命令的后面带有常用快捷键的提示。例如编辑菜单下的粘贴命令有其组合键“Ctrl+ V”的提示。表 11-1 是常用快捷键的举例。

表 11-1 常用快捷键

打开	Ctrl + O
保存	Ctrl + S
撤销	Ctrl + Z
重复	Ctrl + R
剪切	Ctrl + X
复制	Ctrl + C
粘贴	Ctrl + V
对象的复制粘贴	Ctrl + D
全选	Ctrl + A
新幻灯片	Ctrl + M
左对齐	Ctrl + L
居中	Ctrl + E
右对齐	Ctrl + R
超链接	Ctrl + K

其中“对象的复制粘贴”是对多媒体对象执行复制和粘贴的一体化命令。当选中对象使用此快捷键时，对象马上就被粘贴过来，相当于一次按键执行 Ctrl+C 和 Ctrl+V 两个操作。Ctrl+S 组合键是最常使用的快捷键，及时的保存是防止编辑过程由于意外程序中止或错误操作导致编辑内容丢失的有效方法。

4. 智能化的鼠标右键菜单

鼠标右键菜单（为了表述方便以下简称右键菜单，以区别菜单栏菜单）会因为不同的功能区域或对象的选择而有所变化。例如，在幻灯片编辑区域它是幻灯片编辑的操作菜单；

在大纲编辑区域则显示大纲编辑相关的操作菜单；在图像上鼠标右键菜单中会显示图片操作需要的命令。因此鼠标右键菜单是更加智能化的命令选择和执行方式。

四类编辑方式按功能查询排序：右键菜单、菜单选项、工具按钮、快捷键；而按使用效率排序则为：快捷键、右键菜单、工具按钮、菜单选项。

11.1.2　工作环境的设置

“工欲善其事，必先利其器”，高效的多媒体编辑除了大量使用快捷键和右键菜单之外，编辑前养成良好的工作环境设置习惯，也是顺利展开课件制作工作的重要前提。

1.　选项卡的运用

在开始编辑 PowerPoint 2010 之前，首先要根据自己的习惯和任务的要求设置默认的编辑环境。切换到菜单栏中的“文件”选项卡，打开其下拉菜单，在弹出的选项卡中选择“选项”菜单项，打开如图 11-1 所示的“PowerPoint 选项”对话框。“保存”中主要设置“保存自动恢复信息时间间隔”的时间、存储格式和存储位置。有时候由于特殊的原因使得 PowerPoint 2010 程序自动关闭而未能及时保存编辑的文件，这样可以利用自动保存功能在下次打开程序时恢复到上次编辑的状态。所以这里需要根据具体的工作环境对恢复时间进行设置。存储格式一般选择“PowerPoint 演示文稿”。存储位置默认是当前的“我的文档”文件夹，当然可以根据具体情况改变默认存储路径。

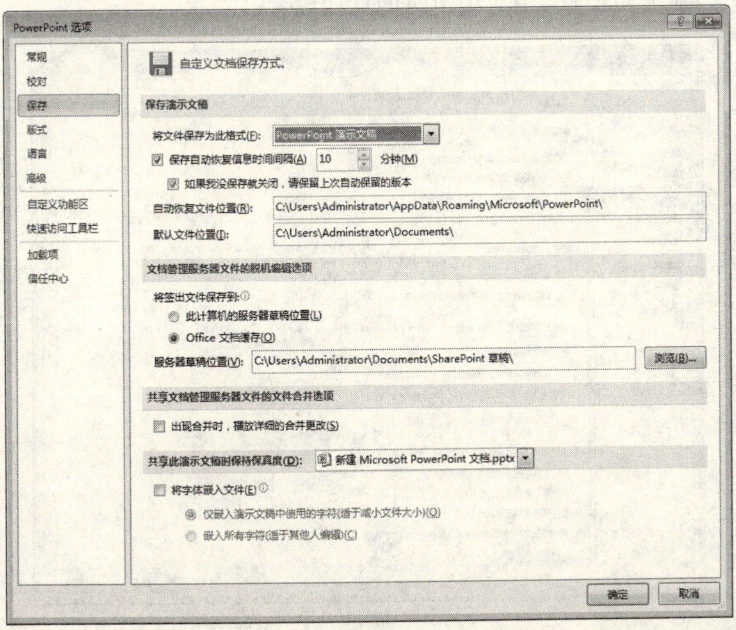

图 11-1　“PowerPoint 选项”对话框

“自定义功能区”选项卡为了添加平时没有显示在功能区中的功能，在默认的方式下，PowerPoint 2010 中的很多功能是没有显示的，如“形状剪除”、“形状组合”、“形状联合”等，在第一次使用前，需要先显示这些功能。如图 11-2 所示，可通过“自定义功能区”的设置进行添加显示。

图 11-2 “自定义功能区”选项卡的设置

“高级”选项卡设置中的“最多可取消操作数”决定了可以执行撤销的次数，设置太多会占用过多的计算机资源，设置过少会影响返回编辑的次数，一般设置为 10～20 之间，图 11-3 所示是“高级”选项卡中对编辑时的默认设置。

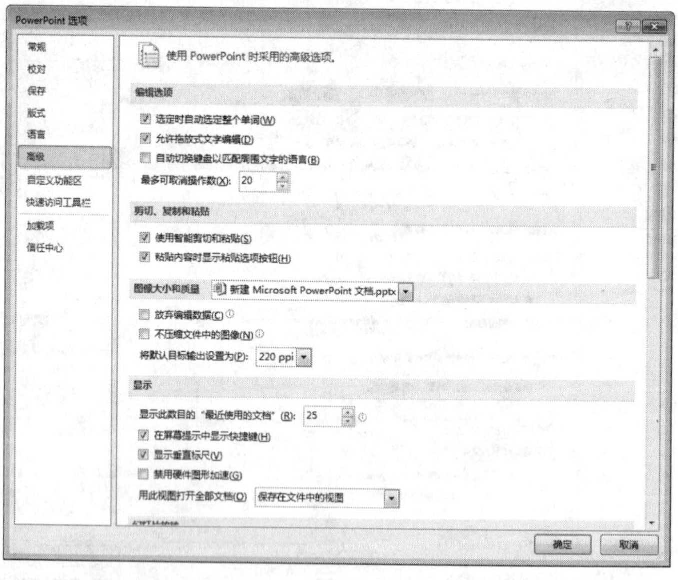

图 11-3 “高级”选项卡中操作的默认设置

2. 工具栏的布置

工具栏有 3 种存在状态，它们分别是：隐藏状态、悬浮状态和停靠状态。隐藏状态是为了扩大编辑区域只显示当前用到的工具栏，一般默认显示的工具栏有 3 个，即常用工具栏、格式工具栏和绘图工具栏。一般而言，对整个文件的编辑工具默认处于停靠状态，而对具体的对象的编辑工具默认处于悬浮状态。当工具栏位于编辑区内则自动处于悬浮状态；当工具栏在编辑区四周时，工具栏会被边框自动吸附，而停靠到编辑区的边界上。工具栏以及菜单栏的移动是通过将鼠标放置于工具栏或菜单栏的前部出现带箭头的十字移动光标时拖动鼠标来实现的。工具栏的隐藏与显示有多种方法：

（1）在菜单栏空白处、工具栏空白处或者任务窗格顶部空白处单击鼠标右键，可以从右键菜单中看到所有的工具栏目录，勾选的工具栏处于显示状态，没有勾选的工具栏处于隐藏状态。

（2）打开“视图”下拉菜单，从中选择“工具栏”菜单项也能调出工具栏目录。

3.　窗格的使用

PowerPoint 2010 的编辑区包括大纲编辑窗格、备注编辑窗格、幻灯片窗格和任务窗格共 4 个窗格，如图 11-4 所示。在“普通视图”模式下，默认就会显示大纲窗格，如图 11-5 所示；在工具栏中单击“设计”按钮，即可调出任务窗格，如图 11-6 所示。

图 11-4　4 个主要窗格

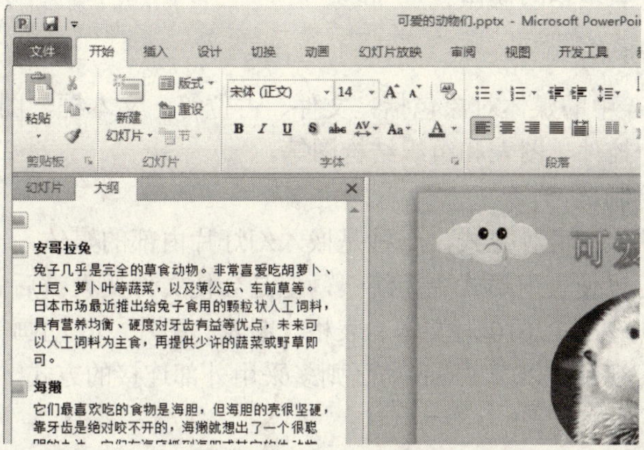

图 11-5　大纲窗格

图 11-6　任务窗格

大纲窗格有两个选项卡：大纲选项卡和幻灯片选项卡，它们中的幻灯片的排序反映了主题的顺序。在幻灯片浏览视图窗格中，可以在屏幕上同时看到演示文稿中的所有幻灯片，这些幻灯片是以缩略图显示的，这样就可以很容易地在幻灯片之间添加、删除和移动幻灯片，以及选择动画切换，还可以预览多张幻灯片上的动画等。

任务窗格是一种特殊的工具栏，它具有智能记录使用过的工具的功能。首次使用时可以通过任务窗格顶端的下三角按钮选择欲使用的工具，此时所选工具将会被自动记录，之后就可以通过绿色的左向或者右向的箭头，切换使用过的工具。

位于中部的幻灯片窗格用于编辑单个幻灯片，其显示大小受显示比例的控制，并有标尺、网格、辅助线等工具，以便于编辑和组织多个媒体对象。

备注窗格使得用户可以添加与观众共享的演说或者备注信息。如果需要在备注中包含图形，必须向备注页视图中添加备注。

11.1.3　多媒体编辑的基本规律

用多媒体编辑软件将文本、图像、动画、视频、声音等元素组合在一起，并赋予其生命力——交互功能，这个过程就叫做多媒体编辑。在使用 PowerPoint 2010 软件进行多媒体编辑时，必须遵循一些基本的规律。

1. 媒体对象的操作

PowerPoint 2010 中的媒体对象包括：文件、占位符、文本框、图形、图像（图片）、表格、影片、声音、控件、图表和组织结构图等。

（1） 插入与绘制。

多媒体对象的获取有两种方式，一种是嵌入幻灯片内部的媒体，一种是通过连接外部的媒体文件。前者可以使表现形式更为统一，但是会使文件变大；后者需要外部的工具支持媒体的呈现。PowerPoint 2010 对文本、表格、图表、图片、jif 动画等小文件可嵌入到文件内部，而对音频、视频，以及 Flash 动画则多采用外部连接的方式。

- 插入。

音频视频媒体和图片、表格都来自于外部文件的导入。导入媒体对象的命令集中于“插入”菜单，如图 11-7 所示。另外通过控件和对象也可以实现外部媒体的导入。

图 11-7　“插入”选项卡

- 插图。

通过绘图工具栏中的插图工具可以制作出多种多样的自制图形。自选图形包括各种线条、连接线、基本形状、箭头、流程图、星和旗帜、标注，以及剪贴画。剪贴画是经过组合后的图形素材，如果只需要剪贴画中的部分形状，可以在文件中取消剪贴画的组合，而取出其中的形状。也可以把自制的组合图形放到剪贴画的收藏集中准备以后调用。连接线可以将不同的形状连接在一起，当被连接对象移动时连接线会自动适应而保持连接状态。

切换到设计卡，即可对图形、线条甚至文字的颜色、线条的粗细、虚实、箭头的方向设置等进行修改，以及图形图像的阴影设置和三维立体效果。选中多个对象按钮可以实现多个对象的选择，特别是对于叠放次序较低被遮住的对象的选取特别有效。

（2）　选择与操作。

任何已经存在的对象都需要先选取再操作，否则对应的相关命令或按钮将不起作用。当菜单选项或工具按钮处于灰色不能选择的状态时，表明当前没有适合其操作的对象被选取，表 11-2 所示为选取操作的列表。

表 11-2　选取操作

	操作目的	操作方法
文本选择	一个词	用鼠标双击该词
	一个段落或一个段落及其所有小段落	在该段落中的任何一处连续单击 3 次
	单张幻灯片中的所有文本	单击该幻灯片大纲中左上角的图标
	对象或整个大纲内的所有文本	按 Ctrl + A 组合键
其他媒体的选择	选择填充对象	在对象中任何位置单击，尺寸控点会显示对象已被选择
	选择未填充对象	单击对象的边框
	选择多个对象	单击每个对象时按下 Shift 键。如果撤销选择某一个对象，请按下 Shift 键并再单击该对象
	选择所有对象	选择“编辑”菜单中的“全选”命令
	选择隐藏在其他对象下的对象	按 Tab 键向前循环显示各个对象，直到尺寸控点出现在要选择的对象上

（3）　母版与幻灯片。

切换到视图选项卡，即可对母版进行设置。母版是幻灯片文字的样式、图形的背景颜色和版式的统一设置。运用母版能够减少重复的设计过程，便于批量修改幻灯片，进而提高了课件开发的工作效率。由于对幻灯片文字样式的逐一设置不被记入母版，因此修改幻灯片的工作量将成倍增加，所以先使用母版进行幻灯片的批量设计，之后再具体展开对幻灯片的编辑是正确的操作方法。当每个幻灯片都执行相同的操作时就要考虑使用母版了。需要注意的是加入幻灯片母版的内容会出现在每张幻灯片中，但是在幻灯片中不能修改幻灯片母版规划后的内容。

2. 多媒体组织

文字是线性扫描式结构，它需要按照线性的平面组织方式进行编排；而多媒体是上下、左右、前后的立体结构，需要在二维的基础上设置三维的显示关系，如图 11-8 所示。所以多种媒体对象的组织涉及到对齐与分布方式、叠放层次、组合与反组合、翻转与旋转。利用组合与反组合可以实现多种媒体的整体变换而不影响所组合的媒体的相对位置关系与相对大小。

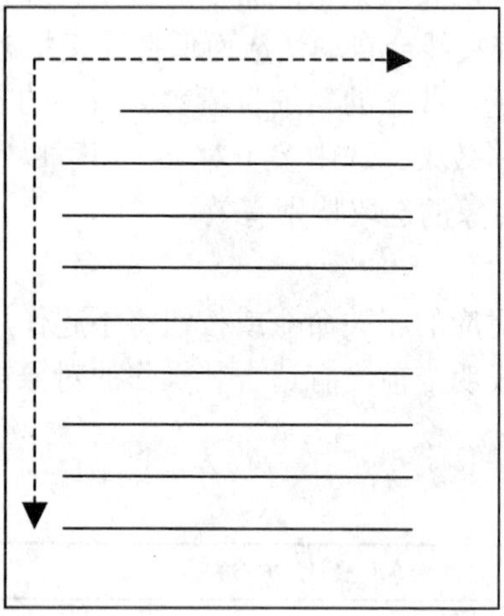

文字的线性平面编排方式

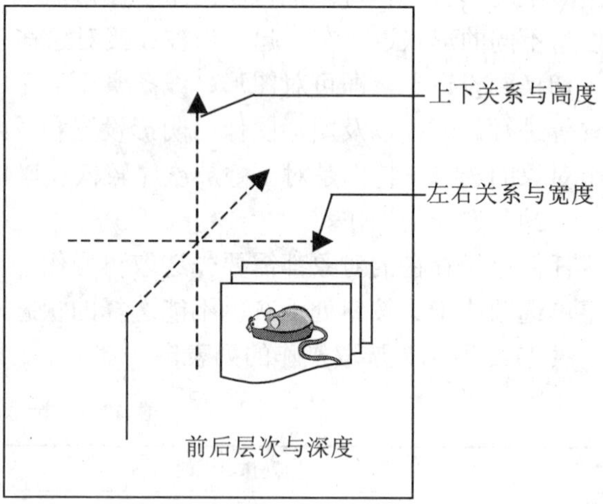

多媒体的组织方式

图 11-8　文字编辑与多媒体组织的区别

多媒体对象在出现的时间上的组织可以用超链接或自定义动画来实现，也可用在不同的幻灯片中来实现多媒体的呈现顺序。

（1） 空间布置。

空间布置就是多媒体对象的分布空间的安排，它受幻灯片尺寸、对象本身的大小，以及构图的需要等因素的影响，并且分布里面最重要的一项是定位与对齐。多媒体空间布置的辅助工具包括：显示比例、标尺、网格、辅助线及占位符。

- 显示比例可以在绘图过程中做细致调整和观看整体外观时实现便捷的切换，它的快捷操作是 Ctrl +鼠标的滚轮。
- 标尺可以显示光标的当前位置的坐标，控制绘制对象的大小尺寸，并可以实现多媒体对象的定位，在幻灯片编辑区空白处的右键菜单中可以调出和隐藏标尺。

- 绘图参考线就是图形绘制的坐标轴，它与标尺结合可以组织多媒体对象的位置。
- 更加精确的定位方式是使用网格，利用右键菜单可以显示和隐藏网格，或者对其进行间距设置。对齐网格可以实现多媒体对象的精确定位。
- 绘图工具菜单中的对齐或分布命令可以调整多媒体对象的相对位置。
- 绘图工具菜单中或者右键菜单中的“叠放次序”命令能够调整媒体对象的不同层次关系。
- 绘图工具菜单中的“微移”命令可以对媒体对象进行更加细致的位置调整。“微移”命令所对应的快捷键是 Ctrl +方向键。
- 绘图工具菜单中的“编辑顶点”命令可以对线条的顶点进行细微的调整使线条能够与其他对象准确相连。

（2） 时间排序。

添加动画可以实现媒体对象出现、持续和退出时间的组织安排。它可以实现同一幻灯片内多媒体对象入场出场的效果，这比利用幻灯片切换控制媒体对象切换（即将需要切换的幻灯片置于不用的幻灯片中，通过幻灯片切换控制媒体对象的入场和出场）更为灵活。幻灯片的先后顺序和播放方式本身就决定了媒体对象出现和退出的先后顺序和时间关系。排练计时还可以自动记录每张幻灯片的持续时间。

给幻灯片中的对象添加动画效果后，切换到“动画”选项卡，在“动画窗格”任务窗格中对已添加的动画进行设置，如图 11-9 所示，包括设置自定义动画的开始方式、持续时间、执行速度以及重复与否等内容，如图 11-10 所示是动画的计时设计。在 PowerPoint 2010 的动画设置中，有一个“触发器”功能，利用这个功能可以制作出带有交互效果的幻灯片动画。

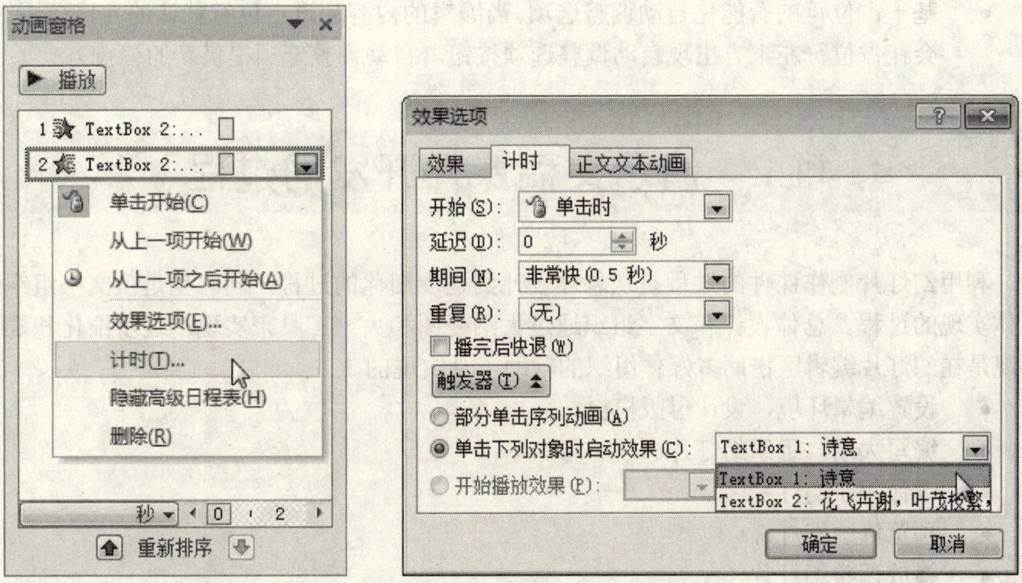

图 11-9　“动画窗格”对话框

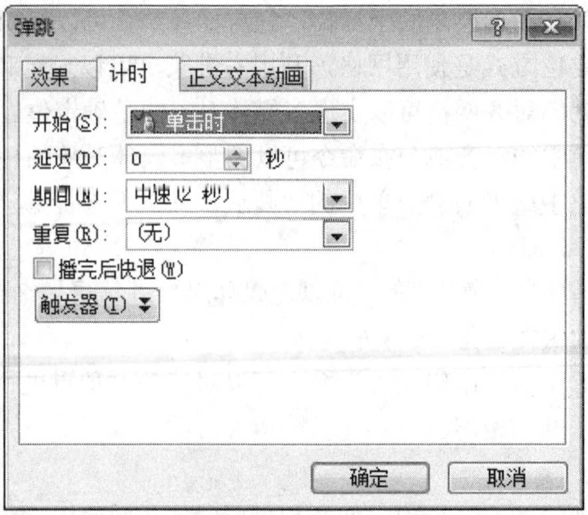

图 11-10　动画的计时设计

3. PowerPoint 2010 利于课件开发的特点

相对于 PowerPoint 2003 和 PowerPoint 2007 等版本，PowerPoint 2010 的应用更为广泛，在课件开发方面，它具有以下优点：

- 任务窗格的出现使操作过程更加直观方便。
- 大纲窗格进行了调整，利于大纲分级显示与幻灯片顺序显示的对照。
- 动画功能的增强，出现了动画刷、触发器、强调、进入、退出和预设路径，以及动画演示控制等功能。
- 出现了支持多模板的母版，同一课件的不同主题可以选用不同风格的模板。
- 基于占位符的智能化自动调整选项。当编辑的内容超过占位符默认的允许范围时，会在占位符左下方出现自动调整选项按钮。自动调整选项提供新的编排方式。

11.2　演示文稿课件开发的过程

利用幻灯片制作课件的过程是从总体设计到逐步细化的过程，同时也是从文字组织到媒体实现的过程。总体设计和文字组织通过大纲视图和大纲工具来实现；逐步细化和媒体实现是在幻灯片编辑区借助多媒体组织的辅助工具实现的。

- 设置编辑环境，设计母版模板。
- 编写大纲，组织幻灯片。
- 设计每张幻灯片。
- 预览修改幻灯片。
- 播放调整幻灯片。
- 设置播放方式。
- 打包或发送。

按照上面的思想结合 PowerPoint 2010 的操作方式，可以总结出如图 11-11 所示的工作流程图。

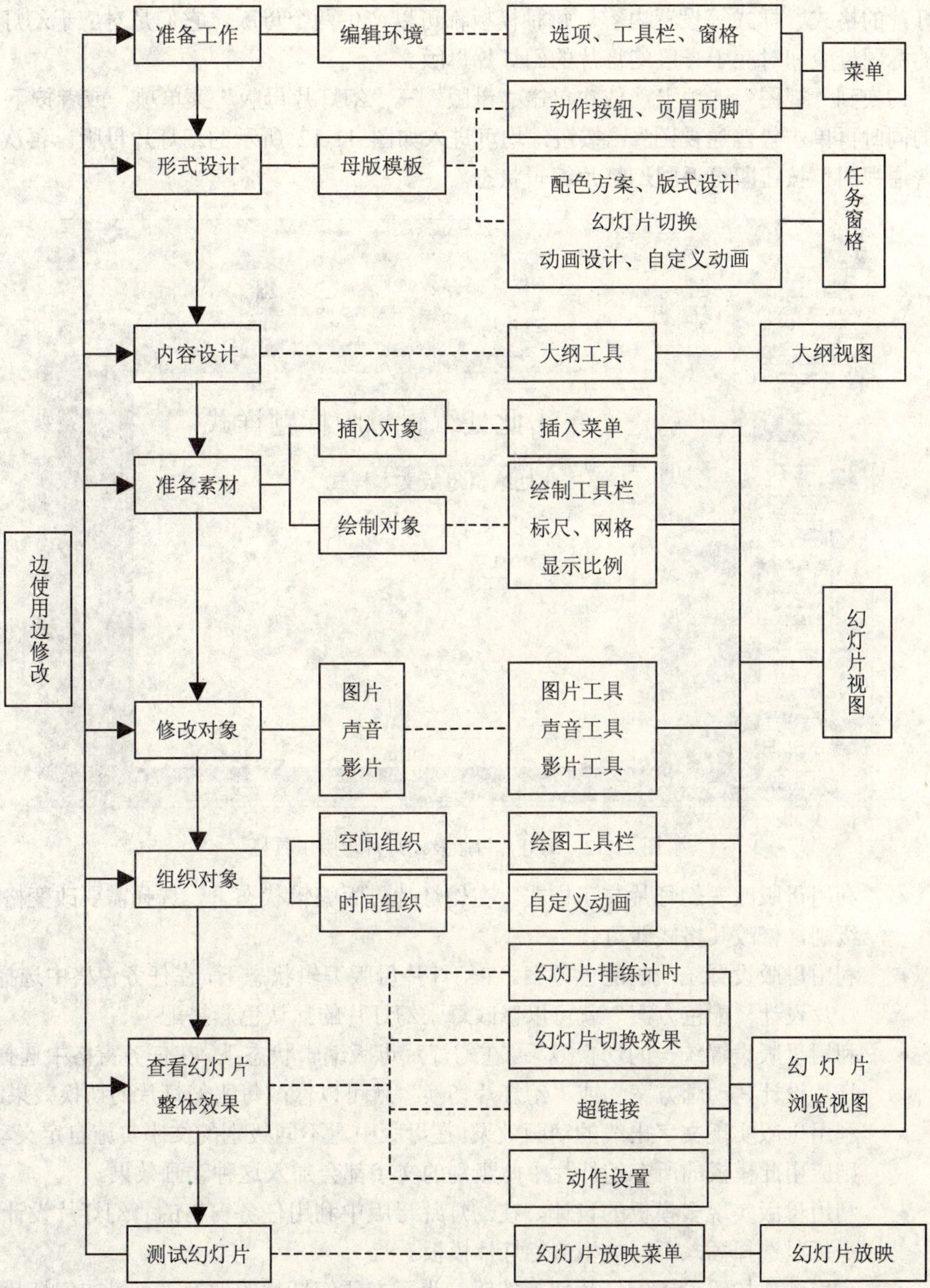

图 11-11　多媒体课件设计开发制作流程图

11.2.1 利用母版与模板进行课件形式的总体设计

母版决定着整体的课件风格，它也是高效率开发课件制作的保证。一个母版控制整个幻灯片的格式、样式等设置内容。每种模板都可以产生两个母版，它们是对应于幻灯片标题的标题母版和对应于一般幻灯片的幻灯片母版。

切换到“视图”选项卡，依次单击“母版”→“幻灯片母版”菜单项，或者按下 Shift 键的同时再单击“普通视图”按钮，均可进入如图 11-12 所示的幻灯片母版。再次单击“普通视图”按钮即可返回幻灯片编辑状态。

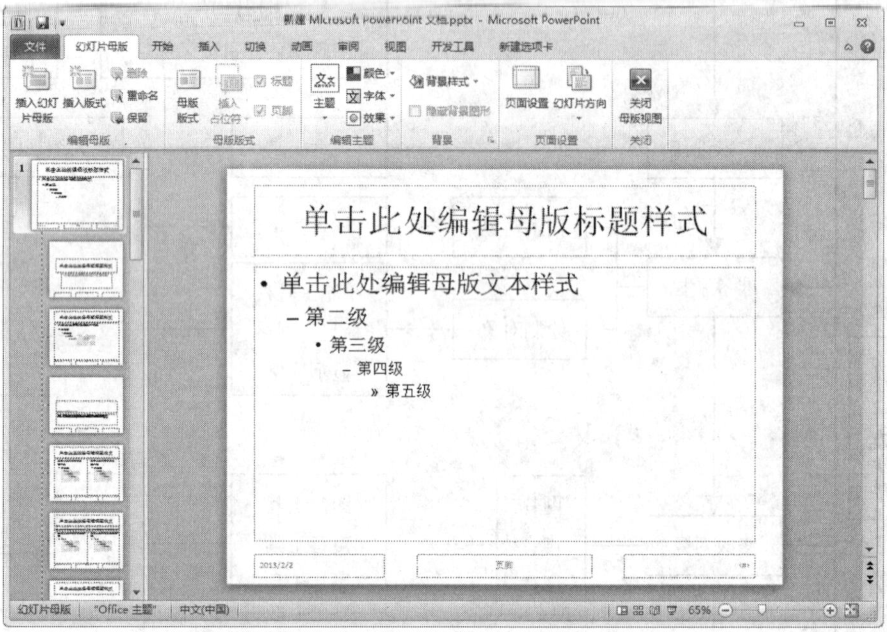

图 11-12　幻灯片母版及幻灯片母版工具栏

- 利用母版改变幻灯片文字样式。在幻灯片母版编辑状态下，选择需要改变格式的级别，修改其格式即可。
- 利用母版设置统一的配色方案。在幻灯片母版编辑状态下，在任务窗格中选择“幻灯片设计－配色方案”就可以修改每张幻灯片的默认色彩搭配。
- 利用母版设置统一的切换效果。在幻灯片母版编辑状态下，在任务窗格中选择“幻灯片设计－动画方案”或“幻灯片切换”就可以修改每张幻灯片的切换效果。
- 利用母版实现文字出线的动画效果。在母版中对不同级别的文字实施自定义动画，则应用此模板的所有幻灯片中此级别的文字都会加入这种动画效果。
- 利用母版实现多模板的设计。在幻灯片母版中利用任务窗格的“幻灯片设计”命令可以选择插入不同类型的幻灯片模板。
- 利用动作按钮设置幻灯片切换按钮。为了方便幻灯片的切换，可以在幻灯片母版中设计动作按钮，并设置动作按钮选择适当的超链接设置幻灯片的相对位置（如下一张幻灯片或者上一张幻灯片）。

11.2.2　利用大纲编辑文本，组织幻灯片，进行课件内容的整体设计

大纲的编辑是对幻灯片内容的整体规划。一般应该先将幻灯片的大纲编辑好，然后再具体编辑每张幻灯片。大纲决定着幻灯片的出场顺序和内容级别，因此大纲的设计要符合学科知识的教育性和科学性的要求，注重教学策略的设计，在学习者已具备的能力和已掌握的知识的基础上按照学习者获取知识的方式进行设计。

按下键盘上的 Ctrl+Shift 组合键，然后单击“幻灯片浏览”按钮，即可进入大纲视图模式。大纲视图方式最适合进行关于文本插入、修改、删除和幻灯片的重新组合，以及调整正文的项目级别。在大纲视图中，每一张幻灯片图标的后面显示的是幻灯片标题，第二行开始显示正文部分。每一级正文都自动缩进。在该视图下，可以使用大纲视图、鼠标右健菜单，以及完整的大纲编辑状态等编辑方式，如图 11-13 所示。

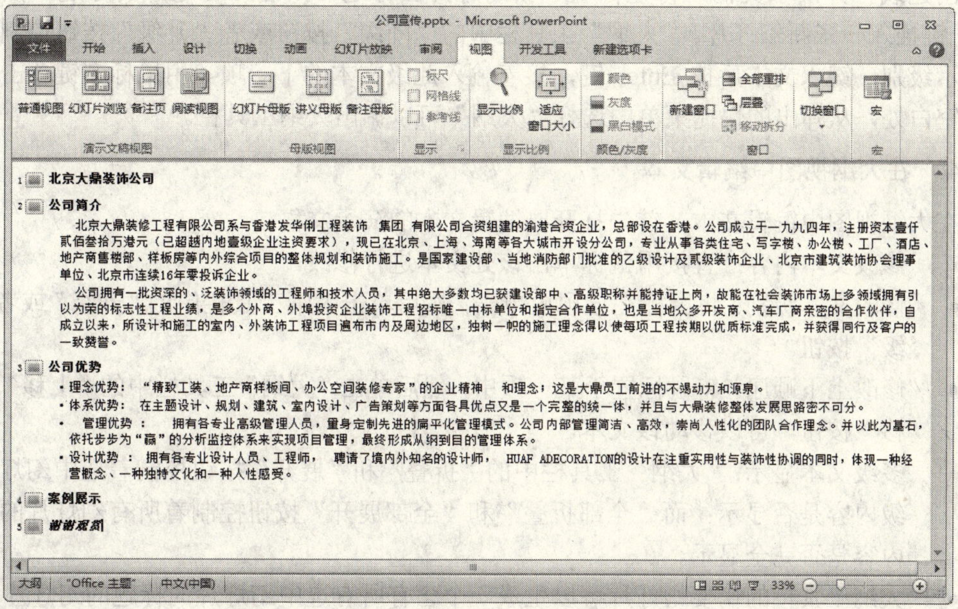

图 11-13　大纲编辑模式

1. 选择幻灯片

在默认情况下，打开演示文稿会进入普通视图，然后同时按下 Ctrl 键和 Shift 键，再单击窗口左下角的“幻灯片浏览”按钮，进入大纲视图。在大纲视图中可以通过下列方式选择幻灯片：

（1）在幻灯片上单击鼠标，即可选中该单张的幻灯片。

（2）按住 Shift 键的同时选中首尾两张幻灯片，可以选中这两张幻灯片之间连续的多张幻灯片。

（3）选中第一张幻灯片，然后按下 Ctrl 键再选择其他幻灯片，可以选中不连续的多张幻灯片。

2. 插入新幻灯片

在大纲视图中插入新幻灯片，首先在左侧的大纲编辑窗口中定位光标到欲插入幻灯片的位置，然后按 Enter 键，新幻灯片即被插入到选中幻灯片的下方；另外一种方式就是，定位光标到欲插入幻灯片的位置，然后执行右键菜单或者执行“插入”下拉菜单中的“新幻灯片”菜单项。

如果想在上一张幻灯片格式的基础上建立新的幻灯片，则在大纲窗格内选中需要的幻灯片，然后从“插入”下拉菜单中选择“幻灯片副本”菜单项即可。另外一种方式就是，在大纲窗格内选中需要的幻灯片，然后从右键菜单或者“编辑”下拉菜单中执行复制操作，定位光标到欲插入幻灯片的位置后，再执行粘贴操作。

3. 在大纲视图中输入文本

创建或打开演示文稿后将光标置于新幻灯片图标之后，键入幻灯片的标题，然后按 Enter 键插入一张新幻灯片。“大纲”工具栏中的“降级”按钮或者“升级”按钮控制文本的显示级别，键入文本后按 Enter 键，接着输入此级文本的下一项。用鼠标右键单击工具栏的空白处，从弹出的快捷菜单中选择“大纲”可以调出大纲工具栏。

4. 在大纲视图中编辑文本

在大纲视图中编辑文本，首先打开要编辑文本的演示文稿。

- 修改文本内容：直接用鼠标单击该处文本进行修改。
- 修改文本级别：将鼠标在该项内单击，然后单击大纲工具栏中的“升级”或者“降级”按钮。
- 修改上下顺序：将鼠标置于某一项中，然后单击“大纲”工具栏中的“上移”、“下移”按钮，可以移动该文本。
- 多级文本显示：“大纲”工具栏中的“折叠”和“展开”按钮控制着选中幻灯片各级内容是否显示；而“全部折叠”和“全部展开”按钮控制着所有幻灯片的各级内容是否完全显示。
- 大纲工具栏的摘要幻灯片可以生成一个含有所有选中幻灯片的标题的幻灯片。

11.3 利用幻灯片编辑多媒体

幻灯片是多媒体组合的具体场所，也是课件制作的主要工作。幻灯片的设计要达到一定的技术性和艺术性的要求，强调教学信息设计和教育传播原理的运用，要求依据多数学习者的学习风格选择和设计媒体，以及媒体的组合形式。

11.3.1 文本编辑

为了便于多媒体的编辑与组织，可以将其他用不到的工具栏隐藏。打开演示文稿，单击右上角“功能区最小化”按钮^，即可隐藏工具栏。在编辑窗格的空白处单击鼠标右键，从弹出的快捷菜单中选择“标尺”等菜单项，以调出标尺、网格和辅助线，辅助媒体对象的编辑，如图 11-14 所示。

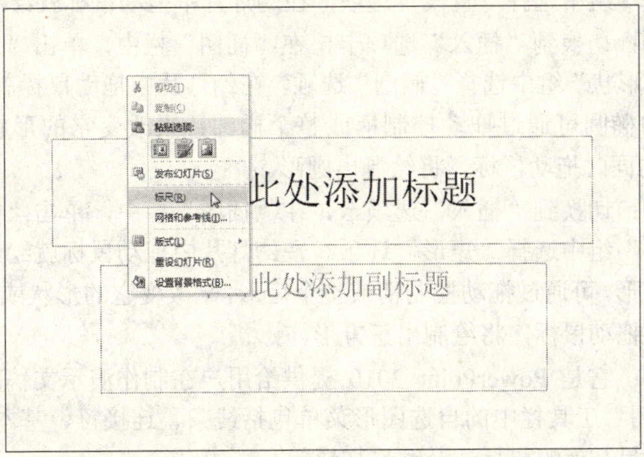

图 11-14　幻灯片编辑

文本实现有 3 种形式，即向占位符中添加文本、向文本框中输入文本，以及在自选图形上输入文本。总之，文本需要借助一定的容器来实现，占位符、文本框和自定义图形都是放置文本的容器。

在大纲中输入的文本自动添加到占位符中，我们也可以选择幻灯片中的占位符中需要添加文本的位置，继续输入文本。占位符本身受幻灯片版式控制，如果需要更换占位符的布局，需要重新选择符合要求的幻灯片版式。幻灯片的版式可以通过任务窗格中幻灯片版式来选取。

文本框分为两类，一类是文字横排的，一类是文字竖排的。标注是一类特殊的文本框，它是带有指向线段的文本框，主要用于图形的注释说明。

自选图形上文本与自选图形形成一体，因此旋转或者翻转该形状时，文本也会一并旋转或者翻转。

- 输入文本：选中容器直接键入文本内容。如果容器中有其他文本内容，则在容器中需要插入文本的位置上单击鼠标，当光标处于竖线闪烁状态时就可输入文本内容。
- 编辑文本：对选中的文本执行格式工具栏中相应的按钮就可以实现文本的设置。这些设置包括字体、颜色、字号、上标、下标、对齐等。如果对大量文字需要较为复杂的修改，建议使用右键快捷菜单的字体命令。

11.3.2　图形图像编辑

PowerPoint 2010 提供图形制作功能和图像的简单修改功能。图形制作主要通过绘图工具来实现；图像的编辑需要借助图片工具栏。

1. 图形制作

线条、圆形和矩形等几何图形是最基本的几何图形，它们的组合可以构成更为复杂的几何图形。

- 直线绘制：切换到“插入”选项卡，在“插图”栏中，单击“插入形状”按钮，在“线条”组中选择“直线”选项，在幻灯片中拖动鼠标就绘制出一条直线。
- 椭圆绘制：切换到“插入”选项卡，在“插图”栏中，单击“插入形状”按钮，在“基本形状”组中选择“椭圆”选项，在幻灯片中拖动鼠标就绘制出一个椭圆。绘制后的椭圆可通过拖动控制柄或整个椭圆，来改变它的形状或位置。如按住Shift键的同时拖动鼠标，将绘制出圆形。
- 矩形绘制：切换到“插入”选项卡，在“插图”栏中，单击“插入形状”按钮，在“矩形”组中选择“矩形”选项。在幻灯片中拖动鼠标就绘制出一个矩形。绘制好的矩形，可通过拖动控制柄或整个矩形，来改变它的形状或位置。如按住Shift键的同时拖动鼠标，将绘制出正方形。
- 自选图形：它是PowerPoint 2010提供给用户在制作演示文稿时使用的现成的形状。“插图”工具栏中的自选图形菜单包括线条、连接符、基本形状、箭头总汇、流程图、星与旗帜，标注及动作按钮等。

2. 图像编辑

图像是借助插入菜单，插入图片命令实现导入的。选中已插入的图片，切换到“设计”选项卡，在弹出的菜单栏中，可以对图片进行设置，包括调整颜色、调整对比度、调整亮度、翻转、剪裁、建立边框、压缩图片、重新着色、设置透明色、删除背景等，如图11-15所示。

图 11-15　图片工具栏

在图片工具栏中单击“图片样式”按钮的下拉按钮或者在插入的图片上面单击鼠标右键，从弹出的快捷菜单中选择“设置图片格式”菜单项，打开如图11-16所示的“设置图片格式”对话框。从而可以对图片进行更加详细的编辑，设置内容包括颜色和线条、尺寸、位置，对图片进行填充及设置三维图像等。

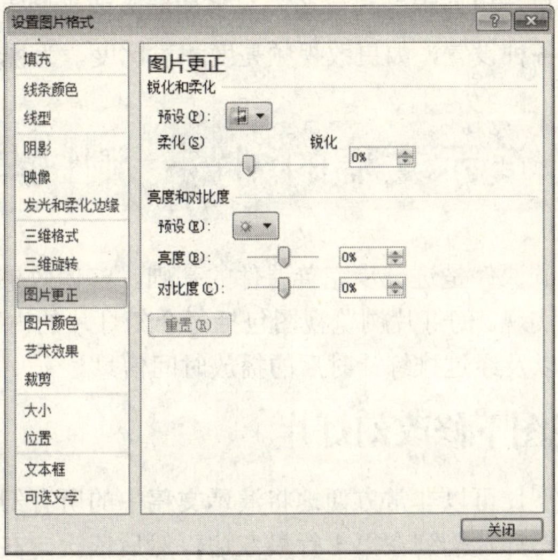

图 11-16　“设置图片格式”对话框

11.3.3　音频视频编辑

音频和视频统称为多媒体，如果想要把课件做得像电影一样的效果，那么没有多媒体是不行的。

PowerPoint 2010 中可以插入的音频文件格式有：ADTS Audio、aiff、au、midi、mp4、wav、wma 等。在课件中应用的声音无非 3 种：背景音乐、动作声音和真人配音。

- 背景音乐的插入方法为：在需要开启音乐的页面，切换到“插入”选项卡，再依次单击“音频”→“文件中的音频”命令，在弹出的对话框中选择合适的音乐，单击“确定”按钮后，会自动弹出对话框。一般情况下，我们选择“自动”，即轮到顺序后自动播放，无需单击。声音插入完成后，在页面正中会出现一个小喇叭图标，单击喇叭，在工具栏中会出现“图片工具”和“声音工具”选项，即可对声音播放进行参数设置。
- 动作声音基本上有两种，一种是幻灯片切换的声音，另一种是自定义动画时的声音。与背景音乐不同，动作只能采用 wav 格式的声音。页面切换声音的插入方法为：切换到“动画”选项卡，在“切换声音”中选择添加即可。自定义动画声音的插入方法为：在自定义动画里，双击任意一个动画，即可进入效果选项，在其中即可添加动作声音。
- 真人配音的插入方法与背景音乐相同，在插入音频时选择“录制音频”选项，即可开始录音。一般建议把声音文件分为一段一段的，每页 PPT 只插入一段，不要跨页播放，以便于修改。

视频文件在 PPT 里主要起到辅助说明的作用，在培训课件、产品介绍、课题汇报等 PPT 里经常使用。PPT 支持的视频格式比较多，包括：avi、wmv、mpeg 等。视频的插入比较简单，就是在工具栏中切换到“插入”选项卡，然后单击“视频”命令。在弹出的下拉列表中选择插入视频的方式，一般有“文件中的视频、来自网站的视频、剪贴画视频”。

插入视频后，工具栏会自动出现视频播放条，为了使插入的视频更加美观，可以通过“格式”选项卡对视频进行各种设置，如更改视频亮度和对比度、为视频添加视频样式等。

11.4 演示文稿的浏览、测试与修改

观看整体效果，测试课件是进一步完善课件的基础。整体效果可以借助幻灯片浏览视图和幻灯片浏览工具来实现。幻灯片浏览视图包括每个幻灯片的内容信息、切换效果信息、是否加载声音的信息，以及经过排练计时后的播放时间信息。

11.4.1 在浏览视图下修改幻灯片

在幻灯片浏览视图下，可以非常方便地将演示文稿中的所有幻灯片以缩小的视图方式排列在屏幕上，第 1 张幻灯片排列在第 1 行最左边，然后依次向右排，第 1 行排满了再排第 2 行，依此类推。因为幻灯片缩得很小，所以在屏幕上一次能够显示很多张幻灯片，可以直观了解所有幻灯片的情况，可以很容易地观察各张幻灯片之间搭配是否协调，当然，还可以很容易地复制、删除和移动幻灯片，添加幻灯片放映时间、选择幻灯片切换效果和进行动画预览，如图 11-17 所示。

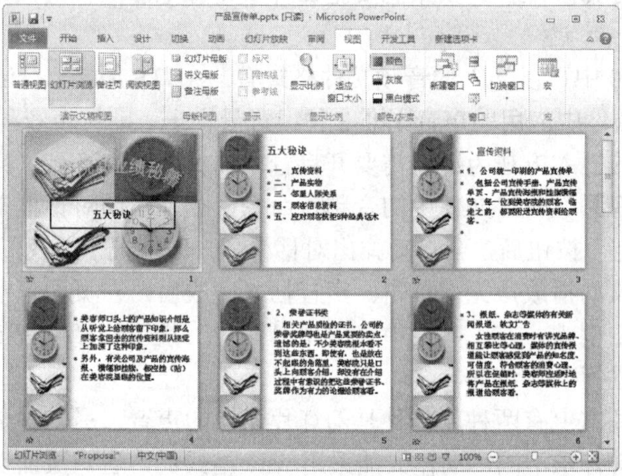

图 11-17　幻灯片浏览

1. 在浏览视图下选择幻灯片

单击窗口左下角的“幻灯片浏览视图”按钮，切换到幻灯片浏览视图。然后进行下列的操作：

- 用鼠标在该幻灯片上选择单张幻灯片。
- 如果要选中连续的多张幻灯片，则首先选中第 1 张幻灯片，然后按住 Shift 键，单击要选中的最后一张幻灯片。
- 如果要选择不连续的多张幻灯片，则按住 Ctrl 键，然后用鼠标单击要选择的每一张幻灯片。

2. 在浏览视图下添加幻灯片

在浏览视图下添加幻灯片，首先打开一个包含多张幻灯片的演示文稿并切换到幻灯片浏览视图，选择需要的幻灯片，切换到“开始”选项卡，然后在弹出的下拉列表中单击“新建幻灯片”命令，并在弹出的“新建幻灯片”对话框中选择需要的版式，这时即在当前位置添加一张幻灯片。

3. 在浏览视图下复制、删除、移动幻灯片

在幻灯片浏览视图中复制、删除、移动幻灯片，首先要打开一个包含多张幻灯片的演示文稿并切换到幻灯片浏览视图。

要复制幻灯片，首先选中要复制的幻灯片，然后单击工具栏中的“复制”按钮，到目标位置后再按“粘贴”按钮。或者按住 Ctrl 键，然后用鼠标拖动要复制的幻灯片，到目标位置后放开。

要移动幻灯片，首先选中要移动的幻灯片，然后单击工具栏中的“剪切”按钮，将光标置于目标位置后，再单击工具栏中的“粘贴”按钮。或者用鼠标直接拖动要移动的幻灯片，到目标位置后放开。

要删除幻灯片，首先选中幻灯片，然后鼠标右键单击，在弹出的快捷菜单中选择“剪切”或“删除幻灯片”选项，或直接按 Del 键。

为了便于编辑与控制，课件的测试可以不必采用全屏播放方式，而是在编辑状态下实现演示文稿的播放。操作方法是按下 Ctrl 键的同时单击“幻灯片放映”按钮。这种测试方式可以检验放映设置和动画效果。这时就可以边观看效果边修改幻灯片。

11.4.2 放映中修改幻灯片

最直观的评价幻灯片的效果就是播放幻灯片。但是通常状态下，幻灯片放映是全屏的播放，对于返回编辑很不方便。此时，在普通视图模式下，选择第一个想要显示的幻灯片，然后按住 Ctrl 键，切换到“幻灯片放映”选项卡，单击“从当前幻灯片开始”按钮，即可进入如图 11-18 所示界面。PowerPoint 2010 在屏幕左上角显示幻灯片的缩略图，这样就能在编辑的时候预览得到结果，其操作与在全屏状态下无任何差别。

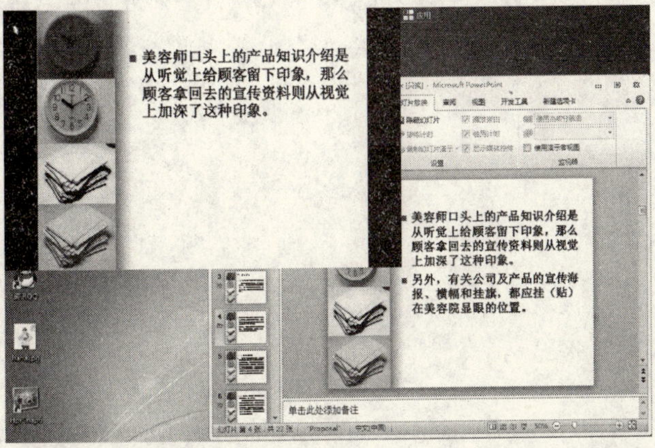

图 11-18　在编辑状态下放映幻灯片

11.4.3 普通视图编辑修改幻灯片

在大纲视图幻灯片选项卡中幻灯片的选取操作与幻灯片浏览视图相同。普通视图编辑演示文稿的好处是可以兼顾整体效果和具体的幻灯片。在幻灯片视图和左侧的幻灯片选项卡中都可以通过“Ctrl + 鼠标滚轮”实现不同比例的缩放操作，以便于修改。

本 章 小 结

PowerPoint 2010 是最常用的课件制作工具。本章主要介绍了如何通过课件开发过程来组织演示文稿的制作过程。在此基础上结合命令实现的多种方式，解决快捷高效地开发多媒体课件的方法。

习　题

（1） 列出运用 PowerPoint 2010 进行课件制作的步骤。
（2） 如何设置文本格式？
（3） 如何修改图片格式？
（4） 四种视图有何特点，各在什么情况下使用？
（5） 如何实现非全屏的幻灯片放映？

第 12 章 Flash CS6 的使用

教学目标：

- Flash CS6 软件的工作环境。
- 各种面板的认识。
- 工具栏的使用。
- 元件和库的操作。
- 补间、按钮、遮罩动画制作。
- 图片、声音的导入及声音的简单控制。
- 文件的保存和发布。

Flash CS6 是一种创作工具，可用来创建诸如从简单的动画到复杂的交互式 Web 应用程序之类的任何作品。通过添加图片、声音和视频，可以使 Flash 应用程序媒体丰富多彩。Flash 包含了许多功能，这些功能使 Flash CS6 不仅功能强大，而且易于使用。

12.1 Flash CS6 基本使用

Flash CS6 是一款优秀的矢量动画设计软件。Flash CS6 是以流控制技术和矢量技术等为核心，制作出的动画具有短小精悍的特点，被广泛用于网页动画的设计，成为当今网页动画制作最为流行的软件，它允许设计人员和开发人员在影片内容中整合视频、文本、音频和图形等，以便在交互营销、动态演示、电子教学和应用程序用户界面中获得绝佳效果。

12.1.1 Flash CS6 入门基础

“磨刀不误砍柴工”，在学习使用 Flash CS6 动画制作以前，有必要首先了解几个与 Flash 有关的基本概念：矢量图、位图、交互等。掌握这几个概念之后，在学习 Flash CS6 的过程中会更加得心应手、事半功倍！

1. 矢量图和位图

图形是 Flash CS6 最重要的元素之一，通过漂亮的图像，可以很容易抓住人们的视线，同时能将想象中完美的形象和超炫的动画直观地表现出来，给人以美的享受。根据显示原理的不同，计算机中的图形可以分为矢量图图形和位图图形。

所谓位图，就是由点阵所组成的图像，如图 12-1 所示。每一个点都有一种颜色和亮度数值，由所有这些点组成了整个图像。从理论上讲，如果点数足够多，可以完全真实表现世界上的各种图像。这也是位图的一个优点，可以逼真地反映外界事物。但是由于位图是采用按点来对应图像的方式，所以在放大、缩小和旋转一个位图时，会出现质量损失、失真严重的情况。而且位图所占的文件量也比较大，这也是它的缺点。

图 12-1　位图

矢量图是由一些基本的图元组成的，这些图元是一些几何图形，如点、线、矩形、圆和弧线等，这些几何图形均可以由数学公式计算后获得。如图 12-2 所示矢量图的图形文件是绘制图形中各图元的命令。显示矢量图时，需要相应的软件读取这些命令，并将命令转换为组成图形的各个图元。由于矢量图是采用数学描述方式的图形，所以由它生成的图形文件相对比较小，而且图形颜色的多少与文件的大小基本无关。另外，在将它放大、缩小和旋转时，不会像位图那样产生质量损失和失真。

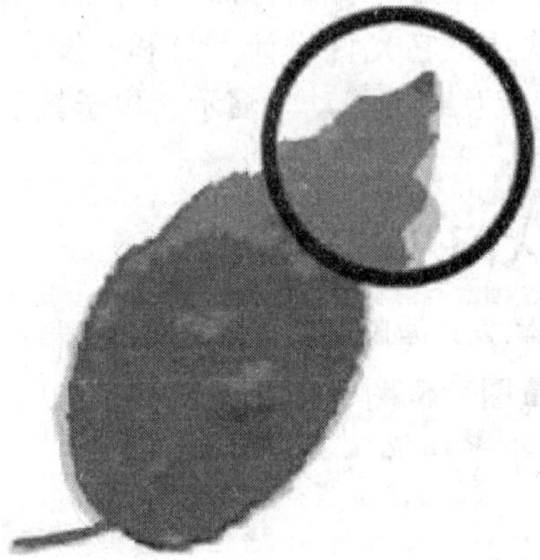

图 12-2　矢量图

2. 交互

一个交互是由一个事件和由此事件引发的响应动作组成的，事件是产生交互的原因（如播放到时间轴上的指定帧或单击某个按钮），而响应是交互的结果或目的（如停止或继续动画的播放、跳转到另外一个场景等）。在 Flash CS6 中可以设置交互操作的有按钮操作交互、键盘按钮操作交互、表单交互、弹出式菜单和下拉菜单等。

12.1.2 Flash CS6 工作环境

Flash CS6 以其便捷、完美、舒适的动画编辑环境，深受广大动画制作爱好者的喜爱，在制作动画之前，应该先熟悉它的工作环境，如图 12-3 所示为 Flash CS6 的主界面。

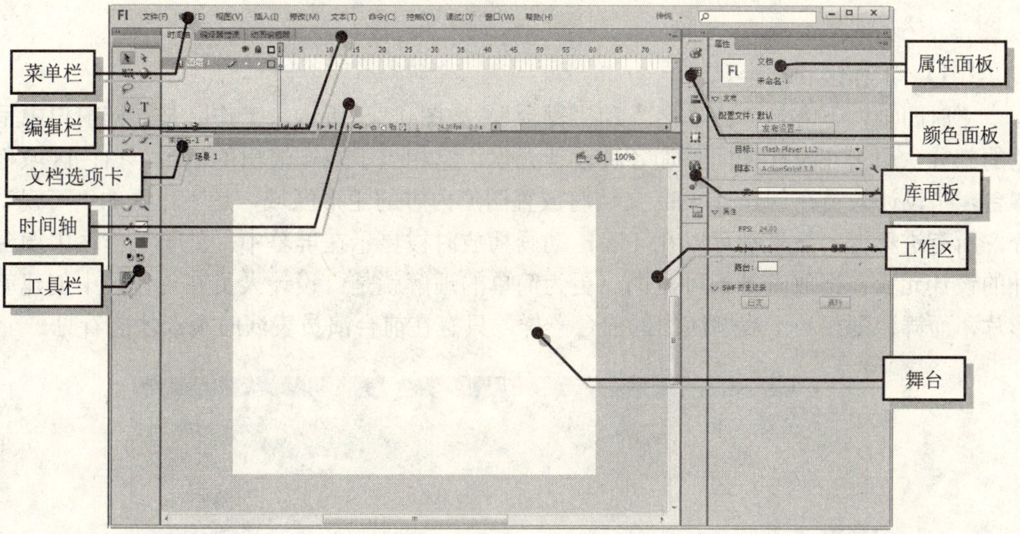

图 12-3 Flash CS6 主界面

1. 工作窗口

Flash CS6 的工作窗口由标题栏、菜单栏、主工具栏、文档选项卡、编辑栏、时间轴、工作区和舞台、工具栏，以及各种面板组成。标题栏、菜单栏和主工具栏与其他 Windows 窗口的标题栏、菜单栏和工具栏并没有任何不同之处，这里主要介绍 Flash CS6 的其他组成部分。

（1）菜单栏。

Flash CS6 的菜单栏中包括文件、编辑、视图、插入、修改、文本、命令、控制、调试、窗口、帮助等 11 个菜单。单击各主菜单项都会弹出相应的下拉菜单，有些下拉菜单还包括了下一级的子菜单。

（2）时间轴。

时间轴是 Flash 动画编辑的基础，用以创建不同类型的动画效果和控制动画的播放预览。时间轴上的每一个小格称为帧，是 Flash 动画的最小时间单位，连续的帧中包含保持相似变化的图像内容，便形成了动画，如图 12-4 所示。

“时间轴”面板分为两个部分：左侧为层查看窗口，右侧为帧查看窗口。一个层中包含着若干帧，而通常一部 Flash 动画影片又包含着若干层。

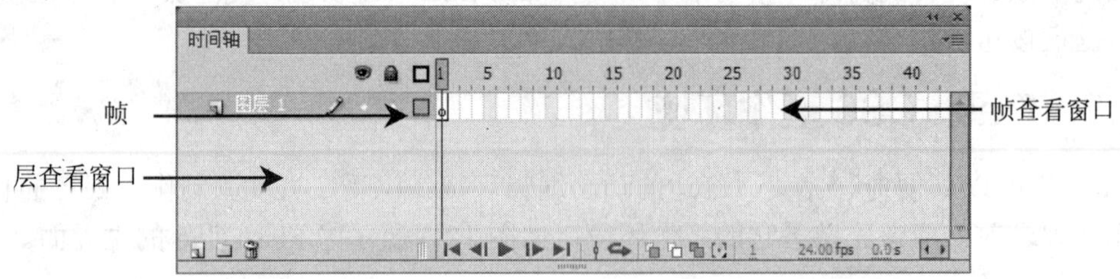

图 12-4　时间轴

（3）　工作区和舞台。

“时间轴”下方是“工作区”和“舞台”，如图 12-5 所示。工作区是文档窗口中呈灰色的部分，用于在设计期间添加各种设计元素，它相当于戏剧演出的后台。白色区域称为舞台，是设计人员在创建 Flash 文档时放置图形内容的矩形区域，是工作区的“可视”部分，所有进舞台的元素都可以在 Flash 动画播放时被显示在屏幕中。处于工作区中舞台之外的设计元素在播放时是不可见的。更为简单的理解就是：设计人员在工作区中创建动画影片，而舞台则相当于戏剧演出的前台一样，只有在前台演员表演时观众才能看见。

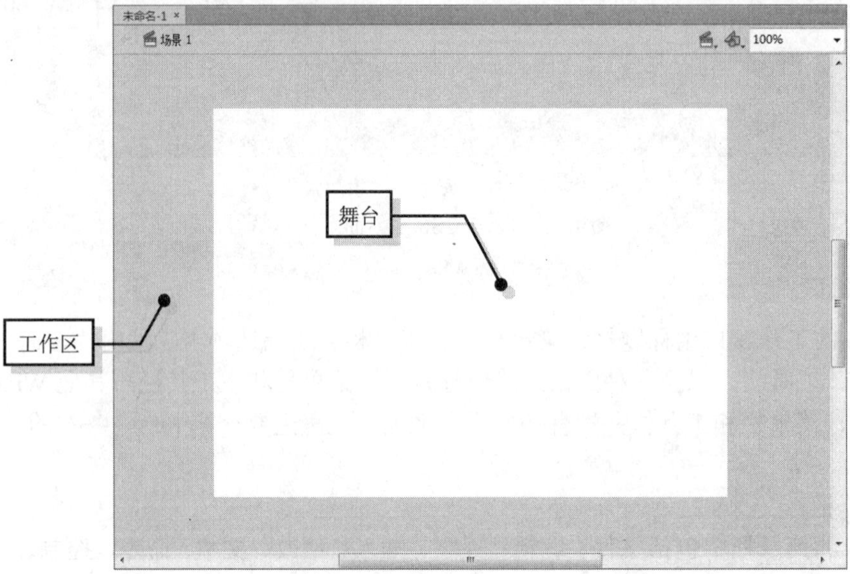

图 12-5　工作区和舞台

通过右侧的“显示比例”下拉列表（如图 12-6 所示），可以更改“舞台”显示比例的大小，设置范围为 8%～2000%；符合窗口大小，自动调节到最合适的舞台大小；显示帧，可以显示当前帧的内容；全部显示，显示整个工作区中包括在“舞台”之外的元素。

默认舞台设置是用白色作为背景色的，大小为 550×400 像素，设计人员可以根据自己的实际需要设置舞台和背景的大小。单击菜单栏的“修改”按钮，打开下拉菜单，选择其中的“文档”菜单项，打开如图 12-7 所示的“文档属性”对话框，即可设置舞台和背景。

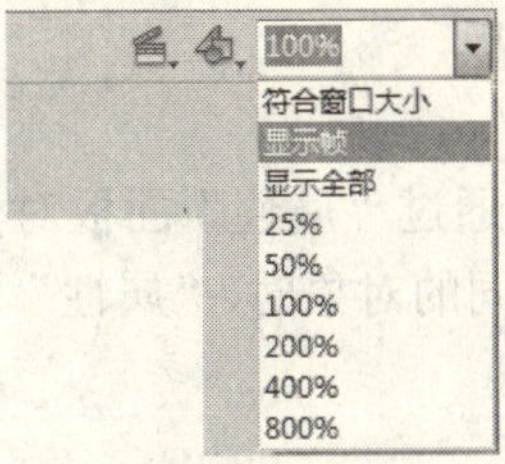

图 12-6　舞台显示比例图

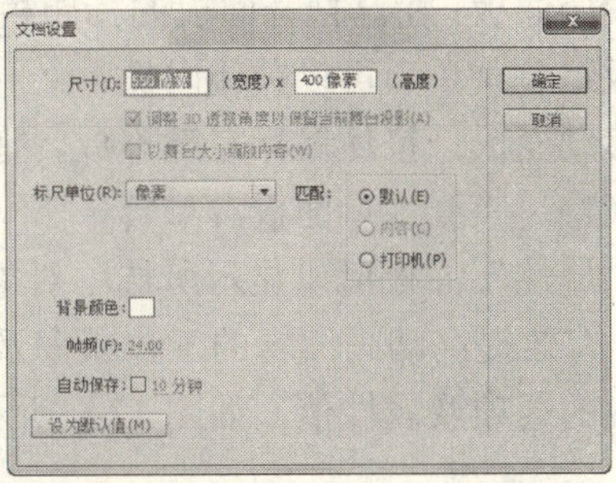

图 12-7　“文档属性”对话框

（4）　工具栏。

工具栏中的工具用于绘制、填充和修改图形，默认位于工作窗口的左侧，如图 12-8 所示。在工具栏的空白处按下鼠标左键，然后拖动鼠标，可以移动工具栏到任意位置。当鼠标指针位于各种工具图标上时，软件自动提示该工具的名称。

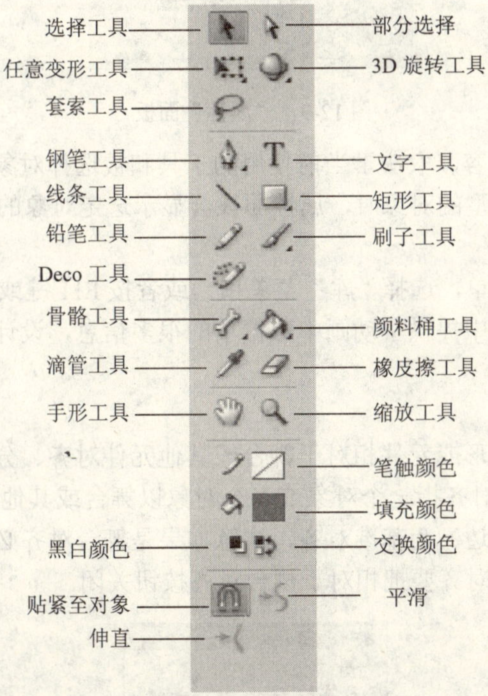

图 12-8　工具栏

2.　面板

顾名思义，面板集就是各种面板的集合。在中文版 Flash CS6 中，面板集中包括“颜色”面板、“对齐”面板、“库”面板、“项目”面板和其他面板组等。

（1）　面板的基本操作。

打开面板：单击相应的面板按钮，即可打开面板，例如单击“颜色”面板按钮，即可打开颜色浮动面板。

关闭面板：在已打开面板的标题栏中单击鼠标右键，然后从弹出的快捷菜单中选择“关闭面板组”菜单项可以关闭面板。

移动面板：按住鼠标左键不放，拖动鼠标即可移动面板。

（2）“属性”面板。

“属性”面板可以显示所选中对象的属性信息，并可通过“属性”面板对其进行编辑修改，有效提高动画编辑的工作效率及准确性。当选择不同的对象时，“属性”面板将显示出相应的选项及属性值，如图 12-9 所示为文档属性面板

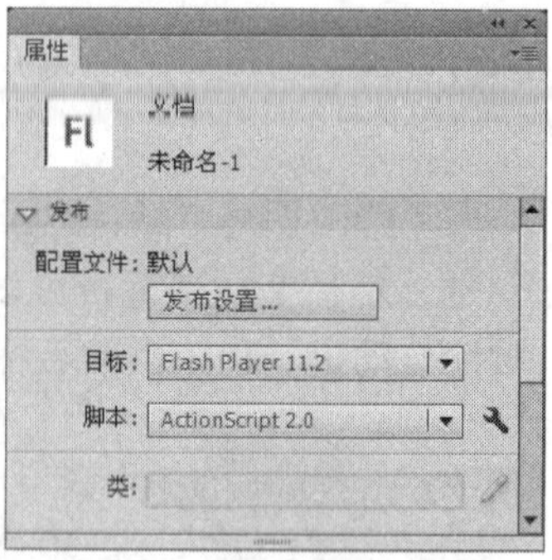

图 12-9 “属性”面板

属性面板中显示的内容，取决于当前使用的工具和被选择对象的各种属性和参数，当选中了两个或多个不同类型的对象时，属性面板会显示选定对象的总数。

（3）“库”面板。

打开“窗口”下拉菜单，选择“库”菜单项，或者按 F11 键或 Ctrl+L 组合键，均可调出或关闭库面板。库面板中提供了动画中数据项的很多信息，设计人员可以方便地查找、组织以及调用资源。

（4）对齐面板。

对齐面板用来设置图形或元件相对于舞台或其他元件对齐、分布匹配大小及间隔，对齐面板如图 12-10 所示。对齐指一个对象或多个对象以舞台或其他对象纵向（左边、中心、右边）、（上边、中心、下边）为基准对齐，注意如果是舞台对齐必须把相对于舞台对齐按钮打开。如是对其他对象对齐要把相对于舞台对齐按钮关闭。

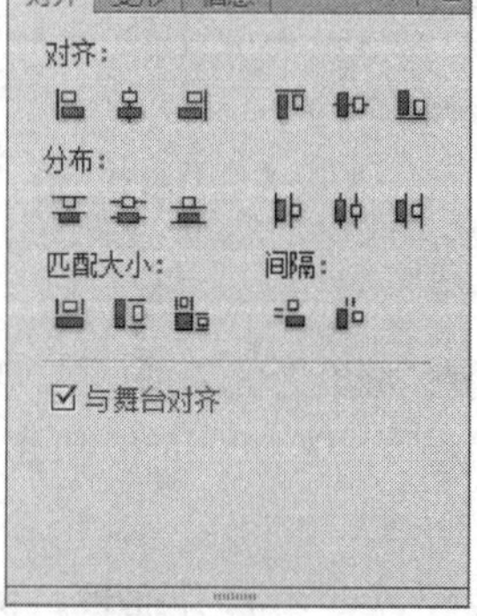

图 12-10 对齐面板图

（5）　变形面板。

变形面板用来改变当前舞台上所选图形或元件大小、旋转、倾斜，也可以直接复制与原图形或元件相同的图形或元件，变形面板如图 12-11 所示。

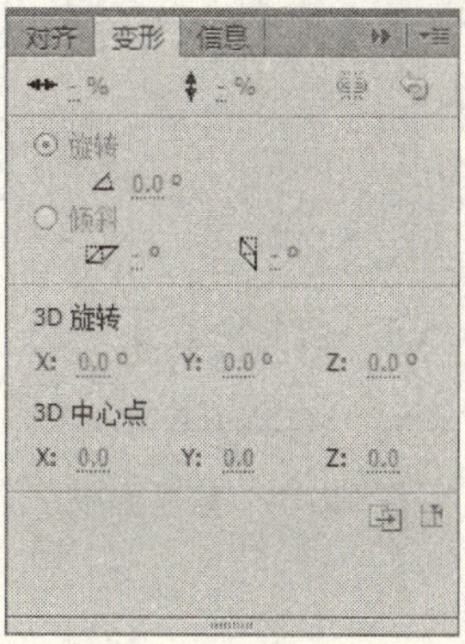

图 12-11　变形面板

（6）　颜色面板。

设计人员可以在颜色面板中直接更改或输入笔触色、填充色，选择填充类型，笔触色和填充色按 8 位进行计算，取值范围是 0～255，颜色面板如图 12-12 所示。

（7）　样本面板。

颜色样本面板主要用来选择笔触颜色和填充颜色，当然，也可以加入自己设计的颜色或渐变色，颜色样本面板如图 12-13 所示。

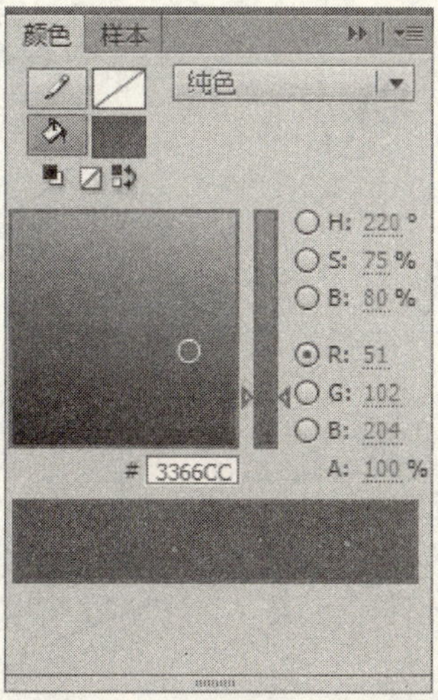

图 12-12　颜色面板图

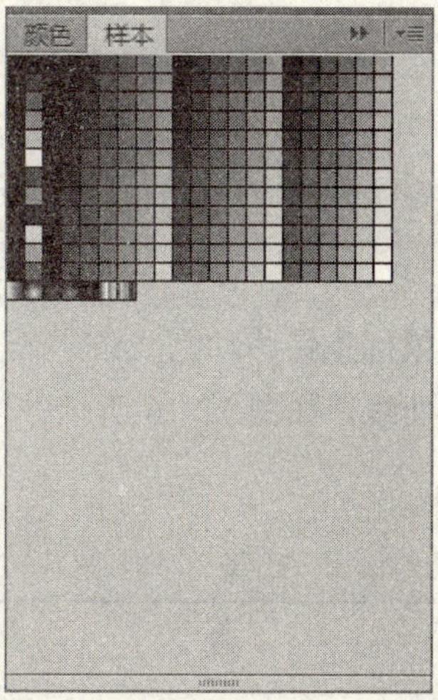

图 12-13　颜色样本面板

（8）　信息面板。

信息面板主要显示当前舞台上所选图形或元件的宽、高、注册点中心的位置，以及该图形或元件左上角所在的坐标，Flash 的坐标是以舞台左上角为坐标原点，向下、向右数值越来越大，信息面板如图 12-14 所示。

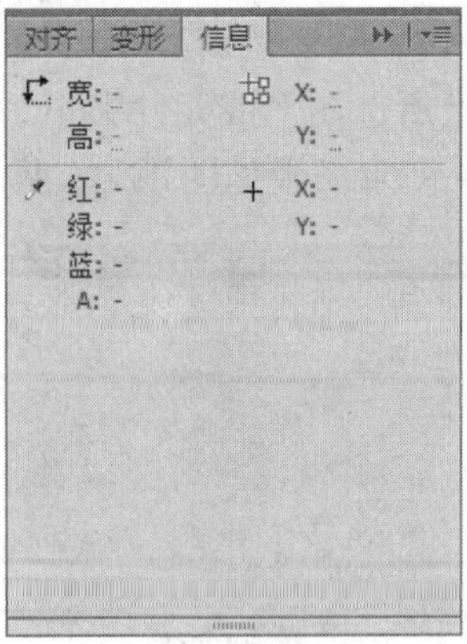

图 12-14 信息面板

12.1.3 绘图工具的使用

图形是动画的基本元素，绘制图形主要是通过绘图工具来实现的，下面介绍常见绘图工具的使用，主要有铅笔工具、矩形工具、线条工具以及钢笔工具等几种。

1. 箭头工具

“箭头工具”的作用是选择对象、移动对象、改变线条或对象轮廓的形状。单击“箭头工具”，然后移动鼠标指针到直线的端点处，指针右下角变成直角状，这时拖动鼠标可以改变直线的方向和长短，如图 12-15 所示。

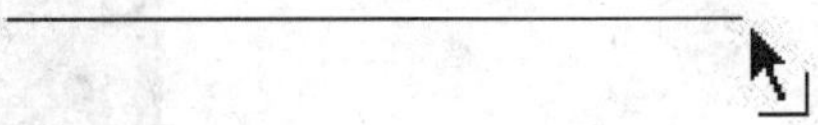

图 12-15 鼠标移到端点处

如果鼠标指针移动到线条中任意处，指针右下角会变成弧线状，拖动鼠标，可以将直线变成曲线，如图 12-16 所示。

图 12-16 鼠标移到线条中间及更改后曲线

2. 部分选取工具

“部分选取工具”用于显示线条和形状轮廓上的锚记点，并通过调整这些锚记点来修改线条和轮廓。用部分选择工具单击锚记点会出现两个手柄，拖动手柄可以改变曲线的形状。按住 Alt 键拖动手柄，可以不影响另一个手柄。拖动锚点可以改变节点的位置，如图 12-17 所示。

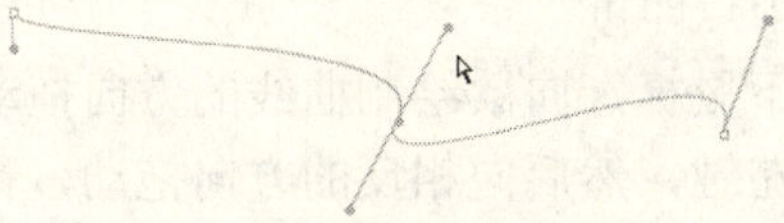

图 12-17　锚记点

3. 任意变形工具

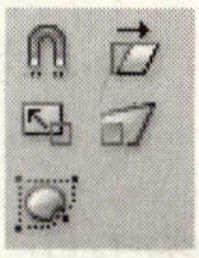

图 12-18　任意变形工具选项

“任意变形”工具可以旋转缩放元件，也可以对图形对象进行扭曲、封套变形。当在工具栏中选择“任意变形工具”后，工具栏的下面就会出现相应的“选项”，如图 12-18 所示。

4. 套索工具

“套索”工具是一种选取工具，使用的时候不是很多，主要用在处理位图方面。选择“套索”工具后，会在“选项”中出现“魔术棒”及其选项和“多边形模式”，如图 12-19 所示，用于创建不规则的选择区域。

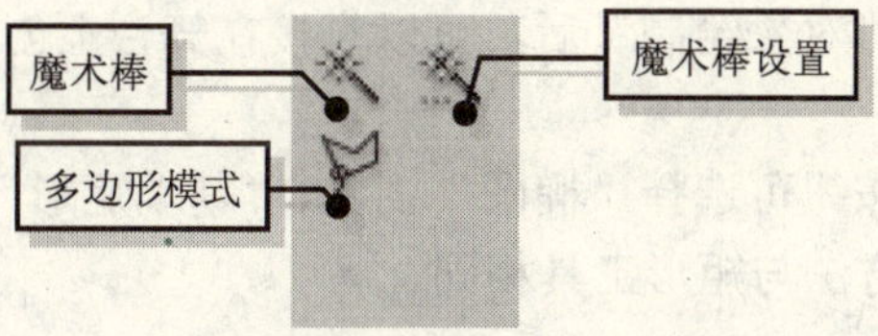

图 12-19　套索工具选项

在“选项”中单击多边形模式，然后单击并拖动鼠标以绘制多边形的各个边，当得到需要的图形时，双击鼠标自动封闭图形，如图 12-20 所示。

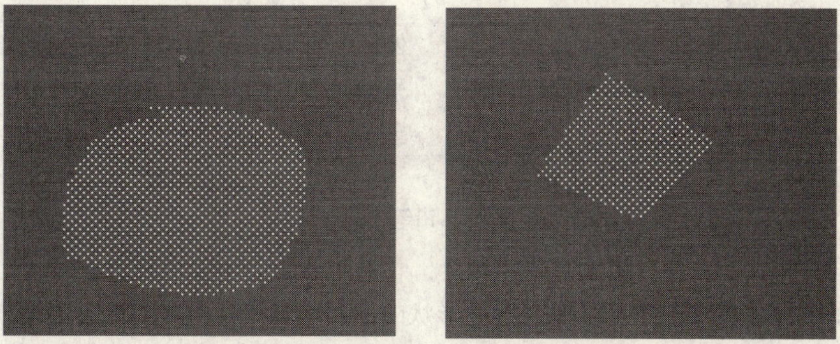

图 12-20　多边形模式关和开所选区域

5. 钢笔工具

“钢笔”工具画直线是非常容易的。将指针定位在舞台上直线开始的地方，单击鼠标，在直线结束的位置再次进行单击即可；继续单击可以创建其他的直线线段，如果希望就此结束，那么双击最后一个点即可。

创建曲线也很简单，按下鼠标，向欲绘制曲线的方向拖动鼠标，在想要结束曲线的位置释放鼠标，再次按下鼠标左键，然后向相反的方向拖动，释放鼠标即可完成。如果觉得这条曲线不满意，可以用部分选取工具来进行调整。

6. 文本工具

“文本工具”用来创建静态文本、动态文本以及输入文本，并且可以在属性面板中设置字体、大小、文本颜色、修饰、对齐方式，以及字母间距、字符格式、文字方向、字体呈现方式等。

7. 线条工具

用鼠标单击工具栏中的“线条工具”，移动鼠标指针到舞台上，在希望直线开始的地方按住鼠标左键，拖动鼠标到结束点后释放鼠标左键，一条直线就画好了。按下鼠标左键的同时按下 Shift 键时可以绘制直线或 45° 直线。

8. 矩形工具

“矩形”工具是一个复选按钮，单击旁边的下三角按钮可以选择多边形。使用该工具可以绘制矩形和多边形，在绘制矩形和多边形时可以按下 Shift 键，绘制正方形或正多边形。选择选项区域中的“对象绘制”后，可以直接在舞台上创建形状，而不会干扰其他重叠形状。

长按“矩形”工具按钮可选择“椭圆”工具、“基本矩形”工具，“基本椭圆”工具、“多角星”工具，使用方法与矩形工具相同。

9. 铅笔工具

“铅笔”工具用来绘制任意线条或形状。使用该工具时按下 Shift 键可以绘制直线。“铅笔”工具的颜色、粗细、样式定义及属性面板和“线条工具”相同，但是增加了线条修饰 3 个选项，如图 12-21 所示。

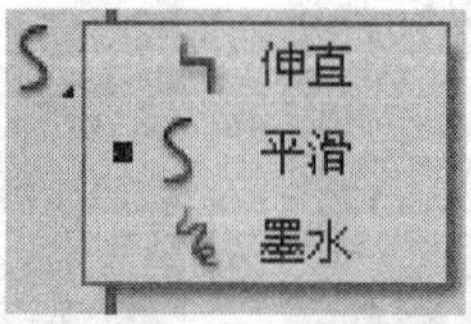

图 12-21　铅笔工具选项

- 伸直模式：在伸直模式下画的线条，它把线条转成接近形状的直线。
- 平滑模式：它把线条转换成接近形状的曲线。和其他模式相比，平滑模式在属性面板中增加了平滑设置选项 平滑 50，平滑设置是指所绘制的曲线像素在设定值内进行平滑处理，超出设定范围不进行平滑处理。

- 墨水模式：不加修饰，完全保持鼠标轨迹的形状。

10. 颜料桶工具

“颜料桶”工具可以对某一区域进行单色、渐变色或位图填充，其不能作用于线条。选择“颜料桶”工具后，在“工具栏”下边的“选项”中单击“空隙大小”按钮，会弹出4个选项，如图12-22所示。封闭空隙指的是填充区域的缺口，这4个选项顾名思义即可。

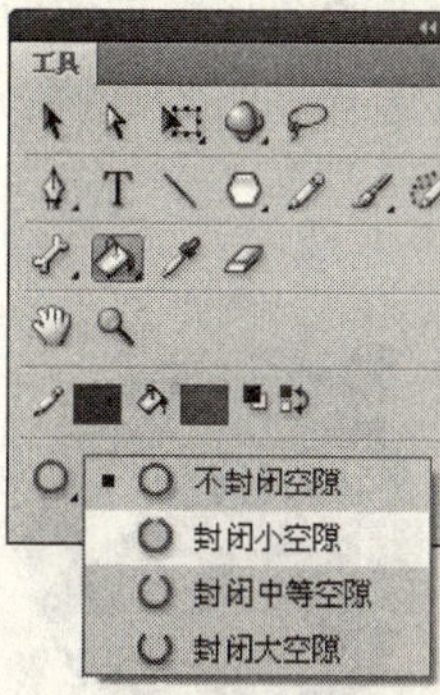

图 12-22　颜料桶工具选项

“锁定填充”对当前图形填充渐变色或进行位图填充时，使填充看起来好像扩展到整个舞台，并且用该填充涂色的对象好像是显示下面的渐变或位图的遮罩，如图12-23所示。

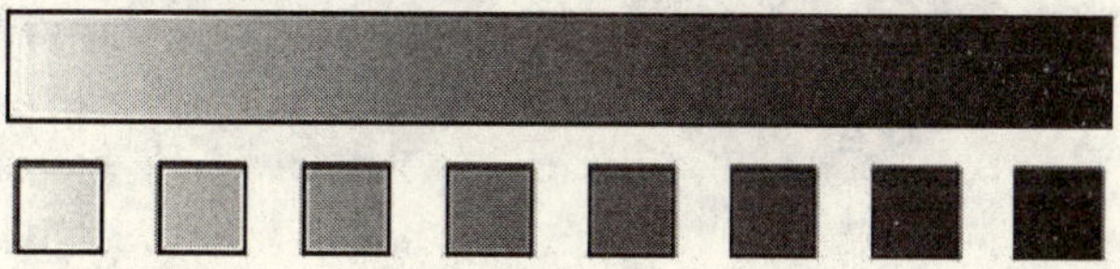

图 12-23　锁定填充

11. 刷子工具

“刷子”工具可以随意地画色块。单击工具栏中的“刷子”工具后，工具栏下面就会显示“刷子”工具的“选项”，以选定画笔的大小和样式，以及它的填色模式，如图12-24所示。在“刷子工具”的“选项”中单击“填充模式”按钮，则弹出填充模式下拉列表，如图12-25所示。

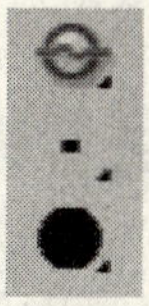

图 12-24　刷子工具选项

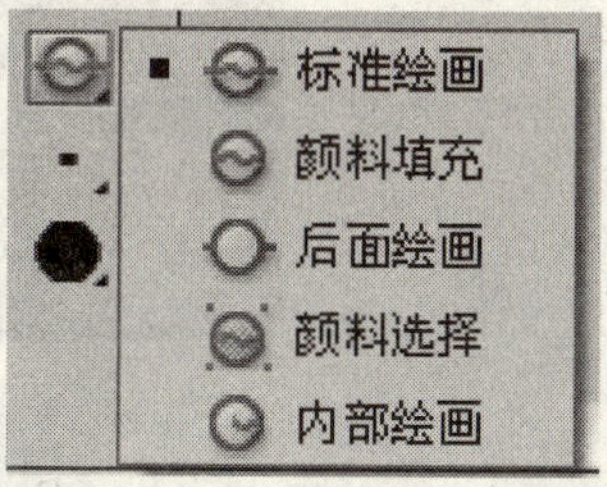

图 12-25　刷子的填充模式

- 标准绘画，刷子工具在绘制时把笔触色及填充色一起绘制。
- 颜料填充，刷子工具在绘制时只把填充色绘制，不影响笔触色。
- 后面绘画，刷子工具在绘制时，如果在原有的图形上绘制时，绘制的颜色只是在图形的后面，不会影响原有图形的笔触色及填充色。
- 颜料选择，刷子工具在绘制时，只有选中图形中的填充色被绘制，没有选中的填充色不影响。
- 内部绘画，只是在鼠标起始点的图形内部绘制，对其他图形没有影响。

刷子工具的属性面板只有填充色选择和平滑选择。这两项与其他工具一样，如图 12-26 所示。

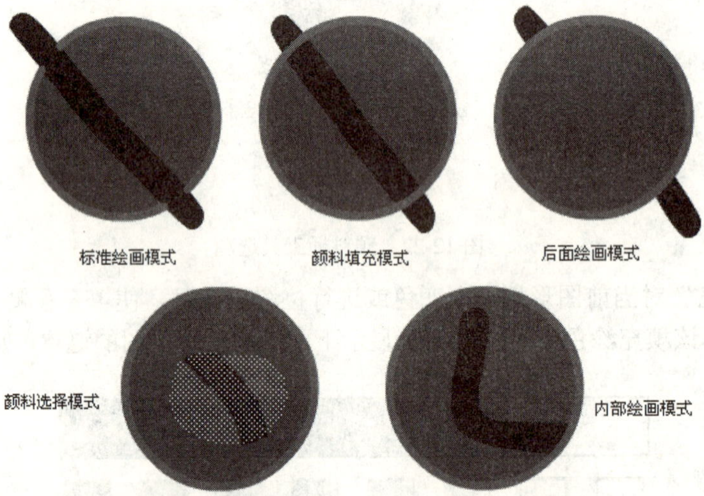

图 12-26　刷子模式效果

当选择“任意变形”工具后，“选项”中的按钮并不是马上都被激活，除了“对齐对象”按钮外，其他按钮都是灰色显示，只有在场景中选择了具体的对象以后，其他 4 个按钮才变成可用状态。选择“任意变形”工具后，单击舞台上的图形，这时图形被一个方框包围着，中间有一个小圆圈（变形点），进行缩放旋转时，就会以它为中心，如图 12-27 所示。 将光标移近变形点，光标下面会多一个圆圈，按住鼠标拖动可以移动变形点。

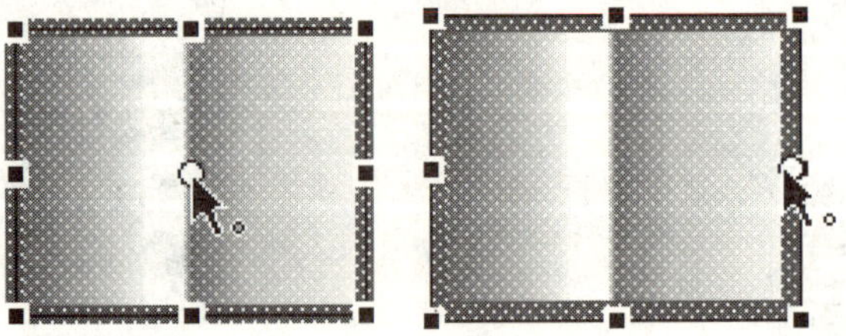

图 12-27　变形点和拖动变形点

选择选项中的“旋转与倾斜”再把鼠标指针移到方框的 4 个角，鼠标变成圆弧状，拖动鼠标，可以围绕控制点旋转图形，如图 12-28 所示。当把鼠标指针移到方框的 4 个边的中间方点时，鼠标变成⥋，拖动鼠标，图形以对边为基准进行倾斜，如图 12-29 所示。

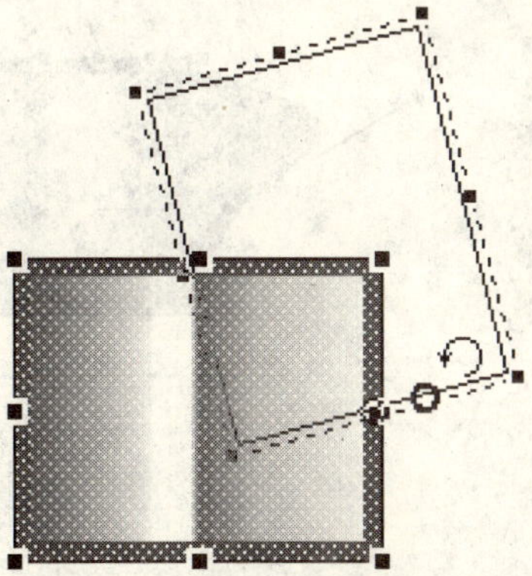
图 12-28 旋转图形

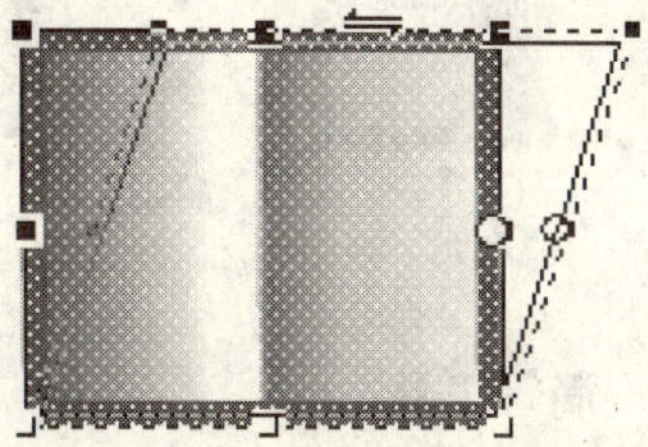
图 12-29 倾斜图形

选择选项中的“缩放”再把鼠标指针移到方框的 8 个控制点时，鼠标变成双箭头⤢状，拖动鼠标，图形以所选控制点的对点或对边为基准进行缩放，如图 12-30 所示。

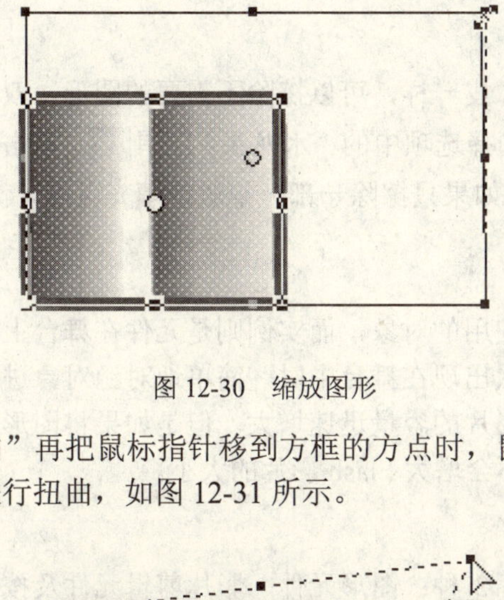
图 12-30 缩放图形

选择选项中的“扭曲”再把鼠标指针移到方框的方点时，鼠标变成白色箭头▷，拖动图形以所选方点为基准进行扭曲，如图 12-31 所示。

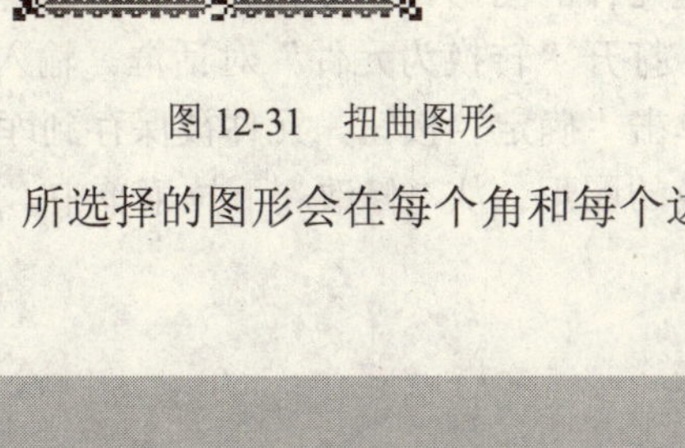
图 12-31 扭曲图形

选择选项中的“封套”，所选择的图形会在每个角和每个边的中间出现变形手柄，把鼠标指针移到方框的方点时，鼠标变成白色箭头▷，表示这时就可以进行封套操作。移动方形改变中心或角的位置，移动圆点改变该图形的边线的曲率，如图 12-32 所示。

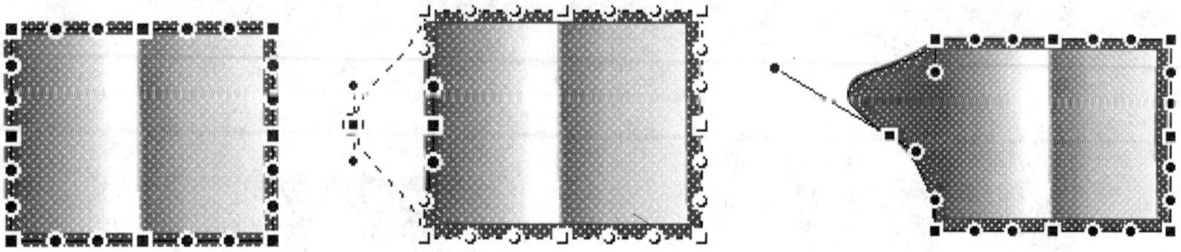

图 12-32　封套操作

12.　滴管工具

“滴管”工具用于从一个对象复制填充和笔触属性，然后立即将它们应用到其他对象。当选择“滴管”工具后，鼠标变成滴管工具图标，移动到填充色时鼠标变成，表示选择填充色属性，按下鼠标左键后，颜料桶工具被选中，鼠标也变成，可以对其他填充色进行填充。如果滴管选择的是笔触色，鼠标会变成，单击鼠标后，墨水瓶工具被选中，鼠标也变成了墨水瓶工具图标，可以对其他笔触色属性进行更改。

13.　橡皮擦工具

“橡皮擦”工具就和橡皮一样，可以擦除不需要的图形。双击“橡皮擦”工具，可以删除舞台上的所有内容。选择选项中的“水龙头”工具，单击需要擦除的填充区域或笔触段，可以快速将其擦除。如果只擦除一部分笔触或填充区域，就必须通过拖动进行擦除。

12.1.4　元件与库

元件是一种可以重复使用的对象，而实例则是元件在舞台上的一次具体使用。当某一个图形需要在不同时刻多次出现在舞台中时，简单地对源对象进行复制不是最佳的解决方法，这样做会导致 Flash 影片的容量迅速增大。但是如果将图形转换为元件，而在舞台中重复使用元件的实例，则不会增大 Flash 影片的大小。

1.　元件的创建

在 Flash 中元件主要有 3 种：图形元件、影片剪辑元件及按钮元件。元件的创建有以下几种方法：

- 单击菜单栏中的“插入”按钮，打开插入下拉菜单，选择其中的“新元件”菜单项。
- 单击菜单栏中的“窗口”按钮，打开窗口下拉菜单，从中选择“库”菜单项，在打开的库面板中单击鼠标右键，选择“新建元件”菜单项。
- 选中舞台上要创建元件的图形，单击鼠标右键，在弹出的快捷菜单中选择“转换为元件”菜单项，打开“转换为元件”对话框。输入元件名称并选择元件类型及注册点位置后，单击“确定”按钮，元件被保存到库。
- 选中舞台中要转换的图形，从“修改”下拉菜单中，选择“转换为元件”菜单项。

2. 库

在 Flash 中，所有的元件都存放于库中，库就相当于我们生活中的仓库，把库中的元件拖放到舞台就是元件的实例，打开“窗口”下拉菜单并选择其中的“库”菜单命令，可以打开如图 12-33 所示的库面板，显示了当前 Flash 文档中的所有元件。

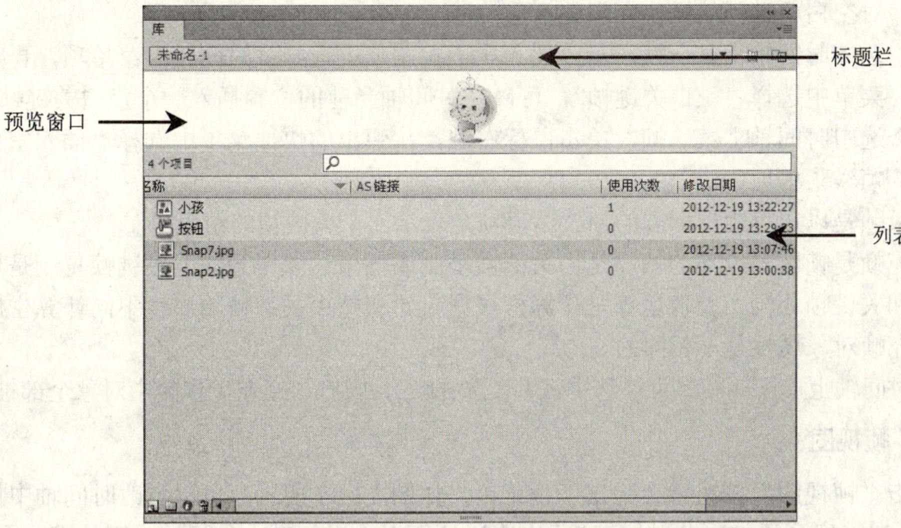

图 12-33　库面板

库面板被分为上下两大部分：预览区域和元件列表。预览区域中显示出当前被选择的元件的内容，对于有多个帧的元件，单击右上方的播放按钮可以对元件进行预览。对按钮元件的预览比较简单，仅仅是轮流显示出按钮元件 4 个帧中的内容，不会对其中包含的影片剪辑进行播放。对于声音文件可以单击上面的播放和停止按钮对声音进行播放和停止。

12.2　课件的制作

“课件”（Courseware）是根据教学目标设计的、反映某种教学策略和教学内容的计算机软件，Flash 是制作课件的重要手段之一。

12.2.1　帧的操作

帧的操作主要包括关键帧、结束帧、填充帧和选择帧等几种，下面分别予以介绍。

1. 帧操作

关键帧在制作动画的过程中是非常重要的，它包含着不同于其他帧的内容，只有定义了关键帧和动画的属性，Flash 才能自动完成动画过程。关键帧又包含关键帧和空白关键帧两种。以黑色实心圆点表示的帧是关键帧，动画的起始点和结束点都是关键帧。

对关键帧的操作介绍如下：

- 选中时间轴上某一帧，选择“插入”下拉菜单中的“时间轴”菜单项，再从级联菜单中选择“关键帧”，可以在时间轴的当前位置插入一个关键帧。
- 选中时间轴上某一帧，单击鼠标右键，从弹出的快捷菜单中选择“插入关键帧”命令。

在一个关键帧中什么对象也没有，这种关键帧称为空白关键帧，空白关键帧以空心的帧表示。对空白关键帧的操作介绍如下：

- 选中时间轴上某一帧，从“插入”下拉菜单中选择“时间轴”菜单项，再从级联菜单中选择“空白关键帧”，可以在时间轴当前的位置插入一个空白关键帧。
- 选中时间轴上某一帧，单击鼠标右键，从弹出的快捷菜单中选择“插入空白关键帧”菜单项。

结束帧是以白色矩形标志的帧。结束帧是表示一个关键帧的结束。

填充帧是帧区间内部的帧，是由关键帧复制或插值运算得到的。关键帧复制是填充帧的对象和关键帧相同，差值运算是计算机根据起始和结束关键帧的属性不同计算生成的，每个填充帧对象属性是不相同的。

在时间轴上单击某帧就可以选中该帧（选择帧），同时该帧在工作区中对象全部被选中。

2. 帧视图

单击“帧视图”按钮会弹出下拉菜单，如图 12-34 所示，可以更改时间轴中帧的大小，以及向帧序列添加颜色以加亮显示它们。还可以在时间轴中包括帧内容的缩略图预览，这些缩略图是动画的概况。

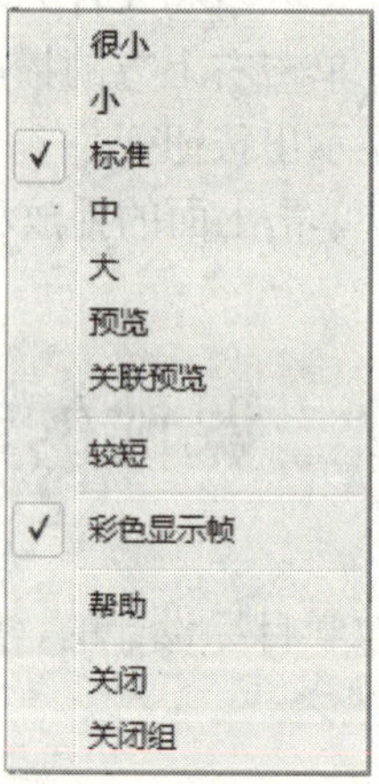

图 12-34 “帧视图”弹出菜单

12.2.2 图层的操作

下面以创建一个椭圆图片的遮罩效果为例，介绍图层的基本操作，步骤如下：

第 1 步，打开“文件”下拉菜单，如图 12-35 所示，选择其中的“新建”菜单项，打开如图 12-36 所示的“新建文档”对话框。在“类型”列表框中选中“ActionScript 3.0”列表项。

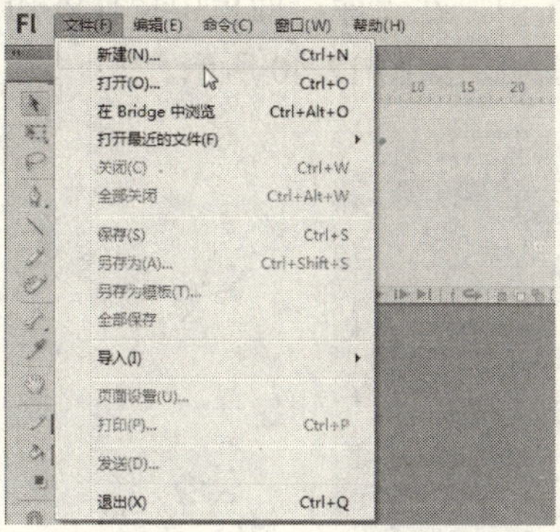

图 12-35　文件下拉菜单

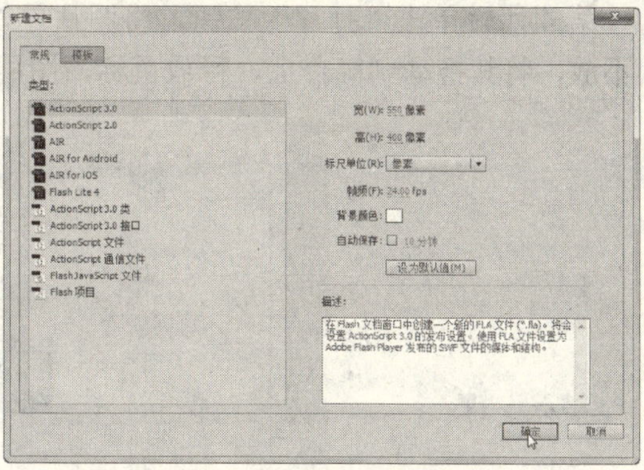

图 12-36　新建文档

第 2 步，单击“确定”按钮，完成 Flash 文档的新建。然后在工作窗口的“舞台”区域，单击鼠标右键，从弹出的如图 12-37 所示的右键菜单中选择“文档属性”菜单项，打开如图 12-38 所示的“文档属性”对话框，并设置文件大小为 400×400 像素，“背景颜色”为白色。

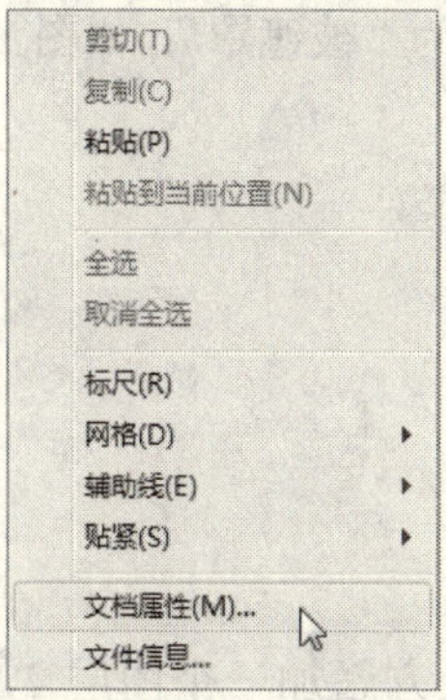

图 12-37　右键菜单

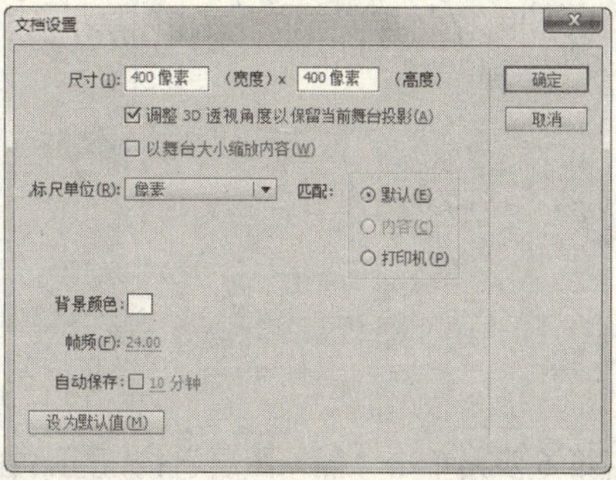

图 12-38　文档属性

第 3 步，单击菜单栏中的“文件”按钮，打开文件下拉菜单，选择其中的“导入”菜单项，再从级联菜单中选择“导入到库”菜单项，打开如图 12-39 所示的“导入到库”对话框。

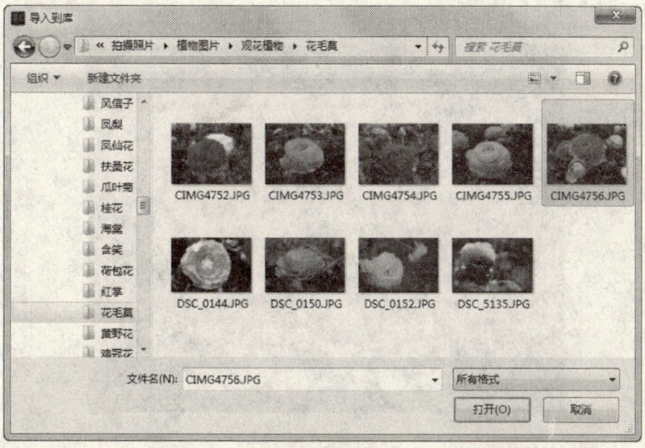

图 12-39　“导入到库”对话框

第 4 步，单击“打开”按钮，将图片导入到 Flash 中。在“库”面板中按住添加的图片不放，将其拖动到舞台上，释放鼠标，图层 1 添加成功，如图 12-40 所示。

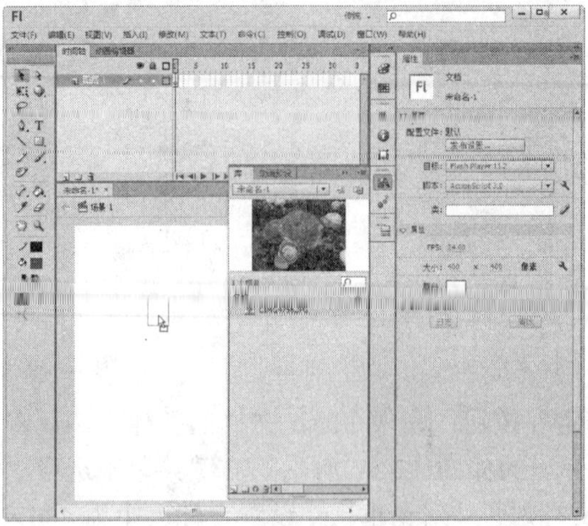

图 12-40　添加图层

第 5 步，在“库”面板中双击图层 1 的名称，将其重命名为“被遮罩”，如图 12-41 所示。

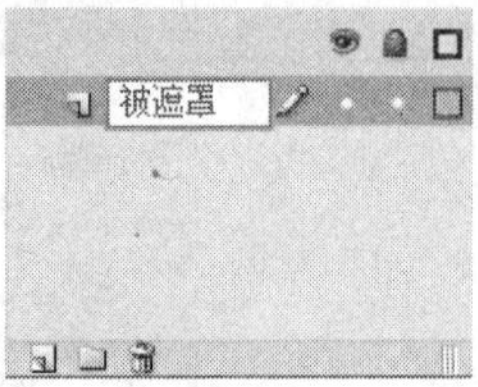

图 12-41　重命名

第 6 步，单击“插入图层”按钮，在被遮罩图层的上方添加一个图层 2，把其重命名为“遮罩”。

第 7 步，选择遮罩层，单击“工具栏”中的“椭圆”工具按钮，拖动鼠标在舞台上绘制一个椭圆，然后拖动椭圆到欲显示图片的部分，此时椭圆下方的图片部分不能被显示出来，如图 12-42 所示。

图 12-42　绘制椭圆

第 8 步，在遮罩层上单击鼠标右键，从弹出的快捷菜单中选择“遮罩层”菜单项，此时被遮罩层就变为了遮罩层的子层，同时两个图层被锁定，完成遮罩效果的设置，如图 12-43 所示。这样舞台上原来被椭圆挡着的部分显示出来，没有挡着的部分不显示，如图 12-44 所示。

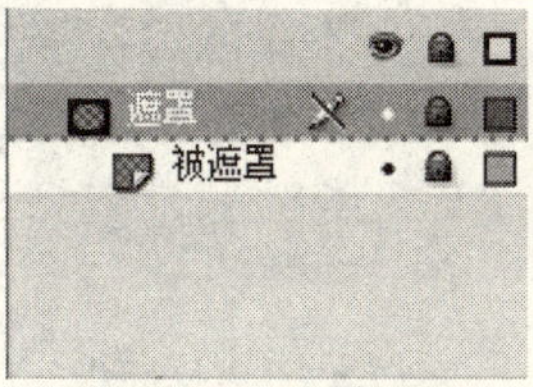

图 12-43　遮罩层

图 12-44　遮罩效果

12.2.3　补间动画

补间动画是 Flash 中非常重要的表现手法之一，运用它，你可以变幻出各种奇妙的不可思议的变形效果。补间动画有两种：形状补间和动画补间，前一个补间的对象是矢量图，后一个补间的对象是实例。

1. 形状补间动画

在时间帧面板上的一个时间点（关键帧）绘制一个形状，然后在另一个时间点（关键帧）更改该形状或绘制另一个形状，Flash 根据二者之间的帧值或形状来创建的动画被称为“形状补间动画”。

（1）　形状补间动画的特性及表现。

形状补间动画可以实现两个图形之间颜色、形状、大小、位置的相互变化，其变形的灵活性介于逐帧动画和动作补间动画二者之间。形状补间动画创建好后，时间帧面板的背景颜色变为淡绿色，在起始帧和结束帧之间有一个长长的箭头，如图 12-45 所示。

图 12-45　形状补间动画在时间帧面板上的标记

（2）　形状补间动画的创建。

下面通过一个实例来介绍形状补间动画的创建，实例为：从一个正五边形转换成一个五角星形，五边形的填充色为黄色，五角星形为红色，两个图形的位置不相同。

第 1 步，创建一个文件大小为 400×300 像素，“背景颜色”为白色的 Flash 文档。

第 2 步，在工具栏中单击“矩形工具”旁边的下拉三角，从下拉列表中选择“多角星形工具”列表项，如图 12-46 所示。

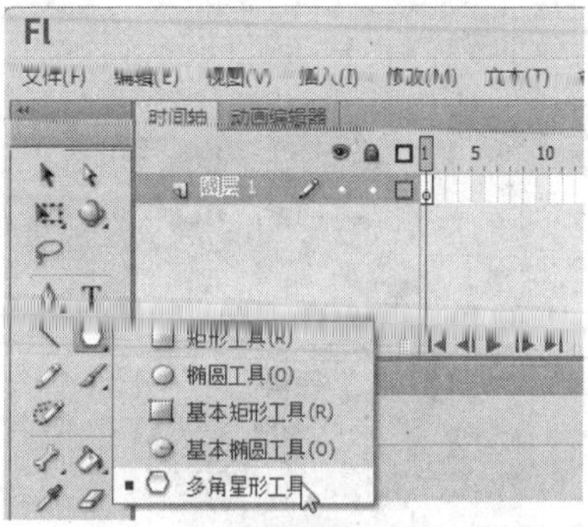

图 12-46　多角星形

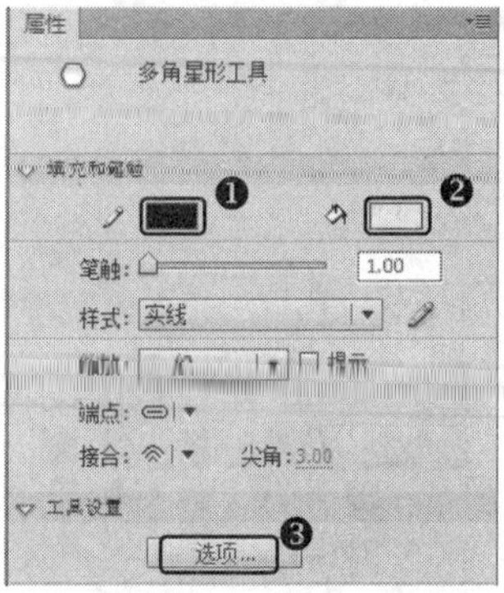

图 12-47　属性面板

第 3 步，在右方的“属性”面板中设置“笔触颜色”为“黑色”，“填充颜色”为“黄色”，如图 12-47 所示；然后单击“选项”按钮，设置“边数”为 5，如图 12-48 所示，最后拖动鼠标绘制一个正五边形，如图 12-49 所示。

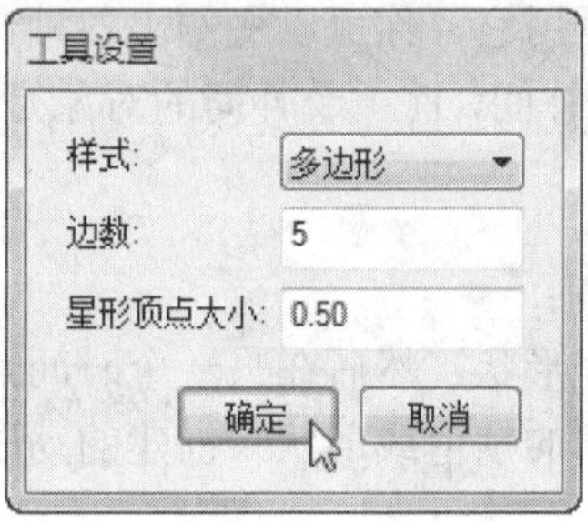

图 12-48　工具设置

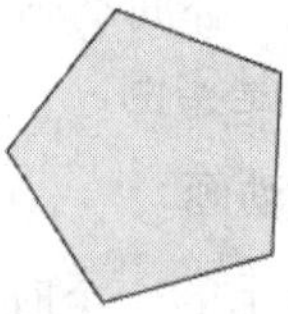

图 12-49　绘制图形

第 4 步，选择图层 1 的第 35 帧，按下“F7”键，插入一个空白关键帧，在第 35 帧上插入一个空白关键帧，如图 12-50 所示。

第 5 步，选择工具栏中的“多角星形工具”，单击“选项”按钮，再次打开“工具设置”对话框，从“样式”下拉列表中选择“星形”，如图 12-51 所示。

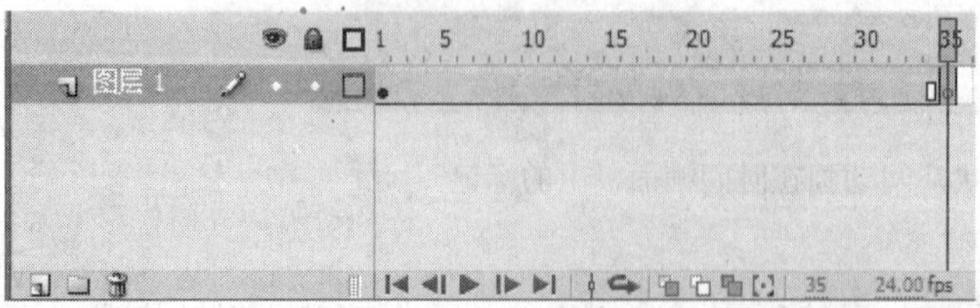

图 12-50　空白关键帧设置

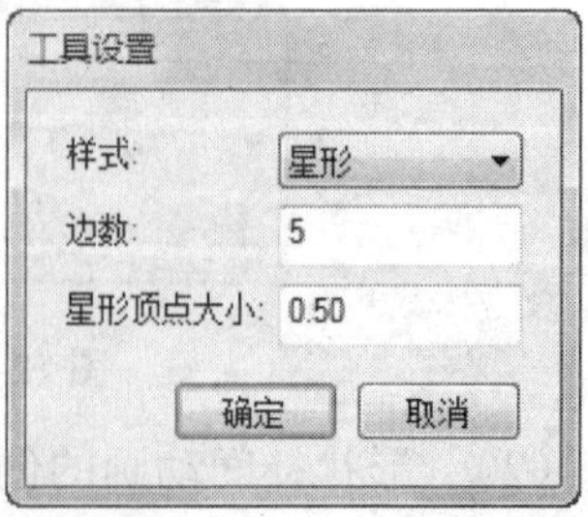

图 12-51　工具设置

第 6 步，在“属性”面板中“笔触颜色”为“黑色”，选择“填充颜色”为红色，如图 12-52 所示。拖动鼠标在舞台上绘制五角星形，注意星形和多边形的位置不同，如图 12-53 所示。

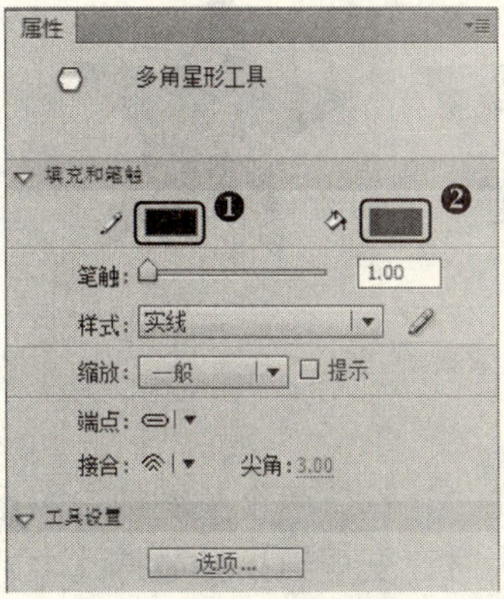

图 12-52 属性面板

图 12-53 图形设置效果

第 7 步，在时间轴选择第 1 帧，执行“插入”→“补间形状”命令，即可以为选择的关键帧创建形状补间动画，如图 12-54 所示。

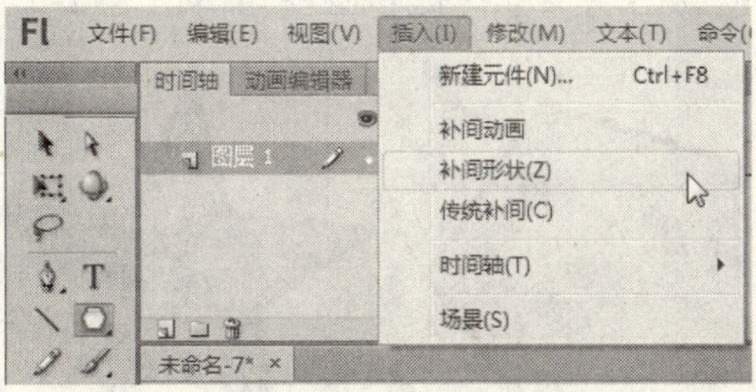

图 12-54 创建补间形状

第 8 步，在“属性”面板中的“混合”下拉列表中选择“分布式”选项，如图 12-55 所示。

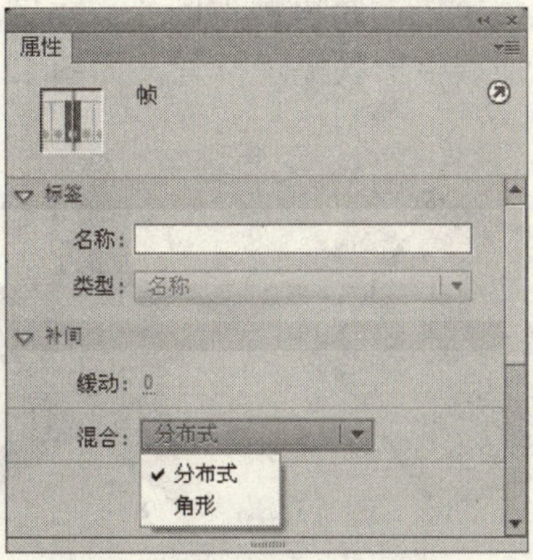

图 12-55 选择“分布式”选项

第 9 步，保存文件，按下“Ctrl+Enter”组合键，欣赏本例的完成效果，如图 12-56 所示。

图 12-56　绘图纸外观动画效果

（3）　形状提示。

形状补间动画看似简单，实则不然，因为 Flash 在“计算”两个关键帧中图形的差异时，远不如我们想象中的一样，尤其前后图形差异较大时，变形结果会显得乱七八糟，这时，“形状提示”功能会大大改善这一情况。下面，继续上一个实例添加形状提示。

第 1 步，在时间轴上单击形状补间动画的开始帧，打开“视图”下拉菜单并选择其中的“显示形状提示”菜单项；打开“修改”下拉菜单，选择“形状”下拉菜单，再从级联菜单中选择“添加形状提示”菜单项。此时，该帧的形状就会增加一个带字母的红色圆圈，相应地，在结束帧形状中也会出现一个“提示圆圈”，如图 12-57 所示。

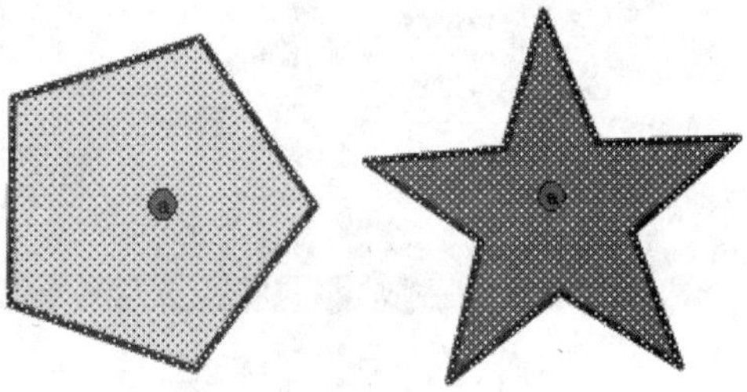

图 12-57　形状提示

第 2 步，单击并分别按住这两个“提示圆圈”，安放到图形的左上角位置，安放成功后开始帧上的“提示圆圈”变为黄色，结束帧上的“提示圆圈”变为绿色。然后再按照上述方法增加 4 个形状提示，分别调整形状提示位置，如图 12-58 所示。

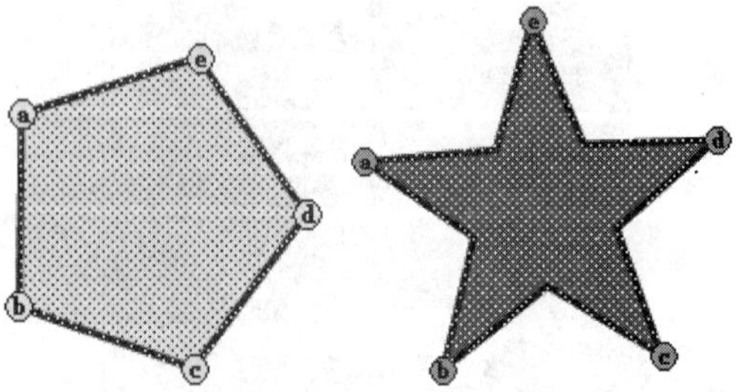

图 12-58　形状提示最终效果

第 3 步，单击绘图纸外观，效果如图 12-59 所示。选择“控制”下拉菜单中的“测试影片”菜单项，观看形状补间动画效果。

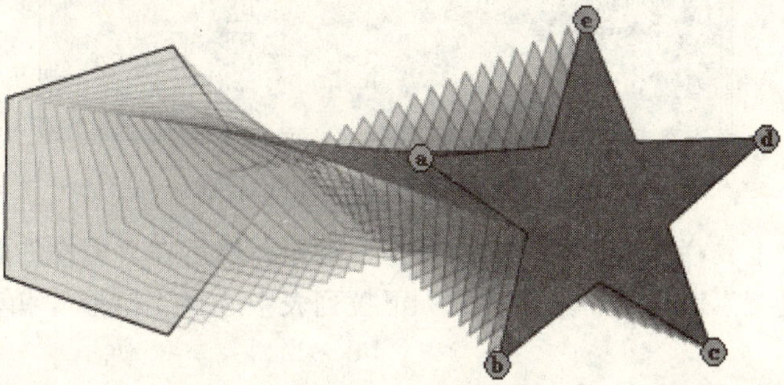

图 12-59　效果图

2. 动作补间动画

在 Flash 的时间帧面板上，在一个时间点（关键帧）放置一个元件，然后在另一个时间点（关键帧）改变这个元件的大小、颜色、位置、透明度等，Flash 根据二者之间的帧的值创建的动画被称为动作补间动画。

（1） 动作补间动画的元素及特性。

构成动作补间动画的元素是元件，包括影片剪辑、图形元件和按钮等，除了元件，其他元素包括文本都是不能创建补间动画的，其他的位图和文本等都必须要转换成元件才行，只有把形状“组合”或者转换成“元件”后才可以创建“动作补间动画”。

动作补间动画建立后，时间帧面板的背景色变为淡紫色，在起始帧和结束帧之间有一个长长的箭头，如图 12-60 所示。

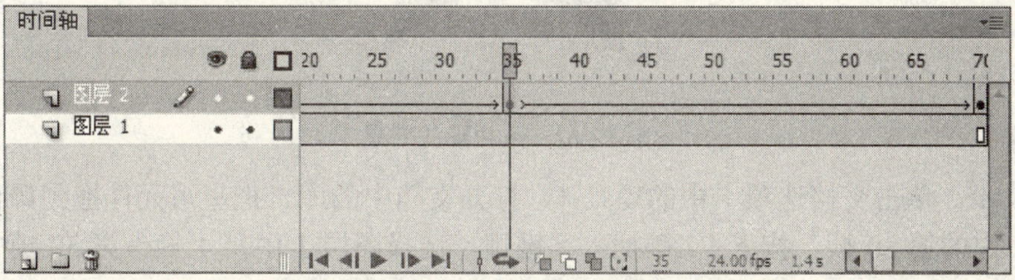

图 12-60　动作补间动画在时间帧上的表现

（2） 创建动作补间动画。

下面通过一个实例来介绍动画补间动画的创建。

第 1 步，新建一个 Flash 文档，并设置其大小为 550×400 像素，“背景颜色”为白色。

第 2 步，打开“插入”下拉菜单，选择其中的“新建元件”菜单项，打开如图 12-61 所示的“创建新元件”对话框，在“名称”文本框中输入“星形”，并从“类型”选项组中选择“影片剪辑”单选按钮。

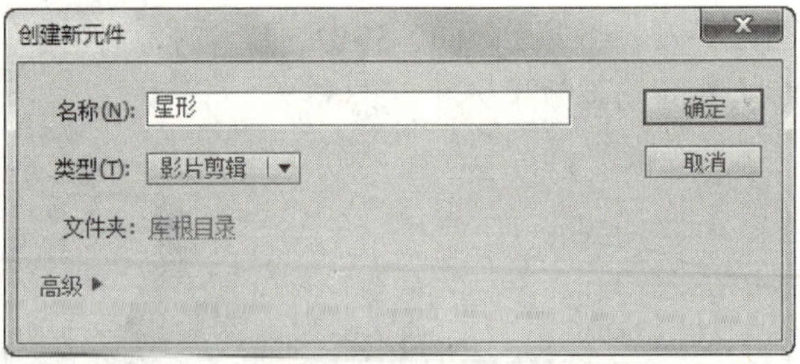

图 12-61 “创建新元件”对话框

第 3 步，在“工具栏”中选择“多角星形”按钮，然后在“属性”面板中单击“选项”按钮打开“工具设置”对话框，从“样式”下拉列表中选择“星形”，单击“确定”按钮保存设置。

第 4 步，在“新元件编辑窗口”中选择第 1 帧，然后在舞台上绘制一个五角星形，设置“填充颜色”为“红色”，“笔触颜色”为“黑色”。打开“对齐”面板，让五角星形相对于舞台中心对齐。

第 5 步，单击“工具栏”中的“线条工具”按钮，“笔触颜色”和“笔触高度”与星形的相同。在选项中把“贴紧至对象”打开，从十字标志向五个角画线，当线条到了五角星的角时，线条会自动到顶角上，最后五角形的效果如图 12-62 所示。

图 12-62 五角形的效果

第 6 步，单击文档选项卡中的场景 1，打开文档中的库，把星形元件拖到舞台上，选择图层 1 中的第 30 帧，按下 F7 键插入关键帧。选择图层 1 中第 1 帧～第 30 帧中的任意一帧，执行“插入”→“传统补间动画”命令，建立动作补间动画，如图 12-63 所示。

图 12-63 动画补间时间轴

第 7 步，改变缓动，观看动画运动速度。单击缓动右侧的编辑按钮，弹出如图 12-64

所示的“自定义缓入/缓出”对话框，对话框纵轴是缓入和缓出速度变化百分比，横轴是补间动画的帧数。

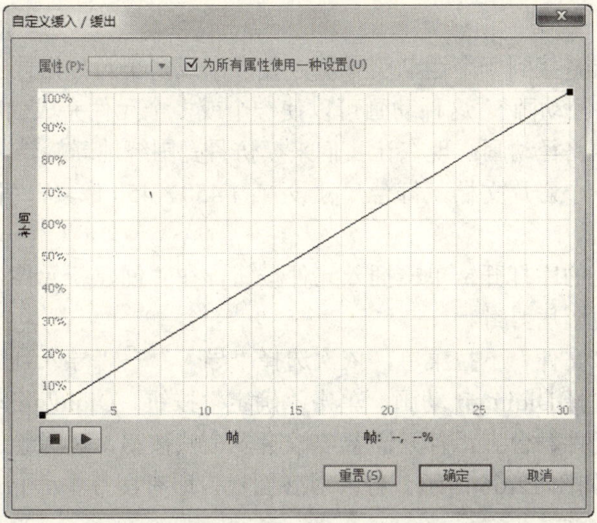

图 12-64　“自定义缓入/缓出”对话框

设计人员可以在自定义缓入/缓出窗口中设置动画补间的各种缓入和缓出效果，清除“为所有属性使用一种设置”复选框，“属性”右侧的下拉列表变为可选，可以选择相应的设置。保持该项的选中，在窗口中斜线上单击鼠标，即可增加一个控制点和两个控制手柄，拖动中间的方块可以调整动画缓入和缓出速度，如果控制点向上移动，缓入速度加快，缓出速度变慢，向下移动相反，调整控制手柄改变直线的曲率，如图 12-65 所示。

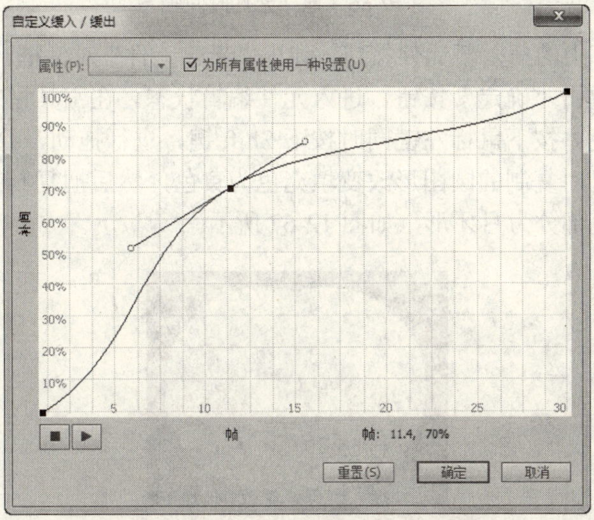

图 12-65　自定义缓入和缓出速度设置

单击下面的“播放”按钮，可以预览调整后的效果，单击“停止”按钮停止预览观看，单击“确定”按钮保存设置，退出“自定义缓入/缓出”对话框。

第 8 步，选择起始或结束关键帧，单击舞台上的五角星形元件实例，在“元件实例属性”面板中更改颜色选项为亮度，调整亮度值，然后播放，实例亮度发生了变化。然后再调整色调、Alpha、高级选项，在播放时发现这几个选项都发生了变化。

3. 引导路径动画

将一个或多个层链接到一个运动引导层，使一个或多个对象沿同一条路径运动的动画形式被称为“引导路径动画”。这种动画可以使一个或多个元件完成曲线或不规则运动。下面让我们做一个引导路径动画：现在让我们来模仿月亮围绕地球旋转。

第 1 步，新建一个影片文档，舞台尺寸设置为 450×450 像素，“背景颜色”设置为黑色。

第 2 步，把文档的库打开，单击插入元件按钮，在“创建新元件”对话框中输入元件名称：地球，类型为影片剪辑。

第 3 步，打开“文件”下拉菜单，依次选择“导入”→“导入到舞台”菜单项，打开“导入”对话框，选择 Diqiu.gif 动画，单击“确定”按钮。Diqiu.gif 动画以单张图片形式一一被导入到地球元件舞台上，打开洋葱皮编辑多个帧按钮，选择绘制全部帧，单击图层 1，所有帧被选中，如图 12-66 所示。打开对齐面板，所有图片中心相对舞台对齐。

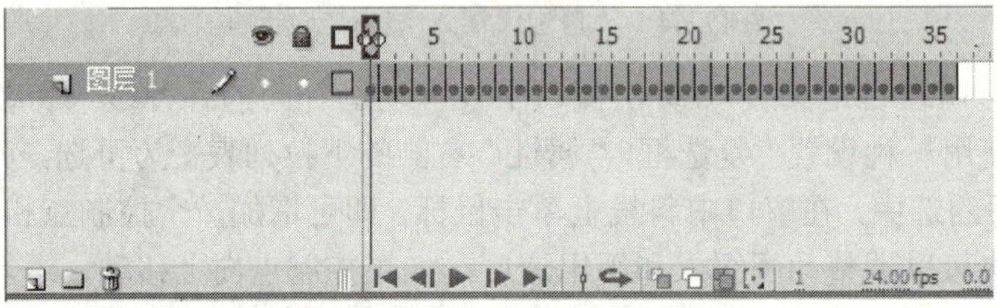

图 12-66　地球元件时间轴

第 4 步，单击库中的插入新元件按钮，弹出“新建元件”对话框，输入元件名：月亮，类型：影片剪辑，单击“确定”按钮，进入元件编辑状态。在工具栏中选择椭圆工具，用笔触色，白色填充色。按下鼠标左键同时按下 Shift 键，进行拖动，绘制圆形，选中圆形，进行复制粘贴操作，对复制的圆图形改变填充色为黄色，然后把复制的圆形移动到白色的图形上，剩下的白色部分为月牙形，如图 12-67 所示。

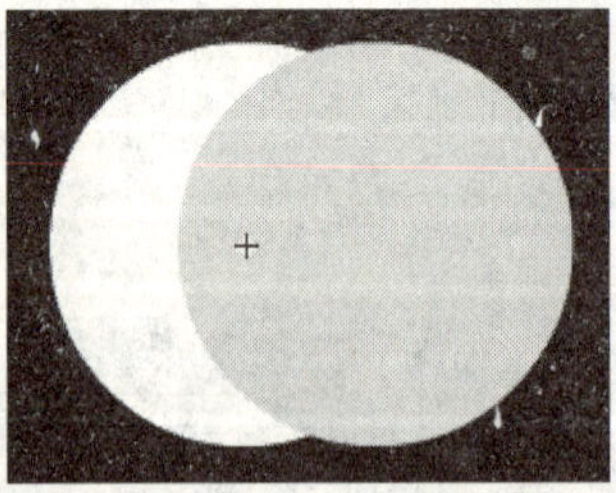

图 12-67　图形叠加

第 5 步，取消对黄色圆选中，由于 Flash 所绘制的图形是矢量图，同一图层的上面的矢量图会覆盖下面的矢量图，所以再选择黄圆，按下 Del 键，删除黄圆，最后的效果如图 12-68 所示。

图 12-68　月亮图形效果

第 6 步，单击文档选项卡上的场景 1，返加主场景，选择图层 1 的第 1 帧，把制作的地球元件拖放到舞台的中心位置，利用任意变形工具把地球元件调整合适大小并把图层 1 改名为“地球”，在地球图层的第 50 帧插入帧。

第 7 步，单击图层区下面的“插入新图层”按钮，在地球图层上插入一个新的图层，更名为“月亮”，选中第 1 帧，把新建的月亮元件拖入到舞台中，利用任意变形工具把月亮元件调整合适大小，在第 50 帧的位置插入关键帧。

第 8 步，在图层区选择“月亮”，单击鼠标右键，在弹出的快捷菜单中选择“添加传统运动引导层”命令，如图 12-69 所示。单击引导层第 1 帧，选择椭圆工具，在舞台上绘制一个以地球元件为中心无填充色的椭圆，然后用橡皮擦工具在椭圆擦一个小口。

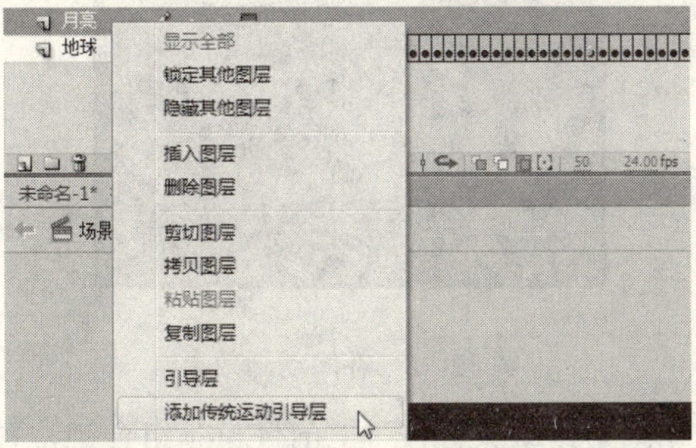

图 12-69　引导层

第 9 步，单击选择工具，把选项中的贴紧至对象选项打开，分别选择月亮图层中的关键帧，用鼠标拖动月亮元件实例中心的圆圈到椭圆线的起始点结束点。月亮元件实例会自动贴紧到两个端点，如图 12-70 所示。

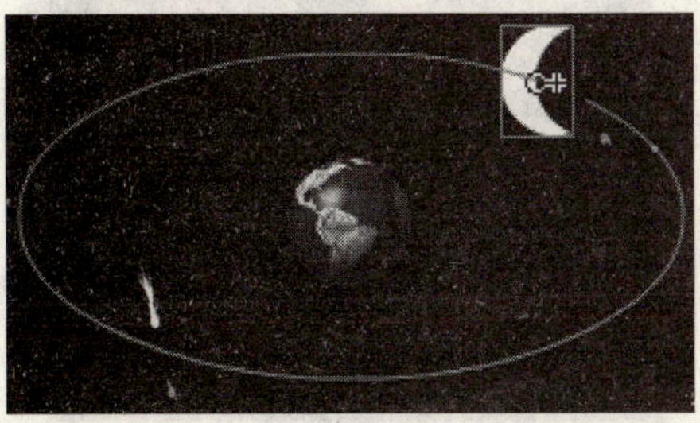

图 12-70　月亮元件与路径贴紧

第 10 步，选中月亮图层中的任意一帧，单击“插入传统补间”，这时动画补间完成，引导路径动画也完成了，如图 12-71 所示。

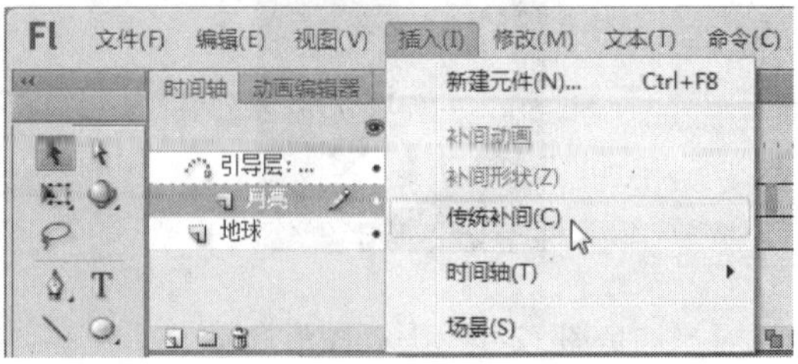

图 12-71　动画补间和时间设置

第 11 步，按下 Enter 键，看到月亮沿着引导路径旋转，但是地球不旋转，这主要是影片剪辑元件动画必须在测试影片或发布以后才能看到效果。选择菜单中的“控制”中的“测试影片”命令，看到月亮围着地球转，而地球也在转，引导路径没有了，如图 12-72 所示。

图 12-72　补间动画效果

第 12 步，引导路径动画最终效果。按下 Ctrl+Enter 组合键，看到月亮沿着引导路径旋转，但是地球也旋转且月亮中心线与路径垂直，月亮也旋转一周，如图 12-73 所示。

图 12-73　动画补间最终效果

4. 遮罩动画

前面我们介绍了有关遮罩的内容，如何做一个遮罩动画呢？下面就用遮罩动画来模仿一幅字画展开。

第 1 步，新建一个文件大小为 800×250 像素，“背景颜色”为白色的 Flash 文档，如图 12-74 所示。

图 12-74　背景白色

第 2 步，用鼠标选中图层 1 的第 1 帧，在工具栏中选择矩形工具，填充色的值为#CCCCCC，无边色。在整个舞台上绘制一个矩形，更改填充色，在工作区中绘制一个矩形，注意第 2 个矩形要小，这样才能做出字画的边。用选择工具选中第 2 个矩形，打开“对齐”面板，用对齐工具把第 2 个矩形相对舞台中心对齐，这样第 2 个矩形相对第一个矩形四条边的边距相等，取消第 2 个矩形选中，再用鼠标工具点击第 2 个矩形填充色，第 2 个矩形被选中。用 Del 键把它删除，现在第 1 个矩形变成了一个中间空的图形。把图层 1 改名为“背景”，在第 40 帧插入一个帧。

第 3 步，单击时间轴工作区下方的“插入图层”按钮，插入一下新图层。把新图层改名为“字”，选择第 1 帧，选中文本工具并在舞台上单击。输入“知识改变命运”几个字，相对于舞台中心对齐，在“属性”面板中更改文字的属性。

第 4 步，单击时间轴工作区下方的“插入图层”按钮，在“字”图层的上方插入一下新图层。更名为遮罩，选择该图层的第 1 帧，用矩形工具在舞台上绘制一个矩形，填充色为任意颜色。矩形的大小与舞台相同。用任意变形工具改变这个矩形的中心点的位置，把中心点移到黑色框的最左边，这样调整的目的是在做形状补间动画时矩形以中心展开，如图 12-75 所示。

图 12-75　遮罩图形注册点中心设置

在遮罩的第 40 帧插入一个关键帧，选择该图层第 1 帧矩形图形，用变形工具改变矩形的宽度，如图 12-76 所示。

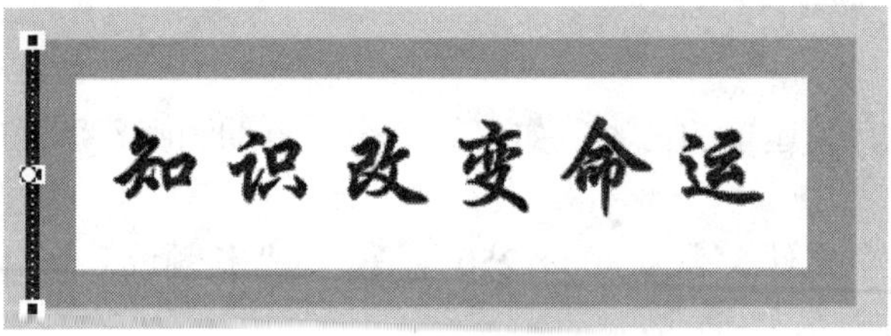

图 12-76　遮罩层第 1 帧遮罩图形

第 5 步，选择遮罩图层中的一帧，单击“插入”→“补间形状”，时间轴遮罩图层形成了补间动画。按下 Enter 键播放动画，遮罩图层中的图形从左到右展开。把下面的图层从左向右覆盖。这不是我们要的效果，我们要求是字画从左向右逐渐展开，如图 12-77 所示。

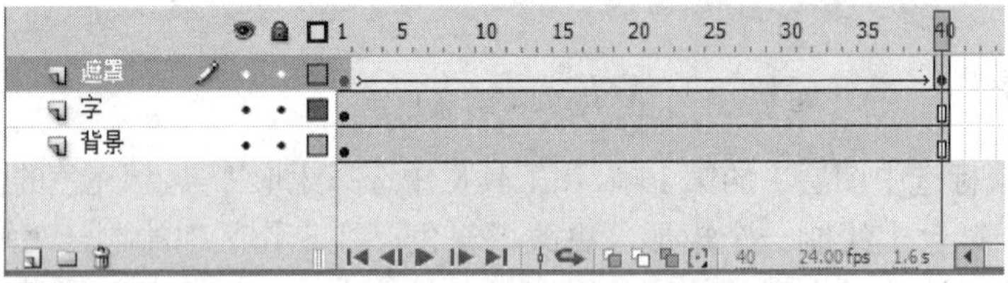

图 12-77　形状补间动画时间轴

第 6 步，选择遮罩图层，单击鼠标右键，在弹出的快捷菜单中选择遮罩层，遮罩层由一般图层更改为遮罩层。播放动画，只有文字从左向右展开，背景不变，主要原因是背景没有形成被遮罩层，如图 12-78 所示。

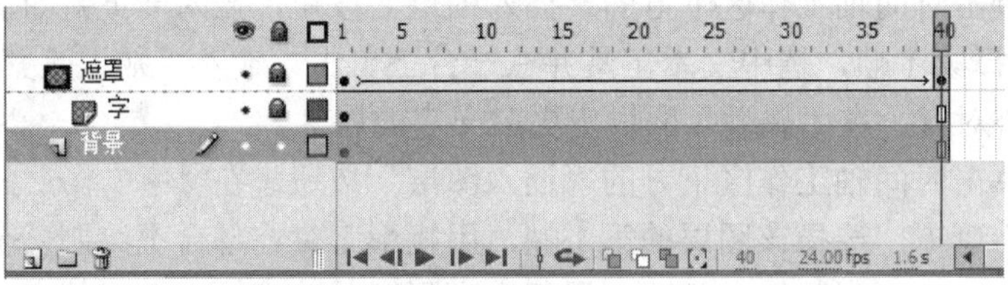

图 12-78　遮罩动画时间轴

第 7 步，选择背景图层，向上移动，呈黑心实线时放开鼠标，这时背景图层图标变成被遮罩层图标，并且该图层收缩到遮罩图层下方，如图 12-79 所示。

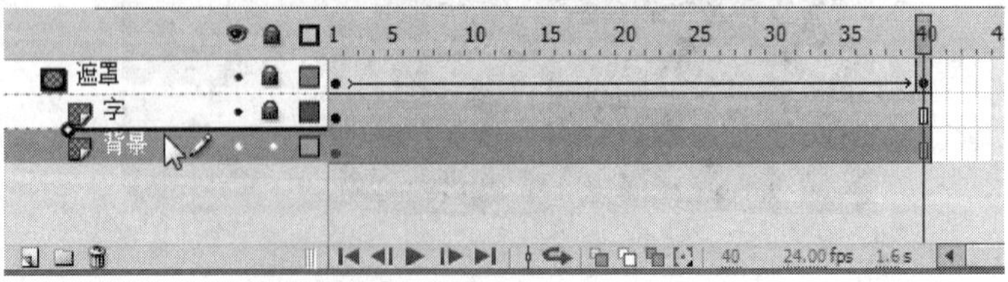

图 12-79　遮罩图层

第 8 步，播放动画，字画从左向右展开，如图 12-80 所示。

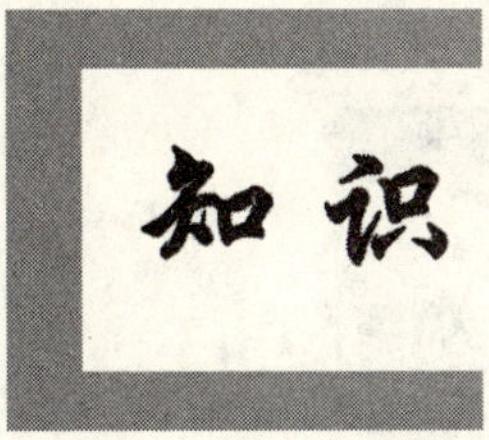

图 12-80 遮罩动画最终效果

12.2.4 加入声音

Flash 提供了许多使用声音的方式。可以使声音独立于时间轴连续播放，或使动画与一个声音同步播放。还可以向按钮添加声音，使按钮具有更强的感染力。另外，通过设置淡入淡出效果还可以使声音更加优美。由此可见，Flash 对声音的支持已经由先前的实用，转到了现在的既实用又求美的阶段。

1. 将声音导入 Flash

只有将外部的声音文件导入到 Flash 中以后，才能在 Flash 作品中加入声音效果。能直接导入 Flash 的声音文件，主要有 WAV 和 MP3 两种格式。如果系统上安装了 QuickTime 4 或更高的版本，就可以导入 AIFF 格式和只有声音而无画面的 QuickTime 影片格式。

第 1 步，新建一个 Flash 影片文档或者打开一个已有的 Flash 影片文档。

第 2 步，打开“文件”下拉菜单，依次选择“导入”→“导入到库”命令，打开如图 12-81 所示的“导入到库”对话框。在该对话框中，选择要导入的声音文件，单击“打开”按钮，将声音导入，如果要导入多个声音文件，可以用 Ctrl 键或 Shift 键进行选择。

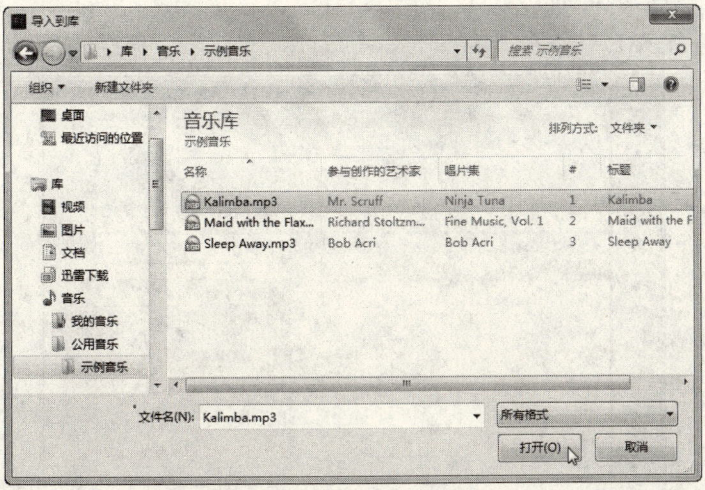

图 12-81 “导入到库”对话框

第 3 步，声音导入后，就可以在“库”面板中看到刚导入的声音文件，可以像使用元件一样使用声音对象了，如图 12-82 所示。单击预览窗口中的播放按钮，可以对选择的声音文件进行预览，单击停止可对该声音进行预览。

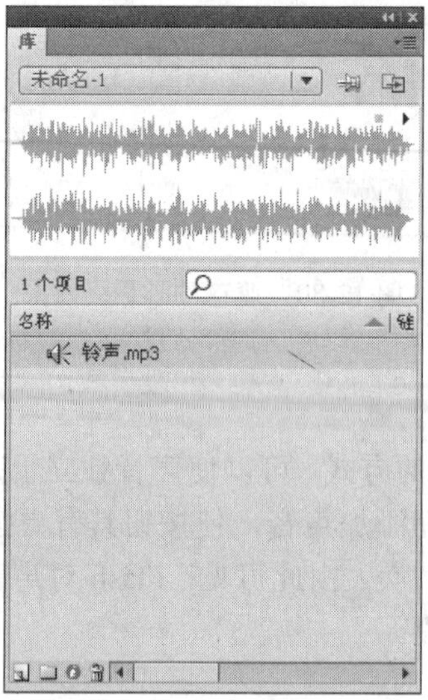

图 12-82 “库”面板中的声音文件

2. 引用声音

将声音从外部导入 Flash 中以后，时间轴并没有发生任何变化。必须引用声音文件，声音对象才能出现在时间轴上，才能进一步应用声音。

第 1 步，将“图层 1”重新命名为“声音”，选择第 1 帧，然后将“库”面板中的声音对象拖放到场景中，或单击“属性”面板中的声音右侧的下三角按钮，所有导入的声音都在里面，选择需要的声音，如图 12-83 所示。

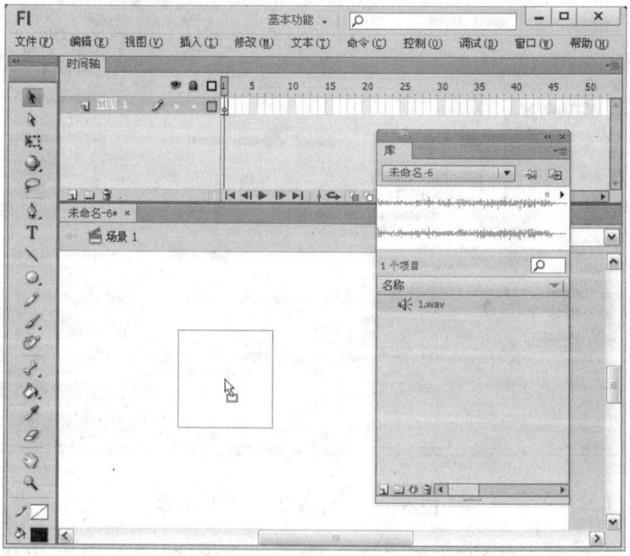

图 12-83 将声音引用到时间轴上

第 2 步，这时会发现“声音”图层第 1 帧出现一条短线，这其实就是声音对象的波形起始，任意选择后面的某一帧，比如第 30 帧，按下 F5 键，可以看到声音对象的波形，这说明已经将声音引用到“声音”图层了。按一下键盘上的 Enter 键，可以听到声音了，如图 12-84 所示。

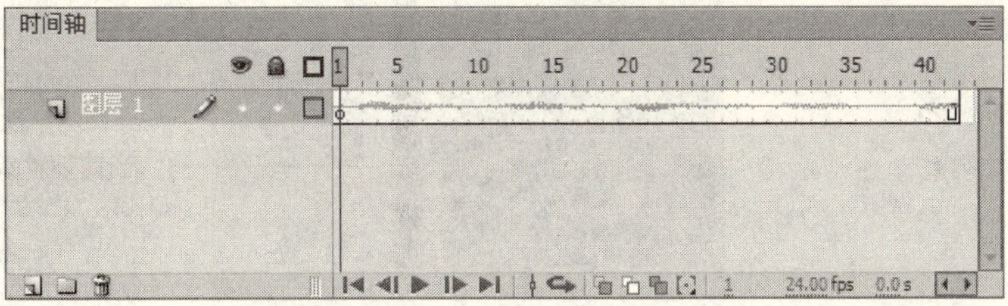

图 12-84　图层上的声音

12.2.5　按钮动画

按钮元件是 Flash 的基本元件之一，它具有多种状态，并且会响应鼠标事件，执行指定的动作，是实现动画交互效果的关键对象。从外观上，按钮可以是任何形式。比如，可能是一幅位图，也可以是矢量图；可以是矩形，也可以是多边形；可以是一根线条，也可以是一个线框；甚至还可以是看不见的“透明按钮”。

下面通过一个实例来介绍按钮动画，当鼠标滑过舞台时，出现一个个从白到黑的渐变小球，小球由小变大，向上移动。

第 1 步，新建一个 Flash 影片文档，设置舞台尺寸为 200×200 像素，背景颜色设置为黑色，其他保持默认设置。

第 2 步，打开“库”面板，单击插入新元件，在弹出的“创建新元件”对话框中，元件名称为空按钮，类型为按钮，单击“确定”按钮。进入按钮编辑状态。

第 3 步，单击帧，插入一个空白关键帧，用工具栏中的矩形工具在舞台上绘制一个正方形图形。用“对齐”面板使正方形图形相对舞台中心对齐。

第 4 步，单击“库”面板下面插入新元件，在弹出的“创建新元件”对话框中输入元件名为“donghua”，类型为影片剪辑，单击“确定”按钮。进入“donghua”影片剪辑编辑状态。

第 5 步，把空按钮元件播放到“donghua”影片剪辑舞台上，单击图层 1 中的第 2 帧，插入一个空白关键帧，选择工具栏中的矩形工具，打开“颜色”面板，如图 12-85 所示。本例中笔触色为无，填充色类型为径向渐变，填充色为样式面板下面渐变区中第二个黑白，用椭圆工具在舞台上绘制一个圆，圆的大小与按钮的点击帧方形相同，与舞台中心对齐，然后在第 15 帧插入一个关键帧。把第 15 帧内的圆图形向上移动一段距离。再选择第 2 帧把缩小圆图形的大小，比原来小 50%。

第 6 步，单击第 2 帧，从“属性”面板中的动画类型中选择形状，于是从第 2 帧到第 15 帧就形成了一个补间动画。

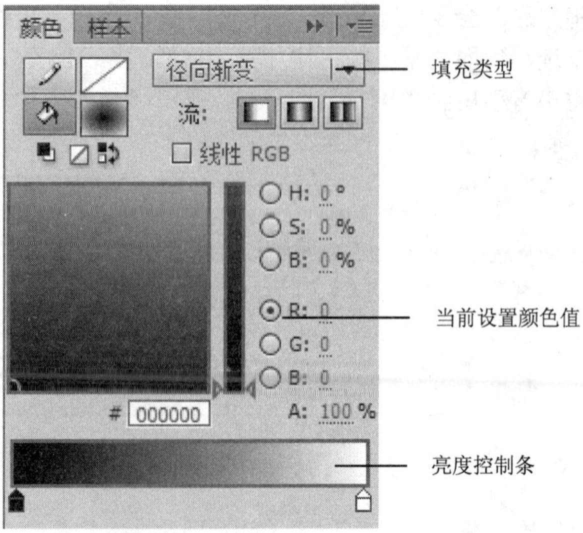

图 12-85　“颜色”面板

第 7 步，选择第 1 帧，然后打开“Actionscript 面板”（如图 12-86 所示），在“动作”面板中输入 Stop，Stop 表示当播放头播放到这一帧时停止播放（如图 12-87 所示）。时间轴中被选择的第 1 帧会自动添加一个 α 标示，表示这个帧上有动作，如图 12-88 所示。

图 12-86　Actionscript 面板

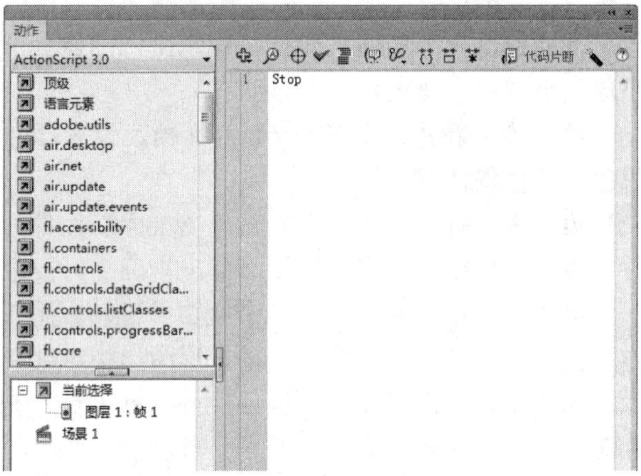

图 12-87　“动作”面板

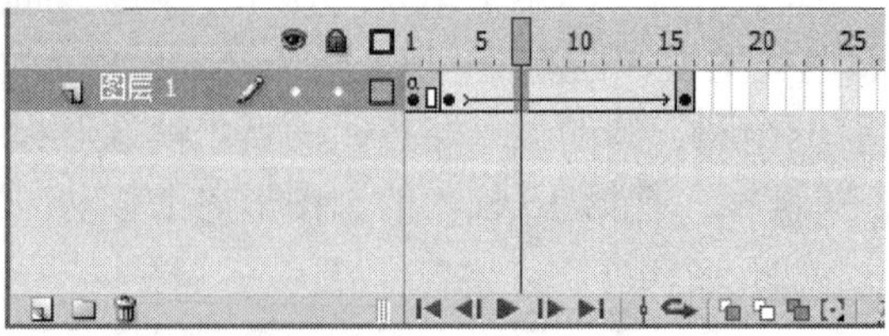

图 12-88　加动作后时间轴

第 8 步，单击第 2 帧到第 15 帧中的任意帧，在“动作”面板中输入：

```
on (rollOver) {                    ——当鼠标滑过按钮时
    gotoAndPlay(2);                ——播放指针跳到第 2 帧并进行播放
}
```

如图 12-89 所示。

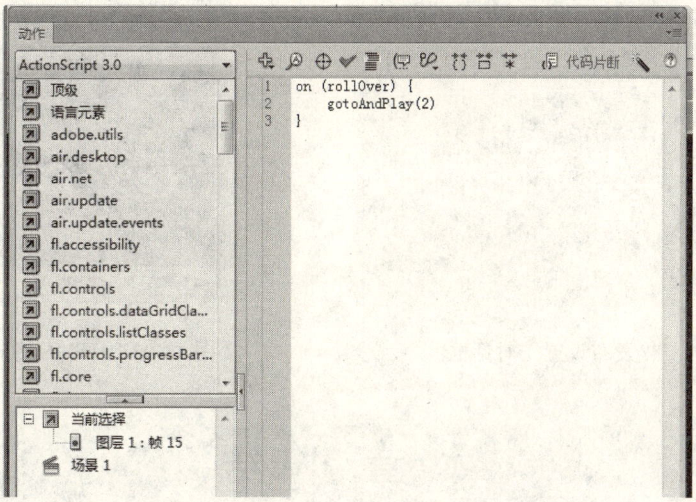

图 12-89　“动作－按钮”动作面板

第 9 步，选择文档选项卡中的场景 1，返回主场景中，把刚才做的“donghua”元件拖放到舞台，并对“donghua”元件实例复制粘贴，使“donghua”元件实例占满整个舞台，如图 12-90 所示。

第 10 步，同时按下 Ctrl+Enter 组合键，播放动画，如图 12-91 所示。如果对动画效果满意，那么应保存动画文件。

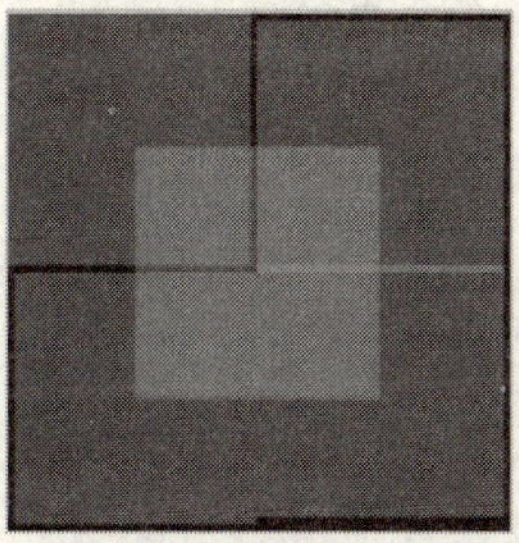

图 12-90　舞台

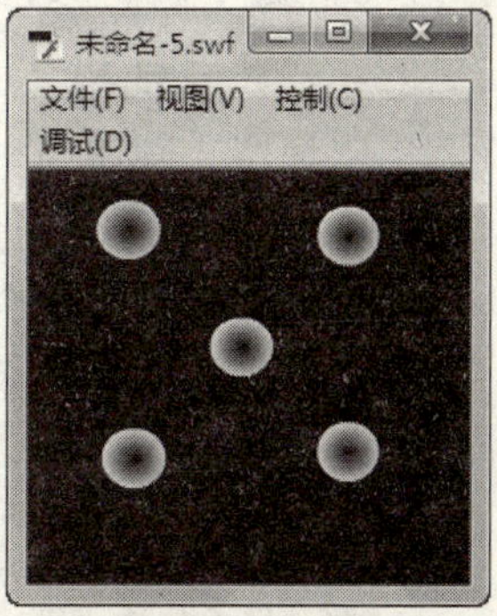

图 12-91　播放窗口

12.2.6　Flash MX 动画发布

打开“文件”下拉菜单，选择其中的“发布设置”菜单项，选择发布文件格式并进行相应设置之后，单击“发布”按钮即可发布 Flash 文档，如图 12-92 所示。当然在发布之前，从“文件”下拉菜单中选择“发布预览”菜单项，再从级联菜单中选择文件格式，可以预览 Flash 文档，如图 12-93 所示是以 HTML 格式对“按钮动画”进行发布预览。

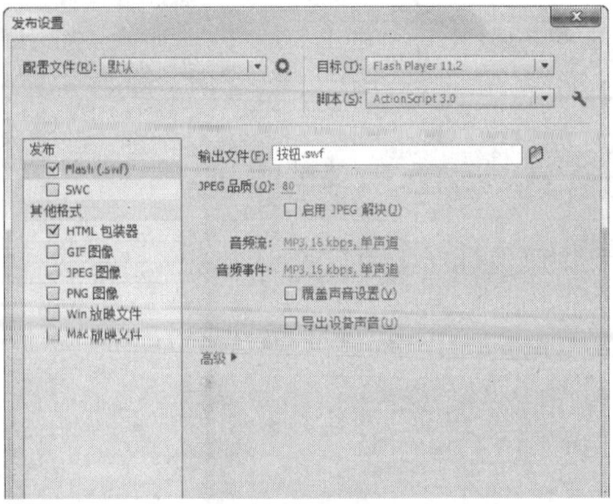

图 12-92　“发布设置”对话框

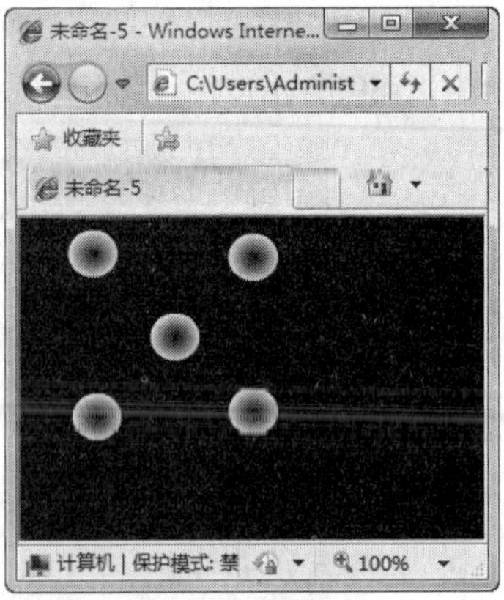

图 12-93　HTML 格式发布预览

本 章 小 结

本章介绍了 Flash 的基本应用，包括矢量图和位图的概念、Flash CS6 的工作环境等，并重点介绍了 Flash CS6 在制作课件中的应用，包括图层的操作、帧的操作、补间动画、在 Flash 中加入声音、按钮动画和 Flash 发布的基本知识。学完本章的内容应该对 Flash CS6 有一个基本的了解，并能够利用它制作课件。

习　　题

（1）利用引导层，制作一个小马从左向右的引导路径运动动画。

（2）制作文字从下向上一行一行显示动画。

（3）利用两个按钮制作一个声音播放和停止。

（4）制作挂着小球的弹簧上下运动的动画。

第 13 章　几何画板与教学课件的制作

教学目标：

- 熟练使用绘图工具作“点”、“线”、“圆”。
- 学会在几何对象上画“点”、“线”、“圆”。
- 学会“点”、“线”、“圆”的标签显示和隐藏。
- 学会对象的选取、删除和拖动。
- 掌握几何画板在实际中的简单应用。

几何画板是一款适合于教学和学习的工具软件。既可用于平面几何、平面解析几何、代数几何、三角几何和立体几何等学科的教学中，还可用于物理、化学等课程的教学中。

13.1　几何画板的基本使用

几何画板（The Geometer's Sketchpad）是美国出版的一款优秀的教育软件，由 Nickolas Jackiw 设计，该软件可以让用户随心所欲地编写出自己需要的教学课件。

13.1.1　进入几何画板

几何画板 5.0 以上版本较以前版本有了很大的改进，功能更强大，使用更方便，尤其在画函数图像方面的改进更为突出。本章以几何画板 5.05 版为例介绍其在教学课件方面的基本应用。

1.　启动几何画板

在网上将“几何画板 5.05 版”下载到本地电脑后，使用解压软件将其解压，然后双击解压后的程序，即可直接启动“几何画板 5.05 版”，其主界面如图 13-1 所示。

几何画板的窗口和 Windows 应用程序窗口十分类似，也由菜单栏、工具栏、工作区和状态栏等几部分组成。只不过其工具栏的位置位于窗口的左侧，而不像大多数应用程序那样位于菜单栏的下方。

2.　工具栏组成

画板的左侧是画板工具栏，将光标移动到工具按钮之上，稍等片刻就会显示该工具的名称。在面板的空白处按住鼠标左键不放，拖动鼠标，可以移动工具栏到画板窗口的任意位置，在不同位置时工具栏的形状也会有所区别。试一试，能否拖到某一个地方，工具栏变成如图 13-2 所示的形状。

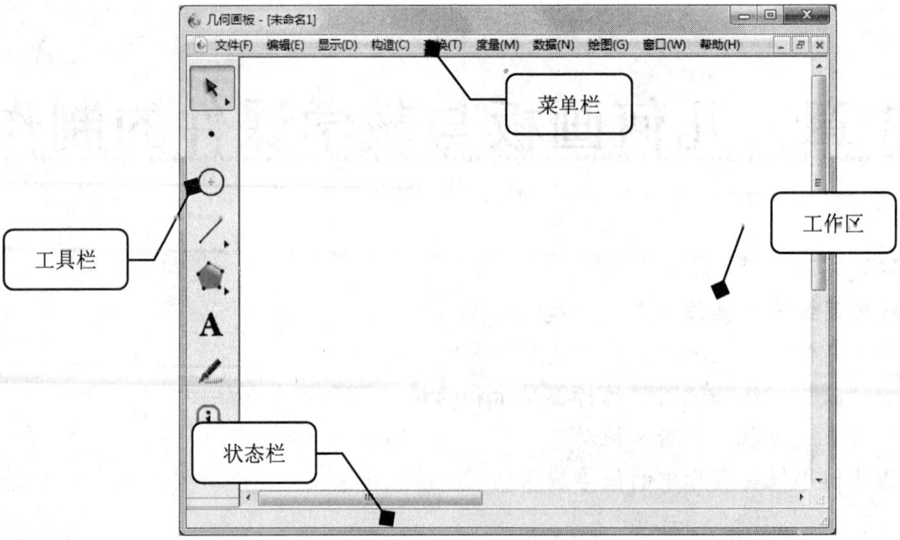

图 13-1 “几何画板”窗口

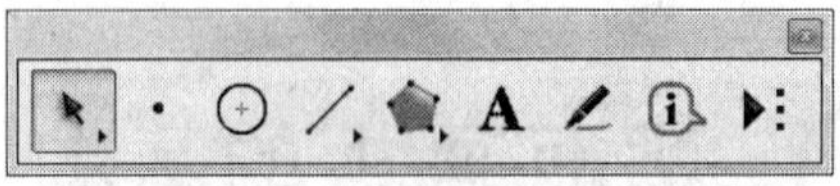

图 13-2 工具栏

13.1.2 点和线的生成与使用

在现实世界中有“聚沙成塔”一说，在几何世界里“聚点成线”已是人所共知，点和线是最基本的图形，点和线的合理搭配，组成了一幅幅五彩缤纷、绚丽多姿的优美图画。

1. 点的生成与使用

在几何画板中生成一个点，只需要以下两步。

第 1 步，在左侧的工具栏中，单击“点工具”按钮·。

第 2 步，将鼠标移动到右侧的画板窗格中，在适当的位置单击鼠标，即可出现 1 个点，并且处于被选中状态。

【例 1】用 3 个点画三角形。

用 3 个点画三角形的步骤如下：

第 1 步，选择“点工具”·，在右侧窗格画 3 个点，如图 13-3 所示。

图 13-3 画 3 个点

第 2 步，选择“箭头工具”，然后拖动鼠标选择这 3 个点，如图 13-4 所示。

第 3 步，打开“构造”下拉菜单，选择其中的“线段”菜单项，即可完成三角形的绘制，如图 13-5 所示。

图 13-4 选择 3 个点

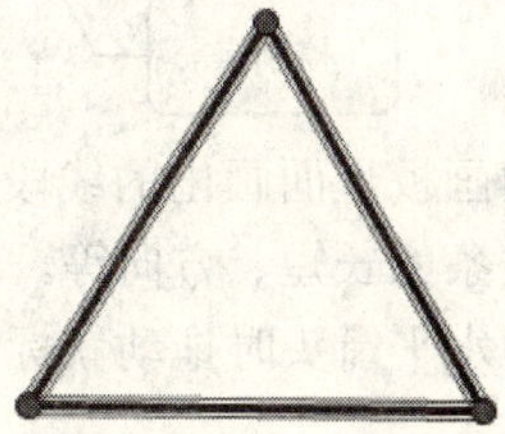

图 13-5 构造线段

最后需要说明一点：用这种方法做好的三角形，刚做好时三角形的三条边处于被选中状态，利用键盘上的方向键可以移动图形位置。

2. 线的做法

“直尺工具”的右下角有一个小三角，用鼠标按住该按钮不放，即可展开下级菜单，包含有“线段”、“射线”和“直线”等 3 个工具。画直线的方法如下：

第 1 步，移动光标到“直尺工具”上，按住鼠标不放，待菜单展开。

第 2 步，不要松开鼠标，继续移动光标到相应工具上，松开鼠标，便得到相应的工具。

【例 1】画线段。

从“直尺工具”的展开菜单中选择，然后移动鼠标到画板窗口中，在线段的开始处单击鼠标，然后拖动鼠标到线段的位置后松开鼠标，就会出现一条线段，如图 13-6 所示。

图 13-6 画线段

【例 2】画射线。

从“直尺工具”的展开菜单中选择命令，然后在射线的起始处单击鼠标，按住鼠标并拖动，到结束处释放鼠标，即可画出一条射线，如图 13-7 所示。需要注意的是，在几何画板里是看不见射线上的箭头的，它向一端是无限延伸的。

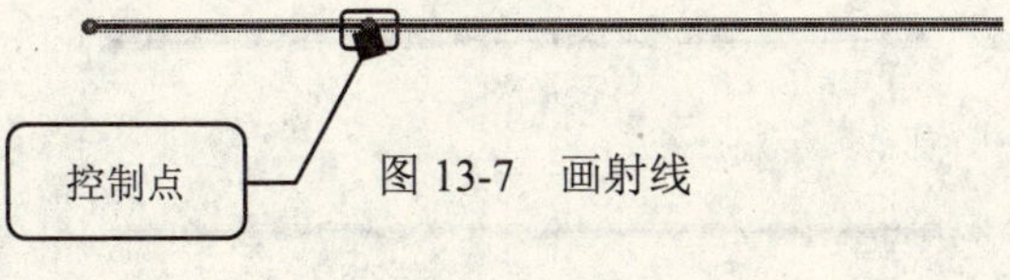

图 13-7 画射线

【例 3】画直线。

从“直尺工具”的展开菜单中选择，然后在直线的起始处单击鼠标，按住鼠标并拖动，到结束处释放鼠标，即可画出一条直线，如图 13-8 所示。同样，在几何画板里也是看不见直线上的箭头，它是向两端无限延伸的。

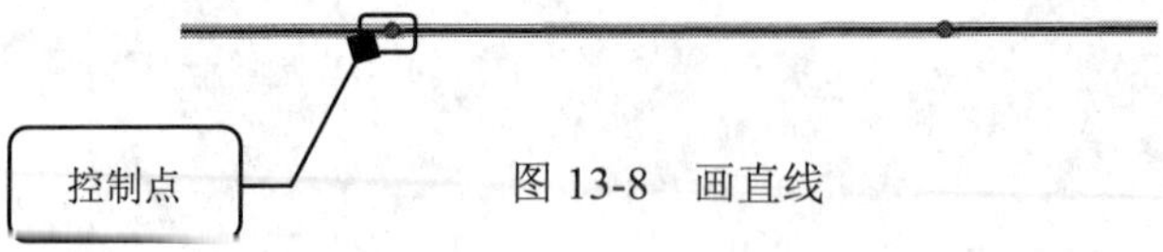

图 13-8　画直线

在几何画板里面画出的线段、直线和射线分别多出了两个控制点，通过这些控制点，可以改变线条的长短、方向等。比如，单击“选择箭头工具”按钮，移动光标到控制点处，当鼠标变为水平箭头时拖动鼠标，线段的长短和方向就会改变，如图 13-9 所示。

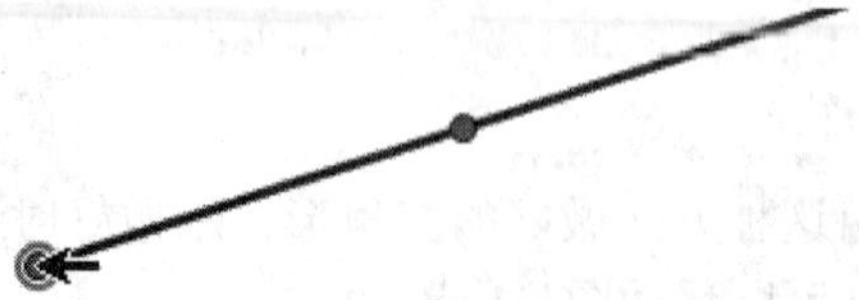

图 13-9　改变线条

3. 绘制平行线、垂线、角平分线

绘制平行线、垂线和角平分线的步骤如下：

第 1 步，在画板窗口中，画一条线段（或射线、直线）和线外一点。

第 2 步，在工具栏中单击“选择箭头工具”按钮，拖动鼠标绘制一个矩形，以选取点和线段，然后打开“显示”下拉菜单，选择其中的“显示标签”菜单项，其效果如图 13-10 所示。

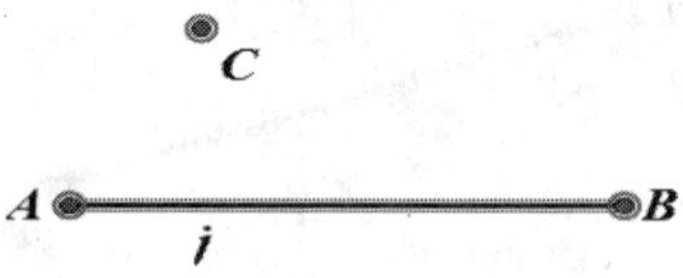

图 13-10　显示标签

【例 1】画平行线。

选取点 C 和线段 AB，打开“构造”下拉菜单，选择其中的“平行线”菜单项，画出过点 C 且与线段 AB 平行的直线，如图 13-11 所示。

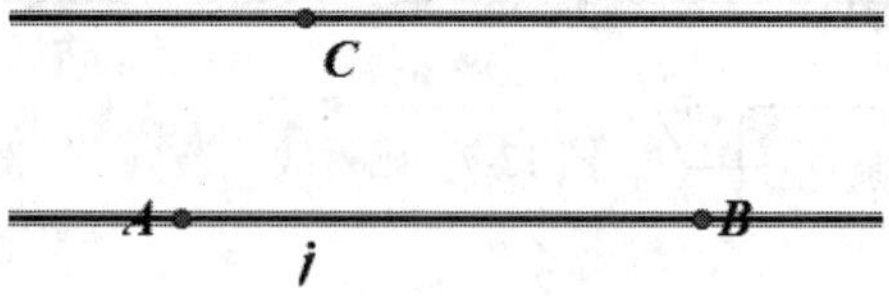

图 13-11　画水平线

【例 2】画垂线。

选取点 *C* 和线段 *AB*，打开“构造”下拉菜单，选择“垂线”菜单项，可得到基于点 *A*、点 *B* 和点 *C* 的三条垂直于线段 *AB* 的直线，然后在工具栏中单击“选择箭头工具”按钮，选中基于点 *A* 和点 *B* 的直线，按下“Delete”键将其删除，即可得到过点 *C* 且垂直线段 *AB* 的直线，如图 13-12 所示。

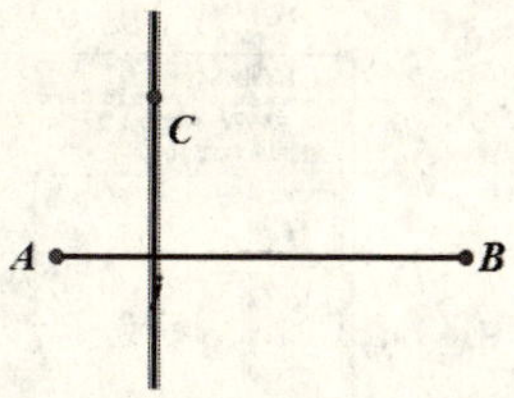

图 13-12　画垂直线

13.1.3　圆与弧的画法及初步应用

1.　圆的画法

画圆有 3 种方法，下面通过 3 个例子予以说明。

【例 1】用“圆规工具”画圆。

第 1 步，单击“圆规工具”按钮。

第 2 步，拖动鼠标，将光标移动到画板窗口中单击一下（确定圆心），并按住鼠标拖动到另一位置（起点和终点间的距离就是半径）松开鼠标，就会出现一个圆，如图 13-13 所示。

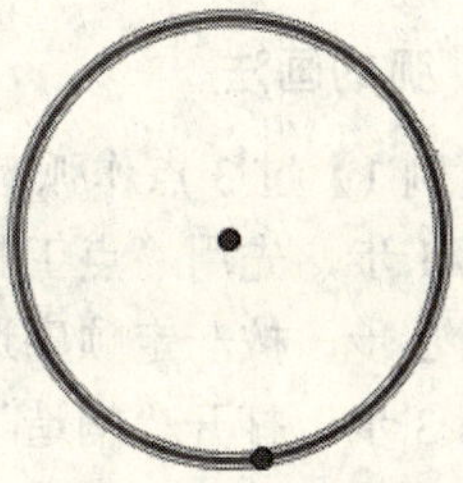
图 13-13　画圆

【例 2】通过两点画圆。

第 1 步，用“点工具”·画两个点。

第 2 步，选中两点（有顺序），然后打开“构造”下拉菜单，从弹出的下拉菜单中选择“以圆心和圆周上的点绘圆”就可以构造一个圆，圆心为第一个选定的点，半径为选定两点的距离，如图 13-14 所示。此种方式和“圆规工具”等效。

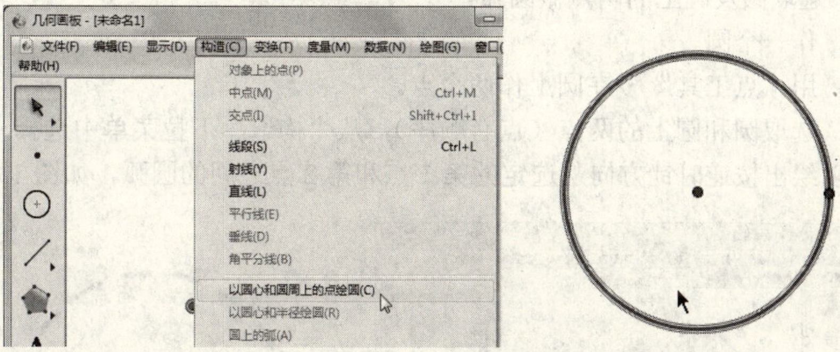

图 13-14　通过两点画圆

【例 3】用圆心和半径画圆。

第 1 步，先用“点工具”·画一个点，作出圆心。

第 2 步，再用“直尺工具”／画一条线段，作为半径。

第 3 步，选中点和线段（先选点，再选线段，且不能选中线段的两个控制点），然后打开“构造”下拉菜单，从弹出的下拉菜单中选择“以圆心和半径绘圆”就可以构造一个圆，圆心为选定点，半径为选定的线段的长度，如图 13-15 所示。

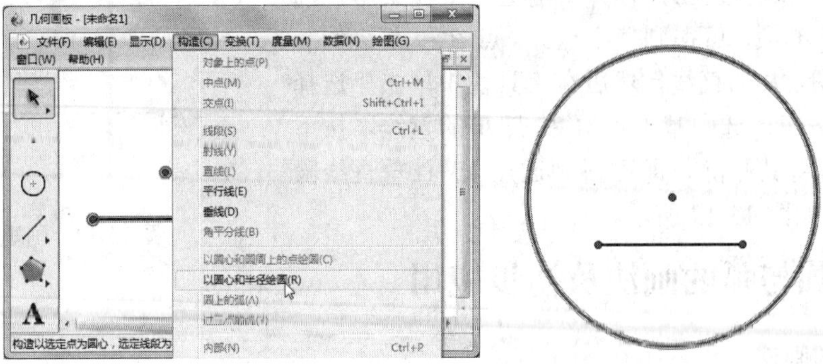

图 13-15　用圆心和半径画圆

2. 弧的画法

【例 1】过 3 点作弧。

第 1 步，先用“点工具” · 画不在同一直线上的 3 个点。

第 2 步，按一定顺序选择 3 个点。

第 3 步，打开“构造”下拉菜单，选择其中的“过三点的弧”就可以构造一个弧，如图 13-16 所示。

图 13-16　过三点画弧

【例 2】选取圆及圆上的两点做圆弧。

第 1 步，作一个圆。

第 2 步，用“点工具” · 在圆上作两个点。

第 3 步，选取圆和圆上的两点（点有顺序），从“构造”下拉菜单中选择“圆上的弧”命令，就可以绘出按逆时针方向从选定的第 1 点和第 2 点之间的圆弧，如图 13-17 所示。

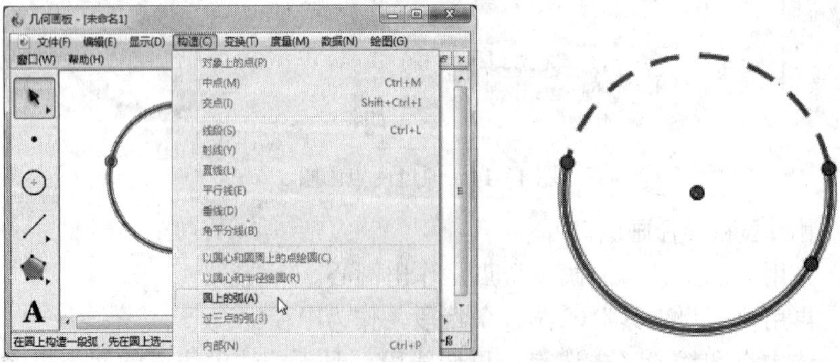

图 13-17　选取圆及圆上的两点做圆弧

13.1.4　标签

所谓标签，也就是给所作出的点、线段、圆和圆弧等几何图形所起的名字。当在画板中构造几何对象时，系统会自动给您画的对象配标签。

一般情况下，点的标签为从 A 开始的大写字母；线的标签是从 j 开始的小写字母；圆的标签是从 c1 开始的小写字母，c 带数字。

1. 显示标签

有两种方式可以显示标签，即用“文本工具”对象和菜单，它们的作用并没有任何区别，现在分别予以介绍。

（1） 用“文本工具”对象。

用鼠标单击画板工具栏中的文本工具后，用鼠标（空心小手形状）对准某个对象变成黑色小手形状后单击，如果该对象没有显示标签就会把标签显示出来；如果该对象的标签已经显示就会把这个标签隐藏起来。

（2） 用菜单命令。

用鼠标选中一些没有显示标签的对象，从“显示”下拉菜单中选择“显示标签（L）”菜单项，即可显示这些对象的标签。

如果所选中一些对象的标签都已经显示，那么单击这个菜单项后，这些对象的标签就会隐藏起来，如图 13-18 所示。

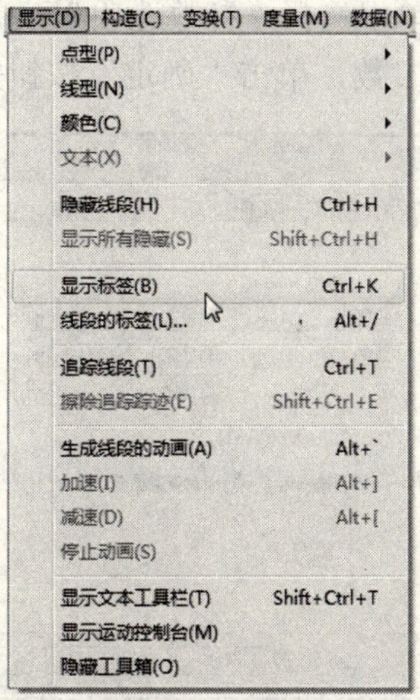

图 13-18　显示标签

2. 移动标签

用鼠标选中“文本工具”（或“选择工具”）后，如果用鼠标对准某个对象的标签，鼠标变成带字母 A 的小手形状后，按下鼠标键拖动鼠标，可以改变标签的位置。

3. 改变标签

如果用带字母 A 的小手形状鼠标双击某一个标签，就会出现这个标签附着对象的属性框。用这个属性框可以根据需要，随意改变标签的字体、字号、粗体、斜体、下画线和颜色等。标签可以是英文、汉字、数字等，还可以有下标。

13.1.5 度量、计算、制表

1. 度量

对象的度量一般都是先选择需要度量的几何对象，然后用“度量”菜单里的相应命令。下面我们以度量圆的周长为例来介绍其操作步骤：

第 1 步，绘制一个圆形，并显示标签，然后选圆形，如图 13-19 所示。

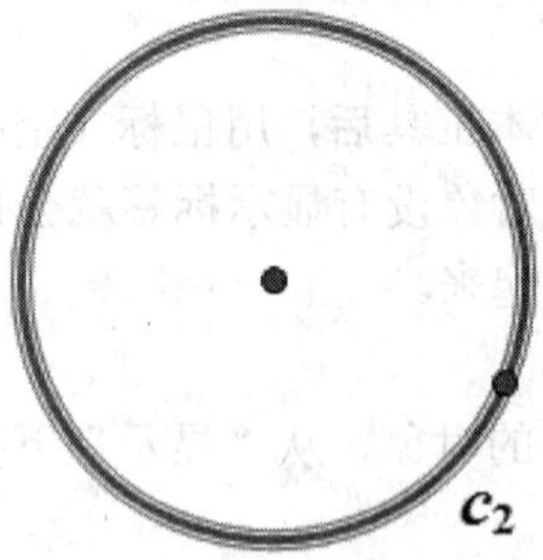

图 13-19　选中度量线段

第 2 步，从“编辑”下拉菜单中选择“参数选项”菜单项，打开“参数选项”对话框。

第 3 步，根据需要设定有关参数，单击“确定”按钮关闭对话框，如图 13-20 所示。

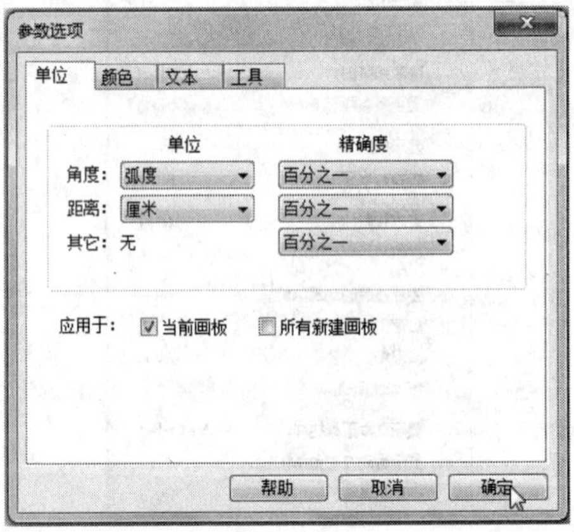

图 13-20　“参数选项”对话框

第 4 步，从“度量”下拉菜单中选择“圆周长”菜单项，度量值即显示出来，如图 13-21 所示。

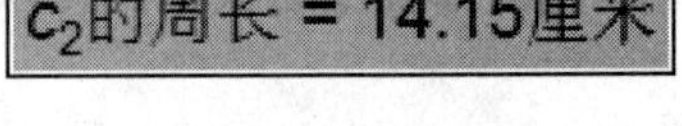

图 13-21　显示度量值

2. 计算

“度量”下拉菜单中的“计算”菜单项，可以对对象的值进行运算，求得所需要的结果。下面我们以计算圆周长 c_1 与圆周长 c_2 的差为例予以介绍。

第 1 步，在几何画板窗口中选定计算时要使用的度量值。

第 2 步，从“数据”下拉菜单中选择“计算”菜单项，打开“新建计算”对话框。

第 3 步，单击“数值”按钮旁边的下三角按钮，从弹出菜单中选择“c_1 的周长”菜单项，这时在计算器的窗口中会有相应的字符出现。

第 4 步，在计算器的面板上单击减法符号。

第 5 步，同第 3 步，选取“c_2 的周长”菜单项，单击“确定”按钮，如图 13-22 所示。

第 6 步，此时在几何画板窗口中将显示计算结果，如图 13-23 所示。

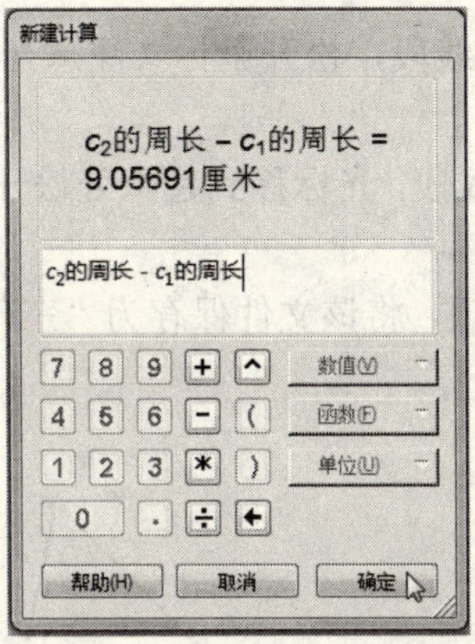

图 13-22　“新建计算”对话框

c_1的周长 = 8.81厘米

c_2的周长 = 17.87厘米

c_2的周长 – c_1的周长 = 9.06厘米

图 13-23　显示计算结果

3. 制表

选择“数据”下拉菜单中的“制表”命令，可以把窗口里各类数值以表格的形式表现出来，便于观察。仍以显示圆周长 c_1 和 c_2 的差值为例予以介绍。

第 1 步，分别选中圆周长 c_1、圆周长 c_2 以及两者的差值，如图 13-24 所示。

c_1的周长 = 8.81厘米

c_2的周长 = 17.87厘米

c_2的周长 – c_1的周长 = 9.06厘米

图 13-24　选中线段差值

第 2 步，从“数据”下拉菜单中选择“制表”菜单项，显示如图 13-25 所示的表格。

c_1的周长	c_2的周长	c_2的周长 – c_1的周长
8.81厘米	17.87厘米	9.06厘米

图 13-25　差值表格

13.2 绘制简单的组合图形

本节我们用绘图工具来画一些组合图形，希望通过以下范例的学习，读者能够熟悉绘图工具的使用，和一些相关技巧。

13.2.1 绘制三角形

第 1 步，打开几何画板，建立新绘图文件。

第 2 步，单击“直尺工具”按钮，将光标移到绘图区，单击并按住鼠标拖动，画一条线段，释放鼠标。

第 3 步，在原处单击鼠标并按住拖动，画出另一条线段，松开鼠标（注意光标移动的方向）。

第 4 步，在原处单击鼠标并按住拖动，画出第 3 条线段，光标移到起点处松开鼠标（注意起点会变色）。

第 5 步，从“文件”下拉菜单中选择“保存”菜单项，将该文件保存为“三角形”（默认扩展名.gsp 不要更改），如图 13-26 所示。

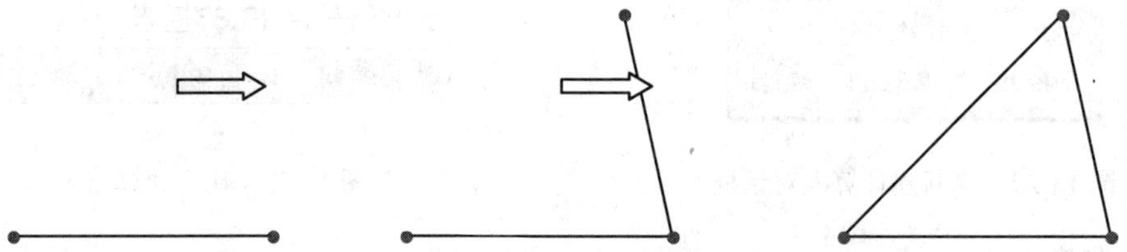

图 13-26 绘制三角形

也可以将光标移到绘图区：在线段起点处单击鼠标，然后移动鼠标到线段终点，再次单击即可画一条线段；在原处再单击鼠标，移动鼠标到第 2 条线段的终点，单击画出第 2 条线段；在原处单击鼠标，移动鼠标到第 1 条线段的起点，单击鼠标画出第 3 条线段。

13.2.2 绘制圆内接三角形

第 1 步，打开几何画板，建立新绘图。

第 2 步，画圆。单击“圆规工具”按钮，然后拖动鼠标，将光标移动到画板窗口中单击一下按住并拖动鼠标到另一位置，松开鼠标，就会出现一个圆。

第 3 步，画三角形。单击“直尺工具”，移动光标到圆周上（圆会变淡蓝色）单击并按住鼠标向右移到圆周上松开鼠标；在原处单击并按住鼠标向左上方移动到圆周上松开鼠标；在原处单击并按住鼠标向左下方移动到圆周上线段起点处松开鼠标，如图 13-27 所示。

第 4 步，从“文件”下拉菜单中选择“保存”命令，将该文件保存为“圆内接三角形”。

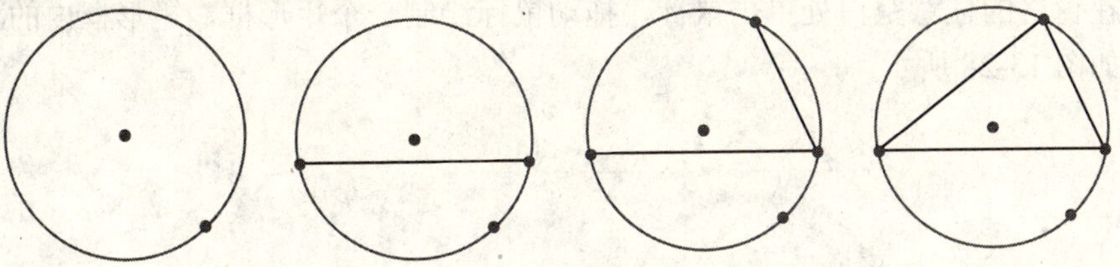

图 13-27　绘制圆内接三角形

13.3　对象的选取、删除、拖动

几何画板虽然是 Windows 软件，但是它的有些选择对象的选择方式，又与一般的 Windows 绘图软件不同，希望读者在学习过程中能意识到和注意到这一点。

13.3.1　选择

在进行所有选择（或不选择）之前，需要先单击画板工具栏中的“选择箭头工具”，使鼠标处于选择箭头状态。

1.　选择一个对象

将鼠标移动到画板中的一个点、一条线、一个圆或其他图形对象上，单击鼠标左键就可以选中这个对象，图形对象被选中时，会加重表示出来，如表 13-1 所示。

表 13-1　选择对象描述

选择对象	过程描述	选前状态	选后状态
一个点	将鼠标移动到要选中的点上，待鼠标由 变成横向的黑箭头 时，单击鼠标左键		
一条线	将鼠标移动到线段的两个端点之间的部分上（而不是线段的端点），待鼠标变成横向的黑箭头 时，单击鼠标左键		
一个圆	将鼠标移动到要选中的圆周上（而不是圆心或圆上的点），待鼠标变成横向的黑箭头 时，单击鼠标左键		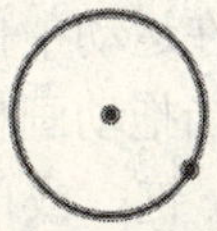

2.　再选另一个

当一个对象被选中后，再用鼠标单击另一个对象，新的对象被选中而原来被选中的对象仍被选中（选择另一对象的同时，并不需按住 Shift 键，与一般的 Windows 软件的选择习惯不同）。

3.　选择多个

连续单击所要选择的对象（注意：在单击过程中，不得在画板的空白处单击，或按 Esc 键）。

或者在窗格的任意空白处单击鼠标，拖动鼠标绘制一个矩形框，矩形框内的对象即可被选中，如图 13-28 所示。

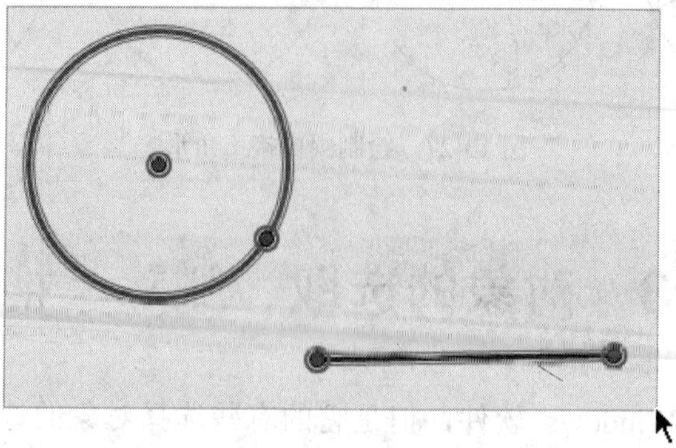

图 13-28　框选对象

4. 取消某一个

当选中多个对象后，想要取消某一个，只需单击这个对象，就取消了对这个对象的选择。

13.3.2　删除

删除就是把对象（点、线或圆）从屏幕中清除出去。方法是：先选中要删除的对象，然后再选择“编辑”菜单中的“清除”命令，或按键盘上的 Delete 键。

需要注意的是，这时与该对象有关的所有对象均会被删除，和一般的 Windows 软件又不相同。

13.3.3　拖动

用鼠标可以选择一个或多个对象，当你用鼠标拖动已经选中的对象在画板中移动时，这些对象也会跟着移动。

由于几何面板中的几何对象都是通过几何定义构造出来的，而且几何画板的精髓就在于“在运动中保持几何关系不变”，所以一些相关的几何对象也会相应地移动。

当拖动画板中的图形时，可以感受到几何画板的动态功能。请注意：在拖动之前，请按 Esc 键，或单击“选择箭头工具”按钮后，再选择要移动的对象。

13.4　课 件 制 作

前面我们学习了“几何画板”的一些基础知识，现在我们来看一下“几何画板”在实际中的应用。

【例 1】 证明三角形内角和等于 180°。

第 1 步，利用上面学到的方法，绘制出三角形 *EFG*，如图 13-29 所示。

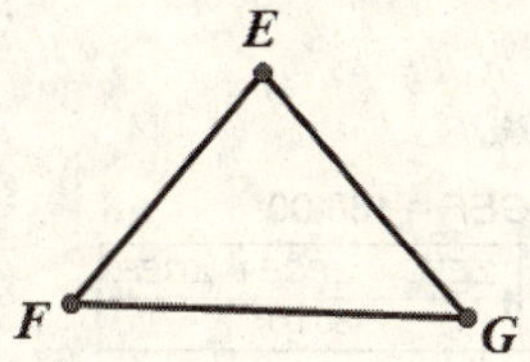

图 13-29　绘制三角形

第 2 步，单击“选择箭头工具”按钮，依次选择点 *E*、点 *F* 和点 *G*，然后从“度量”下拉菜单中选择“角度”命令，在工作区中得到角∠*EFG* 的度量值。同法，度量角∠*FGE* 和角∠*GEF* 的值，如图 13-30 所示。

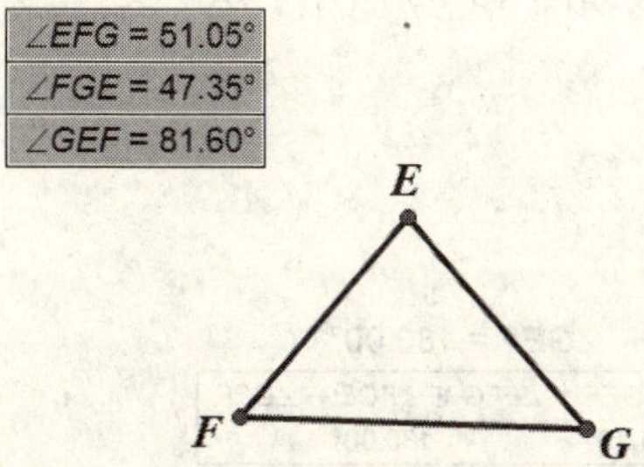

图 13-30　角的度量值

第 3 步，单击“选择箭头工具”按钮，单击工作区空白处，释放所选对象，然后选中 3 个角的度量值，从“度量”下拉菜单中选择“计算”命令，弹出“新建计算”对话框。单击“数值”按钮，并依次选择度量值∠*EFG*、计算器上的“+”、度量值∠*FGE*、计算器上的“+”、度量值∠*GEF*，单击“确定”按钮，在工作区得到计算结果值，如图 13-31 所示。

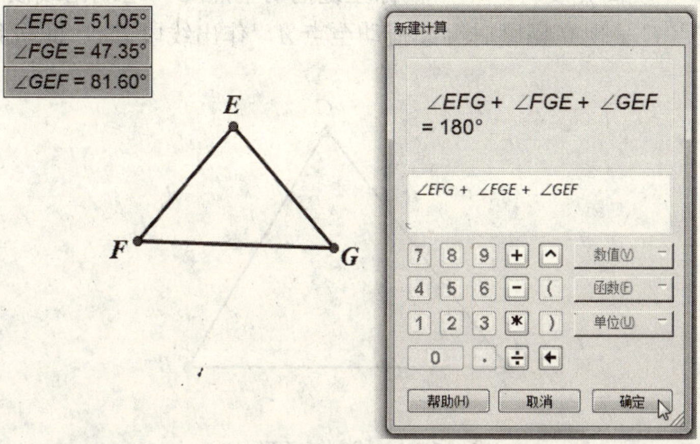

图 13-31　计算结果

第 4 步，单击“选择箭头工具”按钮，同时选中工作区显示的 4 个度量值。然后从“数据”下拉菜单中选择“制表”命令，绘制出一表格，如图 13-32 所示。选中表格拖动到适当位置。

∠EFG = 51.05°
∠FGE = 47.35°
∠GEF = 81.60°
∠EFG + ∠FGE + ∠GEF = 180.00°

∠EFG	∠FGE	∠GEF	∠EFG + ∠FGE + ∠GEF
51.05°	47.35°	81.60°	180.00°

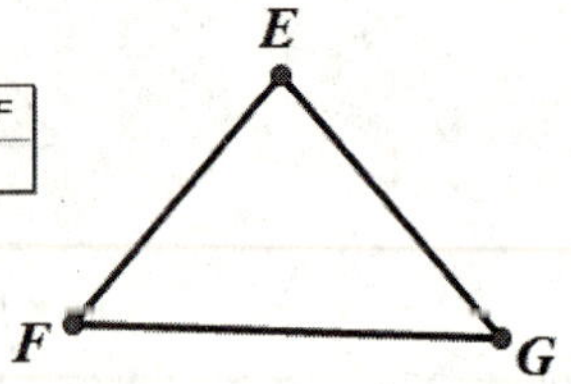

图 13-32　绘制表格

第 5 步，任意拖动三角形的一个顶点，改变其形状，可以看到 3 个角的度量值的变化，但是它们之和始终等于 180°，如图 13-33 所示。从“文件”下拉菜单中选择“保存”命令，保存此文件。

∠EFG = 32.50°
∠FGE = 83.40°
∠GEF = 64.10°
∠EFG + ∠FGE + ∠GEF = 180.00°

∠EFG	∠FGE	∠GEF	∠EFG + ∠FGE + ∠GEF
32.50°	83.40°	64.10°	180.00°

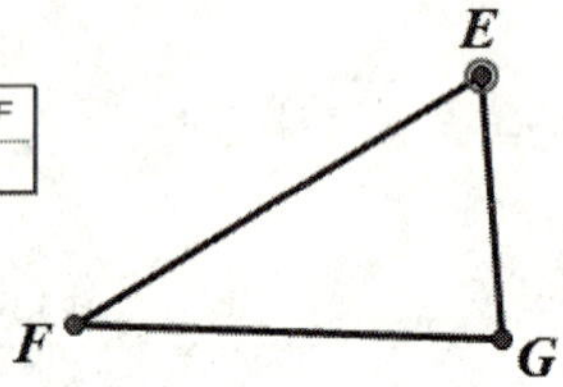

图 13-33　证明结论

【例 2】证明三角形的中线交于一点。

第 1 步，启动几何画板，单击“直尺工具”，按住 Shift 键不放，作一条水平线段 *AB*，将鼠标移至点 *B* 呈现高亮度时，单击鼠标左键拖动至点 *C*，绘制出线段 *BC*，如图 13-34 所示。当鼠标在点 *C* 呈现高亮度时继续拖动至点 *A*，作出线段 *CA*，即得到三角形 *ABC*。

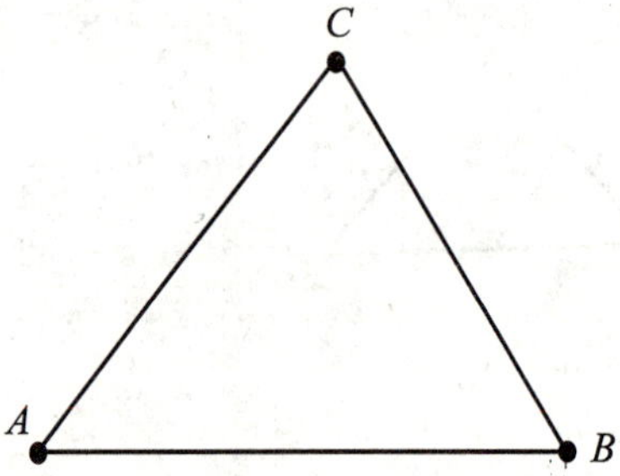

图 13-34　绘制三角形 *ABC*

第 2 步，单击“选择箭头工具”按钮，单击工作区空白处释放被选对象，依次选中线段 *AC*、线段 *BC* 和线段 *AB*，然后打开“构造”下拉菜单并选择其中的“中点”命令，分别做出三角形 3 条边的中点。单击工具栏中的“文本”工具，分别将 3 点命名为 *D*、*E*、*F*，如图 13-35 所示。

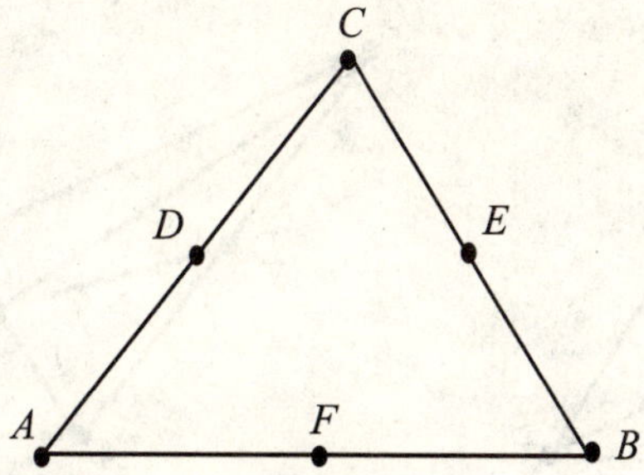

图 13-35　命名中点

第 3 步，选择“箭头工具”按钮，单击工作区空白处释放被选对象，选择点 B 和点 D，然后从“构造”下拉菜单中选择“线段”命令，做出边 AC 的中线。单击“文本工具”，移动光标至边 AC 的中线上，当光标图形由一只“小白手”变为“小黑手”时，单击鼠标左键显示标签 j。同法，作出边 AB 的中线 k，如图 13-36 所示。

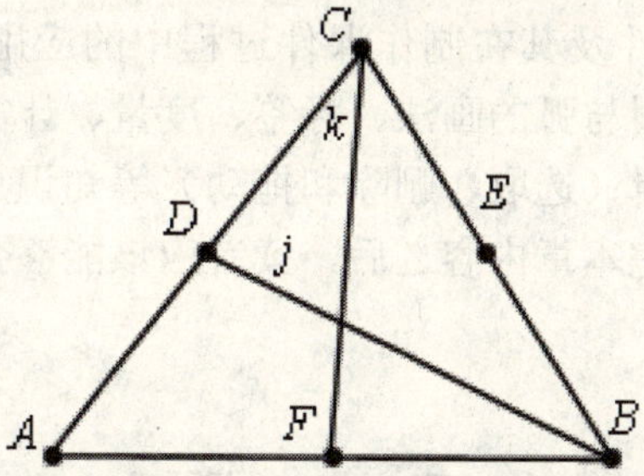

图 13-36　做出中线

第 4 步，单击“点工具”按钮，移动光标至两条中线都呈现高亮度时，单击鼠标左键，即得到两条中线的交点 G，如图 13-37 所示。

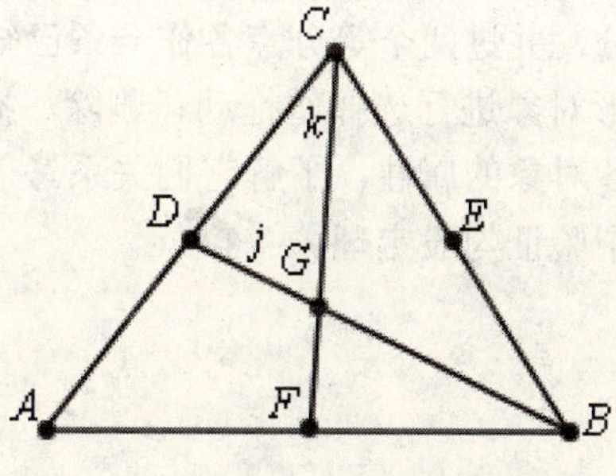

图 13-37　中线交点

第 5 步，同理，作出边 BC 的中线 l。拖动三角形 ABC 的任意一顶点，改变三角形的形状，可验证中线 l 始终经过点 G，即 3 条中线交于一点，如图 13-38 所示。

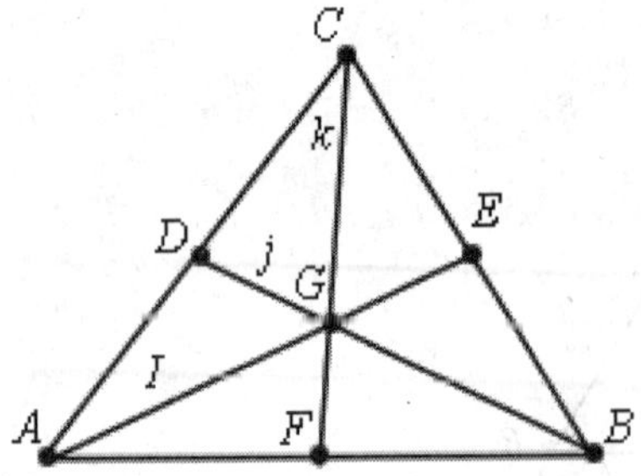

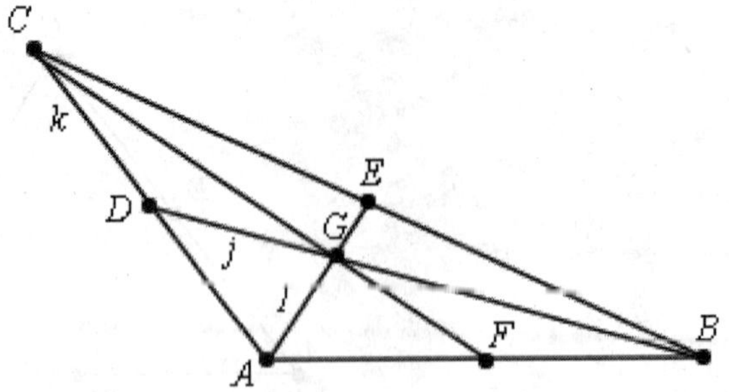

图 13-38　证明结论

第 6 步，从“文件”下拉菜单中选择“保存”命令，保存文件。

本章小结

本章介绍了几何画板软件及其在制作课件过程中的应用，主要内容包括进入几何画板、点和线的生成与使用、圆与弧的画法、标签、度量、计算、制表，以及绘制三角形、绘制圆内接三角形、对象编辑（选取、删除和拖动）等知识点，并介绍了几何画板软件在课件制作中的基本应用。学完本章内容之后，读者应该能够会使用几何画板软件，并能够使用几何画板软件制作课件。

习　题

（1）　在一个新建画板中作出一个三角形 3 边中点的连线。

（2）　在一个新建画板中作出 3 个过同一点的圆。

（3）　作一个圆内接正五边形和一个正五角星。

（4）　把一条线段 3 等分，并过两个等分点各作一条已知线段的垂线。

（5）　对以上所作的图形对象进行选择、拖动、删除、撤销、重复和隐藏的操作，观察这些操作的效果，并查看各对象的属性，了解它们关系。

（6）　在一个新建画板中验证勾股定理。